사회

2017. 3. 18. 제1회 서울특별시 시행

1 **국제법의 법원 A, B에 대한 설명으로 옳은 것은?**

A : 서로에게 일정한 행위를 하거나, 혹은 하지 않을 것을 내용으로 하는 국제법 주체 간의 문서 형식의 합의 B : 국제 사회의 반복적인 관행이 국제 사회에서 법 규범으로 승인되어 효력을 가지게 되는 관습 법규

① 우리나라의 경우 A의 체결권은 대통령, 비준권은 국회에 있다.
② 우리나라가 체결한 모든 A는 국회의 동의가 있어야 국내법과 같은 효력이 인정된다.
③ B는 원칙적으로 이를 승인한 국가에만 법적 구속력이 발생한다.
④ 국내 문제 불간섭, 외교관의 면책 특권은 B로 분류된다.

ADVICE A : 조약, B : 국제관습법
① 우리나라의 경우 조약의 체결권과 비준권은 대통령에게 있다. 국회는 조약의 체결 및 비준에 관한 동의권을 가진다.
② 헌법 제6조 제1항에 따르면 헌법에 의하여 체결·공포된 조약과 일반적으로 승인된 국제법규는 국내법과 같은 효력을 가진다. 따라서 모든 조약이 국회의 동의가 있어야 효력이 인정되는 것은 아니다.
③ 국제관습법은 국제사회의 모든 국가에 대하여 법적 구속력이 발생한다.

2 **표는 대표 선출 방식 A~C를 나타낸 것이다. 이에 대한 설명으로 옳은 것은? (단, A~C는 각각 다수 대표제, 소수 대표제, 비례 대표제 중 하나이다.)**

대표 선출 방식 / 질문	A	B	C
각 성당의 유효 득표 비율에 따라 의석을 배분하는가?	예	아니요	아니요
소수당의 의회 진출 가능성을 높을 수 있는가?	예	아니요	예

① A는 B에 비해 선거 절차와 방법이 복잡하다.
② B는 A에 비해 정당 득표율과 의석률 간의 차이가 적다.
③ B는 C와 달리 다당제를 촉진한다.
④ C는 B에 비해 사표가 많이 발생한다.

ADVICE A 비례 대표제, B 다수 대표제, C 소수 대표제

① 비례 대표제는 다수 대표제에 비해 선거 절차와 방법이 복잡하다.
② 다수 대표제는 최다 득표자 한 명만 당선되기 때문에 정당 득표율과 의석률 간의 차이가 크다.
③ 다수 대표제는 양당제를, 소수 대표제는 다당제를 촉진한다.
④ 다수 대표제는 최다 득표자 이외의 후보에게 투표한 유권자의 표는 모두 사표가 된다. 소수 대표제는 한 선거구에서 여러 후보가 당선되므로 사표가 상대적으로 적게 발생한다.

3 다음에 제시된 자료와 관련된 설명으로 가장 옳은 것은?

> 【제1조】 라이히 법률은 라이히 헌법이 규정하고 있는 절차에 의하는 외에, 라이히 정부에 의해서도 의결될 수 있다.
> 【제2조】 라이히 정부가 의결하는 법률에는 라이히 헌법과는 다른 규정을 둘 수 있다.
> – 1933년 3월 24일 「국민 및 국가의 위기 극복에 관한 법률」

① 실질적 법치주의에 대한 설명이다.
② 국민의 자유와 권리 보장이 목적이었다.
③ 사법권의 독립, 탄핵 심판 제도 등은 위 법률과 관계 깊은 제도이다.
④ 통치의 합법성만을 강조하였고, 독재자의 전제를 견제할 수 없었다.

ADVICE 제시된 자료는 독일의 수권법에 대한 내용이다. 히틀러와 나치는 이 법을 통과시켜 실질적으로 국가의 모든 권력을 장악하였다.

① 수권법은 형식적 법치주의이다.
② 수권법은 독재 체제를 정당화시켜준 것으로 국민의 자유와 권리를 보장하는 것은 목적이 아니었다.
③ 사법권의 독립, 탄핵 심판 제도 등은 실질적 법치주의와 관계 깊다.

ANSWER 1.④ 2.① 3.④

4 **다음 사례에 대한 법적 판단으로 옳은 것은?**

> • 갑이 운영하는 커피 전문점에서 아르바이트를 하던 을은 실수로 뜨거운 음료를 쏟아 손님에게 화상을 입혔다.
> • 병 소유의 상가를 빌려 피자 가게를 운영하던 정의 가게 간판이 떨어져 행인이 크게 다쳤다.

① 을의 행위에 고의가 없었으므로 불법 행위가 성립하지 않는다.
② 갑의 불법 행위 책임이 인정되더라도 을은 불법 행위 책임을 진다.
③ 병과 정은 공동 불법 행위 책임을 진다.
④ 을과 정의 불법 행위에 대하여 갑과 병은 과실 책임을 진다.

ADVICE ① 과실에 의한 경우도 불법 행위가 성립한다.
③ 공작물의 설치 · 보존에 하자가 있어 그것으로 인하여 타인에게 손해를 가했을 때에는 1차적으로 공작물의 점유자인 정에게 책임이 있다. 다만, 점유자가 손해의 발생에 충분한 주의를 했음이 인정될 경우 2차적으로 공작물 소유자가 책임을 지게 된다.
④ 사용자 배상 책임은 기본적으로 사용자의 과실을 전제로 하는 과실 책임이다. 반면 공작물의 소유자 책임은 무과실 책임이다.

5 **다음 법률 조항에서 강조되는 우리나라 헌법의 기본 원리에 대한 설명으로 옳은 것은?**

> • 이 법은 환경보전에 관한 국민의 권리 · 의무와 국가의 책무를 명확히 하고 환경정책의 기본 사항을 정하여 환경오염과 환경훼손을 예방하고 환경을 적정하고 지속가능하게 관리 · 보전함으로써 모든 국민이 건강하고 쾌적한 삶을 누릴 수 있도록 함을 목적으로 한다.
> – 「환경정책기본법」 제1조
> • 이 법은 헌법에 의한 근로자의 단결권 · 단체교섭권 및 단체행동권을 보장하여 근로조건의 유지 · 개선과 근로자의 경제적 · 사회적 지위의 향상을 도모하고, 노동관계를 공정하게 조정하여 노동 쟁의를 예방 · 해결함으로써 산업평화의 유지와 국민경제의 발전에 이바지함을 목적으로 한다.
> – 「노동조합 및 노동관계 조정법」 제1조

① '국가로부터의 자유'를 실현하기 위한 원리이다.
② 실질적 평등보다 형식적 평등을 실현하기 위한 것이다.
③ 국가가 문화 활동의 자유를 보장해야 한다는 원리이다.
④ 모든 국민의 인간다운 생활을 보장하기 위한 국가의 적극적인 역할을 강조한다.

ADVICE 제시된 법률 조항은 사회적 기본권에 해당한다.

① 사회적 기본권은 국가에 의한 자유이다. 국가로부터의 자유는 자유권과 연결된다.
② 사회권적 기본권은 복지 국가의 실현과 관련 있다. 이는 실질적인 평등을 위한 것이다.
③ 국가가 문화 활동의 자유를 보장해야 한다는 것은 문화 국가의 원리이다.

6 헌법 기관 A에 대한 설명으로 옳은 것은?

과거에는 '개인의 성과 본관이 같은 사람끼리 결혼을 할 수 없다.'는 민법 조항으로 인해 동성동본(同姓同本) 사이에 혼인을 할 수 없었다. 이에 대해 A은/는 동성동본 혼인을 일괄적으로 금지하는 민법 조항에 대해 '인간으로서의 존엄과 가치 및 행복추구권'을 정한 헌법의 이념과 평등의 원칙에 어긋난다며 헌법에 합치하지 않는다는 결정을 내렸다.

① 사법부의 최고 기관이다.
② 위헌 법률 심판 제청권을 가진다.
③ 국가기관 상호 간의 권한에 대한 다툼을 심판한다.
④ 법률이 정한 공무원에 대한 탄핵 소추를 의결한다.

ADVICE A는 헌법재판소이다. 헌법재판소는 위헌법률심판, 탄핵심판, 정당해산심판, 권한쟁의심판, 헌법소원심판 등의 다섯 가지 헌법재판 권한을 행사 한다. 보기③ 지문은 권한쟁의심판에 대한 설명이다.

① 사법부의 최고 기관은 대법원이다.
② 위헌 법률 심판 제청권은 법원(대법원, 고등법원, 지방법원)의 권한이다.
④ 탄핵 소추 의결권은 국회의 권한이다. 헌법재판소는 탄핵 심판권을 가진다.

ANSWER 4.② 5.④ 6.③

7 다음 사례에 대한 법적 판단으로 옳은 것은?

> A씨는 온라인에서 온수매트를 구입하였고 사용 설명서에 기재된 내용에 따라 정상적으로 온수매트를 사용하고 있었다. 그런데 온수 조절 밸브의 고장으로 인하여 물이 새어나와 거실의 원목 마루가 들뜨고 뒤틀리는 피해를 입게 되었다. 그는 제조사를 상대로 손해 배상을 요구했지만 제조사는 사용상의 잘못이 있었을 것이라며 손해 배상을 거부하고 있다.

> ㉠ 제조사가 당시 기술적 수준으로 결함의 존재를 발견할 수 없었어도 제조사에게 책임을 물을 수 있다.
> ㉡ 제조물 책임법에 의하면 소비자가 제조업자의 과실을 입증하지 않고도 피해를 보상받을 수 있다.
> ㉢ 손해를 배상받기 위해 피해자는 피해 사실 및 손해 배상 책임자를 알게 된 때로부터 3년 이내에 청구해야 한다.
> ㉣ 제조사에게 있어 배상 의무의 범위에는 제조물 자체 및 피해자의 손해가 해당된다.

① ㉠, ㉡　　② ㉠, ㉢
③ ㉡, ㉢　　④ ㉡, ㉣

ADVICE ㉠ 제조물 책임법에 따르면 제조사의 제조물 책임은 무과실 책임이다. 다만 제조사가 제조물을 공급한 당시 기술적 수준으로 결함의 존재를 발견할 수 없었다는 사실을 입증하면 면책사유가 된다.

㉣ 제조업자는 제조물의 결함으로 생명 · 신체 또는 재산에 손해(그 제조물에 대하여만 발생한 손해는 제외)를 입은 자에게 그 손해를 배상하여야 한다.

※ 면책사유〈제조물 책임법 제4조 제1항〉… 손해배상책임을 지는 자가 다음 각 호의 어느 하나에 해당하는 사실을 입증한 경우에는 이 법에 따른 손해배상책임을 면한다.

㉠ 제조업자가 해당 제조물을 공급하지 아니하였다는 사실
㉡ 제조업자가 해당 제조물을 공급한 당시의 과학 · 기술 수준으로는 결함의 존재를 발견할 수 없었다는 사실
㉢ 제조물의 결함이 제조업자가 해당 제조물을 공급한 당시의 법령에서 정하는 기준을 준수함으로써 발생하였다는 사실
㉣ 원재료나 부품의 경우에는 그 원재료나 부품을 사용한 제조물 제조업자의 설계 또는 제작에 관한 지시로 인하여 결함이 발생하였다는 사실

8 우리나라 대통령과 행정부에 대한 설명으로 옳은 것끼리 묶인 것은?

> ㉠ 행정 각 부의 장은 국무 위원 중에서 국무총리의 제청으로 대통령이 임명한다.
> ㉡ 감사원장은 국회의 동의를 얻어 대통령이 임명하고 그 임기는 4년이다.
> ㉢ 대통령은 긴급 재정 · 경제 처분 및 명령을 발포 후 국회에 보고하여 동의를 얻어야 한다.
> ㉣ 국무 회의는 정부의 권한에 속하는 중요한 정책을 의결한다.

① ㉠, ㉡
② ㉠, ㉢
③ ㉡, ㉢
④ ㉡, ㉣

ADVICE ㉢ 대통령은 긴급 재정 · 경제 처분 및 명령을 발포 후 국회에 보고하여 승인을 얻어야 한다.
㉣ 국무 회의는 정부의 권한에 속하는 중요한 정책을 심의한다.

9 다음 그림은 부동산 매매 절차를 나타낸 것이다. ㈎~㈑에 대한 설명으로 옳은 것은?

㈎		㈏		㈐		㈑
계약 체결	→	중도금 지급	→	잔금 지급	→	등기

① ㈎ 단계에서 계약금을 지급해야만 계약이 성립한다.
② ㈎ 단계 이후 ㈏ 단계 이전까지 매수인은 계약금만 포기하면 계약을 일방적으로 해제할 수 있다.
③ ㈐ 단계에서 매수인은 잔금 지급과 동시에 부동산 및 관련 서류를 매도인으로부터 인수하면 소유권이 이전된다.
④ ㈑를 통해 등기부 을구의 내용이 변경된다.

ADVICE ① 부동산 매매의 계약 체결은 매도인과 매수인의 의사 합치로 성립한다.
③ 소유권 이전은 등기를 마쳐야 완료된다.
④ 소유권 이전 등기를 하게 되면 등기부 갑구의 내용이 변경된다.

ANSWER 7.③ 8.① 9.②

10 다음은 A국의 의회 선거 결과에 따른 각 정당의 의석 점유율을 가상한 결과이다. 이에 대한 분석 및 추론으로 가장 옳은 것은? (단, A국은 전형적인 의원 내각제 국가이다.)

시기	갑당	을당	병당	정당
t대	55%	30%	10%	5%
t+1대	35%	30%	25%	10%

① t대 의회보다 t+1대 의회에서 소수의 이익을 보호할 가능성이 높다.
② t대 의회에서는 갑당과 타 정당 간의 연립을 통해 내각을 구성해야 한다.
③ t+1대 의회에서는 정국이 안정되고 정치적 책임 소재가 분명할 것이다.
④ t+1대 의회에서는 갑당만이 수상을 배출한다.

ADVICE ② t대 의회에서 갑당이 55%의 의석을 확보하였으므로 단독으로 내각을 구성할 수 있다.
③ t+1대 의회에서는 과반의석을 확보한 정당이 없으므로 연립 내각을 구성해야 한다. 이 경우 정치적 책임 소재가 불분명하고 정국이 불안해질 가능성이 있다.
④ 연립 내각을 구성해야 하는 상황이므로 갑당만이 수상을 배출할 수 있는 것은 아니다.

11 다음은 문화 이해의 태도에 대한 판서 내용이다. ㉠~㉣에 대한 설명으로 옳은 설명을 <보기>에서 고른 것은?

(1) (㉠) : 문화 간의 우열을 인정하는 태도
－(㉡) : 자기 문화의 우수성을 내세워 타 문화를 평가절하 하려는 태도
－(㉢) : 다른 사회의 문화만을 동경하거나 숭상하는 태도
(2) 문화 상대주의 : 문화 간의 우열을 인정하지 않고, 문화의 가치를 그 사회의 환경과 역사적 맥락에서 이해하려는 태도, (㉣)의 태도로 치우칠 경우 많은 문제점이 발생한다.

〈보기〉
㉠ ㉠은 문화 절대주의, ㉡은 문화 사대주의, ㉢은 자문화 중심주의이다.
㉡ ㉡은 그 집단 내에 일체감을 높여주는 등 사회 통합에 기여하기도 한다.
㉢ ㉢의 대표적인 예로 '중국의 중화사상'이 있다.
㉣ ㉣은 극단적인 상대주의이며, 문제점으로는 '인류 보편적 가치 훼손'이 있다.

① ㉠, ㉡
② ㉡, ㉢
③ ㉡, ㉣
④ ㉢, ㉣

ADVICE ㉠ ㉠은 문화 절대주의, ㉡은 자문화 중심주의, ㉢은 문화 사대주의이다.
㉢ 중국의 중화사상은 자문화 중심주의의 예이다.

12 다음은 우리나라 사회 보장 제도 (가)~(다)의 사례를 구분한 것이다. 이에 대한 설명으로 옳은 것은?

> (가) 70세인 A씨는 소득 인정액이 기준 금액 이하로 판정되어 매월 일정 금액을 정부로부터 받고 있다.
> (나) 장애인 B씨는 지방자치단체에서 운영하는 장애인 콜택시를 이용하여 이동한다.
> (다) 해고를 당한 C씨는 실업 급여를 신청하여 지급받았다.

① (가)는 (나), (다)보다 수혜 대상자 범위는 작고, 소득 재분배 효과는 크다.
② (가)는 (다)와 달리 상호 부조의 원칙이 적용된다.
③ (나)는 사전 예방, (다)는 사후 처방의 성격이 강하다.
④ (다)는 대상자의 수혜 정도에 따라 비용을 부담하게 한다.

ADVICE (가) 기초연금, (나) 사회서비스, (다) 사회보험
② 상호 부조의 원칙이 적용되는 것은 사회보험이다.
③ 사회서비스는 사전 예방과 사후 처방의 성격을 모두 가지며 사회보험은 사전 예방의 성격을 가진다.
④ 사회보험의 대상자는 부담능력에 따라 비용을 부담하게 된다.

13 밑줄 친 ㉠~㉤에 대한 설명으로 옳은 것은?

> 갑은 ㉠ <u>아버지</u>의 권유로 ㉡ <u>경영대학</u>에 진학하였다. 평소 연극을 좋아하여 ㉢ <u>연극 동아리</u>에 가입하였고, 동아리 활동을 하면서 연기에 소질이 있다는 평가를 받아 ㉣ <u>동아리 부장</u>을 하게 되었다. 그래서 '대학 연극 축제'에 참가하여 심사위원들로부터 최고 점수를 받아 ㉤ <u>'대상'</u>을 수상하였다.

① ㉠은 귀속 지위이고, ㉣은 성취 지위이다.
② ㉡은 1차적 사회화 기관이면서 공식적 사회화 기관이다.
③ ㉢은 이익 사회이며, 가입과 탈퇴가 자유로운 집단이다.
④ ㉤은 갑의 역할에 대한 보상이다.

ADVICE ① 아버지와 동아리 부장 모두 성취 지위이다.
② 경영대학은 2차적 사회화 기관이면서 공식적 사회화 기관이다.
④ 역할 행동에 대한 보상이다.

ANSWER 10.① 11.③ 12.① 13.③

14 **표는 자료 수집 방법 A~D의 일반적인 특징을 구분한 것이다. 이에 대한 설명으로 옳은 것은? (단, A~D는 각각 질문지법, 면접법, 참여관찰법, 실험법 중 하나이다.)**

* ○: 예, ×: 아니요

구분	A	B	C	D
주로 질적 연구에서 사용되는가?	×	○	○	×
언어적 상호 작용이 필수적인가	○	×	○	×

① A는 B에 비해 다수의 많은 자료를 한 번에 수집할 수 있다.
② B는 C에 비해 조사 대상자의 깊이 있는 답변을 유도하기에 용이하다.
③ C는 D와 달리 연구 변수에 대한 인위적인 처치와 조작을 강조한다.
④ B, C는 A, D와 달리 일반적인 법칙 발견에 유리한 자료 수집방법이다.

ADVICE A : 질문지법, B : 참여 관찰법, C : 면접법, D : 실험법
② 조사 대상자의 깊이 있는 답변을 유도하기에 용이한 것은 면접법이다.
③ 연구 변수에 대한 인위적인 처치와 조작을 강조하는 것은 실험법이다.
④ 일반적인 법칙 발견에 유리한 자료 수집 방법은 질문지법과 실험법이다.

15 **다음 민간 경제의 순환에 대한 설명으로 옳은 것은?**

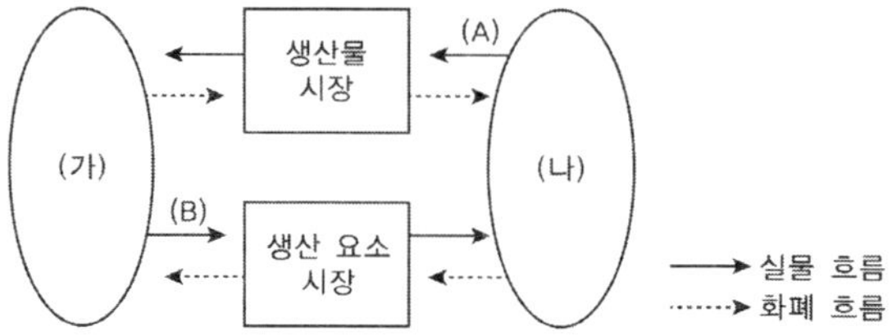

① ㈎는 생산 활동의 주체이다.
② ㈏는 효용의 극대화를 목적으로 한다.
③ 재화와 서비스는 (A)에 해당된다.
④ (B)에는 국방, 치안, 기상 정보 등이 해당된다.

ADVICE ㈎ 가계, ㈏ 기업, (A) 생산물, (B) 생산 요소
① 가계는 소비 활동의 주체이다. 생산 활동의 주체는 기업이다.
② 효용의 극대화를 목적으로 하는 것은 가계이다. 기업은 이윤의 극대화를 추구한다.
④ 국방, 치안, 기상 정보는 국가에서 제공하는 서비스로 (A), (B) 둘 다 아니다.

16 밑줄 친 ㉠~㉣과 같은 현상의 일반적인 특징에 대한 옳은 설명을 〈보기〉에서 고른 것은?

> ㉠ 외계 항성계와 행성을 탐험할 수 있는 새로운 길이 열렸다. 최근 하와이에 있는 W.M. 켁 천문대(Keck Observatory)에서 관측된 자료를 근거로 두 개의 새로운 논문이 천문학 저널(Astronomical Journal)에 발표됐다. 이들 논문은 주항성에 가깝게 있는 ㉡ 갈색왜성과 행성계 시스템에 대한 내용을 담고 있어 눈길을 끌고 있다. ㉢ 갈색왜성은 행성보다는 큰데 항성보다는 질량이 작고 가시광선 영역의 빛을 내지 못하는 천체이다. 온도가 대단히 낮고 크기가 작기 때문에 직접 관측되지 않았다. 하지만 켁 천문대에 설치한 '보텍스 코로나그래프(Vortex Coronagraph)'를 통해 갈색왜성을 찍는 데 성공했다. 코로나그래프는 개기일식이 아닌 평상시에 태양의 빛을 가려 코로나 방출을 파악하는 장비인데, 이를 ㉣ 켁 천문대에 설치해 외계행성을 찾는 데 응용한 것이다.

> 〈보기〉
>
> ㉠ ㉠과 같은 현상은 특수성을 지닌다.
> ㉡ ㉡과 같은 현상은 ㉠과 같은 현상과 달리 개연성을 갖는다.
> ㉢ ㉢과 같은 현상은 ㉣과 같은 현상과 달리 확실성의 원리를 따른다.
> ㉣ ㉢과 같은 현상은 당위 법칙, ㉣과 같은 현상은 존재 법칙이 적용된다.

① ㉠, ㉡ ② ㉠, ㉢

③ ㉡, ㉣ ④ ㉢, ㉣

ADVICE ㉠㉣ 사회 · 문화 현상, ㉡㉢ 자연 현상

㉡ 개연성은 사회 · 문화 현상의 특징이다.

㉣ 사회 · 문화 현상은 당위 법칙, 자연 현상은 존재 법칙이 적용된다.

ANSWER 14.① 15.③ 16.②

17 다음 자료를 바탕으로 내년도에 나타날 환율 변동의 효과에 대한 추론으로 옳은 것은? (단, A점은 금년도 평균 환율이며, B점은 내년도 예측치이다.)

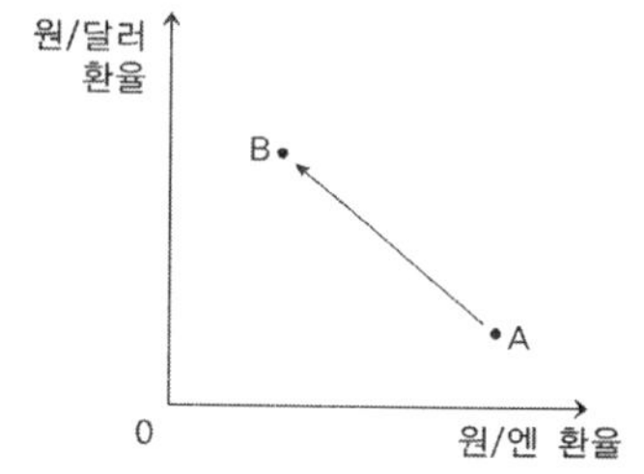

① 한국 시장에서 미국 제품의 가격 경쟁력은 높아질 것이다.
② 미국산 원재료를 사용하는 한국 기업의 생산비는 감소할 것이다.
③ 일본산 부품을 사용하여 미국에 수출하는 한국 기업의 이익은 증가할 것이다.
④ 한국 시장에서 일본 제품의 가격 경쟁력은 미국 제품보다 낮아질 것이다.

ADVICE 점 A에서 B로 이동하면 원/달러 환율은 상승하고 원/엔 환율은 하락한다. 따라서 내년도에 나타날 세 화폐의 가치는 달러>원>엔 순이다.

① 원/달러 환율이 상승하므로 미국 제품의 원화 표시 가격이 높아지게 되므로 미국 제품의 가격 경쟁력이 낮아질 것이다.
② 미국산 원재료를 수입할 때 '원/달러 환율' 상승으로 인해 원화 표시 가격이 높아지므로 한국 기업의 생산비가 증가할 것이다.
③ 일본에서 부품을 수입할 때는 '원/엔 환율' 하락으로 보다 낮은 원화 가격으로 수입하고, 미국으로 수출할 때는 '원/달러 환율' 상승으로 인해 수출품의 달러 표시 가격이 낮아져 상대적으로 가격경쟁력이 높아진다. 따라서 한국 기업의 이익은 증가할 것이다.
④ '원/엔 환율' 하락으로 일본 제품의 원화 표시 가격은 낮아지고, '원/달러 환율' 상승으로 미국 제품의 원화 표시 가격은 상승하므로 일본 제품의 가격경쟁력이 미국 제품의 가격경쟁력보다 높아질 것이다.

18 A극장에서 동일한 액수로 징수하던 영화 관람료를 요일 및 시간대별로 차등 징수한 결과 다음과 같은 변화가 나타났다. 영화 관람료 변화에 따른 수요의 가격 탄력성에 대한 설명으로 바른 것은? (단, 판매수입 변화에서 '+'는 증가, '−'는 감소, '0'은 변화 없음을 의미한다.)

구분	평일 심야	평일	주말
가격 상승률(%)	+10	+5	+10
판매수입 변화	−	0	+

① 평일 심야 − 수요의 가격 탄력성은 비탄력적이다.
② 평일 − 수요의 가격 탄력성은 단위 탄력적이다.
③ 주말 − 수요의 가격 탄력성은 탄력적이다.
④ A극장의 수요의 가격 탄력성 크기는 주말 > 평일 심야 > 평일순이다.

ADVICE
- 수요의 가격 탄력성 $= \frac{\text{수요량의 변화율(\%)}}{\text{가격의 변화율(\%)}}$
- 판매수입=가격×판매량(수요량)

① 평일 심야에는 가격의 변화율에 비해 수요량의 변화율이 더 크므로(∵ 판매수입이 감소함) 수요의 가격 탄력성은 1보다 크며 탄력적이다.
② 가격이 5% 상승했음에도 판매 수입에 변화가 없다는 것은 같은 비율로 수요량이 감소했음을 뜻한다. 즉, 가격 변화율과 수요량 변화율이 같으므로 수요의 가격 탄력성은 1이고, 단위 탄력적이다.
③ 주말에는 가격의 변화율에 비해 수요량의 변화율이 작게 나타나고 있으므로(∵ 판매수입이 증가함) 수요의 가격 탄력성은 1보다 작으며 비탄력적이다.
④ A극장의 수요의 가격 탄력성 크기는 평일 심야>평일>주말 순이다.

ANSWER 17.③ 18.②

19 표는 ○○국 경제에서 부존 자원과 생산 기술을 이용하여 생산할 수 있는 자전거와 오토바이의 최대 생산량 조합을 나타낸 것이다. 이에 대한 설명으로 가장 옳은 것은?

(단위 : 대)

최대 생산량 조합	A	B	C	D	E
자전거	100	80	60	35	10
오토바이	1	2	3	4	5

① 오토바이 3대와 자전거 50대 생산은 불가능하다.

② B에서 C로 이동할 때, 오토바이 1대의 추가 생산에 따른 기회비용은 자전거 60대이다.

③ 자전거의 생산량을 늘려감에 따라, 자전거 생산의 기회비용은 점차 감소한다.

④ 생산량 조합이 B에서 C보다 C에서 D로 변할 때, 오토바이 생산의 기회비용은 증가한다.

ADVICE 주어진 표를 생산가능곡선으로 나타내면 아래와 같다.

B에서 C로 오토바이 생산을 1대 늘릴 때, 자전거 생산이 20대 줄어든다. C에서 D로 변할 때는 오토바이 1대 생산 증가는 동일하지만 자전거를 25대 더 적게 생산하므로 C→D로 변할 때 기회비용이 더 크다.

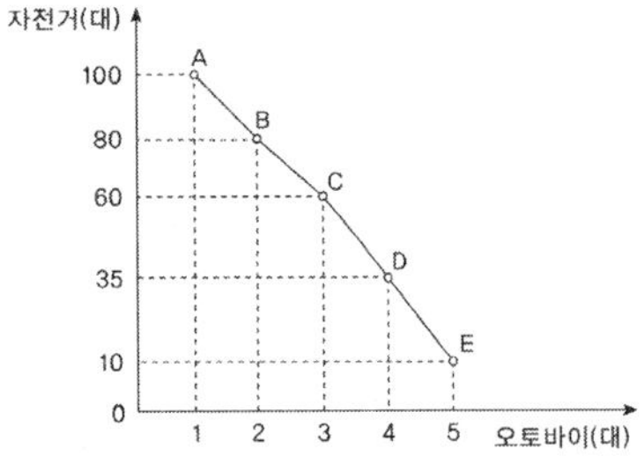

① 오토바이 3대와 자전거 50대 생산은 가능하다.

② B에서 C로 이동할 때, 오토바이 1대당 추가 생산에 따른 기회비용은 자전거 20대이다.

③ 자전거의 생산량을 늘려감에 따라, 자전거 생산의 기회비용은 점차 증가한다.

20 다음은 기획재정부와 농림축산식품부가 추진하는 가격 규제정책에 대한 설명이다. 자료에 대한 설명으로 가장 옳지 않은 것은?

> 최근 물가의 급등으로 인해 서민 경제가 어려워지자 기획재정부는 쌀값 안정을 위한 가격 규제를 추진하고 있다. 반면 농림축산 식품부는 쌀 재배에 따른 생산비 상승에 비해, 쌀의 시장 가격이 낮게 형성되고 있어 적절한 쌀 가격 보전을 위한 가격 규제의 필요성을 요구하고 있다.
>
> 조건 1. 각 정부 부처는 ㈎ 또는 ㈏ 중 어느 하나를 가격 규제 정책으로 추진하고 있다.
> 조건 2. ㈎는 P_1에서, ㈏는 P_2에서 가격 규제가 이루어지고 있다.

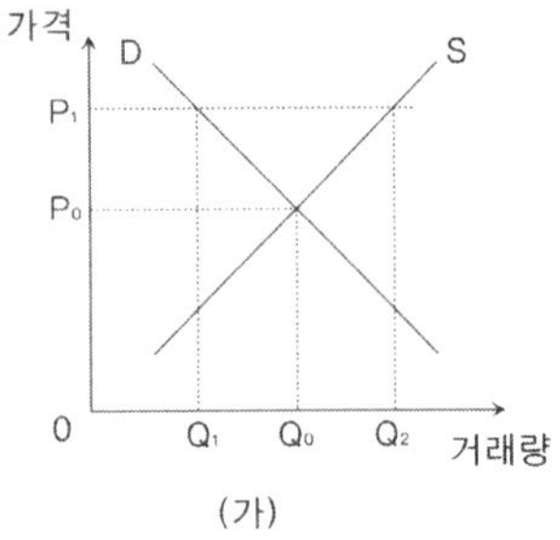

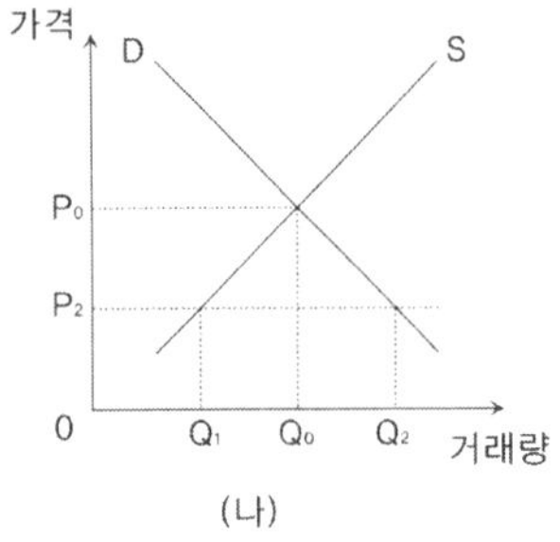

① 농림축산식품부는 ㈎의 가격 규제 정책을, 기획재정부는 ㈏의 가격 규제 정책의 실시를 요구하고 있다.
② 가격 규제 이후 시장에서 판매되는 쌀의 거래량은 ㈎와 ㈏가 같다.
③ 가격 규제 이후 시장에서 판매되는 쌀의 총 거래액은 ㈎가 ㈏보다 더 크다.
④ ㈏는 ㈎와 달리 암시장이 형성될 수 있다.

ADVICE ㈎ 최저 가격제, ㈏ 최고 가격제

④ ㈎와 ㈏에서는 모두 정부의 규제를 피해 암시장이 형성될 수 있다.
① 농림축산식품부는 현재의 쌀 시장 가격이 낮으므로 일정 수준 이하로 가격이 설정되지 못하도록 하는 ㈎최저가격제를 요구하고 있다. 반면, 기획재정부는 쌀 가격이 일정 수준 이상에서 형성되지 못하도록 하는 ㈏최고가격제를 요구하고 있다.
② 가격 규제 이후 거래량은 ㈎와 ㈏ 모두에서 Q1으로 같다.
③ 거래량은 Q_1으로 같지만, 가격 규제로 인해 판매되는 가격은 ㈎에서는 P_1, ㈏에서는 P_2로 각각 다르게 나타난다. 따라서 총 거래액(=거래량×판매 가격)은 ㈎는 $Q_1 \times P_1$, ㈏는 $Q_1 \times P_2$이므로 ㈎에서 더 크다는 것을 알 수 있다.

ANSWER 19.④ 20.④

2017. 4. 8. 인사혁신처 시행

1 **국제 사회의 변천 과정에 대한 설명으로 옳지 않은 것은?**

① 30년 전쟁을 종결하기 위해 체결된 베스트팔렌 조약으로 민족 단위의 주권 국가가 국제 사회의 주체로 떠올랐다.

② 제1차 세계 대전 이후 국제 평화와 안전 및 협력 증진을 위해 국제 연맹이 창설되었으나 실질적인 효과를 거두지 못하였다.

③ 트루먼 독트린은 제국주의와 식민주의의 확산 방지를 위해 미국이 동맹국에 군사 · 경제 원조를 약속한 것으로, 냉전체제 성립의 계기가 되었다.

④ 지중해의 몰타에서 미 · 소 정상이 만나 동서 대결의 종식을 선언한 후 탈냉전 시기가 도래하였다.

ADVICE ③ 트루먼 독트린은 1947년 3월 미국 대통령 H. S. 트루먼이 의회에서 선언한 미국외교정책에 관한 원칙으로, 공산주의 세력의 확대를 저지하기 위하여 자유와 독립의 유지에 노력하며, 소수자의 정부지배를 거부하는 의사를 가진 여러 나라에 대하여 군사적 · 경제적 원조를 제공한다는 것이었다.

2 **밑줄 친 ㉠, ㉡에 대한 설명으로 옳은 것은?**

> 자유는 소극적 자유와 적극적 자유로 나뉜다. 소극적 자유는 국가 권력으로부터 구속이나 강제를 받지 않는 '국가로부터의 자유'를 의미한다. 이와 달리 적극적 자유는 국가 운영에 참여할 수 있는 ㉠'국가에의 자유'와 인간다운 삶을 누릴 자유인 ㉡'국가에 의한 자유'로 구분된다.

① ㉠에는 환경권과 보건권이 포함된다.

② 우리 헌법에 규정된 국민의 공무 담임권은 ㉠을 보장하기 위한 것이다.

③ ㉡은 역사가 가장 오래된 핵심적 권리이다.

④ 자본주의가 발달한 현대 사회에서는 ㉡의 필요성이 점차 줄어들고 있다.

ADVICE ㉠ 참정권, ㉡ 사회권

① 환경권과 보건권은 사회권에 포함된다.

③ 사회권은 현대적 기본권이다. 가장 오래된 핵심적 권리는 자유권이다.

④ 자본주의가 발달한 현대 사회에서는 사회권의 필요성이 점차 늘어나고 있다.

3 **국제 사회를 바라보는 관점 ㈎와 ㈏에 대한 설명으로 옳지 않은 것은?**

㈎	㈏
• 국제 사회는 이성과 보편적인 선(善)이 작동하는 사회로 국가 간 협력과 평화 건설이 가능하다. • 국제법과 국제기구를 통한 협력이 국제 평화 방안이다.	• 국제 사회는 힘의 논리가 지배하는 사회로 무정부성이 존재한다. • 국제법과 국제기구만으로는 국제 평화 건설이 어렵다.

① ㈎는 국제 사회에서 상호 의존성을 중시한다.
② ㈏는 국제 사회를 홉스의 인간관에서 이해한다.
③ ㈎는 ㈏와 달리 국가 안보를 가장 중시한다.
④ ㈏는 ㈎와 달리 국제 평화 방안으로 동맹과 세력 균형을 강조한다.

ADVICE ㈎ 이상주의, ㈏ 현실주의
③ 국가 안보를 가장 중시하는 것은 현실주의적 관점이다.

4 **다음 문서에 대한 설명으로 옳은 것은?**

• 국왕은 의회의 동의를 받지 않고 왕권으로 법의 효력을 정지하거나 법의 집행을 정지할 수 있는 권력이 있다는 주장은 위법이다.
• 국왕에게 청원을 하는 것은 국민의 권리이므로 청원을 했다고 해서 구금하거나 박해를 가하는 것은 위법이다.
• 의원 선거는 자유롭게 이루어져야 한다.

① 프랑스 인권선언의 영향을 받았다.
② 봉건제의 모순을 극복하고 신분제 타파의 계기가 되었다.
③ 전제 군주제에서 입헌 군주제로 변화하는 기틀을 마련하였다.
④ 보통 선거와 평등 선거의 원칙을 제시하였다.

ADVICE 제시된 문서는 영국에서 명예혁명 이후에 채택된 권리장전이다. 권리장전은 의회의 동의 없이 법을 제정하거나 법의 효력을 정지시킬 수 없도록 하여, 왕의 권력도 헌법에 의하여 제한받는 '입헌 군주제'로 변화하는 기틀을 마련하였다.
① 영국의 명예혁명은 1688년, 프랑스 대혁명은 1789년에 발생하였다.
② 프랑스 대혁명 이후 채택된 인권선언문과 관련된 설명이다.
④ 영국에서 보통선거와 평등선거는 20세기 들어서 확립되었다.

ANSWER 1.③ 2.② 3.③ 4.③

5 **양당제와 다당제의 일반적인 특징에 대한 비교 설명으로 옳은 것만을 모두 고른 것은?**

> ㉠ 양당제는 다당제보다 소수집단의 의사가 더 잘 반영된다.
> ㉡ 양당제는 다당제보다 강력한 정책 추진이 가능하다.
> ㉢ 다당제는 양당제보다 다수당의 횡포 가능성이 높다.
> ㉣ 다당제는 양당제보다 정치적 책임소재가 불분명해질 수 있다.

① ㉠, ㉢
② ㉠, ㉣
③ ㉡, ㉢
④ ㉡, ㉣

ADVICE ㉠ 다당제가 양당제보다 소수집단의 의사가 더 잘 반영된다.
㉢ 양당제가 다당제보다 다수당의 횡포 가능성이 높다.

6 **다음 그림은 도시와 농촌의 일반적 특성을 도식화한 것이다. 이에 대한 설명으로 옳은 것은?**

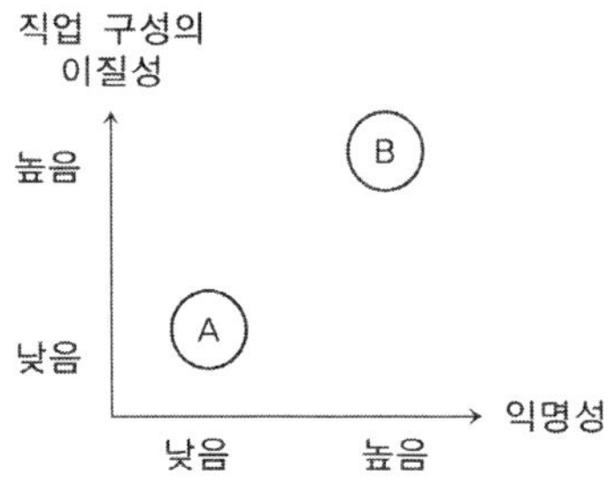

① A에 비해 B에서는 고령화에 따른 노동력 부족 현상이 더 심각하다.
② A에 비해 B에서는 주로 비공식적 수단에 의해 사회 통제가 이루어진다.
③ B에 비해 A에서는 가정과 직장의 분리 정도가 낮다.
④ B에 비해 A에서는 2차적 인간관계가 지배적으로 나타난다.

ADVICE A : 농촌, B : 도시
③ 도시에 비해 농촌에서는 가정과 직장의 분리 정도가 낮다.
① 도시에 비해 농촌에서는 고령화에 따른 노동력 부족 현상이 더 심각하다.
② 도시에 비해 농촌에서는 비공식적 수단에 의해 사회 통제가 이루어진다.
④ 농촌에서는 1차적 인간관계가 지배적으로 나타난다.

7 (가), (나)에 나타난 일탈 이론에 대한 설명으로 옳은 것은?

> (가) 비행 청소년들을 상담한 결과, 주변에 이들의 비행과 일탈을 부추기는 사람들이 존재하였다는 점이 발견되었다. 이런 사람들과의 잦은 접촉으로 인해 비행 청소년들은 자신의 일탈 행위를 쉽게 정당화하며 일탈 행위에 대한 죄의식도 낮아지게 되었다.
> (나) 인터넷 공간은 매우 빠른 속도로 진화하고 있기 때문에 이를 규율하는 사회적 규범이 제대로 마련되지 않아 각종 사이버범죄가 발생하고 있다. 인터넷 공간에는 현실 세계의 규범이 적용되기 어려우며 새로운 규범이 미처 확립되지 않아 이른바 규범의 진공 상태가 발생하게 된다.

① (가)는 목표와 수단 간의 괴리를 일탈 행위의 원인으로 파악한다.
② (가)는 인간의 상호 작용을 통한 문화와 행동의 학습을 강조한다.
③ (나)는 특정 행위를 일탈 행위로 규정하는 사회적 반응에 주목한다.
④ (나)는 일탈 행위의 원인으로 정보 사회의 불평등 구조를 강조한다.

ADVICE (가) 차별적 교제이론, (나) 아노미 이론
② 차별적 교제이론에서는 인간의 상호 작용을 통한 문화와 행동의 학습을 강조한다.
① 목표와 수단 간의 괴리를 일탈 행위의 원인으로 파악하는 것은 아노미 이론이다.
③ 특정 행위를 일탈 행위로 규정하는 사회적 반응에 주목하는 것은 낙인이론이다.
④ 일탈 행위의 원인으로 정보 사회의 불평등 구조를 강조하는 것은 갈등론이다.

8 밑줄 친 ㉠~㉣에 대한 설명으로 옳은 것은?

> 甲은 현재 ㉠ A회사 해외 지사에 근무하고 있다. 처음에는 해외 생활에 적응하기 위해 회사 내 ㉡ 자원봉사 동아리에도 가입하여 적극 활동하였으나, 오랫동안 ㉢ 승진도 안 되고 ㉣ 가족과 떨어져 외로워하고 있다.

① ㉠은 이익 사회이다.
② ㉡은 공동 사회이다.
③ ㉢은 甲의 역할에 대한 평가 결과이다.
④ ㉣은 현재 외집단이다.

ADVICE ㉠㉡ 이익 사회
㉢ 역할 수행에 대한 평가 결과
㉣ 가족은 내집단이다.

ANSWER 5.④ 6.③ 7.② 8.①

9 **다음 표는 질문 (가), (나)를 활용하여 사회 변동을 바라보는 관점 A, B를 구분한 것이다. 이에 대한 설명으로 옳은 것은? (단, A, B는 각각 진화론과 순환론 중 하나이다)**

질문 / 관점	(가)	(나)
A	아니요	예
B	예	아니요

① A가 순환론이면 (가)에는 "서구 중심적 사고라고 비판을 받는가?"가 적절하다.
② B가 진화론이면 (나)에는 "사회 변동은 특정한 방향성을 가지고 있는가?"가 적절하다.
③ (가)가 "제국주의를 정당화하는 근거로 사용되는가?"이면 A는 진화론이다.
④ (나)가 "사회 변동 과정에서 문명이 퇴보할 수 있는가?"이면 B는 순환론이다.

ADVICE ① 순환론은 운명론적 관점으로 "서구 중심적 사고라는 비판을 받는가?"라는 질문에 대한 대답으로 '아니요'가 적절하다.
② 순환론과 진화론은 모두 사회 변동이 특정한 방향성을 가지고 있다고 본다.
③ 제국주의를 정당화하는 근거로 사용된 것은 진화론이다.
④ 진화론은 단선적 방향성으로 사회 변동 과정에서 문명이 퇴보할 수 없다고 본다. 순환론은 사회 변동 과정에서 문명이 퇴보할 수 있다고 본다.

10 **법률의 제정 및 개정 과정에 관한 설명으로 옳지 않은 것은?**

① 법률안 제출은 정부도 할 수 있다.
② 헌법 또는 법률에 특별한 규정이 없는 한 법률안은 국회 재적의원 과반수의 출석과 출석의원 과반수의 찬성으로 의결된다.
③ 국회에서 의결된 법률안에 대해 이의가 있을 때, 대통령은 법률안이 정부로 이송된 날부터 15일 이내에 환부거부할 수 있다.
④ 환부거부된 법률안이 국회에서 재의결된 경우 대통령이 공포하는 즉시 법률로서 확정된다.

ADVICE ④ 환부거부된 법률안이 국회에서 재의결된 경우 대통령의 공포와 상관없이 법률로서 확정되고 공포 후 20일이 지나면 효력이 발생한다.

11 다음 甲의 사례에 관련된 구체적인 위법성 조각 사유로 볼 수 있는 것은?

> 현행 범인으로서의 요건을 갖추었다고 인정되지 않는 상황에서 경찰관이 동행을 거부하는 자를 강제연행하는 것은 적법한 공무집행으로 볼 수 없다. 甲은 그러한 이유에서 경찰관의 강제연행에 저항하다가 경찰관에게 상해를 가했으나 위법성이 조각되어 범죄 성립이 인정되지 않았다.

① 피해자의 승낙 ② 긴급피난
③ 자구행위 ④ 정당방위

ADVICE 현행 범인으로서의 요건을 갖추었다고 인정되지 않는 부당한 상황에서 경찰관의 강제연행에 저항하다가 상해를 가했으므로 이는 정당방위에 해당한다.

※ 위법성 조각 사유

㉠ 정당행위 : 법령에 의한 행위 또는 업무로 인한 행위 기타 사회상규에 위배되지 아니하는 행위는 벌하지 아니한다.

㉡ 정당방위 : 자기 또는 타인의 법익에 대한 현재의 부당한 침해를 방위하기 위한 행위는 상당한 이유가 있는 때에는 벌하지 아니한다.

㉢ 긴급피난 : 자기 또는 타인의 법익에 대한 현재의 위난을 피하기 위한 행위는 상당한 이유가 있는 때에는 벌하지 아니한다.

㉣ 자구행위 : 법정절차에 의하여 청구권을 보전하기 불능한 경우에 그 청구권의 실행불능 또는 현저한 실행곤란을 피하기 위한 행위는 상당한 이유가 있는 때에는 벌하지 아니한다.

㉤ 피해자의 승낙 : 처분할 수 있는 자의 승낙에 의하여 그 법익을 훼손한 행위는 법률에 특별한 규정이 없는 한 벌하지 아니한다.

ANSWER 9.① 10.④ 11.④

12 교사 甲은 (가)의 연구를 일반적인 실험 설계 형태인 (나)로 재구성하였다. 이에 대한 설명으로 옳은 것만을 〈보기〉에서 모두 고른 것은?

(가) 교사 甲은 "㉠ 교사의 학생에 대한 기대가 학생들의 학업 성취에 긍정적인 영향을 미친다"라는 가설을 세웠다. 이를 검증하기 위해 甲이 근무하는 ○○고등학교 1학년 학생을 대상으로 1학기 초에 학업 성취도 평가를 시행한 후, 1학년 모든 반에서 무작위로 20%의 학생을 선정하였다. 그 명단을 각 반 담임교사에게 주면서 성적 하위 20% 학생들의 명단이라고 말하였고, 담임교사는 이들을 지속적으로 격려하였다. 한 학기가 지난 후 동일한 학생을 대상으로 동일한 난이도의 학업 성취도 평가를 실시하였다.

(나)

A	사전 검사 평균 값 a1	→	실험 처치(X)	→	사후 검사 평균 값 b1

B	사전 검사 평균 값 a2	→	실험 처치(X) 안 함	→	사후 검사 평균 값 b2

※ X 이외 다른 변수의 효과는 모두 통제된 것으로 간주함.

〈보기〉

㉠ ㉠은 독립 변수이며 (나)에서는 X에 해당된다.

㉡ A는 통제 집단, B는 실험 집단이다.

㉢ (나)에서 만약 a1, a2, b2가 같고, b1이 통계학적으로 의미 있는 수준에서 b2보다 크면 가설은 채택된다.

㉣ (가)의 연구 결과는 표본의 대표성을 확보하였으므로 일반화가 가능하다.

① ㉠, ㉢　　② ㉡, ㉢

③ ㉡, ㉣　　④ ㉢, ㉣

ADVICE ㉡ A는 실험 처치를 했으므로 실험 집단, B는 실험 처치를 하지 않았으므로 통제 집단이 된다.

㉣ (가)의 연구 결과는 甲이 근무하는 ○○고등학교 1학년 학생의 20%만을 대상으로 연구하였으므로 표본의 대표성을 확보하지 못하여 일반화가 불가능하다.

13 사법절차에 관한 설명으로 옳은 것은?

① 국회의원의 당선효력에 관한 소송은 단심제가 적용되지만 도지사의 경우 2심제가 적용된다.

② 행정소송은 행정심판이 1심의 역할을 하므로 2심제가 적용된다.

③ 특허법원의 판결에 대한 상고를 제외한 각급 법원의 모든 상고는 대법원이 심판한다.

④ 각급 법원은 명령 · 규칙이 법률에 위반되는 여부가 재판의 전제가 된 경우 심사권을 갖지만 최종심사권은 대법원에 있다.

ADVICE ① 대통령, 국회의원, 광역자치단체장(도지사 등), 비례대표 광역의회의원의 당선 효력에 관한 소송(당선 소송)과 선거의 효력에 관한 소송(선거 소송)은 단심제(대법원 심판)가 적용된다.

② 행정소송은 행정법원, 고등법원, 대법원의 3심제가 적용된다.

③ 특허법원은 특허소송(2심제)의 1심을 담당하며 고등법원과 같은 위치에 있다. 특허법원의 판결에 대한 상고도 대법원이 심판한다.

14 대통령과 행정부에 관한 설명으로 옳지 않은 것은?

① 대통령이 일반사면을 명하려면 국회의 동의를 얻어야 한다.

② 행정각부의 장은 국무위원 중에서 국회의장의 제청으로 대통령이 임명한다.

③ 국무회의는 대통령, 국무총리 및 15인 이상 30인 이하의 국무위원으로 구성된다.

④ 감사원은 세입 · 세출의 결산을 매년 검사하여 대통령과 차년도 국회에 그 결과를 보고하여야 한다.

ADVICE ② 행정부의 장은 국무위원 중에서 국무총리의 제청으로 대통령이 임명한다.

① 대통령의 사면권은 대통령의 '국가원수로서의 권한' 중 하나이다.

일반사면 : 범죄의 종류를 지정하여 해당하는 모든 범죄인을 대상으로 하는 사면이며, 국회의 동의가 필요하다.

특별사면 : 형을 선고받은 특정인에 대하여 그 집행을 면제하는 것으로 국회의 동의를 얻을 필요가 없다.

④ 헌법 제99조에서 '감사원은 세입 · 세출의 결산을 매년 검사하여 대통령과 차년도국회에 그 결과를 보고하여야 한다.'고 규정하고 있다. '차기 국회(다음 회기 국회)'와 '차년도 국회(다음 연도 국회)'는 다른 의미이므로 주의해야 한다.

ANSWER 12.① 13.④ 14.②

15 **다음 사례에서 甲에 관련된 설명으로 옳은 것은?**

> 장래 희망이 대통령인 甲은 현재 만 18세이다. 甲은 양가 부모의 동의를 얻어 동갑내기와 결혼하고 혼인 신고를 하였으나 결혼 6개월 만에 이혼하였다. 이혼한 甲은 결혼할 때 甲의 부모가 甲 명의로 사준 주택에 살면서 乙이 운영하는 편의점에서 아르바이트를 하며 지내고 있다. 甲은 지난달에 길에서 어깨를 부딪친 행인을 폭행하여 재판을 받을 처지에 있다. 甲은 급히 합의금을 마련하려고 甲의 부모의 동의 없이 甲 명의의 주택을 처분하려고 한다.

① 甲은 차기 대통령선거에서 피선거권을 가질 수 있다.
② 甲은 乙에게 독자적으로 임금을 청구할 수 있다.
③ 甲은 형사미성년자이기 때문에 가정법원 소년부에서 재판을 받을 수 있다.
④ 甲이 甲의 부모의 동의 없이 甲 명의의 주택을 처분한다면 甲의 부모는 이를 취소할 수 있다.

ADVICE 근로기준법은 미성년자도 독자적으로 임금을 청구할 수 있다고 규정하고 있다.
① 대통령선거의 피선거권은 선거일 현재 5년 이상 국내에 거주하고 있는 40세 이상의 국민에게 있다.
③ 형사미성년자는 만 14세 미만이다.
④ 甲은 만 18세이고 혼인신고를 하였으므로 민법상 성년의제에 해당한다. 성년의제의 효력은 이혼으로 사라지는 효력이 아니고 사법(私法)상의 법률관계에서만 행위능력이 인정된다. 주택 처분은 사법(私法) 관계이므로 성년의제되어 甲의 부모가 이를 취소할 수 없다.

16 **채권과 주식에 대한 설명으로 옳지 않은 것은? (단, 희석증권은 제외한다)**

① 주식보유자는 이익배당청구권을 갖지만, 채권보유자는 이익배당청구권을 갖지 못한다.
② 채권보유자와 주식보유자는 원칙적으로 경영참가권을 가진다.
③ 정부와 지방자치단체는 주식을 발행할 수 없다.
④ 채권보유자는 이자소득을 받지만, 주식보유자는 이자소득을 받을 수 없다.

ADVICE ② 채권보유자는 일정기간 후에 원금과 이자를 받을 권리만 있을 뿐 경영참가권을 갖는 것은 아니다.
① 이익배당청구권은 주식을 보유한 주주(株主)가 발생한 이익에 대하여 분배를 청구할 수 있는 권리를 말한다. 즉, 주주는 이익배당청구권을 가지지만 채권보유자는 가지지 못한다.
③ 주식은 주식회사가 발행하고, 정부와 지방자치단체는 발행할 수 없다.
④ 주식보유자는 이자소득이 아니라 배당금 소득을 받게 된다.

17 다음 그림은 가격 변화에 따른 A재와 B재의 판매 수입을 나타낸 것이다. 이에 대한 설명으로 옳은 것은? (단, A재와 B재는 수요의 법칙을 따른다)

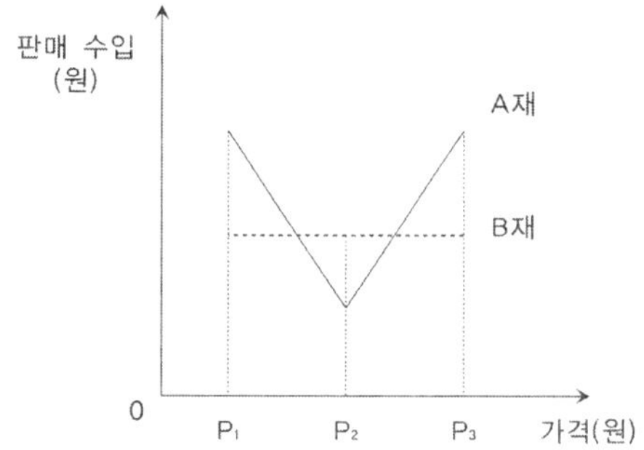

① B재 수요의 가격 탄력성은 0이다.

② 가격이 P_2일 때의 판매량은 A재가 B재보다 많다.

③ 가격이 P_2에서 P_3로 상승할 때 A재의 판매량은 증가한다.

④ 가격이 P_2에서 P_1으로 하락할 때 가격 변화에 대해 A재의 수요는 탄력적이다.

ADVICE
- 판매 수입 = 가격 × 판매량(수요량)
- 수요의 가격 탄력성 = $\frac{\text{수요량의 변화율(\%)}}{\text{가격의 변화율(\%)}}$

① 가격이 $P_1 \rightarrow P_3$로 올라가더라도 B재의 판매 수입은 일정하다. 즉, 가격의 상승하는 만큼 B재의 수요량이 감소하는 것이다. 따라서 B재의 수요 가격탄력성은 단위 탄력적이다.

② 가격이 P_2일 때 A재의 판매수입은 P_2×A판매량, B재의 판매수입은 P_2×B판매량이다. 그래프에서 B재의 판매수입이 더 많으므로 B재의 판매량이 더 많다.

③ 문제에서 A재가 수요의 법칙을 따른다고 했으므로, 가격이 $P_2 \rightarrow P_3$로 상승할 때 A재의 판매량(수요량)은 감소한다.

④ 가격이 하락하는데도 판매수입(=가격×판매량)이 증가한다는 것은 가격의 하락률보다 판매량의 증가율이 더 크다는 것을 의미한다. 따라서 A재의 수요의 가격탄력성은 1보다 큰 값을 가지며, 탄력적이다.

ANSWER 15.② 16.② 17.④

18 다음 그림은 정상재인 X재의 시장 균형 상태를 나타낸 것이다. X재 수요와 공급의 변화로 균형 가격은 변하지 않고 균형 거래량만 증가했다면, 이러한 결과를 초래할 수 있는 변화 요인으로 적절한 것은?

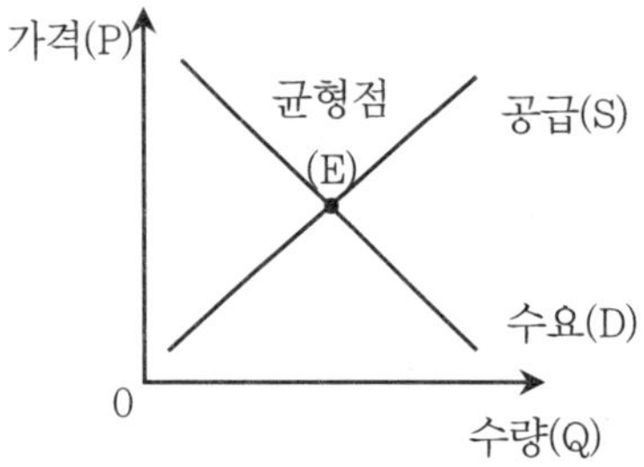

① 대체재의 가격 상승과 생산 요소 가격의 상승
② 보완재의 가격 하락과 생산 기술의 발전
③ 소득의 감소와 공급자 수의 증가
④ X재에 대한 선호 감소와 노동자의 임금 상승

ADVICE 수요와 공급의 변화로 균형 가격은 변하지 않고 균형 거래량만 증가하려면 공급과 수요가 같은 폭으로 증가해야 한다.

② 보완재 가격 하락→수요 증가
생산 기술의 발전→공급 증가
① 대체제 가격 상승→수요 증가
생산 요소 가격 상승→공급 감소
③ 소득 감소→수요 감소
공급자 수 증가→공급 증가
④ 선호도 감소→수요 감소
노동자 임금 상승→공급 감소

19 다음 표에서 기준연도인 T년 대비 (T + 1)년의 GDP 디플레이터 변화에 대한 설명으로 옳은 것은? (단, A국은 X와 Y 두 상품만 생산한다)

상품	T년		(T + 1)년	
	생산량(개)	시장가격(원)	생산량(개)	시장가격(원)
X	50	200	60	250
Y	70	100	80	90

① 11.0% 상승
② 11.0% 하락
③ 9.9% 상승
④ 9.9% 하락

ADVICE GDP 디플레이터를 구하기 위해서는 우선 명목GDP와 실질GDP를 알아야 한다. 명목GDP는 당해 연도 가격과 당해 연도 생산량으로 구하고, 실질GDP는 기준 연도 가격과 당해 연도 생산량으로 구한다. 표로 나타내면 다음과 같다.

T년	명목GDP	(50×200) + (70×100) = 17,000
	실질GDP	(기준연도 T년이므로 명목 GDP와 동일) → 17,000
(T+1)년	명목GDP	(60×250) + (80×90) = 22,200
	실질GDP	(60×200) + (80×100) = 20,000

- GDP 디플레이터 $=\dfrac{명목GDP}{실질GDP}\times 100$ 이므로 T년의 GDP 디플레이터는 100, (T+1)년의 GDP 디플레이터는 111이다.

따라서 T년 대비 (T+1)년의 GDP 디플레이터 변화를 구해보면 $\dfrac{111-100}{100}\times 100 = 11(\%)$ 상승했음을 알 수 있다.

ANSWER 18.② 19.①

20 다음 그림은 A, B, C 3국의 경제 성장률을 나타낸 것이다. 이에 대한 설명으로 옳은 것만을 〈보기〉에서 모두 고른 것은? (단, 경제 성장률은 전년 대비 실질 GDP의 증가율을 의미한다)

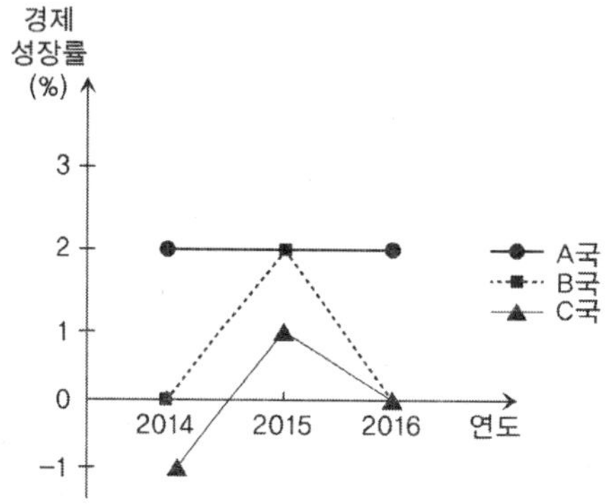

〈보기〉

㉠ A국의 실질 GDP는 2015년과 2016년이 같다.
㉡ B국의 실질 GDP는 2013년이 2016년보다 많다.
㉢ B국의 실질 GDP는 2015년과 2016년이 같다.
㉣ C국의 실질 GDP는 2013년이 2015년보다 많다.

① ㉠, ㉡
② ㉠, ㉢
③ ㉡, ㉣
④ ㉢, ㉣

ADVICE ㉠ 경제 성장률이 전년 대비 실질 GDP의 증가율이므로 A국의 2016년 실질 GDP는 2015년에 비해 2% 증가하였다.

㉡㉢ B국의 경제 성장률은 2014년에 0이므로 2013년과 2014년의 실질 GDP는 동일하다. 2015년의 경제 성장률은 2%이므로 2015년의 실질 GDP가 전년대비 2% 증가한 것이고, 2016년에는 2015년과 동일하다. 따라서 B국의 실질 GDP는 2013=2014<2015=2016이 성립하므로 2016년이 2013년보다 많다.

㉣ C국의 경제성장률에서 2014년은 2013년 대비 1% 감소하고, 2015년에는 2014년 대비 1% 증가했지만 그 값은 같아지는 것이 아니라 오히려 작아진다(증가율의 비대칭성). 2013년의 실질 GDP를 100이라고 하면 2014년의 실질 GDP는 1%(=1) 감소한 99가 된다. 2015년에는 2014년의 1%(=0.99)가 증가했다고 했으므로 99.99가 된다. 따라서 실질 GDP는 2013년이 2015년보다 많다.

2017. 6. 17. 제1회 지방직 시행

1 오늘날 국제문제에 대한 설명으로 옳은 것은?

① 탈냉전기 이후 국제사회의 주요 문제로 환경, 보건, 인권문제 등이 부각되었으나, 안보 문제는 주요 문제로 인식되지 않고 있다.
② 환경, 보건, 인권 등 국제문제의 해결은 문제의 원인을 제공하는 국가가 책임지고 독자적으로 해결해야 한다는 원칙이 오늘날 국제사회에 적용되고 있다.
③ 온실가스 배출량 감축을 위한 '교토 의정서'에 대해 미국은 비준을 거부하였다.
④ 국가 간 경제 격차로 동서문제가 심화되면서 세계 평화가 위협받고 있다.

ADVICE ③ 2001년 3월 전세계 이산화탄소 배출량의 28%를 차지하고 있는 미국이 자국의 산업보호를 위해 탈퇴하였다.
① 탈냉전기 이후 국제사회의 주요 문제로 환경, 보건, 인권문제 등이 부각되었고, 안보 문제 역시 여전히 주요 문제로 인식되고 있다.
② 국제문제는 국경을 초월하여 발생하므로 세계 각국의 적극적인 협력을 통해 해결해야 한다.
④ 동서문제는 과거 냉전체제에서 소련과 미국의 군사적 대립문제를 말한다. 경제 격차에 따른 문제는 북반구와 남반구의 남북문제이다.

2 우리나라의 정당 제도에 대한 설명으로 옳지 않은 것은?

① 정당의 설립은 자유이고 복수 정당제는 헌법에서도 보장된다.
② 정당은 법률이 정하는 바에 의하여 그 운영에 필요한 자금을 국가로부터 보조받을 수 있다.
③ 정당의 목적이나 활동이 민주적 기본 질서에 위배될 때에는 국회는 헌법재판소에 정당의 해산을 제소할 수 있다.
④ 정당은 공직 선거에 참여하거나 여론을 형성하고 주도하는 등 국민의 정치적 의사 형성에 참여할 수 있다.

ADVICE ③ 정당의 목적이나 활동이 민주적 기본 질서에 위배될 때에는 정부는 국무회의의 심의를 거쳐 헌법재판소에 정당의 해산을 제소할 수 있다.

ANSWER 20.④ / 1.③ 2.③

3 **다음은 대표적인 근대 정치 사상가들의 주장을 정리한 것이다. 갑~병에 대한 설명으로 옳은 것은?**

> 갑 : 인간은 자연 상태에서는 자유롭고 평등하며 타인에 대한 연민을 지니고 있지만, 사유재산제로 인해 경제적 · 정치적 불평등이 조성되었다.
> 을 : 자연 상태에서 사적 소유권을 항상적으로 확보하기 어렵기 때문에 개인들은 사회계약에 동의하고 정부를 구성하였다. 하지만 정부가 계약을 제대로 수행하지 못하는 경우 개인들은 정부를 다시 구성할 수 있다.
> 병 : 개인들은 자신들이 갖는 자연권을 제3의 주권자에게 양도하면, 그에게 절대 복종하여야 한다.

① 개인들이 국가에 권리를 양도한 정도는 병이 가장 크다.
② 갑과 을은 군주제의 필요성을 강조하였다.
③ 을과 병은 개인들이 자연 상태에서 평화롭다고 인식하였다.
④ 갑, 을, 병 모두 국민주권론을 주장하였다.

ADVICE 갑 : 루소, 을 : 로크, 병 : 홉스

① 홉스는 개인이 갖는 자연권 전부를 제3의 주권자인 군주에게 양도한다고 하였으므로, 개인들이 국가에 권리를 영도한 정도가 가장 크다.
② 루소는 직접 민주주의, 로크는 입헌군주제, 홉스는 절대군주제를 주장하였다.
③ 개인들이 자연 상태에서 평화롭다고 인식한 것은 루소와 로크이다.
④ 홉스는 군주주권론을 주장하였다.

4 **다음 표는 시대별 민주 정치의 일반적인 특징을 나타낸 것이다. (가)~(다)에 대한 설명으로 옳은 것은? (단, (가)~(다)는 각각 고대 아테네, 근대, 현대 민주 정치 중 하나이다)**

질문	답변		
	(가)	(나)	(다)
보통선거권이 보장되는가?	아니요	아니요	예
대의제를 바탕으로 정치가 이루어지는가?	예	아니요	예

① (가)에서는 공직자를 추첨이나 윤번제 등으로 충원하였다.
② (나)에서는 입헌주의와 직접 민주주의가 시행되었다.
③ 영국의 차티스트 운동은 (나)에서 (가)로 발전하는 데 기여하였다.
④ (다)에서는 (가)에서와 달리 여성의 참정권을 인정하였다.

ADVICE (가) 근대 민주 정치, (나) 고대 아테네 정치, (다) 현대 민주 정치

① 공직자를 추첨이나 윤번제 등으로 충원한 것은 (나) 고대 아테네 정치이다.

② 고대 아테네 정치에서는 직접 민주주의가 시행되었으나, 입헌주의는 근대 시민혁명 이후이다.

③ 영국의 차티스트 운동은 근대 민주 정치에서 현대 민주 정치로 발전하는 데 기여하였다. 차티스트 운동은 19세기 노동자층이 중심이 되어 선거권을 획득하기 위해 전개된 영국의 민중운동이다.

5 **다음 표는 1인 2표제를 시행하고 있는 A국의 의원 선거 결과이다. A국의 선거 및 정당 제도에 대한 일반적인 추론으로 옳은 것은? (단, 지역구는 단순 다수 대표제에 의해, 비례 대표는 정당의 총 득표수에 비례해서 당선자가 결정된다)**

구분	지역구		비례 대표	
전국	선거구 수	의원 정수	선거구 수	의원 정수
	500	500	1	50

① 지역구 의원은 결선 투표로 선출된다.

② 다당제보다 양당제일 가능성이 더 높다.

③ 정당별 총 의석수가 정당 득표율만으로 결정된다.

④ 지역구 선거에서는 현직 의원보다 정치 신인의 당선 가능성이 더 높다.

ADVICE ② 단순 다수 대표제의 경우 거대정당에게 유리하여 양당제 성립이 용이하다. A국 총 의원 550명 중 500명이 단순 다수 대표제에 의해 당선되므로 양당제일 가능성이 더 높다.

① 결선 투표는 절대 다수 대표제에서 이뤄진다.

③ 비례 대표 의원 정수 50명만 정당 득표율만으로 결정된다.

④ 단순 다수 대표제에서는 정치 신인의 당선 가능성이 낮다.

ANSWER 3.① 4.④ 5.②

6 사회 · 문화 현상의 연구 방법 A, B의 일반적인 특징에 대한 설명으로 옳은 것을 〈보기〉에서 고른 것은?

> • A는 계량화된 경험적 자료에 대한 분석을 통해 변수들 간의 관계를 설명한다.
> • B는 인간의 사회적 행위 속에 담긴 주관적 동기와 의미를 심층적으로 이해한다.

> 〈보기〉
> ㉠ A는 측정이나 실험을 통한 구체적 가설 검증을 중시한다.
> ㉡ A는 실증적 방법에 입각한 연구를 통한 결론 도출에 적합하다.
> ㉢ B는 해석적 연구를 통한 보편적 법칙 발견에 적합하다.
> ㉣ B는 직관적 이해보다는 통계화된 자료의 수집을 더 중시한다.

① ㉠, ㉡
② ㉠, ㉢
③ ㉡, ㉣
④ ㉢, ㉣

ADVICE A : 양적연구, B : 질적연구

㉢ 질적연구는 해석적 연구를 통해 사회 · 문화 현상을 이해하지만, 보편적 법칙 발견에는 적합하지 않다. 보편적 법칙 발견은 양적연구가 적합하다.

㉣ 질적연구는 직관적 이해를 중시한다. 통계화된 자료의 수집을 중시하는 것은 양적연구이다.

7 사회 집단과 조직에 대한 설명으로 옳은 것은?

① 대학교는 2차 집단이며 이익 사회에 해당한다.
② 시민 단체는 이익 사회이며 비공식 조직에 해당한다.
③ 종친회는 1차 집단이며 공동 사회에 해당한다.
④ 대기업은 공식 조직이며 자발적 결사체이다.

ADVICE ② 시민 단체는 이익 사회이며 공식 조직에 해당한다.

③ 종친회는 이익 사회에 해당한다.

④ 자발적 결사체는 공통의 목표를 지닌 사람들이 자발적으로 만든 집단으로, 동창회와 같은 친목 집단, 의사회나 변호사회 같은 이익 집단, 환경 단체나 경제 정의 실현 등을 목표로 하는 사회 봉사 집단 등이 있다. 대기업은 공식 조직이지만 자발적 결사체는 아니다.

※ 1차 집단과 2차 집단

㉠ 1차 집단 : 구성원 간의 대면적 접촉과 친밀감을 바탕으로 결합되어 구성원들이 전인격적인 관계를 이루는 집단을 1차 집단 또는 원초적 집단이라고 한다.

㉡ 2차 집단 : 집단 구성원 간의 간접적 접촉과 특정한 목적 달성을 위한 수단적인 만남을 바탕으로 하여 인위적으로 결합되고, 구성원들이 극히 부분적 관계로 이루어진 집단을 2차 집단이라고 한다.

8 **밑줄 친 ㉠~㉣에 대한 설명으로 옳은 것은?**

> 한국인은 ㉠ 햄버거의 등장이라고 하면 흔히 미국을 떠올린다. 그 이유는 ㉡ 햄버거가 미국에서 유입되었기 때문이다. 햄버거의 기원을 몽골의 유라시아 원정 때부터로 보는 일부 시각도 있다. 몽골의 고기를 갈아 먹는 문화가 러시아로 전해진 후, 러시아인은 생고기를 갈아 다진 양파와 날달걀을 넣어 타르타르 스테이크를 만들었다. 그것이 독일의 함부르크에 전해진 후, ㉢ 함부르크 스테이크의 형태로 미국에 전해졌다. 햄버거가 미국에 전해진 초기에는 일반인 대다수가 즐겨 먹는 음식이 아니었다. 하지만 맛과 간편성에 주목한 ㉣ 청소년과 하층민들이 햄버거를 즐겨 먹게 되었고, 이후 여러 햄버거 체인들의 발전과 함께 세계적인 음식이 되었다.

① ㉠은 문화 변동의 내재적 요인 중 발견에 해당한다.
② ㉡은 문화 지체의 사례이다.
③ ㉢은 강제적 문화 접변에 해당한다.
④ ㉣은 문화의 다양성에 기여하는 하위 문화이다.

ADVICE ④ 햄버거가 미국에 전해진 초기에는 대다수가 즐겨 먹는 음식이 아닌, 청소년과 하층민들이 즐겨 먹었으므로 하위 문화에 해당한다.

① 발견은 이미 존재하였으나 알려지지 않은 문화 요소를 찾아내는 것이다. ㉠은 문화 변동의 외재적 요인 중 전파에 해당한다.

② 문화 지체는 물질 문화의 급속한 변동에 비해 비물질 문화의 완만한 변화가 상대적으로 뒤처지는 현상으로 ㉡은 문화 지체 사례는 아니다.

③ 강제적 문화 접변은 정복이나 식민지 지배 등 강제성을 띤 외부의 압력에 의해 일어나는 것이다.

ANSWER 6.① 7.① 8.④

9 **다음 표는 우리나라의 사회보험과 공공부조의 특징을 비교한 것이다. 이에 대한 설명으로 옳은 것은?**

질문	사회보험	공공부조
(가)	아니요	예
(나)	예	예
(다)	A	B
(라)	C	D

① (가)는 "소득 재분배 효과가 있는가?"라는 질문이 해당할 수 있다.
② (나)는 "수급자 선정 과정에서 낙인 문제가 발생하는가?"라는 질문이 해당할 수 있다.
③ (다)의 질문이 "기초연금제도가 해당되는가?"라면 A는 '아니요', B는 '예'이다.
④ (라)의 질문이 "강제가입을 원칙으로 하는가?"라면 C는 '아니요', D는 '예'이다.

ADVICE ③ 65세 이상의 전체 노인 중 가구의 소득인정액이 선정기준액 이하인 노인에게 매달 일정액의 연금을 지급하는 제도인 기초연금제도는 공공부조이다.
① 사회보험과 공공부조 모두 소득 재분배 효과가 있다.
② 수급자 선정 과정에서 낙인 문제가 발생하는 것은 공공부조이다.
④ 강제가입을 원칙으로 하는 것은 사회보험이다.

10 **다음 표는 갑, 을, 병 세 나라의 자녀와 부모 계층의 일치 여부에 대한 것이다. 이에 대한 해석으로 옳은 것은?**

〈자녀와 부모 계층의 일치 및 불일치 비율〉

(단위 : %)

자녀의 계층	갑국		을국		병국	
	부모와 일치	부모와 불일치	부모와 일치	부모와 불일치	부모와 일치	부모와 불일치
상층	7	3	18	2	12	8
중층	24	6	4	6	42	18
하층	54	6	56	14	16	4
합	100		100		100	

① 갑국의 자녀 세대는 다이아몬드형 계층 구조이다.
② 을국에서 세대 간 상승 이동한 자녀의 수는 세대 간 하강 이동한 자녀의 수보다 적다.
③ 병국에서 부모와 계층이 일치하는 자녀의 수는 상층과 하층을 합하면 중층보다 많다.
④ 세 나라 모두 세대 간 계층 대물림은 부모가 상층일 때 가장 많다.

ADVICE ② 을국의 자녀 수를 100이라고 할 때, 중층 '부모와 불일치' 6명이 모두 상승 이동이라고 하더라도 상승 이동한 자녀의 수는 2+6=8명이고 하강 이동한 자녀의 수는 14명으로, 을국에서 세대 간 상승 이동한 자녀의 수는 세대 간 하강 이동한 자녀의 수보다 적다.

① 갑국의 자녀 세대는 상층 10(=7+3), 중층 30(=24+6), 하층 60(=54+6)의 피라미드형 계층 구조이다.

③ 병국에서 상층과 하층에서 부모와 계층이 일치하는 자녀의 수는 12+16=28명으로, 중층에서 부모와 계층이 일치하는 자녀의 수 42명보다 적다.

④ 갑국과 을국은 하층일 때, 병국은 중층일 때 세대 간 대물림이 가장 많다.

11 다음 표는 A국의 경상 수지를 나타낸 것이다. 이에 대한 설명으로 가장 적절한 것은?

(단위 : 억 달러)

	2015년	2016년
상품 수지	100	110
서비스 수지	200	210
㈎	10	−20
이전 소득 수지	−20	10

① 2016년 A국의 상품 수출액 증가율이 상품 수입액 증가율보다 크다.
② A국은 상품의 수출입 규모보다 외국과의 서비스 거래 규모가 더 크다.
③ A국의 정부가 외국에서 채권을 발행하고 지급한 이자는 ㈎에 포함된다.
④ A국은 외국의 원조를 받는 나라에서 외국에 원조를 해 주는 나라가 되었다.

ADVICE ㈎는 본원 소득 수지이다. 본원 소득 수지는 경상 수지 구성요소 중 하나로, 우리나라 국민이 해외에서 받은 급료, 임금 및 투자소득과 외국인이 국내에서 받은 급료, 임금 및 투자소득의 차액을 말한다.

③ 정부가 외국에서 채권을 발행하고 지급한 이자는 본원 소득 수지에 포함된다.

① 상품 수지는 상품의 거래 결과로 들어온 외화의 수요와 공급의 차액으로 수출액과 수입액의 차이만 알 수 있을 뿐 증가율은 알 수 없다.

② 서비스 수지로는 서비스 거래의 차액만 알 수 있을 뿐 서비스 거래 규모는 알 수 없다.

④ 이전 소득 수지는 대가 없이 주고받은 외화의 수요와 공급의 차액으로, 이전 소득 수지가 증가한 것은 무상거래를 통한 외화의 유입이 유출보다 많아졌다는 것을 보여준다.

ANSWER 9.③ 10.② 11.③

12 다음 표는 재화 A~D의 가격이 현재 수준에서 10% 인상될 경우 판매 수입의 변화율을 나타낸 것이다. 이에 대한 설명으로 옳은 것을 〈보기〉에서 고른 것은?

(단위 : %)

구분	A	B	C	D
판매 수입 변화율	−10	0	6	10

〈보기〉

㉠ 수요의 가격 탄력성이 가장 큰 재화는 A이다.
㉡ D는 수요의 법칙을 따르지 않는 재화이다.
㉢ A와 D의 수요량 변동률은 동일하다.
㉣ B는 C보다 수요의 가격 탄력성이 작다.

① ㉠, ㉡
② ㉠, ㉣
③ ㉡, ㉢
④ ㉢, ㉣

ADVICE

• 수요의 가격탄력성 $= \dfrac{\text{수요량의 변화율(\%)}}{\text{가격의 변화율(\%)}}$

• 판매 수입 = 가격×판매량(수요량)

A : 수요량의 변동율이 가격 변동율보다 큰 탄력적 재화이다. → 탄력성 > 1

B : 가격이 상승해도 판매 수입의 변화가 없었으므로 가격 변동율과 수요량의 변동율이 같은 단위탄력적 재화이다. → 탄력성 = 1

C : 수요량의 변동율이 가격 변동율보다 작은 비탄력적 재화이다. → 탄력성 < 1

D : 가격 변동율과 판매 수입 변동율이 일치하므로 가격이 변화해도 수요량은 변화하지 않는 완전비탄력적 재화이다. → 탄력성 = 0

㉢ A의 수요량 변동률은 가격 변동율보다 크고, D의 수요량 변동율은 0이다.

㉣ B는 C보다 수요의 가격 탄력성이 크다.

13 다음 그림은 한국의 외환시장에서 미국 달러의 공급곡선을 나타낸 것이다. 외환시장의 균형점을 E에서 A로 이동시키는 요인으로 옳은 것은? (단, 외환시장은 수요와 공급의 법칙을 따른다)

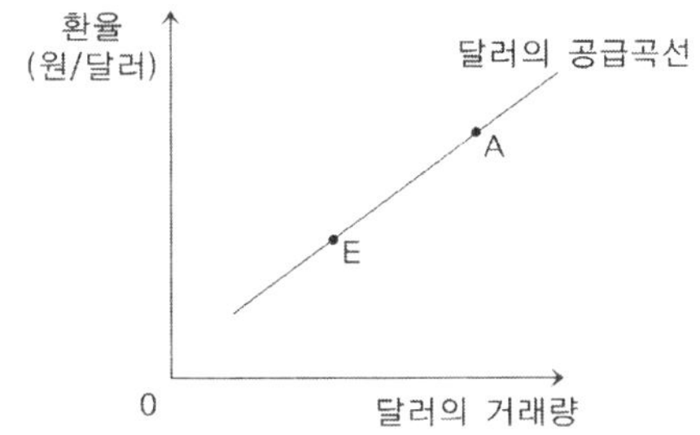

① 한국의 이자율 상승

② 미국 상품에 대한 한국의 수입 증가

③ 미국의 경기 침체로 미국 소비자의 소비 심리 위축

④ 한국 상품에 대한 미국 소비자의 선호도 증가

ADVICE 균형점 E보다 달러의 거래량과 환율이 모두 상승하였으므로 외환시장의 수요 증가 원인을 찾아야 한다. 미국 상품에 대한 한국의 수입이 증가하면 외화의 유출이 증가하여 외화의 수요가 증가하게 된다.

① 한국의 이자율이 상승하면 한국 금융상품의 수익률이 높아지고 이는 외국인의 투자 증가 등으로 이어진다. 따라서 한국 외환시장에서 달러 공급이 증가하는 요인으로 작용한다.

③ 미국 소비자의 소비 심리가 위축되면 한국의 미국 수출량이 감소하여 수출로 벌어들이는 외화가 감소하게 된다. 이는 달러의 공급 감소 요인이다.

④ 한국 상품에 대한 미국 소비자의 선호도가 증가하면 한국에서 미국으로 수출하는 상품 양이 증가하고 이는 외화시장에서 외화의 증가, 즉 달러의 공급 증가 요인이 된다.

ANSWER 12.① 13.②

14 다음 자료에 대한 설명으로 옳은 것은?

> 갑은 ㉠ 연봉 6천만 원을 받으며 회사에 근무하고 있다. 그런데 갑은 평소 한식 요리에 관심이 있어 요리학원에 ㉡ 수강료 1백만 원을 내고 요리를 배워서 한식 조리사 자격증을 취득하였다. 이에 갑은 회사를 사직하고 한식 전문 요리점을 차리려고 한다. 갑이 알아본 결과 1년 간 한식 전문 요리점을 운영할 경우, 매출 1억 5천만 원, 인건비 3천만 원, 시설 보수비 1천만 원, 재료비 7천만 원이 발생한다.

① ㉠은 갑이 한식 전문 요리점을 운영하는 데 들어가는 명시적 비용이다.
② ㉡은 갑이 경제적으로 합리적 선택을 하기 위해 고려해야 하는 매몰비용이다.
③ 갑이 한식 전문 요리점을 운영하는 것에 대한 기회비용은 1억 1천만 원이다.
④ 갑이 한식 전문 요리점을 운영하지 않는 것이 경제적으로 합리적인 선택이다.

ADVICE ③④ 갑이 한식 전문 요리점을 운영하는데 발생하는 기회비용은 연봉 6천만 원+인건비 3천만 원+시설 보수비 1천만 원+재료비 7천만 원으로 총 1억 7천만 원으로 매출 1억 5천만 원보다 크다. 따라서 운영하지 않는 것이 경제적으로 합리적인 선택이다.

① ㉠은 묵시적 비용이다. 묵시적 비용은 다른 대안을 선택함에 따라 얻을 수 있었던 이익을 말하고, 명시적 비용은 어떤 대안을 선택할 때 실제 지출하는 비용을 의미한다.
② 합리적 선택을 하기 위해서는 매몰비용을 고려하지 않는다.

15 다음은 갑국의 고용 관련 상황이다. 갑국 정부의 정책시행 결과 고용 지표 관련 인구 중 감소한 것은?

> 갑국의 실업률은 매우 양호하지만, 고용률은 상대적으로 좋지 않았다. 갑국 정부는 고용률을 높이기 위한 여러 정책을 강도 높게 추진하였다. 그 결과 고용률은 상승했지만, 취업률은 오히려 하락한 상황이 되었다. 다만, 15세 이상 인구는 변함이 없었다.

① 취업자 수　　② 실업자 수
③ 경제활동인구　　④ 비경제활동인구

ADVICE
- 고용률 $= \dfrac{\text{취업자수}}{\text{15세 이상 인구}} \times 100$
- 취업률 $= \dfrac{\text{취업자수}}{\text{경제활동인구}} \times 100$
- 실업률 $= \dfrac{\text{실업자수}}{\text{경제활동인구}} \times 100$

15세 이상 인구는 변함 없는 상황에서 고용률이 상승하였다는 것은 취업자가 증가한 것이다. 취업자가 증가하였는데 취업률이 하락하였으므로 경제활동인구의 증가가 취업자 증가보다 컸음을 의미한다. 따라서 감소한 것은 비경제활동인구이다.

16 다음은 「민법」상의 제한 능력자 중 하나를 나타낸 것이다. 갑의 법률행위에 대한 설명으로 옳은 것은?

질문	답	
원칙적으로 법정대리인의 동의 없이 단독으로 법률행위를 할 수 있습니까?	⇒ 아니요	갑
「민법」상의 제한 능력자 인정에 법원의 심판을 필요로 합니까?	⇒ 아니요	

① 갑이 단독으로 한 행위는 처음부터 무효이다.

② 갑이 속임수로써 법정대리인의 동의가 있었던 것처럼 꾸며서 계약을 한 때에는, 법정대리인이 그 계약을 취소할 수 있다.

③ 권리만 얻는 행위는 갑이 법정대리인의 동의 없이 단독으로 할 수 있지만, 의무만 면하는 행위는 할 수 없다.

④ 갑이 단독으로 거래한 상대방은 갑의 법정대리인에게 그 거래행위를 추인할 것인지 여부의 확답을 촉구할 권리가 있다.

ADVICE 갑은 제한 능력자 중 미성년자에 해당한다.

④ 미성년자와 단독으로 거래한 상대방은 1개월 이상의 기간을 정하여 갑의 법정대리인에게 그 거래 행위를 추인할 것인지 여부의 확답을 촉구할 권리가 있다.

① 미성년자가 단독으로 한 행위는 취소할 수 있다. 취소 이전까지는 유효하고 취소되면 소급하여 효력이 상실된다.

② 제한 능력자가 속임수로써 계약을 한 때에는 그 계약을 취소할 수 없다.

③ 권리만 얻거나 의무만 면하는 행위, 처분이 허락된 재산의 처분, 허락된 영업에 관한 법률행위, 임금 청구 등은 법정대리인의 동의 없이 단독으로 할 수 있다.

ANSWER 14.④ 15.④ 16.④

17 다음은 우리나라 재판제도 중 하나의 절차이다. 이에 대한 설명으로 옳은 것은?

배심원 선정 (가)	→	공판 (나)	→	평의 및 평결 (다)	→	판결 선고 (라)

① 피고인이 이 재판 절차를 희망하지 않으면 진행될 수 없다.
② (가)의 배심원은 만 20세 이상의 국민이면 누구나 선정될 수 있다.
③ (나)는 지방법원 본원 단독판사에 의해 이루어진다.
④ (다)의 평결은 (라)에서 법원을 기속한다.

ADVICE 국민참여재판의 절차이다.
① 피고인의 신청이 없는 경우 국민참여재판을 진행할 수 없다.
② 배심원은 만 20세 이상의 국민이면 신청할 수 있지만, 전과자나 변호사, 경찰관 등은 선정에서 제외된다.
③ 국민참여재판의 대상은 지방법원 합의부가 관할하는 사건이다.
④ 배심원의 평결은 재판부에 권고의 효력만 가질 뿐 법적 구속력은 없다.

18 밑줄 친 ㉠~㉣에 대한 설명으로 옳지 않은 것은?

> 노동조합 전임자에 대한 근로시간의 면제 종료를 일방적으로 통보한 ㉠A회사의 행위가 노동조합의 기본적인 활동을 방해하는 행위라는 ㉡판정이 ㉢재심에서 내려졌다. 이 판정은 ㉣초심인 ○○지방노동위원회의 판정을 취소하고 A회사의 노동조합의 주장을 받아들인 것이다.

① ㉢은 ㉣의 판정에 불복하는 경우에 중앙노동위원회에서 담당한다.
② ㉠은 ㉢에서 부당노동행위로 인정되었다.
③ ㉢은 A회사의 노동조합이 신청하였다.
④ A회사는 ㉡의 취소를 구하는 민사소송을 제기할 수 있다.

ADVICE ④ 중앙노동위원회의 재심 판정에 불복하는 경우 사용자나 근로자 또는 노동조합은 15일 이내에 중앙노동위원장을 대상으로 취소를 구하는 행정소송을 제기할 수 있다.
① 부당 노동 행위에 대한 행정적 구제절차에서 '초심'은 지방노동위원회가, '재심'은 중앙노동위원회가 담당한다.
② 재심(㉢)에서 근로시간의 면제 종료를 일방적으로 통보한 것(A회사의 행위)이 노동조합의 기본적인 활동을 방해하는 부당노동행위로 인정하였다.
③ 지방노동위원회의 구제명령이나 기각결정에 불복하는 경우에, 사용자 또는 노동조합(근로자)은 중앙노동위원회에 재심을 신청할 수 있다.

19 다음의 범죄 성립요건에 대한 설명으로 옳지 않은 것은?

> 범죄의 성립 요건에는 A, B, C가 있다. 우선, A를 충족하는지 여부를 검토한 후 B가 조각되는지를 확인한다. 만약, B가 조각되지 않으면 마지막 단계로서 C가 조각되는지를 확인하고, C가 조각되지 않을 경우에 범죄가 성립된다.

① A는 구성 요건 해당성, B는 위법성, C는 책임이다.
② A를 충족하면 B가 있다고 추정된다.
③ 경찰관이 영장 없이 현행범을 체포하는 행위는 B가 조각된다.
④ 강요된 행위와 정당방위는 모두 C가 조각되어 범죄가 성립되지 않는다.

ADVICE A : 구성 요건 해당성, B : 위법성, C : 책임성이다.
④ 강요된 행위는 책임성이 조각되고, 정당방위는 위법성이 조각되어 범죄가 성립되지 않는다.

20 다음의 헌법 조항에 나타난 헌법의 기본 원리를 실현하기 위한 방안에 해당하는 것만을 〈보기〉에서 모두 고른 것은?

> 제1조 ① 대한민국은 민주 공화국이다.
> ② 대한민국의 주권은 국민에게 있고, 모든 권력은 국민으로부터 나온다.

> ㉠ 선거권과 공무 담임권의 보장
> ㉡ 언론 · 출판 · 집회 · 결사의 자유 보장
> ㉢ 대의제의 채택
> ㉣ 최저임금제의 실시

① ㉠, ㉡
② ㉢, ㉣
③ ㉠, ㉡, ㉢
④ ㉡, ㉢, ㉣

ADVICE 헌법 제1조는 국민 주권의 원리에 대한 것이다.
'선거권과 공무 담임권'등의 민주적 선거 제도 보장, 국민이 자유로운 정치적 의사를 형성하는 데 기여하는 '언론 · 출판 · 집회 · 결사의 자유' 보장, 그리고 간접 민주제(대의제)와 직접 민주제(국민 투표)는 모두 '국민 주권의 원리'에 대한 것이다.
㉣ 최저임금제는 복지국가의 원리에 해당한다.

ANSWER 17.① 18.④ 19.④ 20.③

2017. 6. 24. 제2회 서울특별시 시행

1 **(가)와 (나)는 서로 다른 유형의 법치주의이다. 이에 대한 설명으로 옳은 것은?**

> (가) 법을 통치자의 의사를 실현하는 도구나 수단으로 사용할 수 있다는 점에서 진정한 의미의 법치주의라고 볼 수 없다. 절대 왕정 시대의 법은 곧 왕의 의지를 의미하였고 중국의 법가사상은 법을 전제 군주의 통치 수단으로 보았다.
> (나) 누구도 법과 동등한 권위를 지닐 수 없고, 통치자를 비롯한 모든 사람이 법에 종속된다는 의미를 지니므로 진정한 의미의 법치주의에 해당한다. 여기서 법은 국민의 대표 기관인 의회를 통해 법률로 구체화되므로, 법은 곧 국민의 뜻으로 보았다.

① (가)의 논리는 독재 정부의 지배를 정당화할 수 있다.
② (나)의 논리는 '악법도 법이다.'라는 주장을 지지한다.
③ (가)는 자연법사상, (나)는 실정법사상에 입각한 것이다.
④ (가)와 (나)는 모두 정치 권력의 합법성과 정당성을 강조한다.

ADVICE (가) 형식적 법치주의(법에 의한 지배), (나) 실질적 법치주의(법의 지배)
① 형식적 법치주의는 '법에 의한 지배'로 독재를 합리화하는 수단으로 악용되기도 한다.
② '악법도 법이다.'라는 주장을 지지하는 것은 형식적 법치주의이다.
③ 실질적 법치주의는 자연법사상, 형식적 법치주의는 실정법사상에 입각한 것이다.
④ 형식적 법치주의는 법의 형식적 합법성을, 실질적 법치주의는 법의 실질적 정당성을 강조한다.

2 다음은 우리나라 헌법 조항이다. 이에 대한 분석으로 옳은 것은?

> 제52조 국회의원과 정부는 법률안을 제출할 수 있다.
> 제53조 ② 법률안에 이의가 있을 때에는 대통령은 제1항의 기간 내에 이의서를 붙여 국회로 환부하고, 그 재의를 요구할 수 있다. 국회의 폐회 중에도 또한 같다.
> 제62조 ① ㉠ 국무총리 · ㉡ 국무위원 또는 정부위원은 국회나 그 위원회에 출석하여 국정 처리 상황을 보고하거나 의견을 진술하고 질문에 응답할 수 있다.
> 제66조 ① ㉢ 대통령은 국가의 원수이며, 외국에 대하여 국가를 대표한다.

① ㉠은 국회 내 과반수 의석을 차지한 정당의 대표가 맡는다.
② 국회는 ㉠ 또는 ㉡의 해임을 대통령에게 건의할 수 있다.
③ ㉢은 국가적 위기 상황에서 비상 조치권과 국회 해산권을 갖는다.
④ 헌법 제52조, 제53조②, 제62조①은 의원내각제 요소에 해당한다.

ADVICE ② 국회는 국무총리 또는 국무위원의 해임을 대통령에게 건의할 수 있다〈헌법 제63조 제1항〉.
① 국무총리는 국회의 동의를 얻어 대통령이 임명한다.
③ 현행 헌법은 지난 1980년 헌법에 규정됐던 국회해산권과 비상조치권 등 대통령의 '대권적 권한'들을 삭제했다.
④ 제52조의 '국회의원과 정부도 법률안을 제출할 수 있는 점'과 제62조① '국무총리 · 국무위원 또는 정부위원은 국회나 그 위원회에 출석하여 국정처리상황을 보고하거나 의견을 진술하고 질문에 응답할 수 있다'는 점은 의원내각적 요소에 해당한다. 제53조② 대통령의 법률안 거부권은 대통령제적 요소이다.

ANSWER 1.① 2.②

3 다음은 소선거구제를 채택하고 있는 갑국의 선거 결과이다. 이에 대한 분석으로 가장 옳지 않은 것은?

(단위 : 명)

지역	인구	국회의원 수
A시	89만 3,950	3
B시	29만 2,849	2

① 갑국의 선거구제는 입후보자의 인물 파악이 쉽다.

② 투표 가치를 동등하게 부여하는 평등 선거의 원칙에 부합하지 않는다.

③ B시 유권자 1표는 A시 유권자 1표의 1/2의 가치가 있다.

④ 선거구를 공정하게 획정하기 위해서는 선거구 법정주의, 인구 대표성, 지역 대표성을 고려해야 한다.

ADVICE ②③ A시의 인구를 약 90만, B시의 인구를 약 30만으로 볼 때, 국회의원 수가 3명인 A시 유권자 1표의 가치는 $\frac{1}{30만}$이고 국회의원 수가 2명인 B시의 유권자 1표의 가치는 $\frac{1}{15만}$이므로 B시 유권자 1표는 A시 유권자 1표의 2배의 가치가 있다.

① 소선거구제는 중 · 대선거구제에 비해 후보자가 난립할 가능성이 낮아 입후보자의 인물 파악이 쉽다.

④ 선거구를 공정하게 획정하기 위해서는 법에 의해 선거구를 획정하는 선거구 법정주의에 따라야 하며 인구 대표성과 지역 대표성을 고려해야 한다.

4 표는 현재 우리나라 정치에서 발생할 수 있는 정치적 쟁점에 대한 A, B 정당의 입장을 정리한 것이다. 이에 대한 설명으로 옳은 것은?

쟁점	A당 입장	B당 입장
헌법 개정 논의	시기상조이므로 반대	㉠ 개헌안 발의
㉡ ○○정책에 대한 국민 투표	찬성	반대
㉢ ○○법 개정안 재의	㉣ 본회의 표결 처리	국민적 합의 필요

① ㉠은 국회 재적의원 10명 이상이 동의하면 가능하다.

② ㉡은 국회 재적의원 2/3 이상의 찬성으로 실시 가능하다.

③ ㉢은 국회에서 부결된 법안을 대상으로 한다.

④ ㉢이 ㉣을 통과하여 이송되면 대통령은 지체 없이 공포해야 한다.

ADVICE ④ 재의의 요구가 있을 때에는 국회는 재의에 붙이고, 재적의원 과반수의 출석과 출석의원 3분의 2 이상의 찬성으로 전과 같은 의결을 하면 그 법률안은 법률로서 확정된다. 대통령은 확정된 법률을 지체없이 공포하여야 한다. 확정법률이 정부에 이송된 후 5일 이내에 대통령이 공포하지 아니할 때에는 국회의장이 이를 공포한다.

① 헌법개정은 국회재적의원 과반수 또는 대통령의 발의로 제안된다.

② 대통령은 필요하다고 인정할 때에는 외교 · 국방 · 통일 기타 국가안위에 관한 중요정책을 국민투표에 붙일 수 있다. 즉, 국민투표는 대통령의 전속적인 권한이다.

③ 국회에서 부결된 법안은 동일 회기 중에 다시 발의하거나 심의하지 못한다. 재의는 법률안에 이의가 있을 때 대통령이 요구할 수 있다.

5 그림은 형사절차를 나타낸 것이다. 이에 대한 설명으로 가장 옳은 것은?

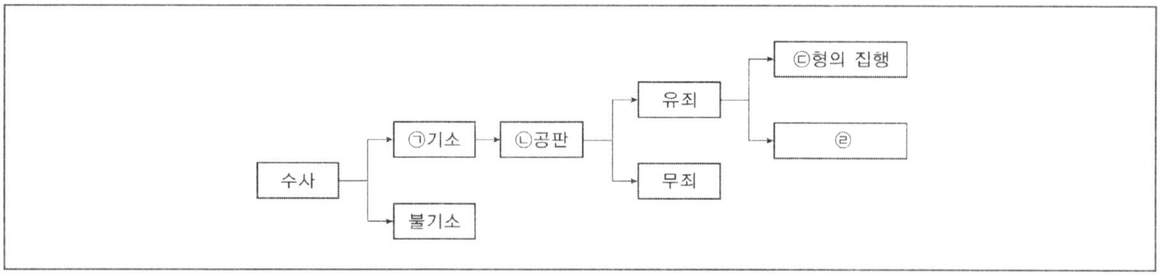

① ㉠은 수사관이 할 수 있다.

② ㉡부터 변호인의 도움을 받을 권리를 갖기 시작한다.

③ ㉢단계에서의 지휘권은 판사가 갖는다.

④ ㉣에 해당하는 제도로는 집행 유예가 있다.

ADVICE ④ ㉣에 해당하는 제도로는 집행 유예와 선고 유예가 있다.

① 기소는 검사만 할 수 있다.

② 변호인의 도움을 받을 권리는 수사 과정에서부터 인정된다.

③ 형의 집행 단계에서의 지휘권은 검사가 갖는다.

ANSWER 3.③ 4.④ 5.④

6 **다음의 자료 수집 방법 A~D에 대한 설명으로 가장 옳은 것은? (단, A~D는 질문지법, 실험법, 참여관찰법, 문헌연구법 중 하나이다.)**

항목	자료 수집 방법
질적 자료를 수집할 목적으로 사용된다.	A
실험집단과 통제집단을 필요로 한다.	B
낮은 수거율과 무성의한 응답이 나타날 수 있다.	C
양적 연구와 질적 연구에서 모두 활용 가능하다.	D

① A는 통제의 정도가 가장 높아 신뢰도가 높은 연구 방법이다.
② B는 방법론적 이원론에 기초한 연구 방법으로 활용도가 높다.
③ C는 문맹자에게도 실시하기 용이한 자료 수집법이다.
④ D는 연구자의 주관적 가치가 자료 해석 과정에서 개입될 우려가 있다.

ADVICE A : 참여관찰법, B : 실험법, C : 질문지법, D : 문헌연구법
④ 문헌연구법은 연구자의 주관적 가치가 자료 해석 과정에서 개입될 우려가 있다.
① 통제의 정도가 가장 높아 신뢰도가 높은 연구 방법은 실험법이다.
② 방법론적 이원론에 기초한 연구 방법은 해석적(질적) 연구방법이다. 실험법은 실증적(양적) 연구방법에 적합하다.
③ 질문지법은 문맹자에게 실시하기 어렵다.

7 **다음 글에 대한 설명으로 가장 옳지 않은 것은?**

> 내일이면 수능이다. 종례시간에 ㉠ 내일 치르는 수능 시험 유의 사항을 알려 주며 격려해 주시는 ㉡ 담임선생님의 말씀에 눈물이 났다. ㉢ 고사장 확인까지 하니 이제야 실감이 났다. 이 시간이 지나면 이 친구들 모두 서로 다른 ㉣ 대학, ㉤ 직장에서 각자의 인생을 살게 되겠지. ㉥ 막냇동생은 응원 선물을 내밀었고, ㉦ 아버지는 말없이 안아 주셨다. 전국의 모든 ㉧ 수험생이여 힘내자!

① ㉠은 예기 사회화를 위한 담임선생님의 역할 행동이다.
② ㉡, ㉧은 성취지위이고 ㉥, ㉦은 귀속지위이다.
③ ㉢은 수험생으로서의 역할 행동이다.
④ ㉣은 공식적 사회화 기관, ㉤은 비공식적 사회화 기관이다.

ADVICE ② ㉡ 담임선생님, ㉦ 아버지, ㉧ 수험생은 성취지위이고 ㉥ 막냇동생은 귀속지위이다.

8 **갑국과 을국이 교류한 이후 각국에서 나타난 문화 접변의 결과를 나타내고 있다. 이 결과에 대한 설명으로 옳지 않은 것은?**

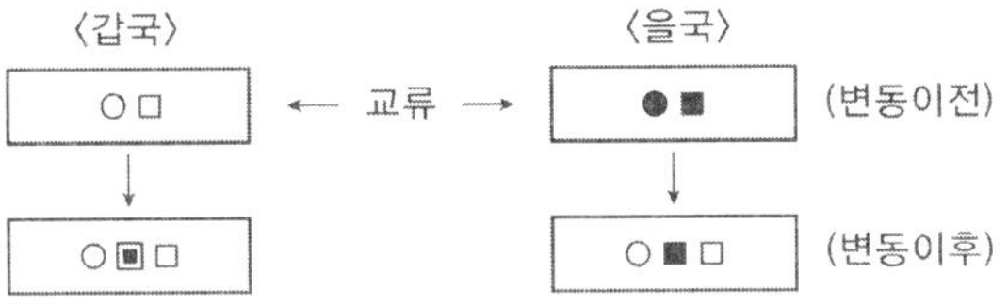

* ○와 ●는 의복 문화, □와 ■는 음식 문화이다.
** ▣는 □와 ■가 혼합되어 나타난 새로운 음식 문화이다.

① 갑국의 의복 문화에서 문화 동화가 나타난다.
② 갑국의 음식 문화에서 문화 융합이 나타난다.
③ 갑국은 자문화의 요소들을 접변 이후에도 그대로 간직하고 있다.
④ 을국의 음식 문화에서 문화 병존이 나타난다.

ADVICE ① 문화 동화는 외부로부터 유입된 문화에 의해서 수용하는 측의 문화가 상당한 정도로 변질된 결과 수용자의 문화가 제공자의 문화를 닮아 가는 현상을 말한다. 을국의 의복 문화에서 갑국의 의복 문화로의 문화 동화가 나타난다.

ANSWER 6.④ 7.② 8.①

9 **표는 연도별 한부모 가구 수와 한부모 가구가 전체 가구에서 차지하는 비율을 나타낸 것이다. 표에 대한 옳은 분석은? (단, 전체 가구는 매년 증가하고 있으며, 한부모 가구는 표에 나타난 두 가지 유형만 있다.)**

(단위 : 1,000가구, %)

	2000년		2005년		2010년	
	가구 수	비율	가구 수	비율	가구 수	비율
한부모 가구	871	6.09	1,042	6.56	1,181	6.81
부+미혼자녀	162	1.13	233	1.40	253	1.46
모+미혼자녀	709	4.96	819	5.16	928	5.35

※ 비율은 전체 가구 수에서 차지하는 %를 의미함

① 한부모 가구에 속한 총인구는 계속 증가하고 있다.
② 2000년과 2010년을 비교했을 때, 전체 가구 수보다 한부모 가구 수가 더 큰 비율로 증가하였다.
③ 표의 모든 연도에서 '모+미혼자녀' 가구 수는 '부+미혼자녀' 가구 수의 4배 이상이다.
④ 2000년의 한부모 가구는 모두 2010년의 한부모 가구에 포함된다.

ADVICE ② 전체 가구는 매년 증가하고 있는 상황에서 2000년과 2010년을 비교했을 때 한부모 가구가 차지하는 비율이 6.09%에서 6.81%로 증가하였으므로 전체 가구 수보다 한부모 가구 수가 더 큰 비율로 증가하였다.
① 한부모 가구의 가구 수는 증가하였지만, 가구당 구성원 수를 알 수 없으므로 총인구의 증가 여부는 알 수 없다.
③ 모+미혼자녀 가구 수가 부+미혼자녀 가구 수의 4배 이상인 것은 2000년도뿐이다.
④ 가구 구성에 변화가 있을 수 있으므로 2000년의 한부모 가구가 모두 2010년의 한부모 가구에 포함되는지는 알 수 없다.

10 **밑줄 친 ㉠~㉣에 대한 설명으로 옳은 것은?**

> 갑과 을은 결혼을 하였으나 ㉠ 갑이 딸 A를 출산한 뒤 이혼을 하였고 A는 갑이 양육하기로 하였다. 이후 갑은 병과 재혼을 한 뒤 병과의 사이에서 아들 B를 출산하였고 ㉡ 병은 A를 친양자로 입양하였다. 병의 어머니 C는 시골에 홀로 살고 계신다. 어느 날 ㉢ 병은 교통사고로 사망하게 되었고, 자신의 재산 절반을 장학재단에 기부하겠다는 ㉣ 병의 유언장이 발견되었다. 사망 당시 병의 재산은 채무 없이 부동산과 예금 7억이 있었다.

① ㉠에 의해 A는 행위 능력을 취득하였다.
② ㉡으로 인해 갑과 A와의 법률관계는 소멸된다.
③ ㉢으로 인해 법정상속이 이루어진다면 상속인은 갑, A, B, C가 된다.
④ ㉣이 유효하다면 갑은 1억 5천만 원을 상속받는다.

ADVICE ④ ㉣이 유효하다면 병의 재산 7억 중 절반인 3억 5천만 원은 장학 재단에 기부하게 된다. 나머지 3억 5천만 원 중 배우자 갑과 직계 비속인 A, B가 1.5 : 1 : 1로 상속받는다. 따라서, 갑은 1억 5천만 원을 상속받는다.

① ㉠에 의해 A는 권리 능력을 취득하였다. 자연인은 출생으로 권리 능력을 취득하고 19세 성년이 되어야 (민법규정) 행위능력을 취득한다.

② 친양자의 입양 전 친족관계는 친양자 입양이 확정된 시점에 종료된다. 그러나 부부의 일방이 그 배우자의 친생자를 단독으로 입양한 경우에는 배우자와 친생자 간의 친족관계가 소멸되지 않는다.

③ 직계 존속인 C는 2순위 상속인으로 1순위 상속인인 배우자와 직계 비속이 있을 경우 상속을 받을 수 없다.

11 **A~C는 우리나라 사회 보장 제도의 세 가지 유형을 분류한 것이다. 이에 대한 설명으로 옳은 것은? (단, A~C는 사회보험, 공공부조, 사회복지서비스 중 하나이다.)**

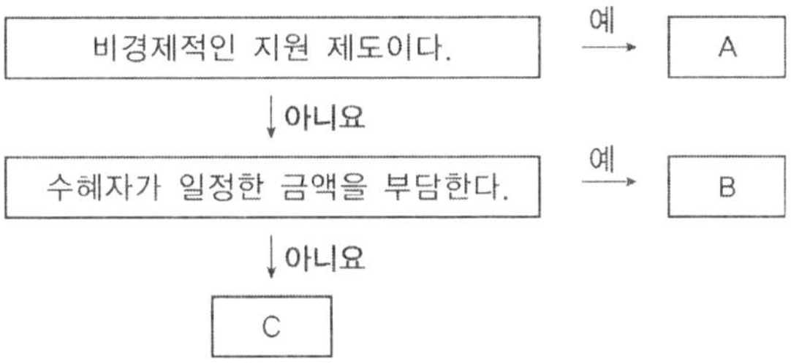

① A는 강제 가입의 원칙이 적용된다.

② B는 보험 급여 수준에 따라 보험료 부담 수준이 결정된다.

③ C는 B보다 소득 재분배 효과가 크다.

④ C의 사례로 상담, 재활, 직업 소개 등을 들 수 있다.

ADVICE A : 사회복지서비스, B : 사회보험, C : 공공부조

③ 세금을 재원으로 하는 공공부조는 수혜자 부담의 원칙이 적용되는 사회보험에 비해 소득 재분배 효과가 크다.

① 강제 가입의 원칙이 적용되는 것은 사회보험이다.

② 사회보험의 보험료 부담 수준은 소득이나 재산 같은 부담 능력에 따라 결정된다.

④ 상담, 재활, 직업 소개 등은 사회복지서비스의 사례이다.

ANSWER 9.② 10.④ 11.③

12 표는 A국의 최저생계비 및 빈곤율 추이를 나타낸 것이다. 표에 대한 분석으로 가장 옳은 것은?

항목 \ 연도	2012년	2013년	2014년	2015년
최저 생계비(천 원/월)	1,363	1,439	1,495	1,546
절대적 빈곤율(%)	6.4	6.4	6.0	5.9
상대적 빈곤율(%)	12.5	12.3	12.0	11.7

※ A국의 모든 가구는 4인으로 구성되어 있다.

※ 절대적 빈곤율 : 전체 가구 중 소득이 최저생계비 미만인 가구의 비율

※ 상대적 빈곤율 : 전체 가구 중 소득이 중위소득의 50% 미만인 가구의 비율

① A국의 계층 간 소득 격차는 점점 커지고 있다.

② 2013년은 2012년보다 절대적 빈곤 가구 수가 감소하였다.

③ 2014년은 중위 소득의 25%와 최저생계비가 일치한다.

④ 2015년은 최저생계비가 중위소득의 50%보다 작다.

ADVICE ④ 최저생계비는 절대적 빈곤율의 기준이 되고, 중위소득의 50%는 상대적 빈곤율의 기준이 된다. 2015년은 절대적 빈곤율이 5.9%, 상대적 빈곤율이 11.7%이므로 최저생계비가 중위소득의 50%보다 작다.

① 상대적 빈곤율이 감소하고 있으므로 A국의 계층 간 소득 격차는 점점 작아지고 있다.

② 전체 가구 수를 알지 못하므로 절대적 빈곤 가구 수를 비교할 수 없다.

③ 2014년의 절대적 빈곤율은 6%이고 상대적 빈곤율은 12%이므로, 전체 가구 중 소득이 중위소득의 50% 미만인 가구의 수가 소득이 최저생계비 미만인 가구 수의 2배이다. 하지만 그렇다고 중위 소득의 25%와 최저생계비가 일치하는 것은 아니다.

13 다음 커피 시장의 수요 · 공급표에 대한 〈보기〉의 진술 중 옳은 설명만을 고른 것은? (단, 시장에서 소비자는 갑, 을 2명뿐이다.)

가격(원)	갑의 수요량(개)	을의 수요량(개)	시장 공급량(개)
2,500	5	4	17
2,000	6	6	16
1,500	7	8	15
1,000	8	10	14

〈보기〉

㉠ 균형 거래량은 17개이다.
㉡ 균형 가격은 1,500원이다.
㉢ 가격이 1,000원일 때 초과 수요량은 3개이다.
㉣ 가격이 2,000원일 때 초과 공급량은 4개이다.

① ㉠, ㉡　　② ㉡, ㉢
③ ㉡, ㉣　　④ ㉢, ㉣

ADVICE 주어진 자료에 따라 시장 수요량을 구하면 다음과 같다.

가격(원)	갑의 수요량(개)	을의 수요량(개)	시장 공급량(개)	시장 수요량(개)
2,500	5	4	17	5+4=9
2,000	6	6	16	6+6=12
1,500	7	8	15	7+8=15
1,000	8	10	14	8+10=18

㉠ 시장 수요량과 시장 공급량이 일치할 때 균형을 이루므로 균형 거래량은 15개이다.
㉢ 가격이 1,000원일 때 시장 공급량은 14개, 시장 수요량 18개이므로 초과 수요량은 4개이다.

ANSWER 12.④ 13.③

14 (가), (나) 사례에 대한 〈보기〉의 진술 중 옳은 설명만을 고른 것은?

> (가) 태평양의 어느 섬에서는 망고보다 바나나가 더 많이 생산된다. 하지만 바나나가 망고보다 훨씬 높은 가격에 거래된다.
> (나) 물은 생존을 위해 반드시 필요한 재화이다. 하지만 물의 가격은 다이아몬드 가격보다 훨씬 낮다.

〈보기〉

㉠ (가)의 사례에서 바나나는 망고보다 희소성이 큰 재화이다.
㉡ (가)와 (나)의 사례에서 가격을 결정한 요인은 유용성보다는 존재량이다.
㉢ (나)에서 다이아몬드가 비싼 이유는 인간에게 더 유용한 재화이기 때문이다.
㉣ 희소성은 재화의 존재량과 인간의 욕구와의 관계에서 상대적으로 결정된다.

① ㉠, ㉡
② ㉠, ㉣
③ ㉡, ㉢
④ ㉢, ㉣

ADVICE ㉠㉣ 희소성이 큰 재화일수록 높은 가격에 거래된다. 따라서 망고보다 바나나가 더 희소성이 크다. 희소성은 재화의 존재량과 인간의 욕구와의 관계에서 상대적으로 결정된다.
㉡ (가)와 (나) 사례에서 가격을 결정한 요인은 교환가치와 희소성이다.
㉢ (나)에서 다이아몬드가 비싼 이유는 교환가치가 더 높기 때문이다.

15 표는 한 기업의 X재 생산량 증가에 따른 추가 수입과 추가 비용을 나타낸 것이다. 이에 대한 분석으로 옳은 것은?

(단위 : 만 원)

생산량	1개	2개	3개	4개	5개	6개
추가 수입	10	10	10	10	10	10
추가 비용	7	6	6	7	11	13

① 총이윤은 생산량이 2개일 때와 3개일 때 같다.
② 생산량이 1개씩 증가할 때마다 평균 비용은 증가한다.
③ 평균 비용이 가장 작을 때 이윤은 최대가 된다.
④ 위의 사례에서 최대로 얻을 수 있는 총이윤은 14만 원이다.

ADVICE 생산량에 따른 총수입, 총비용, 총이윤을 구하면 다음과 같다.

생산량	1개	2개	3개	4개	5개	6개
총수입	10	20	30	40	50	60
총비용	7	13	19	26	37	50
총이윤	3	7	11	14	13	10

① 생산량이 2개일 때 총이윤은 7만 원, 3개일 때 총이윤은 11만 원이다.
② 평균 비용은 총비용을 생산량으로 나눈 값으로 다음과 같다.

생산량	1개	2개	3개	4개	5개	6개
평균 비용	7	6.5	6.333…	6.5	7.4	8.333…

③ 평균 비용이 가장 작을 때(3개) 총이윤은 11만 원으로 최대가 아니다.

ANSWER 14.② 15.④

16 다음 표는 갑국과 을국이 동일한 생산 요소를 투입하여 한 달간 최대로 생산할 수 있는 곡물과 육류의 양을 나타낸 것이다. 양국이 비교우위의 원리에 따라 교역을 할 경우 표에 대한 옳은 설명은? (단, 생산 요소는 노동 하나뿐이고, 양국에서 투입 가능한 노동의 양은 동일하다고 가정한다.)

(단위 : 톤)

	갑국	을국
곡물	10	20
육류	20	50

① 갑국은 육류 생산에 비교우위를 갖고 있다.
② 곡물 생산의 기회비용은 갑국이 을국보다 작다.
③ 을국의 육류 1톤 생산의 기회비용은 곡물 2.5톤이다.
④ 곡물과 육류를 1:1의 비율로 교환하면 양국 모두 이익이 발생한다.

ADVICE 비교우위란 다른 생산자보다 더 작은 기회비용으로 생산할 수 있는 능력을 말한다. 갑국과 을국의 기회비용을 구하면 다음과 같다.

1톤 생산의 기회비용	갑국	을국
곡물	20/10=육류 2	50/20=육류 2.5
육류	10/20=곡물 0.5	20/50=곡물 0.4

① 갑국은 곡물 생산에, 을국은 육류 생산에 비교우위를 갖고 있다.
③ 을국의 육류 1톤 생산의 기회비용은 곡물 0.4톤이다.
④ 교환을 통해 이익을 얻기 위해서는 '재화 1단위>재화 1단위의 기회비용'이 성립해야 한다. 갑국은 '곡물 1톤>육류2톤'의 범위에서, 을국은 '육류1톤>곡물 0.4톤(→육류 2.5톤>곡물 1톤)'의 범위에서 교역할 때 이익을 얻을 수 있다. 따라서 양국 모두 이익을 얻을 수 있는 범위는 '육류2톤<곡물 1톤<육류 2.5톤'이다. 곡물과 육류를 1:1의 비율로 교환하면 양국 모두 이익을 얻을 수 없다.

17 그림은 어느 제품의 가격을 P_2에서 P_1로 올렸을 경우의 판매 수입 변화를 보여준다. 설명으로 옳은 것은?

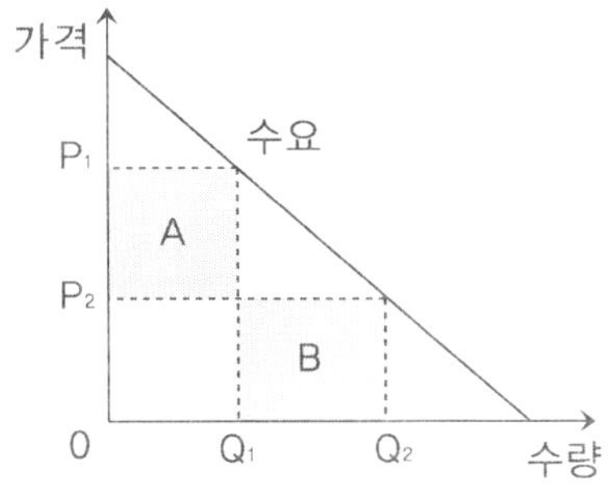

① A>B라면 수요의 가격 탄력성은 1보다 작다.
② B는 판매 수입의 증가를 의미한다.
③ A+B는 제품 판매 총수입이다.
④ A는 가격 인상의 기회비용이다.

ADVICE

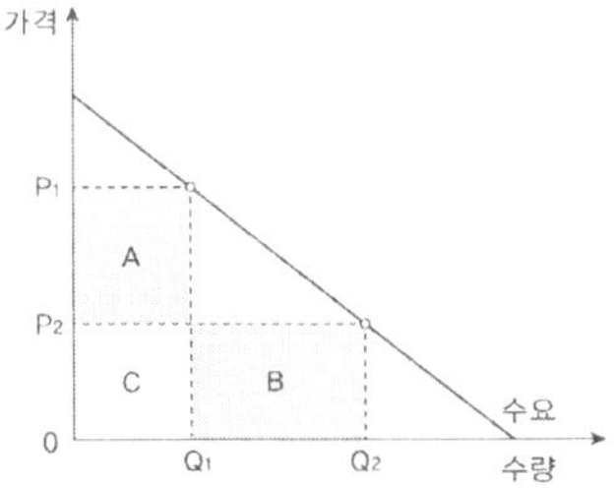

가격이 P_1일 때 판매수입은 A+C, 가격이 P_2일 때 판매수입은 B+C가 된다. 따라서 A는 판매 수입 증가분, B는 판매 수입 감소분을 의미한다.

① A>B라면 판매 수입 증가분이 판매 수입 감소분보다 큰 것으로, 가격이 상승하는데 판매 수입이 증가하므로 수요의 가격 탄력성이 1보다 작고 비탄력적이다.

- $\text{수요의 가격탄력성} = \dfrac{\text{수요량의 변화율(\%)}}{\text{가격의 변화율(\%)}}$

② B는 판매 수입의 감소를 의미한다.
③ 가격이 P_1일 때 판매수입은 A+C, P_2일 때 판매수입은 B+C가 된다.
④ A는 판매 수입 증가분으로 가격 인상의 편익이다. 가격 인상의 기회비용은 B이다.

ANSWER 16.② 17.①

18 표는 우리나라의 최근 4년간 경상 수지를 나타낸 것이다. 표에 대한 추론으로 가장 옳은 것은?

(단위 : 백만 달러)

	2012	2013	2014	2015
경상수지	50,835	81,149	84,372	105,939
상품수지	49,406	82,781	88,885	122,269
서비스수지	−5,214	−6,499	−3,679	−14,917
본원소득수지	12,117	9,056	4,151	3,572
이전소득수지	−5,474	−4,189	−4,985	−4,985

① 2013년 이후로 매년 수출이 전년도보다 증가하고 있다.

② 2014년은 2013년보다 해외여행이 감소하였다.

③ 표의 결과는 외환보유고 증가 요인으로 작용한다.

④ 표의 결과는 원-달러 환율 상승을 압박하는 요인이 된다.

ADVICE ③ 경상수지가 매년 흑자로 이 결과는 외환보유고 증가 요인으로 작용한다.

① 경상수지는 수출로 벌어들인 금액과 수입으로 인한 지출금액의 차이를 나타내므로 경상수지만으로 수출 규모를 파악하기는 어렵다.

② 2014년은 2013년보다 서비스수지의 적자가 줄어들었지만 이를 해외여행 감소 때문이라고 추론하기는 어렵다.

④ 지속적인 경상수지의 흑자 발생은 외환 시장에서의 초과 공급을 의미하므로 원-달러 환율 하락을 압박하는 요인이 된다.

19 그래프는 양배추 시장의 균형점 변동을 나타낸 것이다. 이러한 변동을 초래할 수 있는 조합을 〈보기〉에서 고르면? (단, 양배추는 모든 사람에게 열등재이고, 수요 · 공급 법칙을 따르며, 양배추 시장은 완전경쟁시장이다.)

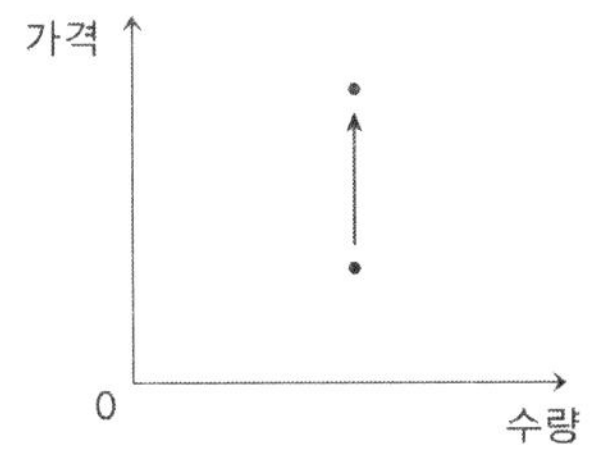

〈보기〉

㉠ 이상 고온 현상으로 양배추 수확이 급감하였다.
㉡ 사람들의 실질 소득이 증가하였다.
㉢ 채식 붐이 일어나 양배추를 끓는 물에 데쳐 쌈으로 먹는 사람이 늘었다.
㉣ 양배추가 갑상선 질환을 유발한다는 뉴스가 대대적으로 보도되었다.

① ㉠, ㉢
② ㉠, ㉣
③ ㉡, ㉢
④ ㉡, ㉣

ADVICE 주어진 이동이 일어나기 위해서는 수요가 증가하고 공급은 감소해야 한다.

㉠ 공급 감소
㉡ 열등재이므로 소득이 증가할 때 소비가 감소한다.
→수요 감소
㉢ 수요 증가
㉣ 수요 감소

ANSWER 18.③ 19.①

20 표는 쌀과 닭고기 두 가지 재화만 생산하는 어느 국가의 경제활동 결과를 나타낸 것이다. 표에 대한 설명으로 옳은 것은? (단, 기준년도는 2013년이며, 물가지수는 GDP디플레이터로, 경제성장률은 실질GDP 증가율로 각각 측정한다.)

구분 \ 연도		2013	2014	2015
쌀	kg당 가격($)	10	15	17
	생산량(kg)	100	80	100
닭고기	kg당 가격($)	5	10	15
	생산량(kg)	40	40	60

* GDP디플레이터=(명목 GDP/실질 GDP)×100

① 2014년의 물가지수는 150이다.
② 2014년의 경제성장률은 −20%이다.
③ 2015년의 물가지수는 200이다.
④ 2015년의 경제성장률은 20%이다.

ADVICE 명목 GDP는 당해 연도의 가격과 당해 연도의 생산량으로 계산하며, 실질 GDP는 기준 연도의 가격과 당해 연도의 생산량으로 계산한다.

주어진 자료를 바탕으로 명목 GDP, 실질 GDP, GDP디플레이터를 구하면 다음과 같다.

연도	명목 GDP, 실질 GDP, GDP디플레이터
2013	• 명목 GDP = (10 × 100) + (5 × 40) = 1,200 • 실질 GDP = (10 × 100) + (5 × 40) = 1,200 • GDP디플레이터 = $\frac{1,200}{1,200}\times 100 = 100$
2014	• 명목 GDP = (15 × 80) + (10 × 40) = 1,600 • 실질 GDP = (10 × 80) + (5 × 40) = 1,000 • GDP디플레이터 = $\frac{1,600}{1,000}\times 100 = 160$
2015	• 명목 GDP = (17 × 100) + (15 × 60) = 2,600 • 실질 GDP = (10 × 100) + (5 × 60) = 1,300 • GDP디플레이터 = $\frac{2,600}{1,300}\times 100 = 200$

① 2014년의 물가지수는 160이다.

② 2014년의 경제성장률은

$$\text{경제성장률} = \frac{\text{금년도 실질 } GDP - \text{전년도 실질 } GDP}{\text{전년도 실질 } GDP}\times 100\text{이므로 } \frac{1,000-1,200}{1,200}\times 100 \fallingdotseq -16.67\%\text{이다.}$$

④ 2015년의 경제성장률은 $\frac{1,300-1,000}{1,000}\times 100 = 30\%$이다.

2018. 4. 7. 인사혁신처 시행

1 **우리나라 대통령제에서 나타나는 의원내각제적 특징으로 볼 수 없는 것은?**

① 행정 각부를 관장하는 국무총리를 두고 있다.
② 국회의원은 국무위원을 겸직할 수 있다.
③ 대통령은 국회에서 의결된 법률안의 공포를 거부할 수 있다.
④ 국회가 국무위원에 대한 해임을 건의할 수 있다.

ADVICE ③ 헌법 제53조에 따르면, 대통령은 국회에서 의결된 법률안에 이의가 있을 때 이의서를 붙여 국회로 환부하고, 그 재의를 요구할 수 있다. 이러한 법률안 거부권은 대통령제적 특징이다.

2 **다음은 근대 정치사상가 갑과 을의 주장이다. 이들의 견해에 대한 진술로 옳은 것은?**

> 갑 : 인간은 자유롭게 태어났지만 어디에서나 쇠사슬에 얽매여 있다. 따라서 인간은 자유와 평등을 제도적으로 보장받기 위하여 계약을 통해 일반의지에 입각한 국가를 구성한다.
> 을 : 자연상태에서 인간은 만인에 대한 만인의 투쟁으로 인하여 야수적이며 단명하는 삶을 영위한다. 이러한 상태에서 벗어나기 위하여 인간은 자신의 권리를 양도하는 계약을 맺고 국가를 수립한다.

① 갑 : 일반의지는 소수의 이익을 대변한다.
② 갑 : 이상적인 정치형태는 입헌군주정이다.
③ 을 : 국가는 수단이 아니라 목적이다.
④ 을 : 정치권력의 정당성은 구성원의 동의에 근거한다.

ADVICE 갑 : 루소, 을 : 홉스
① 일반의지는 공익의 핵심적 개념으로 공공의 이익을 추구한다.
② 루소는 직접 민주주의를 이상적인 정치형태로 보았다. 입헌군주정을 이상적인 정치형태로 본 사람은 로크이다.
③ 사회계약설에서 국가는 개인들이 자신의 권리를 보장받기 위해 계약을 통해 국가를 구성하였다고 본다. 따라서 국가는 목적이 아니라 수단이다.

ANSWER 20.③ / 1.③ 2.④

3 다음은 갑국의 2017년 국회의원선거 결과이다. 이에 대한 설명으로 옳지 않은 것은?

지역구 당선자 수 및 정당 득표율

정당	지역구 당선자 수(명)	정당 득표율(%)
A	98	43
B	42	32
C	24	15
D	36	10

〈조건〉

- A, B, C, D 소속 후보들만 국회의원선거에 참가하였다.
- 1인 2표제를 통하여 지역구 의원 200명과 비례대표 의원 100명을 선출하였다.
- 지역구별로 최소 2명에서 최대 4명까지 득표가 많은 순으로 당선자를 확정하였다.
- 정당 득표율에 비례하여 비례대표 의석을 배분하였으며, 정당 득표율은 소수점 첫째 자리에서 반올림하여 산정하였다.

① 2017년 갑국의 지역구 국회의원선거 선거구제는 2014년 우리나라 지역구 기초의회선거 선거구제와 동일하다.

② 2017년 갑국의 지역구 국회의원선거 선거구제는 2016년 우리나라 지역구 국회의원선거 선거구제에 비해 군소정당이 의석을 확보하는 데 더 유리하다.

③ 2017년 갑국의 국회의원선거에서 A ~ D 중 어느 정당도 과반수 의석을 차지하지 못하였다.

④ 2017년 갑국의 국회의원선거에서 B와 D의 지역구 의석 점유율 합은 B와 D의 정당 득표율 합보다 더 크다.

ADVICE ④ B와 D의 지역구 의석 점유율 합은

$\left(\frac{42}{200}\times100\right)+\left(\frac{36}{200}\times100\right)=21+18=39\%$이고,

B와 D 정당 득표율 합은

$\left(\frac{32}{100}\times100\right)+\left(\frac{10}{100}\times100\right)=32+10=42\%$이다.

따라서 2017년 갑국의 국회의원선거에서 B와 D 정당의 지역구 의석 점유율 합은 B와 D 정당 득표율 합보다 더 작다.

① 우리나라 지역구 기초의회선거 선거구제는 중선거구제이다. 〈조건〉에 따르면 지역구별로 최소 2명에서 최대 4명까지 득표가 많은 순으로 당선자를 확정하므로 갑국도 중선거구제를 채택하고 있다고 할 수 있다.

② 우리나라 지역구 국회의원선거 선거구제는 소선거구제이다. 중선거구제는 소선거구제에 비해 군소정당이 의석을 확보하는 데 더 유리하다.

③ 지역구 당선자 수와 정당 득표율에 따라 선출된 비례대표의원 수 (100×정당득표율)를 합한 각 정당별 총 의석수를 보면 A : 141석, B : 74석, C : 39석, D : 46석으로 총 300석 중 과반수 의석을 차지한 정당은 없다.

4 다음에서 권력분산 효과를 기대할 수 있는 정치제도의 변화만을 모두 고른 것은?

> ㉠ 단원제에서 양원제로 의회제도를 바꾸었다.
> ㉡ 중앙정부에서 지방정부로 인사권과 예산편성권을 이양하였다.
> ㉢ 소수대표제에서 다수대표제로 대표결정방식을 바꾸었다.
> ㉣ 행정부로부터 중앙은행의 정책결정 권한을 독립시켰다.

① ㉠, ㉡, ㉢　　② ㉠, ㉡, ㉣
③ ㉠, ㉢, ㉣　　④ ㉡, ㉢, ㉣

ADVICE ② 최다 득표자 1인만을 당선자로 선정하는 다수대표제는 특정 거대정당에게 유리한 제도이다. 이에 비해 소수 득표자라 할지라도 정원수의 범위 안에서 득표 순위에 따라 대표자로 선출될 수 있어 2인 이상의 당선자를 내는 소수대표제는 중소 정당이 의석을 확보하는 데 유리하다. 따라서 소수대표제에서 다수대표제로 대표결정방식을 바꿀 경우 특정 거대정당에 권력이 집중될 수 있다.

5 다음 사례에 대한 설명으로 옳지 않은 것은?

> 갑은 자기 소유의 A아파트를 을에게 2억 3천만 원에 매도하는 매매 계약을 체결하면서 계약금으로 3천 만 원을 받았다. 갑은 10일 후 을에게서 중도금 1억 원을 받았으며, 한 달 뒤 잔금 1억 원을 받으면서 을에게 등기에 필요한 모든 서류를 넘겨주었다.

① 을은 등기에 필요한 서류를 받은 시점에 A아파트에 대한 소유권을 취득하였다.
② 을은 계약을 체결하기 전에 A아파트의 등기부를 열람할 법적 의무가 없다.
③ 을은 계약금을 지불한 후에도 중도금을 지급하기 전에는 다른 약정이 없는 한 갑의 동의 없이 계약을 해제할 수 있다.
④ 갑과 을은 각각 대리인을 통해서 매매 계약을 체결할 수도 있다.

ADVICE ① 민법 제186조(부동산물권변동의 효력)에 따르면, 부동산에 관한 법률행위로 인한 물권의 득실변경은 등기하여야 그 효력이 생긴다. 따라서 을이 소유권이전등기를 한 때에 소유권을 취득했다고 볼 수 있다.

ANSWER 3.④ 4.② 5.①

6 다음 헌법재판소 결정에 대한 설명으로 옳은 것은?

> 헌법재판소는 "최대 선거구와 최소 선거구 간의 인구편차가 3대 1에 달하는 것은 위헌"이라며 현행 「공직선거법」상 선거구별 인구편차를 2대 1 수준으로 조정하라는 결정을 내렸다. 헌재는 2014년 10월 30일 국회의원 선거구 헌법불합치 결정을 통해 유권자 한 명당 갖고 있는 투표권의 가치가 거주지역마다 다른 지금의 현실이 국민주권주의에 어긋난다는 원칙론을 재확인했다. 헌재는 2001년 결정을 통해서도 "조만간 선거구별 인구편차를 2대 1로 더 줄여야 한다."고 국회에 주문한 바 있다.

① 국회의원선거에서 직접선거의 원칙을 강화하고자 하였다.
② 선거구획정에서 인구 대표성보다 지역 대표성을 더 중시하였다.
③ 최대 선거구 유권자의 표 가치가 과소대표 되었다고 인식하였다.
④ 행정부가 시행령을 제정하여 선거구를 재획정할 것을 요구하였다.

ADVICE 최대 선거구의 경우 최소 선거구에 비해 유권자 수가 3배나 많음에도 불구하고, 최소 선거구와 동일하게 1인의 대표자만을 선출할 수 있으므로 이는 최대 선거구 유권자의 표 가치가 과소대표 된 것이라고 볼 수 있다.
① 국회의원선거에서 평등선거의 원칙을 강화하고자 한 것이다.
② 선거구획정에서 인구 대표성을 중시한 결정이다.
④ 헌법 제41조 제3항에 따르면 국회의원의 선거구와 비례대표제 기타 선거에 관한 사항은 법률로 정한다.

7 헌법재판소에 대한 설명으로 옳지 않은 것은?

① 헌법재판소는 법관의 자격을 가진 9인의 재판관으로 구성하며, 재판관은 대통령이 임명한다.
② 명령·규칙 또는 처분이 헌법이나 법률에 위반되는 여부가 재판의 전제가 된 경우에는 헌법재판소는 이를 최종적으로 심사할 권한을 가진다.
③ 탄핵소추의 의결을 받은 사람은 헌법재판소의 심판이 있을 때까지 그 권한 행사가 정지된다.
④ 헌법재판소에서 법률의 위헌결정, 탄핵의 결정, 정당해산의 결정 또는 헌법소원에 관한 인용결정을 할 때에는 재판관 6인 이상의 찬성이 있어야 한다.

ADVICE ② 헌법 제107조 제2항에 따르면 명령·규칙 또는 처분이 헌법이나 법률에 위반되는 여부가 재판의 전제가 된 경우에는 대법원은 이를 최종적으로 심사할 권한을 가진다.
헌법재판소의 위헌법률심판(헌법 제107조 제1항 : 법률이 헌법에 위반되는 여부가 재판의 전제가 된 경우에는 법원은 헌법재판소에 제청하여 그 심판에 의하여 재판한다.)과 구분하도록 한다.

8 **다음 사례에 대한 설명으로 옳은 것을 〈보기〉에서 모두 고른 것은?**

> 단독주택 밀집지역에 사는 갑은 자신의 집 앞에 주차한 을과 주차 문제로 다투다가 감정이 격해져 을을 폭행하였다. 갑의 폭행으로 을은 전치 6주의 상해를 입었다.

> 〈보기〉
>
> ㉠ 갑과 을이 폭행에 대한 민사상 손해배상에 합의하면 갑의 형사책임이 면제된다.
> ㉡ 을은 폭행의 피해자이므로 형사재판의 원고가 될 수 있다.
> ㉢ 을은 갑에게 손해배상을 요구하는 민사소송을 제기할 수 있다.
> ㉣ 갑은 유죄의 판결이 확정될 때까지는 무죄로 추정된다.

① ㉠, ㉡
② ㉠, ㉢
③ ㉡, ㉢
④ ㉢, ㉣

ADVICE ㉠ 민사상 손해배상에 합의하였다고 하여 폭행에 대한 형사책임이 면제되는 것은 아니다.
㉡ 형사재판의 당사자는 검사와 피고인이다. 따라서 형사재판의 원고는 검사이다.
㉢ 을은 폭행의 피해자이므로 갑에게 손해배상을 요구하는 민사소송을 제기할 수 있다.
㉣ 피고인은 무죄추정의 원칙에 따라 유죄의 판결이 확정될 때까지는 무죄로 추정된다.

9 **다음 글에 나타난 개인과 사회의 관계를 바라보는 관점에 대한 설명으로 옳은 것은?**

> 에밀 뒤르켐(Emile Durkheim)은 그의 저서 『자살론』에서 자살에 영향을 미치는 사회적 유형이 존재한다고 주장했다. 그의 분석에 따르면, 개신교 신자가 가톨릭 신자보다 자살률이 높다. 그는 가톨릭 신자의 자살률이 낮은 것은 가톨릭에는 개신교에 비해 상대적으로 강력한 공동체와 의례행위가 있으며 개인주의 성향을 피하려는 분위기가 있기 때문이라고 보았다.

① 사회는 개인들의 집합체를 의미한다.
② 인간 스스로가 희망하지 않으면 행동의 변화는 일어나지 않는다.
③ 사회제도의 구속성보다는 개인의 자율성이 행동에 미치는 영향이 더 크다.
④ 행위의 능동성보다 구조의 영향력을 강조한다.

ADVICE 제시된 설명에 나타나는 개인과 사회의 관계를 바라보는 관점은 사회 실재론이다. 사회 실재론은 행위의 능동성보다 구조의 영향력을 강조하여 개인이 사회로부터 자유로울 수 없다고 본다.
①②③ 사회 명목론에 대한 설명이다.

ANSWER 6.③ 7.② 8.④ 9.④

10 **다음 사례에서 「제조물 책임법」의 규정에 따라 회사 을이 책임을 면할 수 있는 경우가 아닌 것은?**

> 갑이 저녁식사를 한 후 거실에서 TV를 보던 중 TV가 갑자기 폭발하였다. 이 폭발로 갑은 얼굴에 파편을 맞아 상해를 입었고, 거실에 있던 골동품이 파손되었다. 이에 갑은 TV 제조자인 회사 을을 상대로 손해배상을 청구하였다.

① 회사 을이 해당 TV를 공급하지 아니하였다는 사실을 입증한 경우

② 회사 을이 해당 TV를 공급한 당시의 과학·기술 수준으로는 결함의 존재를 발견할 수 없었다는 사실을 입증한 경우

③ 회사 을이 해당 TV의 결함을 알지 못하였다는 사실을 입증한 경우

④ 회사 을이 TV를 공급한 당시의 법령에서 정하는 기준을 준수함으로써 해당 TV의 결함이 발생하였다는 사실을 입증한 경우

ADVICE 면책사유〈제조물 책임법 제4조〉

① 손해배상책임을 지는 자가 다음의 어느 하나에 해당하는 사실을 입증한 경우에는 이 법에 따른 손해배상책임을 면한다.

1. 제조업자가 해당 제조물을 공급하지 아니하였다는 사실
2. 제조업자가 해당 제조물을 공급한 당시의 과학 · 기술 수준으로는 결함의 존재를 발견할 수 없었다는 사실
3. 제조물의 결함이 제조업자가 해당 제조물을 공급한 당시의 법령에서 정하는 기준을 준수함으로써 발생하였다는 사실
4. 원재료나 부품의 경우에는 그 원재료나 부품을 사용한 제조물 제조업자의 설계 또는 제작에 관한 지시로 인하여 결함이 발생하였다는 사실

② 손해배상책임을 지는 자가 제조물을 공급한 후에 그 제조물에 결함이 존재한다는 사실을 알거나 알 수 있었음에도 그 결함으로 인한 손해의 발생을 방지하기 위한 적절한 조치를 하지 아니한 경우에는 제1항 제2호부터 제4호까지의 규정에 따른 면책을 주장할 수 없다.

11 다음 설명 중 옳은 것은 모두 몇 개인가?

- 피의자에 대한 수사는 불구속 상태에서 하는 것이 원칙이다.
- 검사는 혐의 사실이 인정되면 피의자를 반드시 기소하여야 한다.
- 1심법원의 판결에 불복하여 2심재판을 청구하는 것을 항고, 2심법원의 판결에 불복하여 대법원에 재판을 청구하는 것을 상고라 한다.
- 형의 집행은 원칙적으로 법원 또는 법관이 지휘한다.
- 형의 선고유예를 받은 날로부터 2년을 경과한 때에는 형의 선고는 효력을 잃는다.

① 1개　　② 2개

③ 3개　　④ 없음

ADVICE
- 형사소송법 제198조(준수사항) 제1항에 따르면 피의자에 대한 수사는 불구속 상태에서 함을 원칙으로 한다. → 옳음
- 형사소송법 제247조(기소편의주의)에 따르면 검사는 「형법」 제51조(양형의 조건)의 사항을 참작하여 공소를 제기하지 아니할 수 있다. → 틀림
- 1심법원의 판결에 대하여 불복이 있을 때 2심재판을 청구하는 것은 항소이고, 2심법원의 판결에 대하여 불복이 있을 때 대법원에 재판을 청구하는 것은 상고이다. 항고는 법원의 결정에 대하여 불복이 있을 때 하는 것이다. → 틀림
- 형의 집행은 원칙적으로 검사가 지휘한다. → 틀림
- 형의 선고유예를 받은 날로부터 2년을 경과한 때에는 면소(免訴)된 것으로 간주한다. 형 선고가 효력을 상실하는 것은 집행유예 기간 경과의 효과이다. → 틀림

ANSWER 10.③ 11.①

12 ㈎, ㈏에 나타난 문화의 속성으로 옳은 것은?

> ㈎ 서유럽에서 발달한 목축업은 유럽인들의 식생활, 의복, 주거문화, 예술활동 등 생활 전체에 영향을 미쳤다.
> ㈏ 태어난 직후 서로 다른 환경에서 떨어져 살던 일란성 쌍둥이가 키와 얼굴, 운동 및 인지능력은 비슷했지만, 인성이나 규범적 행위에서는 큰 차이를 보였다.

	㈎	㈏
①	공유성	총체성
②	총체성	학습성
③	축적성	공유성
④	학습성	총체성

ADVICE ㈎ 식생활, 의복, 주거 문화, 예술 활동 등 생활 전체에 영향을 미침 → 총체성
㈏ 일란성 쌍둥이가 서로 다른 환경에 살면서 서로 다른 문화를 학습함 → 학습성
※ 문화의 속성
㉠ 공유성 : 한 사회 구성원들에게는 공통적으로 나타나는 행동 및 사고방식
㉡ 학습성 : 문화적 특성은 선천적인 것이 아니라, 후천적으로 학습을 통하여 생성
㉢ 축적성 : 언어 · 문자 등을 통하여 다음 세대로 전승되면서 축적
㉣ 총체성(전체성) : 문화의 각 요소는 서로 긴밀한 관계를 유지하면서 총체적 체계를 형성
㉤ 변동성 : 문화는 고정 불변의 것이 아니라 시간이 지남에 따라 변화
㉥ 다양성 : 문화는 인간이 환경에 적응하는 수단으로서 다양한 방식이 존재

13 다음 일탈이론 (가), (나)에 적합한 표현을 〈보기〉에서 찾아 옳게 짝지은 것은?

> (가) 누구나 경제적 성공과 물질적 풍요를 누리고 싶어 하지만 모든 사람에게 합법적인 기회가 충분히 제공되지 않는다면 일탈자가 생길 수 있다.
> (나) 인간의 행동은 학습에서 기인한다. 따라서 타인과의 상호작용을 통하여 태도와 가치를 학습한 일탈행동이 나타나기도 한다.

〈보기〉

㉠ 먹을 가까이하면 검어진다.
㉡ 모로 가도 서울만 가면 된다.
㉢ 사흘 굶어 도둑질 아니 할 놈 없다.
㉣ 까마귀 노는 데 백로야 가지 마라.
㉤ 친구 따라 강남 간다.

	(가)	(나)
①	㉠, ㉡	㉢, ㉣, ㉤
②	㉠, ㉡, ㉢	㉣, ㉤
③	㉡, ㉢	㉠, ㉣, ㉤
④	㉡, ㉢, ㉣	㉠, ㉤

ADVICE (가) 아노미 이론 → ㉡, ㉢
(나) 차별적 접촉이론 → ㉠, ㉣, ㉤
※ 일탈 이론
㉠ 아노미 이론 : 목표 달성을 위한 적절한 제도적 수단이 강구되지 못할 때 일탈이 발생할 가능성이 크다고 본다.
㉡ 차별적 접촉(교제)이론 : 일탈자들과의 지속적인 상호작용을 반복하면서 일탈을 당연하게 여기는 부정적인 사회화가 일어난다.
㉢ 낙인 이론 : 일탈 행위가 행위자의 심리적 성향이나 환경적 조건에서 기인하는 것이라기보다 특정행동에 대한 사회문화적 평가와 소외의 결과로 규정된다.
㉣ 사회 해체론 : 기존의 사회 조직이 해체되면서 사회 문제가 발생한다.

ANSWER 12.② 13.③

14 다음은 사회 변동 방향에 대한 하나의 관점이다. 이에 대한 설명으로 옳은 것만을 〈보기〉에서 모두 고른 것은?

> 이 관점은 사회를 살아있는 유기체에 비유하면서 사회 변동을 긍정적으로 인식한다. 그리고 사회를 복잡성이 증가하는 것으로 파악하고, 복잡해진 사회는 단순 사회에 비해 구성원들의 적응 능력이 더 높다고 본다.

〈보기〉

㉠ 서구 중심적이라는 비판을 받는다.
㉡ 사회 변동은 일정한 방향성이 있다고 본다.
㉢ 장기적인 역사적 관점에서 사회의 발전과 더불어 퇴보의 가능성도 잘 설명한다.
㉣ 사회 변동을 순환과정으로 설명하고 있다.

① ㉠, ㉡
② ㉠, ㉣
③ ㉡, ㉢
④ ㉢, ㉣

ADVICE 제시된 내용에 해당하는 관점은 사회 변동 이론 중 진화론이다.
㉢㉣ 순환론에 대한 설명이다.

15 스태그플레이션(stagflation)에 대한 설명으로 옳은 것만을 모두 고른 것은?

㉠ 1930년대 미국의 대공황은 대표적인인상 인 스태그플레이션의 사례이다.
㉡ 생산요소 가격상승에 따른 비용플레이션은 스태그플레이션을 초래한다.
㉢ 물가상승과 경기침체가 동시에 일어나는 불황 속의 인플레이션을 말한다.

① ㉠, ㉡
② ㉠, ㉢
③ ㉡, ㉢
④ ㉠, ㉡, ㉢

ADVICE 스태그플레이션은 스태그네이션(stagnation)과 인플레이션(inflation)을 합성한 신조어로, 경기 침체와 물가 상승이 동시에 일어나는 불황 속의 인플레이션을 말한다.
㉠ 1930년대 미국의 대공황은 인플레이션의 사례이다. 스태그플레이션의 대표적인 사례로는 1970년대 오일쇼크가 있다.
㉡ 비용 인상 인플레이션의 경우에도 생산비용 증가로 총 공급이 감소하여 물가가 상승하고, 경기침체도 나타나게 되어 스태그플레이션에 해당된다.

16 다음은 갑국과 을국의 계층별 비율을 나타낸 것이다. 이에 대한 분석으로 옳은 것은? (단, 계층은 상, 중, 하만 존재한다)

(단위: %)

갑국			을국		
	1980년	2010년		1980년	2010년
상층	20	20	상층	20	30
하층	50	30	하층	30	50

① 갑국은 안정적인 사회 계층 구조로 변하였다.

② 을국은 2010년에 피라미드형 계층 구조로 변하였다.

③ 2010년 갑국은 을국에 비해 폐쇄적인 계층 구조를 갖고 있다.

④ 을국의 계층 구조 변화는 복지제도 확충의 결과이다.

ADVICE ① 갑국은 하층의 비율이 줄어들고 중층이 증가하였다. 즉, 사회 계층 구조가 피라미드형에서 다이아몬드형으로 변한 것으로, 안정적으로 변하였다고 볼 수 있다.

② 을국은 1980년에 비해 상층과 하층이 모두 증가하였으므로 중층이 감소하였음을 알 수 있다. 따라서 사회 계층 구조는 모래시계형으로 변하였다.

③ 제시된 자료만으로는 계층 간 이동을 알 수 없으므로 폐쇄성은 비교할 수 없다.

④ 복지제도가 확충되었다면 하층이 줄고 중층이 늘어날 것을 추론할 수 있다. 2010년 을국은 하층이 늘고 중층이 줄어들었으므로 복지제도가 확충되었다고 보기 어렵다.

ANSWER 14.① 15.③ 16.①

17 다음은 A국과 B국이 각각 신발과 전화기를 1단위씩 생산하는데 투입한 노동량을 비교한 것이다. 이에 대한 설명으로 옳은 것만을 〈보기〉에서 모두 고른 것은? (단, 두 나라 간에 생산요소 이동은 없고, 생산비에는 노동량만 포함된다고 가정한다)

구분	A국	B국
신발(1단위)	7명	6명
전화기(1단위)	9명	5명

〈보기〉

㉠ 절대우위론에 따르면 두 국가 간의 무역은 이루어지지 않는다.
㉡ 신발 생산에 대한 절대우위와 비교우위는 B국에 있다.
㉢ B국은 신발 생산에 절대우위가, 전화기 생산에 절대우위와 비교우위가 있다.

① ㉠
② ㉡
③ ㉠, ㉡
④ ㉠, ㉢

ADVICE ㉠ 절대 우위론에 따르면 B국은 A국에 대해 신발과 전화기 모두에서 우위에 있다. 따라서 절대 우위론에 따르면 두 국가 간의 무역은 이루어지지 않는다.

㉡ 신발 1단위를 생산하는 데 드는 기회비용은 A국 전화기 7/9단위, B국 전화기 6/5단위이다. 따라서 신발 생산의 절대 우위는 B국에 있지만 비교 우위는 기회비용이 적은 A국에 있다.

㉢ 전화기 1단위를 생산하는 데 드는 기회비용은 A국 신발 9/7단위, B국 5/6단위이다. 따라서 전화기 생산의 절대 우위와 비교 우위 모두 B국에 있다.

18 그림과 같은 조세제도에 대한 설명으로 옳은 것은?

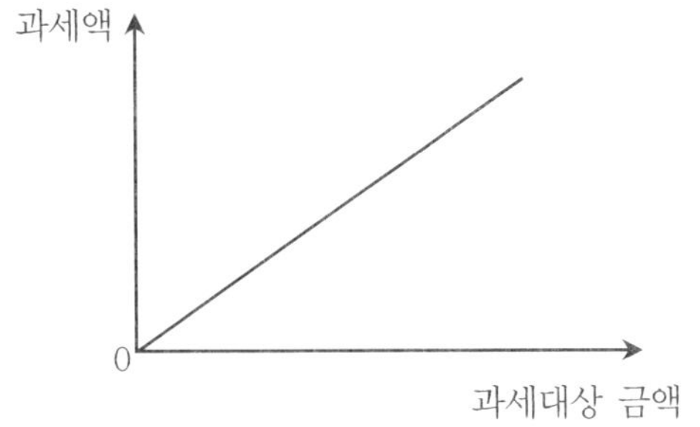

① 과세대상 금액에 관계없이 세율은 일정하다.
② 누진세 방식이다.
③ 우리나라의 소득세에 적용되는 과세방식이다.
④ 저소득 계층에 유리하게 작용한다.

ADVICE 제시된 그림은 과세대상 금액이 증가함에 따라 과세액이 일정한 비율로 증가하는 비례세에 해당한다. '과세대상 금액 × 세율 = 과세액'이라고 할 때, 과세대상 금액과 과세액이 일정한 비율로 증가한다는 것은 세율이 일정하다는 것이다.
③ 우리나라의 소득세는 누진세를 적용한다.
④ 저소득 계층에 유리하게 작용하는 것은 누진세이다.

ANSWER 17.④ 18.①

19 X재의 수요와 공급이 균형을 이루고 있다. 다음에서 X재의 균형가격을 높이는 동시에 균형거래량을 줄이는 요인으로 옳은 것은? (단, 이 상품은 정상재이며, 수요와 공급의 법칙에 따른다)

① X재와 대체관계에 있는 상품의 가격 하락

② 소비자들의 소득수준 향상

③ X재 생산에 사용되는 원자재 가격의 상승

④ 해외로부터 X재 수입의 증가

ADVICE X재의 균형 가격을 높이는 동시에 균형 거래량을 줄이려면 공급 곡선이 왼쪽으로 이동해야 한다. 즉, X재의 공급이 감소해야 한다.

③ X재 생산에 사용되는 원자재 가격이 상승하면 X재의 공급이 감소한다.

① X재와 대체 관계에 있는 상품의 가격이 하락하면 X재의 수요가 감소한다.

② X재는 정상재이므로 소비자들의 소득 수준이 향상되면 X재의 수요가 증가한다.

④ 해외로부터 X재 수입이 증가하면 X재 공급이 증가한다.

20 다음 ㉠ ~ ㉣에 들어갈 숫자 중 옳은 것으로만 묶은 것은?

> A국 : 생산가능인구(노동인구) 10,000명 중 비경제활동인구가 40 %일 때, 실업자가 (㉠)명이면 고용률은 (㉡) %이다.
> B국 : 실업률이 2 %이고 실업자가 300명일 때, 생산가능인구가 (㉢)명이면 경제활동참가율은 (㉣) %가 된다.

	㉠	㉡	㉢	㉣
①	200	58	30,000	55
②	300	57	25,000	60
③	300	63	25,000	60
④	200	62	30,000	55

ADVICE

- 고용률 = $\dfrac{\text{취업자수}}{\text{생산가능인구}} \times 100$
- 실업률 = $\dfrac{\text{실업자수}}{\text{경제활동인구}} \times 100$
- 경제활동참가율(%) = $\dfrac{\text{경제활동인구}}{\text{생산가능인구}} \times 100$

  $= \dfrac{\text{경제활동인구}}{(\text{경제활동 인구} + \text{비경제활동인구})} \times 100$

- A국 : 생산 가능 인구 10,000명 중 비경제 활동 인구가 40%이면 4,000명이므로 경제 활동 인구는 6,000명이다.

  ㉠이 200일 때, ㉡은 $\dfrac{5,800}{10,000} \times 100 = 58\%$이고, ㉠이 300일 때, ㉡은 $\dfrac{5,700}{10,000} \times 100 = 57\%$이다.

- B국 : 실업자 수가 300명인데 실업률이 2%이므로 B국의 경제 활동 인구는 15,000명이다. ($\because \dfrac{300}{x} \times 100 = 2$)

  ㉢이 25,000일 때, ㉣은 $\dfrac{15,000}{25,000} \times 100 = 60\%$이고, ㉢이 30,000일 때, ㉣은 $\dfrac{15,000}{30,000} \times 100 = 50\%$이다.

ANSWER 19.③ 20.②

2018. 5. 19. 제1회 지방직 시행

1 **국제연맹과 국제연합에 대한 설명으로 옳지 않은 것은?**

① 국제연맹은 미국의 불참, 일본과 이탈리아의 탈퇴 등으로 인해 국제분쟁 해결에 무기력한 모습을 보였다.
② 국제연합은 강대국들의 거부권을 인정한 안전보장이사회를 설치하였다.
③ 국제연합은 전쟁 억제 이외에도 경제·사회·문화·인도적 차원에서 국가 간 협력을 추구하고 있다.
④ 국제연합은 사법기관으로 국제형사재판소를 운영하고 있다.

ADVICE ④ 국제연합은 사법기관으로 국제사법재판소(ICJ : International Court of Justice)를 운영하고 있다.

2 **다음은 신문 기사 제목을 나열한 것이다. 다음의 주장들이 실현될 경우 기대되는 효과로 가장 적절한 것은?**

- '실질적 투표권 달라'며 투표시간 연장을 요구하는 서명 운동 벌여
- 정당 설립 요건 완화해야
- 투표율을 높이기 위해서 사전 투표 제도 도입해야

① 직접민주주의가 활성화될 것이다.
② 대표자의 권한이 강화될 것이다.
③ 시민의 정치적 의사 반영 기회가 확대될 것이다.
④ 법 제정 과정에서의 신속성이 제고될 것이다.

ADVICE '투표시간 연장', '정당 설립 요건 완화', '사전 투표 제도 도입'은 모두 시민들의 정치 참여를 확대하기 위한 방안이다.
① 시민들의 정치 참여는 대의민주주의에서 활성화된다.
② 시민의 권한이 강화될 것이다.
④ 제시된 주장들은 법 제정 과정에서의 신속성 제고와는 큰 관련이 없다. 다만 시민들의 정치 참여가 확대된다면 그 의사를 반영하는 과정에서 법 제정 과정이 지연될 가능성이 있다.

3 다음 갑국의 국회의원 선거 결과에 대한 추론으로 가장 적절한 것은? (단, 총 의석수는 300석으로 지역구는 254개 선거구에서 254석, 비례대표는 46석이다)

(단위 : %)

정당	지역구 선거		비례대표 선거		총의석률
	득표율	의석률	득표율	의석률	
A	43.3	51.6	42.8	45.7	50.7
B	37.9	42.9	36.5	39.1	42.3
C	6.0	2.8	10.3	10.9	4.0
D	2.2	1.6	3.2	4.3	2.0
무소속	9.4	1.2	0	0	1.0

① 비례대표 선거에는 정당명부식 비례대표제가 채택되었을 것이다.

② 지역구 선거에는 다수당에 유리한 소수대표제가 적용되었을 것이다.

③ 지역구 선거에서 A당과 B당 후보자를 선택한 유권자의 표 중 사표는 없었을 것이다.

④ 지역구 선거에서 C당과 D당 후보에 투표한 유권자의 의사가 과대 대표되었을 것이다.

ADVICE 갑국의 지역구 선거 방식은 하나의 선거구에서 한 명의 당선자를 뽑는 소선거구제이며, 해당 선거구에서 가장 많은 표를 얻은 후보자가 당선되는 다수대표제이다. 비례대표 선거의 경우 지역구 득표율과 비례대표 득표율이 다른 것으로 보아 정당 지지에 대한 선거를 따로 실시하는 1인 2표제 형태임을 추론할 수 있다.

② 지역구 선거에서는 지역구 254개 선거구에서 254명이 당선되었으므로 한 선거구에서 최다득표자 1명만 당선되는 다수대표제가 적용되었을 것이다.

③ 지역구 선거에서 A당과 B당 모두 득표율에 비해 의석률이 높지만(→과대 대표), 사표가 전혀 없었을 것이라고는 추측할 수 없다.

④ 지역구 선거에서 C당과 D당 모두 득표율에 비해 의석률이 낮은 것으로 보아 C당과 D당 후보에 투표한 유권자의 의사는 과소 대표되었을 것이다.

ANSWER 1.④ 2.③ 3.①

4 **다음 자료에 대한 분석으로 옳은 것은? (단, A ~ C는 각각 정당, 이익집단, 시민단체 중 하나이다)**

질문 \ 정치 참여 집단	A	B	C
공익(公益)실현을 추구합니까?	㉠	예	㉡
(가)	예	㉢	아니요

① (가)에는 '정치 사회화 기능을 합니까?'가 들어갈 수 있다.

② ㉠이 '아니요'라면 (가)에는 '정권 획득을 목적으로 합니까?'가 들어갈 수 있다.

③ (가)에 '선거에 후보자를 공천합니까?'가 들어간다면 ㉡은 '아니요'이다.

④ ㉢이 '예'라면 (가)에는 '정치 과정에 영향력을 행사합니까?'가 들어갈 수 있다.

ADVICE ③ (가)에 '선거에 후보자를 공천합니까?'가 들어간다면 '예'라고 대답한 A는 정당이다. '공익실현을 추구합니까?'에 '예'라고 대답한 B는 시민단체이며, C는 이익집단이 되므로, ㉡은 '아니요'가 들어가야 한다.

① '정치 사회화 기능'은 정당, 이익집단, 시민단체 모두에 해당한다. 따라서 (가)에는 '정치 사회화 기능을 합니까?'가 들어갈 수 없다.

② ㉠이 '아니요'라면 A는 이익집단이다. 따라서 (가)에는 '정권 획득을 목적으로 합니까?'가 들어갈 수 없다. '정권 획득'은 정당의 목적이다.

④ 정당, 이익집단, 시민단체는 모두 정치 과정에 영향력을 행사하는 비공식적 참여자이다. 따라서 ㉢이 '예'라도 C가 '아니요'이므로 (가)에는 '정치 과정에 영향력을 행사합니까?'가 들어갈 수 없다.

5 **다음에서 민사분쟁 해결제도에 대한 설명으로 옳은 것만을 모두 고르면?**

㉠ 내용증명우편에는 우편에 기재된 내용 그대로 사실 관계가 법적으로 확정되는 효력이 있다.
㉡ 민사조정제도는 민사소송을 제기하기 위한 전심절차로서 반드시 거쳐야 한다.
㉢ 대한법률구조공단은 법률구조사업을 효율적으로 추진하기 위해 설립된 공공기관이다.
㉣ 소액사건 심판제도는 제소한 때의 소송목적의 값이 3,000만 원을 초과하지 아니하는 금전 기타 대체물이나 유가증권의 일정한 수량의 지급을 목적으로 하는 간편하고 신속한 심판절차이다.

① ㉠, ㉡　　② ㉠, ㉢

③ ㉡, ㉣　　④ ㉢, ㉣

ADVICE ㉠ 내용증명우편이란 보내는 사람이 받는 사람에게 어떤 내용의 문서를 언제 발송하였다는 사실을 우편관서가 공적으로 증명하는 제도로, 우편에 기재된 내용에 대한 사실관계를 법적으로 확정하는 것은 아니다.

㉡ 민사조정제도는 민사에 관한 분쟁을 법관 또는 법원에 설치된 조정위원회가 간이 절차에 따라 분쟁의 당사자로부터 각자의 주장을 듣고 관계 자료를 검토한 후, 여러 사정을 참작하여 당사자들이 서로 양보하고 타협하여 합의를 하도록 주선 · 권고함으로써 화해에 이르게 하는 법적절차이다. 민사조정제도는 당사자들의 임의로 거칠 수 있는 제도이며, 민사소송을 제기하기 위해 반드시 거쳐야 하는 제도는 아니다.

6 다음 (가)와 관련된 설명으로 적절한 것만을 〈보기〉에서 모두 고르면?

> (가)는 미국의 매사추세츠주 주지사였던 게리(E. Gerry)가 자기가 속한 공화당의 후보들에게 유리하게 선거구를 획정한 결과를 나타낸다. 그 모습이 그리스 신화에 나오는 도롱뇽(Salamander)과 비슷하다고 하여 유래하였다.

〈보기〉

㉠ (가)는 공정한 선거를 위해 불가피하다.
㉡ 우리나라의 경우 대통령 선거보다 국회의원 선거에서 (가)가 나타날 가능성이 높다.
㉢ 우리나라의 경우 지역구 국회의원 선거보다 비례대표 국회의원 선거에서 (가)가 나타날 가능성이 높다.
㉣ 정치권으로부터 독립적인 선거구 획정위원회를 제도화하면 (가)를 방지하는 데 도움이 된다.

① ㉠, ㉡
② ㉠, ㉢
③ ㉡, ㉢
④ ㉡, ㉣

ADVICE (가)는 특정 정당이나 특정 후보자에게 유리하도록 불공평하게 선거구를 책정하는 게리맨더링에 대한 설명이다.
㉠ 공정한 선거를 위해서는 게리맨더링을 피해야 한다.
㉢ 비례대표 국회의원 선거에서는 유권자가 정당에 대해 투표하고, 전국적으로 정당이 얻은 득표수를 합산해서 그 정당 득표율에 따라 의석수를 배분하므로 게리맨더링의 문제가 나타나지 않는다.

ANSWER 4.③ 5.④ 6.④

7 **다음 사례에 대한 법적 판단으로 옳은 것은?**

> 갑은 ○○전자회사에서 근무하는 40대 회사원으로 두 아들이 있으며, 현재 회사 내 신기술 연구에 참여하고 있다. 그런데 얼마 전 경쟁업체 직원 을이 현재 연구 중인 ○○전자회사 신기술 관련 정보를 빼내어 자신에게 알려주지 않으면 두 아들을 살해하겠다고 협박했다. 갑이 이에 응하지 않자 을은 초등학생인 갑의 차남 병을 유인하여 데리고 있으며 언제든지 병에게 위해를 가할 수 있다는 메시지를 전달했다. 병의 생명에 대한 을의 위해를 방어할 방법이 없자 갑은 당해 신기술 관련 정보를 을에게 알려주었다.

① 갑의 행위는 위법성이 인정되므로 범죄가 성립된다.
② 갑의 행위는 구성요건에 해당하지만 책임이 조각된다.
③ 갑의 행위는 정당행위에 해당하여 책임이 없다.
④ 갑의 행위는 구성요건에 해당하지만 위법성이 인정되지 않는다.

ADVICE 갑은 아들 병을 살해하겠다는 을의 협박에 방어할 방법이 없어 어쩔 수 없이 신기술 관련 정보를 빼내어 알려주었다. 이는 「형법」 제12조에 규정된 강요된 행위(저항할 수 없는 폭력이나 자기 또는 친족의 생명, 신체에 대한 위해를 방어할 방법이 없는 협박에 의하여 강요된 행위)로, 강요된 행위에 해당할 경우 책임이 조각되어 범죄가 성립하지 않는다.

8 **다음에서 소비자의 권리 보호에 대한 설명으로 옳은 것만을 모두 고르면?**

> ㉠ 우리 헌법은 국가가 건전한 소비 행위를 계도하고 생산품의 품질 향상을 촉구하기 위한 소비자의 보호 운동을 법률이 정하는 바에 의하여 보장하도록 하고 있다.
> ㉡ 소비자분쟁조정위원회의 위원장으로부터 분쟁조정의 내용을 통지받은 당사자는 그 통지를 받은 날부터 15일 이내에 분쟁조정의 내용에 대한 수락 여부를 소비자분쟁조정위원회에 통보하여야 하며, 이 경우 15일 이내에 의사표시가 없는 때에는 수락을 거부한 것으로 본다.
> ㉢ 제조물의 결함으로 생명·신체 또는 재산에 손해를 입은 사람이 구제를 받으려면 제조물의 제조과정에서 제조업자의 과실이 있었고, 그 과실로 인한 제조물의 결함으로 피해가 발생하였음을 입증하여야 한다.
> ㉣ 국가는 소비자의 합리적인 선택을 방해하고 소비자에게 손해를 끼칠 우려가 있다고 인정되는 사업자의 부당한 행위를 지정·고시할 수 있다.

① ㉠, ㉡　② ㉠, ㉣
③ ㉡, ㉢　④ ㉢, ㉣

ADVICE ㉡ 소비자분쟁조정위원회의 위원장으로부터 분쟁조정의 내용을 통지받은 당사자는 그 통지를 받은 날부터 15일 이내에 분쟁조정의 내용에 대한 수락 여부를 조정위원회에 통보하여야 한다. 이 경우 15일 이내에 의사표시가 없는 때에는 수락한 것으로 본다〈소비자보호법 제67조(분쟁조정의 효력 등) 제2항〉.
㉢ 제조물 책임(제조물 책임법 제3조)은 그 하자에 대해 제조업자의 과실을 요하지 않는 무과실 책임이다. 따라서 과실 입증의 책임이 없다.

9 다음에서 사인(私人)인 갑의 발언으로 자신의 명예를 훼손당한 을이 자기 권리를 구제받기 위하여 취할 수 있는 행위로 옳은 것만을 모두 고르면?

> ㉠ 「민법」상 손해배상을 법원에 청구한다.
> ㉡ 지방법원에 행정심판을 제기한다.
> ㉢ 「형법」상 명예훼손죄로 고소를 한다.
> ㉣ 언론중재위원회에 정정보도청구소송을 제기한다.

① ㉠, ㉢　　② ㉠, ㉣
③ ㉡, ㉢　　④ ㉡, ㉣

ADVICE 갑의 행위는 「민법」상 불법행위, 「형법」상 명예훼손에 해당한다.
㉡ 행정심판이란, 행정청의 위법·부당한 처분(또는 그 밖에 공권력의 행사·불행사) 등으로 권리 및 이익을 침해 받은 국민이 신속하고 간편하게 법적으로 이를 구제받을 수 있도록 한 제도이다.
㉣ 정정보도청구란 사실적 주장에 관한 언론보도 등이 진실하지 아니함으로 인하여 피해를 입은 자가 해당 언론보도 등이 있음을 안 날부터 3개월 이내에 언론사, 인터넷뉴스서비스사업자 및 인터넷 멀티미디어 방송사업자에게 그 언론보도 등의 내용에 관한 정정 보도를 청구할 수 있도록 한 제도이다.

10 근대화를 바라보는 이론적 시각에 대한 설명으로 옳지 않은 것은?

① 근대화론은 모든 사회가 일정한 단계를 거쳐 발전한다고 전제한다.
② 근대화론은 서구 중심적이며 기능론적인 관점을 반영하고 있다.
③ 종속 이론은 세계 체계를 중심부와 주변부로 나눈다.
④ 종속 이론은 주변부가 미(未)발전 상태에 머물 수밖에 없다고 주장한다.

ADVICE ④ 종속 이론은 주변부가 중심부에 종속되어 있다고 보는 이론으로, 주변부는 미발전 상태(발전을 시도하지 않은 상태)가 아니라, 저발전 상태(발전을 시도했지만 낮은 수준에 머무르는 상태)에 머물 수밖에 없다고 주장한다.

ANSWER 7.② 8.② 9.① 10.④

11 다음 사례에 대한 법적 판단으로 옳은 것은?

> 학교에서 계속 최상위권을 유지하고 있는 고등학생 갑(만 17세)은 학교가 끝나면 무면허로 아버지의 승용차를 운전하는 일탈 행위를 즐기고 있었다. 그러다 결국 집 근처 길가에 정차된 을과 병의 승용차를 파손시켰다. 갑의 부모는 작은 가게를 운영하느라 갑의 일탈 행위를 전혀 몰랐으므로 자신들은 어떠한 법적 책임도 없다고 주장하고 있다.

① 갑은 형사미성년자이므로 형벌을 부과받지 않는다.
② 갑은 을과 병에 대하여 채무불이행에 근거한 손해배상책임을 진다.
③ 갑은 특별한 사정이 없는 한 책임능력이 있다고 판단되므로 을과 병에 대한 손해배상책임이 있다.
④ 갑이 손해배상책임이 있다면 갑의 부모도 갑의 행위에 대한 감독 의무를 게을리한 것으로 간주된다.

ADVICE ① 형사미성년자는 만 14세 미만이다.
② 갑은 을과 병에 대하여 불법행위에 근거한 손해배상책임을 진다. 갑과 을, 갑과 병 당사자 간 채권·채무 관계가 존재하지 않으므로 갑에게 채무불이행에 근거한 손해배상책임은 없다.
④ 갑은 특별한 사정이 없는 한 책임능력이 있다고 판단되는 미성년자로, 갑이 손해배상책임이 있다고 하여 갑의 부모도 갑의 행위에 대한 감독 의무를 게을리한 것으로 간주되는 것은 아니다. 갑의 부모가 감독 의무를 제대로 이행하지 않았다는 사실을 입증해야 그 책임을 지울 수 있다.

12 다음 글에 나타난 개인과 사회의 관계를 바라보는 관점이 갖는 한계에 대한 설명으로 옳은 것은?

> 사회현상은 자유의지를 가진 개인들로부터 비롯되지만 사회현상에 대한 탐구는 개인의 행위나 사고로 환원될 수 없다. 사회에 대한 탐구는 사회적 사실에 대한 탐구이며 사회적 사실이란 행위자들의 외부에 존재하며 그들에게 강제적인 영향력을 행사하는 사회구조들과 문화적 규범 및 가치관들이다.

① 개인과 사회의 상호작용을 지나치게 강조한다.
② 사회를 구성하는 개인의 주체성과 능동성을 간과한다.
③ 개인의 행위에 대한 사회구조의 영향력을 과소평가한다.
④ 개인을 위한 전체의 희생을 합리화할 우려가 있다.

ADVICE 제시된 내용은 사회적 사실이 행위자들의 외부에 존재하며 그들에게 강제적인 영향력을 행사한다고 보는 사회 실재론이다.
① 사회 실재론은 사회구조들과 문화적 규범 및 가치관들이 개인에게 미치는 영향을 지나치게 강조한다.
③④ 사회 명목론의 한계에 대한 설명이다.

13 다음 A국의 세대 간 계층 이동을 나타낸 표에 대한 분석으로 옳은 것은?

(단위 : %)

자식 \ 부모	상층	중층	하층	계
상층	13	1	3	17
중층	2	28	28	58
하층	1	2	22	25
계	16	31	53	100

① A국은 폐쇄적 계층 구조 형태를 띠고 있다.
② 자식 세대에는 사회의 양극화 현상이 심화되고 있다.
③ 상승 이동에 비하여 하강 이동의 비율이 높게 나타난다.
④ 부모 세대에 비하여 자식 세대의 계층 구조가 안정적이다.

ADVICE ④ 부모 세대는 상층에서 하층으로 갈수록 구성원이 더 많아지는 피라미드형 계층 구조이고, 자식 세대는 상층과 하층에 비해 중층의 구성원이 많은 다이아몬드형 계층 구조이다. 중층 구성 비율이 높은 다이아몬드형 계층 구조가 더 안정적이다.

① A국은 세대 간 계층 이동이 나타나고 있으므로 폐쇄적 계층 구조 형태를 띠고 있다고 볼 수 없다.
② 자식 세대는(상층 : 17, 중층 : 58, 하층 : 25) 다이아몬드형 계층 구조로 부모 세대(상층 : 16, 중층 : 31, 하층 : 53)에 비해 양극화 현상이 덜하다.
③ 상승 이동과 하강 이동을 구분하면 다음과 같다.

상승 이동(32%)	하강 이동(5%)
• 부모 하층→자식 상층 : 3%	• 부모 상층→자식 중층 : 2%
• 부모 하층→자식 중층 : 28%	• 부모 상층→자식 하층 : 1%
• 부모 중층→자식 상층 : 1%	• 부모 중층→자식 하층 : 2%

따라서, 하강 이동 비율보다 상승 이동 비율이 높은 것으로 나타난다.

ANSWER 11.③ 12.② 13.④

14 다음에서 밑줄 친 ㉠ ~ ㉦에 대한 설명으로 옳은 것은?

> • 연구 주제 : 사원들의 ㉠ 직무 만족도에 ㉡ 사기 진작 프로그램이 미치는 영향
> • 연구 가설 : ㉢ 사기 진작 프로그램의 시행은 직무 만족도를 높일 것이다.
> • 변수 측정
> − 직무 만족도 : 표준화된 직무 만족 측정 도구(5점 척도, 5문항)
> − 사기 진작 프로그램 : 매주 수요일 오후 자율적 야외 체육활동
> • 연구 과정 : ○○회사 전 직원 가운데 500명을 무작위 추출한 후, 다시 무작위로 250명씩 ㉣ A집단과 ㉤ B집단으로 나누었다. 두 집단을 대상으로 직무 만족도를 ㉥ 1차 측정한 결과 집단별 직무 만족도의 평균값은 통계적으로 의미 있는 차이를 보이지 않았다. 이후 A집단에는 매주 수요일 오후 자율적 야외 체육활동을 허락한 반면, B집단에는 아무런 변화도 주지 않았다. ㉦ 한 달 후 두 집단의 직무 만족도를 같은 문항을 통해 2차 측정한 결과, B집단의 2차 평균값은 1차 평균값과 동일하게 나타난 반면, A집단의 2차 평균값은 1차 평균값에 비해 통계적으로 의미 있는 수준에서 증가한 것으로 나타났다.
> ※ A집단 모두 자율적으로 야외 체육활동에 참여하였고, 사기 진작 프로그램 이외 다른 변수의 효과는 통제된 것으로 간주함

① ㉠은 독립 변수, ㉡은 종속 변수이다.
② ㉢의 경험적 검증을 위해서는 계량화된 자료의 획득이 중요하다.
③ ㉣은 통제 집단, ㉤은 실험 집단이다.
④ ㉥과 ㉦ 모두에서 두 집단 간 직무 만족도 평균값의 차이가 클수록 가설 채택의 가능성이 높아진다.

ADVICE ① 독립 변수는 어떠한 효과를 관찰하기 위하여 실험적으로 조작되거나 혹은 통제된 변수이고, 종속 변수는 독립 변수의 조작 · 통제로 인하여 영향을 받는 변수를 말한다. 따라서 ㉠은 종속 변수, ㉡은 독립 변수이다.

③ 통제 집단은 실험설계에서 처치를 받은 실험 집단의 효과를 비교하기 위한 대상으로, 처치를 받지 않은 집단을 말한다. 따라서 ㉣은 실험 집단, ㉤은 통제 집단이다.

④ 가설 채택의 가능성이 높아지기 위해서는 ㉥에서 비슷했던 두 집단 간에 직무 만족도 평균값이 한 달 후인 ㉦에서는 A집단(실험집단)의 직무 만족도 평균값이 B집단(통제집단)의 직무 만족도 평균값에 비해 의미 있는 수준으로 증가해야 한다.

15 다음 글의 '이 조직'에 대한 설명으로 〈보기〉에서 옳은 것만을 모두 고르면?

> 막스 베버(M. Weber)는 '이 조직'을 합리적 권위가 지배하는 조직이라고 보았는데, '이 조직'이 근대 사회의 지배적인 조직으로 성장한 것은 바로 그 합리성에 있었다. 조직 구성과 과업 부여, 과업 수행 등 모든 과정에 있어서 철저하게 합리성을 추구함으로써 '이 조직'은 근대 산업 사회의 요구를 효율적으로 수행할 수 있었다.

〈보기〉

㉠ 비공식 조직의 중요성을 인정하고 강조한다.
㉡ 구성원의 능력을 보여주는 지표로 경력 및 연공서열을 중시한다.
㉢ 업무 수행 결과에 대한 책임 소재가 불분명하다는 단점이 있다.
㉣ 문서에 의한 업무 수행이 중시된다.

① ㉠, ㉡　　② ㉠, ㉢
③ ㉡, ㉣　　④ ㉢, ㉣

ADVICE 제시된 글에서 말하는 '이 조직'은 관료제 조직이다.
㉠ 관료제 조직은 공식적 절차와 규범을 강조하는 조직으로, 비공식 조직의 중요성을 인정하지 않는다.
㉢ 관료제 조직은 공식적 절차와 규범을 강조하므로 업무 수행 결과에 대한 책임 소재가 분명하다는 장점이 있다.

ANSWER 14.② 15.③

16 **다음은 시장의 경쟁 정도에 따른 분류이다. (가)~(라)에 대한 설명으로 옳지 않은 것은?**

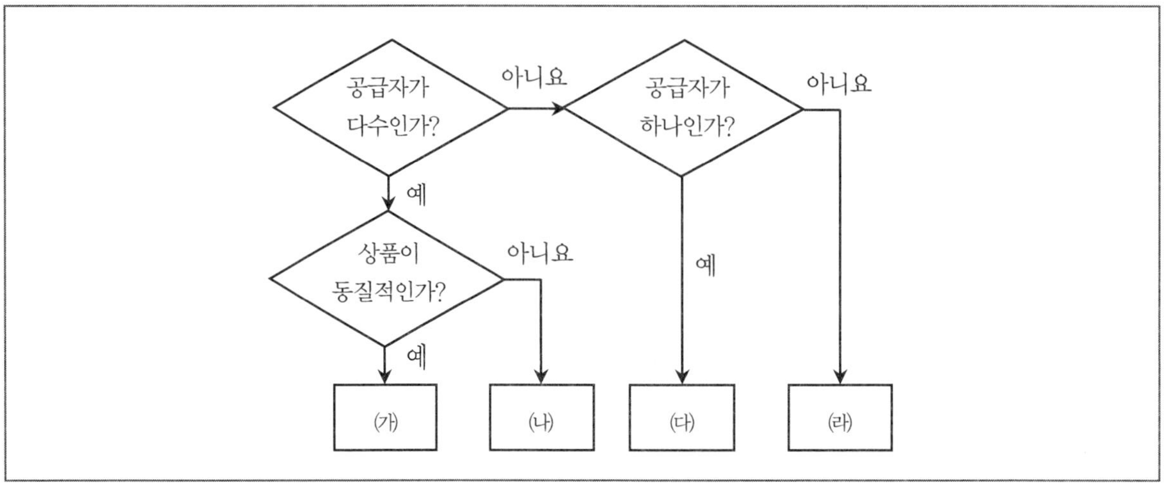

① (가)는 진입 장벽이 존재하지 않는다.
② (나)에서 개별 기업은 시장 가격에 전혀 영향을 미칠 수 없다.
③ (다)에서 개별 재화에 좋은 대체재가 될 수 있는 재화가 존재하지 않는다.
④ (라)에서는 기업들 간의 담합이 일어나기에 알맞은 상황이 조성되어 있다.

ADVICE (가) 완전 경쟁 시장, (나) 독점적 경쟁 시장, (다) 독점 시장, (라) 과점 시장
② 독점적 경쟁 시장에서 독점력을 가진 개별 기업은 시장 가격에 어느 정도 영향을 미칠 수 있다.

17 ㈎와 ㈏는 금융 시장의 유형을 분류한 것이다. 이에 대한 설명으로 옳은 것은? (단, ㈎와 ㈏는 직접 금융 시장, 또는 간접 금융 시장 중 하나이다)

㈎	• 금융 기관은 자금 수요자에게 정보 제공을 받아 자금 공급자에게 정보를 제공한다. • 자금 공급자는 자금 수요자에게 자금을 공급하고, 이에 대한 대가로 이자나 배당을 받는다.
㈏	• 금융 기관은 자금 공급자에게 예금을 받고 이에 대한 대가로 이자를 준다. 또한, 금융 기관은 자금 수요자에게 대출을 해주고 이에 대한 대가로 이자를 받는다. • 자금 공급자와 자금 수요자 간에는 직접적인 자금 거래는 없다.

① ㈎에서 거래되는 대표적인 금융 상품으로 정기적금이 있다.
② ㈏에서는 자금 공급자가 자금 거래로 인해 발생하는 위험을 전액 부담한다.
③ ㈎에 비해 ㈏에서 금융 상품이 일반적으로 안전성이 더 높다.
④ ㈎에 비해 ㈏에서 자금 공급자의 자금이 어느 기업으로 투자되었는지 알기 쉽다.

ADVICE ㈎ 직접 금융 시장, ㈏ 간접 금융 시장
① 정기적금은 간접 금융 시장에서 거래되는 대표적인 금융 상품이다.
② 자금 공급자가 자금 거래로 인해 발생하는 위험을 전액 부담하는 것은 직접 금융 시장이다.
④ 자금 공급자의 자금이 어느 기업으로 투자되었는지 알기 쉬운 것은 직접 금융 시장이다.

ANSWER 16.② 17.③

18 다음은 중앙은행이 이자율을 인하하는 경우, 총수요에 영향을 미치는 여러 경로를 나타낸 것이다. ㉠ ~ ㉢의 변화로 옳은 것은? (단, 유동성함정이 존재하지 않고, 각 경제주체는 경제를 낙관적으로 예상한다)

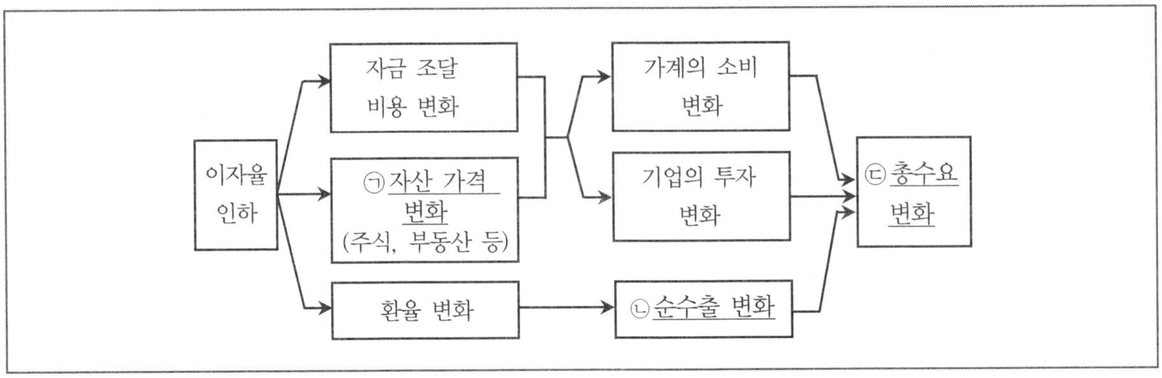

	㉠	㉡	㉢
①	상승	증가	증가
②	상승	감소	증가
③	하락	감소	감소
④	하락	증가	감소

ADVICE ㉠ 중앙은행이 이자율을 인하하면 저축으로 얻을 수 있는 이자 수익이 줄어들게 되므로, 주식이나 부동산에 투자하려는 사람들이 늘어나 주식, 부동산 등의 자산 가격이 상승한다.

㉡ 중앙은행이 이자율을 인하하면 국내보다는 해외 금융 상품에 대한 선호도가 높아져 외화 유출이 발생한다. 그에 따라 환율이 상승하여 수출이 증가하고 수입이 감소하므로, 순수출은 증가한다.

㉢ 중앙은행이 이자율을 인하하면 가계 소비와 기업 투자, 순수출이 증가하여 총수요가 증가한다.

※ 유동성 함정 : 금리를 아무리 낮추어도 투자나 소비 등의 실물경제에 아무런 영향을 미치지 못하는 상태.

19 2017년 A국의 경상 거래 전부가 다음과 같을 때, A국의 국제 수지에 대한 설명으로 옳은 것은? (단, 2016년 A국의 경상 수지는 0이며, 모든 연도의 오차 및 누락은 0이다)

> • A국 기업의 상품 수출 20억 달러
> • A국 국민의 해외 직접 투자를 통한 배당 소득 50억 달러 수취
> • A국 기업이 사용한 해외 저작권 사용료 50억 달러 지급
> • B국 국민이 A국 여행에 150억 달러 지출
> • C국의 지진 피해에 대한 응급 복구 비용 100억 달러 지원
> • D국 기업으로부터 원자재 수입 30억 달러

① 서비스 수지는 음(－) 값을 갖는다.
② 본원 소득 수지와 이전 소득 수지의 합은 0이다.
③ 상품 수지는 2016년 대비 10억 달러 감소하였다.
④ 자본 · 금융 계정은 2016년 대비 40억 달러 감소하였다.

ADVICE 제시된 내용을 바탕으로 A국의 경상 거래를 정리하면 다음과 같다.

- A국 기업의 상품 수출 20억 달러→상품 수지 20억 달러 흑자
- A국 국민의 해외 직접 투자를 통한 배당 소득 50억 달러 수취→본원 소득 수지 50억 달러 흑자
- A국 기업이 사용한 해외 저작권 사용료 50억 달러 지급→서비스 수지 50억 달러 적자
- B국 국민이 A국 여행에 150억 달러 지출→서비스 수지 150억 달러 흑자
- C국의 지진 피해에 대한 응급 복구 비용 100억 달러 지원→이전 소득 수지 100억 달러 적자
- D국 기업으로부터 원자재 수입 30억 달러→상품 수지 30억 달러 적자

따라서 2017년 경상 수지 합계는 20 + 50 − 50 + 150 − 100 − 30 = 40억 달러 흑자이다.

④ 국제 수지에서 오차 및 누락이 0인 경우 경상 수지와 자본 · 금융 계정의 합은 0이다. 2016년 A국의 경상 수지가 0으로 제시되었으므로 자본 · 금융 계정 또한 0이 된다. 2017년의 경우 경상 수지가 +40억 달러이므로 자본 · 금융 계정은 −40억 달러가 된다. 따라서 2017년 자본 · 금융 계정은 2016년 대비 40억 달러가 감소하였다.
① 서비스 수지는 +100억 달러로 양의 값을 갖는다.
② 본원 소득 수지와 이전 소득 수지의 합은 -50억 달러이다.
③ 제시된 자료로는 상품 수지의 변화를 알 수 없다.

ANSWER 18.① 19.④

20 다음은 X재와 Y재 시장에서 각 재화의 가격에 대한 수요량과 공급량을 나타낸 것이다. 두 재화의 주어진 가격 하에서 X재와 Y재의 수요량이 각각 200개 증가할 때, 각 재화 시장에 일어나는 균형 변화에 대한 설명으로 옳은 것은?

재화(개) \ 가격(원)		80	90	100	110	120
X재	수요량	800	700	600	500	400
	공급량	400	500	600	700	800
Y재	수요량	800	700	600	500	400
	공급량	600	600	600	600	600

① Y재의 균형 가격이 X재의 균형 가격보다 높아진다.
② X재와 달리 Y재의 균형 거래량은 증가한다.
③ Y재의 판매 수입이 X재의 판매 수입보다 많아진다.
④ 각 재화의 균형 가격 상승률과 판매 수입 증가율은 동일하다.

ADVICE 두 재화의 주어진 가격 하에서 X재와 Y재의 수요량이 각각 200개 증가할 때, 각 재화 시장에서 일어나는 변화를 정리하면 아래와 같다.

재화(개) \ 가격(원)		80	90	100	110	120
X재	수요량	800	700	600	500	400
	변화된 수요량	1,000	900	800	700	600
	공급량	400	500	600	700	800
Y재	수요량	800	700	600	500	400
	변화된 수요량	1,000	900	800	700	600
	공급량	600	600	600	600	600

① 수요량이 증가한 후 Y재의 균형 가격은 120원으로 X재의 균형가격인 110원보다 높아진다.
② 수요량 변화 후에도 거래량이 600개로 동일한 Y재와 달리 X재의 균형 거래량은 600개에서 700개로 증가한다.
③ 수요량이 증가한 후 X재의 판매 수입은 110원 × 700개 = 77,000원이고, Y재의 판매 수입은 120원 × 600개 = 72,000원이다. 따라서 X재의 판매 수입이 Y재의 판매 수입보다 많아진다.
④ 균형 가격 상승률과 판매 수입 증가율이 동일한 것은 공급이 완전 비탄력적인 Y재이다. 즉, 거래량이 600개로 변화가 없기 때문에 가격 상승률과 판매수입 증가율이 동일하다.

2018. 6. 23. 제2회 서울특별시 시행

1 〈보기〉의 (가), (나)에 대한 설명으로 가장 옳은 것은? (단, (가), (나)는 전형적인 대통령제와 의원내각제 중 하나인 정부 형태이다.)

> 〈보기〉
> 모든 국가에는 대외적으로 국가를 대표하는 사람이 있다. 그런데 정부 형태에 따라 국가를 대표하는 사람에게 상징적인 권위만을 부여하기도 하고, 실질적인 통치권을 함께 부여하기도 한다. 현대 정부 형태에서 전형적인 정부 형태인 (가)는 이 두 가지가 한 사람에게 집중되어 있으나, (나)는 그렇지 않다.

① (가)는 로크의 2권 분립을 바탕으로 한다.
② (가)에서 행정부 수반의 임기는 예외적이고 특별한 경우를 제외하면 엄격하게 보장된다.
③ (나)에서 행정부 수반은 의회에 대해 정치적 책임을 지지 않는다.
④ 영국과 일본은 (가), 대한민국과 미국은 (나)를 채택하고 있다.

ADVICE 상징적인 권위와 실질적인 통치권을 함께 부여하는 (가)는 대통령제, 그렇지 않은 (나)는 의원내각제이다.
② 대통령제에서 행정부 수반의 임기는 예외적이고 특별한 경우를 제외하면 엄격히 보장된다.
① 입법권와 집행권의 분리를 강조하는 로크의 2권 분립을 바탕으로 하는 것은 의원내각제이다.
③ 의원내각제의 경우 의회가 행정부 수반을 불신임할 경우 그에 대한 정치적 책임을 지고 사퇴하게 된다. 대통령제에서 대통령은 의회에 대한 정치적 책임을 지지 않는다.
④ 영국과 일본은 의원내각제, 대한민국과 미국은 대통령제를 채택하고 있다.

ANSWER 20.① / 1.②

2 〈보기 1〉의 ㈎, ㈏에 대한 옳은 설명을 〈보기 2〉에서 모두 고른 것은?

〈보기 1〉

기본권	관련 헌법 조항
㈎	제33조 ① 근로자는 근로 조건의 향상을 위하여 자주적인 단결권 · 단체 교섭권 및 단체 행동권을 가진다.
㈏	제30조 타인의 범죄 행위로 인하여 생명 · 신체에 대한 피해를 받은 국민은 법률이 정하는 바에 의하여 국가로부터 구조를 받을 수 있다.

〈보기 2〉

㉠ ㈎는 인간다운 생활을 보장하기 위한 사회권이다.
㉡ ㈏는 기본권 보장을 위한 기본권이다.
㉢ ㈏는 ㈎와 달리 수단적이고 절차적 권리라는 성격을 가진다.
㉣ ㈎, ㈏ 모두 근대 시민 혁명 직후 확립된 권리이다.

① ㉠, ㉡
② ㉢, ㉣
③ ㉠, ㉡, ㉢
④ ㉡, ㉢, ㉣

ADVICE ㈎ 사회적 기본권(근로 3권), ㈏ 청구권적 기본권(범죄 피해자 구조 청구권)

㉠ 사회적 기본권은 국민이 생존을 유지하거나 생활을 향상시켜 '인간다운 생활'을 하기 위하여 국가에 대하여 적극적인 배려를 요구할 수 있는 권리이다.

㉡ 청구권적 기본권은 국민이 자신의 권리나 이익이 침해되었을 때나 그 우려가 발생하였을 때 국가에 대하여 적극적으로 일정한 행위를 요구할 수 있는 권리이다.

㉢ 청구권적 기본권은 사회적 기본권과 달리 수단적이고 절차적 권리라는 성격을 가진다.

㉣ 근대 시민 혁명 직후 확립된 기본권은 자유권이다. 사회적 기본권은 1919년 바이마르 헌법에서 처음 등장했으며, 현대적 권리라고 할 수 있다.

3 〈보기〉의 (가), (나) 연구 방법의 일반적인 특징에 대한 설명으로 가장 옳은 것은?

〈보기〉

구분	연구목적	한계
(가)	청소년의 지속적인 봉사활동이 청소년의 인성에 영향을 미친다는 잠정적인 결론을 가지고 자료를 수집·분석함으로써 봉사 활동이 청소년의 건전한 성장에 도움이 되도록 하고자 함.	㉠
(나)	현대 사회는 평균 수명이 늘어남에 따라 노인의 삶의 질에 대한 관심이 높아지고 있으며, 여가 시간을 어떻게 활용하느냐가 매우 중요해지고 있음. 이에 봉사활동을 지속적으로 하는 노인을 대상으로 봉사활동이 갖는 의미를 연구함으로써 노인의 삶의 질 향상을 위한 자료를 제공하고자 함.	연구자의 주관적 가치 개입 가능성이 큼

① (가)는 방법론적 이원론의 입장, (나)는 방법론적 일원론의 입장을 취한다.
② (가)는 연구 대상자의 내면세계 중시, (나)는 변인 간 법칙 발견을 목적으로 한다.
③ '객관적인 관찰이 불가능하다'는 ㉠에 들어갈 수 있다.
④ (나)에서는 비공식적 자료가 중시된다.

ADVICE (가) 실증적 연구 방법, (나) 해석적 연구 방법

① 실증적 연구 방법은 방법론적 일원론의 입장, 해석적 연구 방법은 방법론적 이원론의 입장을 취한다.
② 실증적 연구 방법은 변인 간 법칙 발전, 해석적 연구 방법은 연구 대상자의 내면세계 중시를 목적으로 한다.
③ 실증적 연구 방법은 객관적인 관찰이 가능하다고 본다. 이와 달리 해석적 연구 방법은 연구자의 주관적 가치 개입 가능성이 커 객관적인 관찰이 불가능하다고 본다.

ANSWER 2.③ 3.④

4 〈보기〉는 전형적인 정치 참여 집단을 구분한 것이다. 이에 대한 설명으로 가장 옳은 것은? (단, A~C는 각각 정당, 이익 집단, 시민 단체 중 하나이다.)

〈보기〉

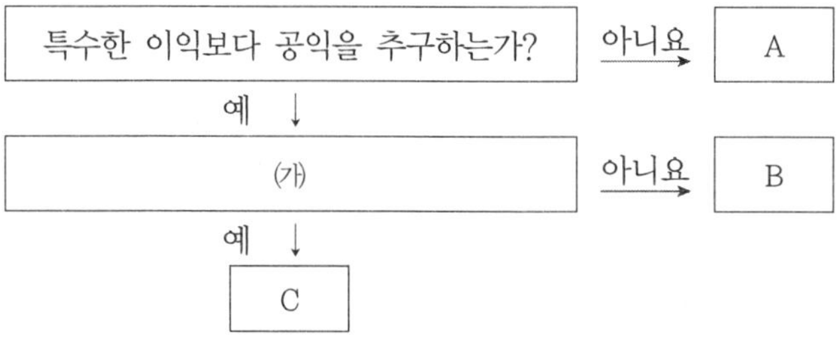

① A는 시민 단체이다.

② (가)에는 '대표적인 사례로 노동조합을 들 수 있는가?'가 들어갈 수 있다.

③ (가)에 '자신들의 행위에 대해 정치적 책임을 지는가?'가 들어가면, C는 정부와 의회를 매개하는 역할을 한다.

④ B, C와 달리 A는 다양한 사회 문제를 해결하기 위해 자발적으로 결성된 집단이다.

ADVICE ③ 자신들의 행위에 대해 정치적 책임을 지는 것은 정당이다. 따라서 C는 정당, B는 시민 단체가 된다. 정당은 정부와 의회를 매개하는 역할을 한다.

① 특수한 이익보다 공익을 추구하는 것은 정당과 시민 단체이다. 따라서 A는 이익 집단이다.

② 노동조합은 이익 집단이므로 (가)에는 '대표적인 사례로 노동조합을 들 수 있는가?'가 들어갈 수 없다.

④ 사회 문제를 해결하기 위해 자발적으로 결성된 집단은 시민 단체이다.

5 〈보기 1〉의 헌법재판소의 권한 (가)~(다)에 대한 옳은 설명을 〈보기 2〉에서 모두 고른 것은?

〈보기 1〉

구분	청구 요건
(가)	공권력의 행사나 불행사로 국민의 기본권이 침해되었을 때
(나)	법률이 헌법에 위반되는지의 여부가 재판의 전제가 될 때
(다)	정당의 목적이나 활동이 민주적 기본 질서에 위배될 때

〈보기 2〉

㉠ (가)는 헌법소원심판, (나)는 위헌법률심판, (다)는 정당해산심판이다.
㉡ (나)의 제청 주체는 해당 법률을 재판에 적용할지 판단하는 법원이다.
㉢ (다)의 심판 결과에 불복할 경우 대법원에 상고할 수 있다.
㉣ (다)는 국회가 본회의의 의결을 거쳐 제소한다.

① ㉠, ㉡　　② ㉠, ㉢
③ ㉠, ㉡, ㉢　　④ ㉡, ㉢, ㉣

ADVICE ㉠ (가) 헌법소원심판, (나) 위헌법률심판, (다) 정당해산심판
㉡ 위헌법률심판의 제청 주체는 해당 법률을 재판에 적용할지 판단하는 법원이다.
㉢ 상고는 2심법원의 판결에 대하여 불복이 있을 때 대법원에 재판을 청구하는 것이다. 헌법재판소의 심판 결과에 대해서는 대법원에 상고할 수 없다.
㉣ 정당해산심판의 제소권은 정부에 있다.

ANSWER 4.③ 5.①

6 〈보기 1〉의 'ㅇㅇ구'와 같은 조직의 특성에 대한 옳은 추론을 〈보기 2〉에서 모두 고른 것은?

〈보기 1〉

ㅇㅇ구는 5급 과장이 팀장이 되고 일부 6급 계장도 팀장에 합류하는 조직을 만들었다. ㅇㅇ구청의 조직은 과거 3국 17실 78담당에서 3본부 24팀 16부분으로 개편되었으며 여섯 명의 6급 공무원이 5급 공무원과 같은 팀장으로 발탁되어 업무를 추진 중이다. 또한 결재 권한을 갖고 있던 계장 직급이 폐지되어 72명의 6급 계장이 팀원으로 실무를 맡게 되었다.

〈보기 2〉

㉠ 분권화된 조직 운영 체계를 갖고 있을 것이다.
㉡ 위계는 더욱 수평적으로 변화하였다고 할 것이다.
㉢ 고정된 업무 중심에서 상황에 따라 주어지는 과업 중심으로 변화하였다.
㉣ 다양한 외부환경 변화에 신속하게 대응하기가 어렵다는 비판을 받을 수 있다.

① ㉠, ㉣
② ㉡, ㉢
③ ㉠, ㉡, ㉢
④ ㉡, ㉢, ㉣

ADVICE 〈보기 1〉의 ㅇㅇ구는 팀제를 바탕으로 조직을 운영하고 있다.
㉠ 팀제는 탈관료제 중 하나로 분권화된 조직 운영 체계를 가진다.
㉡ 권한이 분권화되어 위계가 수평적으로 변한다.
㉢㉣ 팀제는 주어지는 과업을 중심으로 팀을 조직하여 상황 변화에 유동적으로 대응할 수 있다.

7 **사회 불평등 현상을 바라보는 (가), (나) 관점의 일반적인 특징에 대한 설명으로 가장 옳은 것은?**

(가)	업무의 중요성과 역할 수행의 정도에 차이가 있기 때문에 적절한 차등 보상은 사회 발전에 도움을 준다.
(나)	업무의 중요성은 현 기득권층의 판단이고 불평등은 가정 배경이나 권력에 의해 발생하기도 하며, 사회 불평등 현상은 갈등과 대립을 초래한다.

① (가)는 사회 불평등을 능력의 차이에 따른 서열화로 본다.
② (가)는 사회 불평등이 생산 수단의 소유 여부에서 비롯된다고 본다.
③ (나)는 (가)와 달리 직업 간 사회적 중요도가 다르다고 본다.
④ (나)는 (가)와 달리 사회 불평등 현상을 필수 불가결한 것으로 본다.

ADVICE (가) 기능론적 관점, (나) 갈등론적 관점

① 기능론적 관점은 사회 불평등을 능력의 차이에 따른 서열화로 보며, 갈등론적 관점은 사회 불평등을 권력이나 배경에 따라 나타나는 것이라고 본다.
② 사회 불평등이 생산 수단의 소유 여부에서 비롯된다고 보는 것은 갈등론적 관점이다.
③ 직업 간 사회적 중요도가 다르다고 보는 것은 기능론적 관점이다.
④ 사회 불평등 현상을 필수 불가결한 것으로 보는 것은 기능론적 관점이다.

ANSWER 6.③ 7.①

8 〈보기 1〉은 전통 사회에서 고도 산업 사회까지의 인구 변천 단계를 순서 없이 나타낸 것이다. 이에 대한 옳은 분석을 〈보기 2〉에서 모두 고른 것은?

〈보기 1〉

단계	인구 모형
㈎	감산소사형
초기 산업 사회	다산감사형
전통사회	다산다사형
㈏	소산소사형

〈보기 2〉

㉠ ㈎는 후기 산업 사회에 해당한다.
㉡ 우리나라 1960년대는 ㈏에 해당한다.
㉢ 노인층의 비율은 소산소사형 단계에서 제일 높다.

① ㉠, ㉡
② ㉠, ㉢
③ ㉡, ㉢
④ ㉠, ㉡, ㉢

ADVICE ㉠ ㈎는 출생률이 줄어들기 시작하고 사망률은 낮아진 후기 산업 사회이며, ㈏는 출생률과 사망률이 모두 낮은 고도 산업 사회에 해당한다.
㉡ 우리나라 1960년대는 산업화가 진행되면서 여성의 사회 진출이 늘어 출생률이 감소하는 ㈎에 해당한다.
㉢ 노인층의 비율은 소산소사형 인구 모형을 보이는 고도 산업 사회에서 가장 높게 나타난다.

9 〈보기 1〉에 대한 옳은 분석을 〈보기 2〉에서 모두 고른 것은? (단, 계층은 상층, 중층, 하층으로만 구분한다.)

〈보기 1〉

(단위 : %)

질문	갑(甲)국	을(乙)국
하층을 제외한 인구의 비율은?	50	㉠
중층을 제외한 인구의 비율은?	70	40
상층을 제외한 인구의 비율은?	80	80

〈보기 2〉

㉠ ㉠에 해당하는 값은 80이다.
㉡ 갑(甲)국에서는 하층 인구수가 가장 많다.
㉢ 을(乙)국의 계층 구조는 다이아몬드형이다.
㉣ 갑(甲)국과 을(乙)국의 상층 인구수는 같다.

① ㉠, ㉡
② ㉡, ㉢
③ ㉢, ㉣
④ ㉠, ㉡, ㉢

ADVICE ㉠ 〈보기 1〉의 표를 재정리하면 다음과 같다. 따라서 乙국의 상층은 20%, 중층은 60%이므로 ㉠은 80%이다.

계층	갑(甲)국	을(乙)국
중층 + 상층	50%(하층 → 50%)	㉠
하층 + 상층	70%(중층 → 30%)	40%(중층 → 60%)
하층 + 중층	80%(상층 → 20%)	80%(상층 → 20%)

㉡ 甲국은 하층이 50%로 인구수가 가장 많다.
㉢ 乙국은 하층 20%, 중층 60%, 상층 20%로, 다이아몬드형 계층 구조를 보인다.
㉣ 총 인구를 알 수 없으므로 비율만으로 두 나라의 상층 인구수를 비교할 수 없다.

ANSWER 8.② 9.④

10 〈보기〉의 그래프는 경기변동 추이를 나타낸 것이다. A시기에 요구되는 경제 안정화 정책으로 가장 옳은 것은?

〈보기〉

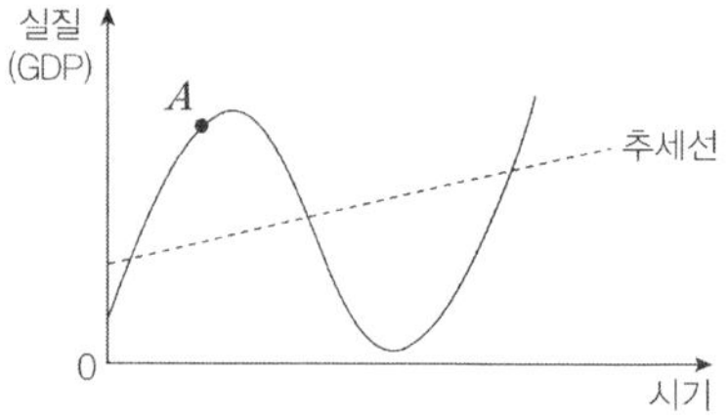

① 세율 인하
② 정부지출 증가
③ 재할인율 인상
④ 국공채 매입

ADVICE A는 실질GDP가 최정점을 향해 가파르게 올라가고 있는 시기로, 과열된 경기를 안정화시킬 수 있는 긴축 정책이 요구된다. 재할인율은 중앙은행이 시중은행에 대출할 때 적용하는 금리로, 재할인율이 높아지면 금융기관의 차입이 억제되고 이에 따라 금융기관의 투자 등이 감소한다. 따라서 재할인율 인상은 긴축 통화 정책의 일환으로 과열된 경기를 안정화시킬 수 있다.

①② 확장 재정 정책으로 경기 과열을 부추긴다.

④ 확장 통화 정책으로 경기 과열을 부추긴다.

11 〈보기〉의 (가)에 대한 설명으로 가장 옳은 것은?

〈보기〉

2017년 12월 국제 연합 ((가))이/가 미국의 예루살렘 이스라엘 수도 선언 철회를 요구하는 결의안을 표결에 부쳤지만 미국 반대로 부결되었다. ((가)) 15개 이사국은 예루살렘을 이스라엘 수도로 인정해서는 안 된다는 내용의 결의안을 표결했지만 14대 1로 부결되었다.

① 국제 연합의 최고 의결 기관이다.
② 국제 평화와 안전 유지에 일차적 책임을 진다.
③ 국제 분쟁에 개입할 때 군사력을 사용할 수 없다.
④ 국제법을 적용하여 국제 분쟁을 해결하는 국제 연합의 사법 기관이다.

ADVICE (가)는 국제 연합의 안전보장이사회이다. 안전보장이사회는 국제 평화와 안전 유지에 일차적 책임을 진다.

① 국제 연합의 최고 의결 기관은 총회이다.

③ 안전보장이사회는 국제 분쟁에 개입할 때 군사력을 사용할 수 있다.

④ 국제 연합의 사법 기관은 국제사법재판소(ICJ)이다.

12 〈보기〉는 국민 경제 주체의 상호 관계를 나타낸다. 이에 대한 설명으로 가장 옳은 것은?

〈보기〉

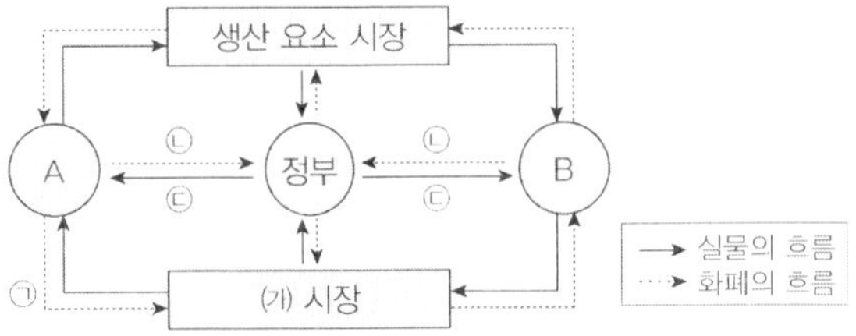

① ㉠의 예로는 임금, 이자, 지대 등이 있다.

② 경기가 불황일수록 ㉡의 크기가 커진다.

③ B는 (가) 시장의 공급자로 효용 극대화를 추구한다.

④ 정부의 흑자 재정 정책은 A의 소득을 감소시키는 요인이다.

ADVICE A : 가계, B : 기업, (가) 생산물

④ 정부의 흑자 재정 정책은 세율 인상이나 정부 지출 감소의 형태로 나타나 가계의 소득을 감소시키는 요인으로 작용한다.

① ㉠은 가계에서 생산물 시장으로 흐르는 화폐의 흐름이므로 가계의 소비에 해당한다. 임금, 이자, 지대 등은 생산 요소 시장에서 가계로 들어오는 화폐의 흐름에 해당한다.

② ㉡은 가계 혹은 기업에서 정부로 흐르는 화폐의 흐름으로 세금에 해당한다. 경기가 불황일 경우 정부는 세율을 인하하여 ㉡의 크기가 작아질 것이다.

③ 기업은 생산물 시장의 공급자로 이윤 극대화를 추구한다. 효용 극대화를 추구하는 하는 것은 가계이다.

ANSWER 10.③ 11.② 12.④

13 일탈 이론 ㈎~㈐에 대한 설명으로 가장 옳은 것은?

> ㈎ 특정 행위에 대해 어느 집단이나 개인이 그것을 일탈 행동이라고 주장하고, 그것이 사회의 다양한 부분에서 받아들여질 때 결국 일탈 행동이 된다.
> ㈏ 준법적 태도를 보이던 사람도 일탈자들과 오랫동안 빈번하게 교류하면서 법과 규범을 경시하는 태도를 습득할 경우 일탈에 가담할 가능성이 높다.
> ㈐ 산업화 단계로 접어들면서 사람들은 규범과 역할의 혼란을 겪게 되고 그에 따른 불만이 반사회적 행동으로 나타날 수 있다.

① ㈎는 ㈐와 달리 사회의 지배적 가치와 규범을 사회화하지 못해서 일탈 행동이 발생한다고 본다.
② ㈎는 ㈏, ㈐와 달리 일탈이 행동의 속성에 의해서가 아니라 그에 대한 사회적 반응에 의해 규정된다고 본다.
③ ㈏는 ㈎, ㈐와 달리 지배 집단의 기득권 보호를 위한 사회제도 때문에 일탈 행동이 발생한다고 본다.
④ ㈐는 ㈎, ㈏와 달리 미시적 관점에서 일탈 행동을 설명한다.

ADVICE ㈎ 낙인 이론, ㈏ 차별적 접촉이론, ㈐ 아노미 이론
① 사회의 지배적 가치와 규범을 사회화하지 못해서 일탈 행동이 발생한다고 보는 것은 아노미 이론이다. 낙인 이론은 사회의 부정적인 반응에 의해 일탈 행동이 발생한다고 본다.
③ 지배 집단의 기득권 보호를 위한 사회 제도 때문에 일탈 행동이 발생한다고 보는 것은 갈등론적 관점이다.
④ 낙인 이론과 차별적 접촉이론은 미시적 관점에서, 아노미 이론은 거시적 관점에서 일탈 행동을 설명한다.

14 〈보기〉는 우리나라 △△도 ㅁㅁ군 지방의회 지역구 의원 선거 결과이다. 이에 대한 분석으로 가장 옳지 않은 것은?

〈보기〉

선거구	후보자별 득표율			
△△도 의회 의원 선거	A당 정○○	B당 신○○	C당 이○○	D당 김○○ [당선]
제1선거구	7.9%	39.5%	12.3%	40.3%

선거구	후보자별 득표율				
ㅁㅁ군 의회 의원 선거	A당 최○○ [당선]	A당 박○○	B당 안○○ [당선]	B당 표○○	C당 조○○
가선거구	45.4%	15.0%	20.2%	12.1%	7.3%

① 광역의회 의원 선거는 단순 다수 대표제를 채택하였다.
② 가선거구에서는 각 정당의 총 득표율에 따라서 당선자가 결정되었다.
③ 제1선거구에 적용된 선거구제는 정당별 득표율과 의석률의 불일치가 심하다는 문제점이 있다.
④ 가선거구에 적용된 대표 결정 방식은 당선자 간 득표율의 차이로 동일 선거구 내에서 투표 가치의 차등 문제가 발생할 수 있다.

ADVICE △△도 의회 의원 선거는 광역의회 의원 선거, ㅁㅁ군 의회 의원 선거는 기초의회 의원 선거이다.

② 각 정당의 총 득표율에 따라서 당선자가 결정되는 것은 비례 대표제이다. 가선거구는 득표율 1, 2위에 해당하는 2명의 후보가 모두 당선자로 선출되었으므로 소수 대표제에 해당한다.

① △△도 선거에서 가장 많은 득표를 한 1명만 당선되었음을 알 수 있다. 득표율이 40.3%로 유효 투표 총수의 과반수 혹은 일정 수 이상을 넘지 않음에도 당선된 것으로 보아 '절대 다수 대표제'가 아닌 '단순 다수 대표제(유효 투표를 상대적으로 더 많이 얻은 후보자가 당선인으로 결정됨)'를 채택하였다.

③ 다수 대표제는 한 선거구에서 1인의 당선만 허용하는 '소선거구제'와 함께 한다. 가장 많은 득표율을 보인 1명만 당선되므로 표에 제시된 B당 후보자의 경우처럼 득표율에서 D당 후보자와 많은 차이를 보이고 있지 않음에도 의석을 차지하지 못하는 경우가 발생한다. 따라서 득표율과 의석률의 불일치가 심할 수 있다.

④ 1위와 2위 모두 당선되므로 이 둘 간에 득표율 차가 크다면 투표 가치의 차등 문제가 불거진다.

ANSWER 13.② 14.②

15 〈보기〉는 갑(甲)국과 을(乙)국의 생산가능 곡선이다. 이에 대한 분석으로 가장 옳은 것은? (단, 양국의 생산요소 투입량은 동일하며, 교역 시 양국은 비교 우위에 있는 재화에 특화한다.)

〈보기〉

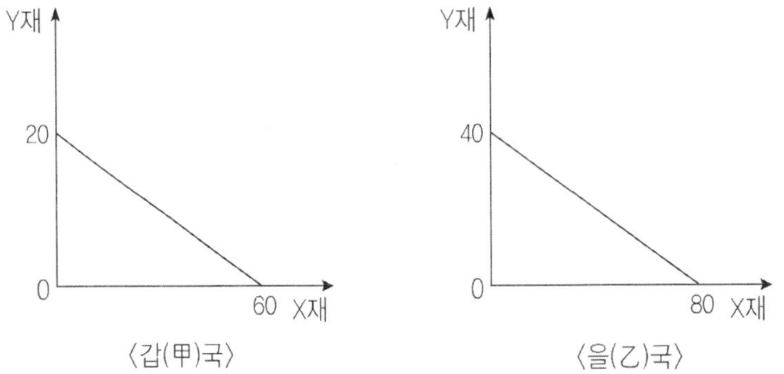

① 갑(甲)국은 X재 50개와 Y재 15개 생산이 가능하다.
② X재 교환비율은 Y재 1/3에서 Y재 1/2 사이에서 결정된다.
③ Y재 1개 생산의 기회비용은 을(乙)국이 갑(甲)국보다 크다.
④ 무역 발생 시 갑(甲)국은 X재를 수입하고, Y재를 수출한다.

ADVICE ② 각 나라가 재회 1개를 생산하는 데 드는 기회비용을 정리하면 다음과 같다.

구분	甲국	乙국
X재 1개 생산의 기회비용	Y재 1/3개	Y재 1/2개
Y재 1개 생산의 기회비용	X재 3개	X재 2개

따라서 甲국와 乙국이 X재를 교환할 경우 교환 비율은 양국의 기회비용 사이인 Y재 1/3에서 Y재 1/2 사이에서 결정된다.

① 甲국은 X재만 생산할 경우 60개, Y재만 생산할 경우 20개를 생산할 수 있다. 즉, Y재 하나를 생산하기 위한 기회비용으로 X재 3개가 드는 것이다. 따라서 Y재를 15개 생산하려면 X재 45개가 기회비용으로 들게 되고, X재를 최대로 생산할 수 있는 개수는 60개이므로, X재는 15개만 생산이 가능하다.
③ Y재 1개 생산의 기회비용은 甲국이 더 크다.
④ 무역 발생 시 甲국은 비교 우위에 있는 X재를 수출하고, 그렇지 않은 Y재를 수입한다.

16 〈보기〉는 갑(甲)국과 을(乙)국의 연도별 경제성장률 및 물가상승률을 나타낸 것이다. 〈보기〉에 대한 설명으로 가장 옳은 것은? (단, 기준연도는 2014년이며, 물가수준은 GDP디플레이터로 측정한다.)

〈보기〉

(단위 : %)

	갑(甲)국			을(乙)국		
연도	2015년	2016년	2017년	2015년	2016년	2017년
경제성장률	−5	10	15	3	−2	4
물가상승률	−10	10	20	2.5	−4	6

※ GDP디플레이터=(명목GDP/실질GDP)×100

① 2014년에 비해 2015년 갑(甲)국의 실질GDP는 증가하였다.
② 2015년 을(乙)국은 전년대비 명목GDP 증가율이 실질 GDP 증가율보다 낮다.
③ 2016년에 갑(甲)국은 전년보다 총수요가 증가하였을 것이다.
④ 2017년에 갑(甲)과 을(乙)국 모두 총수요가 감소하였을 것이다.

ADVICE ③ 2016년 甲국은 경제 성장률과 물가 상승률이 모두 +값이다. 물가가 상승하고 실질 GDP(경제성장률)가 증가했으므로 甲국은 전년보다 총수요가 증가하였음을 알 수 있다.
① 2015년 甲국의 경제 성장률이 −값이므로 2014년에 비해 실질 GDP는 감소하였다.
② '명목 GDP 증가율 = 경제 성장률(실질 GDP 성장률) + 물가 상승률'이므로 2015년 乙국의 명목 GDP 증가율은 5.5%이다. 실질 GDP 증가율이 3%이므로 명목 GDP 증가율이 실질 GDP 증가율보다 높다.
④ 2017년 甲국와 乙국은 모두 경제 성장률과 물가 상승률에 +값을 보인다. 따라서 두 나라 모두 총수요가 증가했다.

ANSWER 15.② 16.③

17 〈보기〉는 근로 계약서의 일부이다. 이에 대한 법적 판단으로 가장 옳은 것은?

> 근로 계약서
>
> 사용자 'A'와 근로자 'B'(만 17세)는 다음과 같이 근로 계약을 체결한다.
>
> 1. 근로 계약 기간 : 2018년 3월 1일~12월 31일
>
> …(중략)…
>
> 4. 근로 시간 : 9시부터 20시까지(휴게시간 1시간 포함)
> 5. 근무일 : 매주 월요일~토요일
> 6. 임금 : 7,000원(시급)
>
> ※ 단, 2018년 최저 임금은 시간당 7,530원임

① B는 유급 휴가를 사용할 수 없다.

② 근로 기간이 1년 미만이기 때문에 A는 근로 기준법을 위반하였다.

③ B가 임금에 대해 A와 합의했다면 최저 임금을 요구할 수 없다.

④ A는 근로 시간과 관련하여 근로 기준법을 위반하였다.

ADVICE ④ 「근로기준법」 제69조(근로시간)에 따르면 15세 이상 18세 미만인 자의 근로시간은 1일에 7시간, 1주에 35시간을 초과하지 못한다. 다만, 당사자 사이의 합의에 따라 1일에 1시간, 1주에 5시간을 한도로 연장할 수 있다. 따라서 이 계약은 근로 시간과 관련하여 「근로기준법」을 위반하였다.

① 「근로기준법」 제60조(연차 유급휴가) 제1항에 따르면 사용자는 1년간 80퍼센트 이상 출근한 근로자에게 15일의 유급휴가를 주어야 한다. B의 근로 기간이 1년 미만이라고 하여도 제2항에 따라 사용자는 계속하여 근로한 기간이 1년 미만인 근로자 또는 1년간 80퍼센트 미만 출근한 근로자에게 1개월 개근 시 1일의 유급휴가를 주어야 한다.

② 「근로기준법」 제16조(계약기간)에는 '근로계약은 기간을 정하지 아니한 것과 일정한 사업의 완료에 필요한 기간을 정한 것 외에는 그 기간은 1년을 초과하지 못한다.'고 명시되어 있지만, 부칙에 의하여 이 조는 2007년 6월 30일까지 유효하다. 따라서 현행 「근로기준법」에서는 계약기간에 대해서는 별도의 제한을 두고 있지 않다고 판단할 수 있다.

③ 「최저임금법」 제6조(최저임금의 효력) 제3항에 따르면 최저임금의 적용을 받는 근로자와 사용자 사이의 근로계약 중 최저임금액에 미치지 못하는 금액을 임금으로 정한 부분은 무효로 하며, 이 경우 무효로 된 부분은 이 법으로 정한 최저임금액과 동일한 임금을 지급하기로 한 것으로 본다. 따라서 B가 임금에 대해 A와 합의했더라도 이는 무효이며, 최저 임금을 요구할 수 있다.

18 〈보기〉는 갑(甲)국의 고용지표 변화이다. 이에 대한 분석으로 가장 옳은 것은? (단, 갑(甲)국의 15세 이상 인구는 변하지 않았다.)

〈보기〉

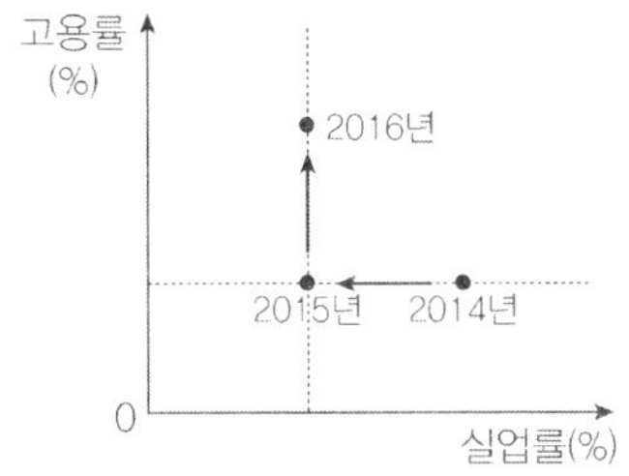

① 2015년 취업자 수가 2014년보다 더 적다.

② 2015년 비경제활동인구 수가 2014년보다 더 적다.

③ 2016년 실업자 수가 2015년보다 더 많다.

④ 2016년 경제활동인구 수는 2015년과 동일하다.

ADVICE ③④ 甲국의 15세 이상 인구는 변하지 않는데 2016년 고용률은 증가하였으므로 취업자 수가 증가했음을 알 수 있다. 2016년 실업률이 2015년과 동일하므로 취업률 역시 동일한 상황에서(∵ 실업률 + 취업률 = 100%이므로) 취업자 수가 증가했는데 취업률이 그대로인 것은 경제 활동 인구가 증가했음을 의미한다.

'실업률 = $\frac{\text{실업자 수}}{\text{경제 활동 인구}} \times 100$'이므로 경제 활동 인구가 증가했는데 실업률이 그대로라면 실업자 수 역시 증가했다고 볼 수 있다. 따라서 2016년 실업자 수는 2015년보다 더 많다.

① 고용률 = $\frac{\text{취업자 수}}{\text{15세 이상 인구}} \times 100$이므로 15세 이상 인구가 변하지 않는 상황에서 2014년과 2015년 고용률이 동일하므로 취업자 수 역시 동일하다.

② 2015년 실업률은 전년 대비 낮아졌다. 실업률이 낮아지면 취업률이 높아지는데(∵ 실업률 + 취업률 = 100%이므로), 2014년과 2015년 취업자 수가 동일한 상황에서 취업률이 높아졌다면 경제 활동 인구가 감소한 것이고, 이는 비경제 활동 인구가 증가한 것이라고 볼 수 있다.

ANSWER 17.④ 18.③

19 〈보기 1〉에 소개된 갑(甲)에 대한 옳은 분석을 〈보기 2〉에서 모두 고른 것은?

〈보기 1〉

자동차 회사에 다니는 갑(甲)은 자신이 개발한 수소자동차로 인해 많은 칭송을 받고 있지만 출세보다 사랑에 모든 것을 건다. 중소 기업의 부장이신 아버지 을(乙)의 뜻을 거역하고 경제적으로 어려움을 겪고 있는 병(丙)과 결혼을 강행하며 항상 자신보다 병(丙)을 감싸고 위한다.

〈보기 2〉

㉠ 갑(甲)은 역할에 대한 보상을 받는다.
㉡ 갑(甲)은 2차적 사회화 기관의 구성원이다.
㉢ 갑(甲)은 후천적으로 획득한 지위를 갖고 있다.
㉣ 갑(甲)은 성취지위와 귀속지위에서 역할 갈등을 경험한다.

① ㉠
② ㉠, ㉡
③ ㉡, ㉢
④ ㉡, ㉢, ㉣

ADVICE ㉠ 한 개인의 사회적 지위에 대하여 사회적으로 기대되는 행동양식을 역할이라 하는데, 이때 개인이 자신에게 주어진 역할을 수행하는 구체적인 행동을 역할행동이라 한다. 보상은 역할 행동에 따르는 것이다.

㉡ 甲은 자동차 회사 직원이므로 2차적 사회화 기관의 구성원이다.

㉢ 甲은 자동차 회사 직원, 丙의 남편이라는 성취 지위를 갖고 있다.

㉣ 역할 갈등이란 한 사람이 동시에 여러 지위를 갖거나, 한 가지 지위에 대하여 동시에 여러 가지 역할이 기대될 때 나타나는 역할 모순이나 긴장 상태를 이른다. 〈보기 1〉에서는 의견 충돌은 나타나지만 심리적 갈등은 없으므로 역할 갈등 경험은 나타나지 않는다.

20 〈보기〉에서 ㈎와 ㈏는 X재 수요의 변동이다. ㈎와 ㈏의 변화 요인을 가장 옳게 연결한 것은?

〈보기〉

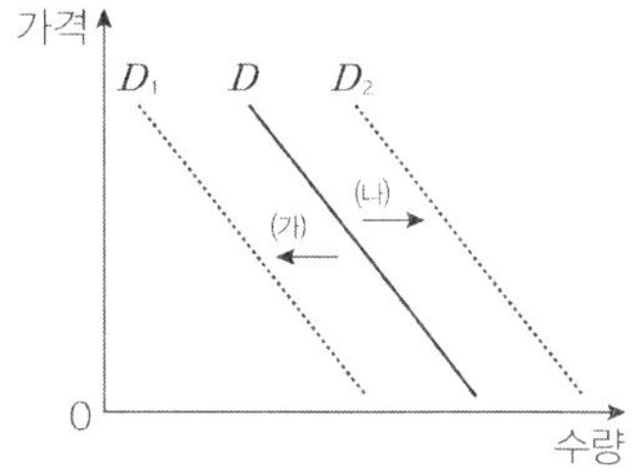

	㈎	㈏
①	소득 감소	대체재 가격 상승
②	기호 감소	대체재 가격 하락
③	인구 감소	보완재 가격 상승
④	가격 하락	보완재 가격 하락

ADVICE ㈎ 방향의 이동은 수요 감소, ㈏ 방향의 이동은 수요 증가이다. X재가 정상재일 때, 수요 증가의 요인으로는 소득 증가, 인구 증가, 기호 증가, 대체재 가격 상승, 보완재 가격 하락이 있으며, 수요 감소 요인으로는 소득 감소, 인구 감소, 기호 감소, 대체재 가격 하락, 보완재 가격 상승이 있다.

ANSWER 19.③ 20.①

2019. 2. 23. 제1회 서울특별시 시행

1 〈보기〉는 자료수집방법 A~D를 분류한 것이다. 이에 대한 설명으로 가장 옳은 것은? (단, A~D는 각각 질문지법, 면접법, 실험법, 참여 관찰법 중 하나이다.)

〈보기〉

구분		조작적 정의의 과정을 거치는 연구방법에서 주로 쓰는가?	
		예	아니요
㈎	예	A	B
	아니요	C	D

① ㈎가 '조사대상자와 연구자 간 신뢰관계가 중요한가?'라면, B는 인위적으로 통제된 상황에서 변수의 효과를 관찰하는 자료수집방법이다.

② ㈎가 '연구자가 현상이 실제로 발생한 현지에 가서 연구해야 하는가?'라면 A는 대규모 집단을 대상으로 계량화된 자료를 수집하는 자료수집방법이다.

③ ㈎가 '시·공간의 제약을 극복할 수 있는가?'라면 B는 면대면 대화를 통해 깊이 있는 정보를 수집하는 자료수집방법이다.

④ ㈎가 '언어적 상호 작용에 의한 자료 수집이 필수적인가?'라면 D는 일상생활에서 나타나는 연구대상의 행동을 관찰하는 자료수집방법이다.

ADVICE 조작적 정의란 연구하고자 하는 행동의 구체적인 범위와 한계를 관찰 가능하고 측정 가능한 용어로 기술하는 것이다. 조작적 정의는 실증적 연구방법에서 주로 쓰며 따라서 A와 C는 자료수집방법 중 질문지법과 실험법 중 하나다. 나머지 B와 D는 면접법과 참여관찰법 중 하나다.

④ '언어적 상호 작용에 의한 자료 수집이 필수적인가?'라고 할 경우 '예'라고 한 B는 면접법이고 '아니오'라고 한 D는 참여관찰법이다. 참여관찰법은 일상생활에서 나타나는 연구대상의 행동을 관찰하는 자료수집방법이다.

① 인위적으로 통제된 상황에서 변수의 효과를 관찰하는 자료수집방법은 실험법이다.

② '연구자가 현상이 실제로 발생한 현지에서 가서 연구해야 하는가'에 '예'라고 할 경우 A는 참여관찰법이다. 그러나 A는 질문지법과 실험법 중 하나에 해당하므로 참여관찰법이 될 수 없다. 또, 보기 지문의 '대규모 집단을 대상으로 계량화된 자료를 수집하는 자료수집 방법'은 질문지법이다.

③ '시·공간의 제약을 극복할 수 있는가?'에 '예'라고 할 경우 B는 문헌연구법이 된다. 그러나 B는 면접법과 참여관찰법 중 하나이므로 문헌연구법이 될 수 없다.

2 〈보기〉의 밑줄 친 ㉠~㉡에 대한 설명으로 가장 옳은 것은?

> 〈보기〉
>
> ㉠기초노령연금은 소득 하위 70%에 해당하는 만 65세 이상 노인에게 지급하는 연금이며, 현재는 기초연금으로 확대 개편되었습니다. ㉡국민연금의 기초가 되는 노령연금은 가입 기간, 그러니까 연금 보험료 납부 기간이 최소 10년 이상일 때 60세 이상부터 평생 받게 되는 급여입니다. 65세 이하는 소득 활동 정도에 따라 노령연금 혹은 조기노령연금 지급액이 바뀌는데요, 활동에 따라 감액된 금액을 받게 된답니다. 소득이 없는 경우는 55세 이상부터 조기노령연금을 받을 수 있습니다.

① ㉠은 소득재분배 효과가 나타나며 보편적 복지에 해당한다.
② ㉡은 가입자의 비용 부담 능력에 따라 납부하는 금액이 달라진다.
③ ㉠은 ㉡과 달리 사전 예방적인 성격을 가지며 선별적 복지에 해당한다.
④ ㉡은 ㉠과 달리 사후 처방적인 성격이 강하고 재원을 부담하는 자와 수혜자가 일치하지 않는다.

ADVICE ㉠ 기초노령연금 : 공공부조, ㉡ 국민연금 : 사회보험

② 국민연금은 사회보험에 속하는 사회보장 제도로 부담 능력에 따라 납부하는 금액이 달라진다.

① 기초노령연금은 공공부조에 해당하는 사회보장 제도로 소득재분배 효과가 있다. 그러나 보편적 복지가 아닌 선별적 복지에 해당한다.

③ 공공부조는 사후 처방적 성격을 가지며 사회보험은 사전예방적 성격을 갖는다.

④ 사회보험은 사전 예방적 성격이 강하며 수혜자 부담의 원칙에 따라, 재원을 부담하는 자와 수혜자가 일치한다.

ANSWER 1.④ 2.②

3 **일탈행위에 관한 〈보기 1〉의 이론에서 제시하는 해결방안을 〈보기 2〉에서 가장 옳게 고른 것은?**

〈보기 1〉

성인들이 학교 부적응 학생들을 문제아로 규정하고, 그 아이들을 사랑으로 감싸주지 않기 때문에 이들이 학교폭력의 가해자나 피해자가 된다고 생각합니다.

〈보기 2〉

㉠ 사회적 규범의 통제력 회복
㉡ 정상적인 집단과의 교류 추진
㉢ 타인에 대한 신중한 낙인 필요
㉣ 일탈자로 규정되는 과정과 일탈의 상대성을 강조

① ㉠, ㉡
② ㉠, ㉢
③ ㉡, ㉢
④ ㉢, ㉣

ADVICE 보기는 성인들이 학교 부적응 학생들을 문제아로 규정하는 것에 문제의식을 갖고 있는데, 이는 낙인이론에 해당한다.

㉢ 낙인이론에서는 어떤 한 사람 또는 그의 행위가 다른 사람들에 의해서 '일탈'이라는 낙인 혹은 딱지가 붙으면, 그는 곧 '일탈자'가 된다고 주장한다. 이를 해결하기 위해서는 타인에 대한 신중한 낙인이 필요하다.

㉣ 낙인이론은 제도 · 관습 · 규범 · 법규 등 사회를 유지하기 위한 기본적인 제도적 장치들이 범죄를 유발한다는 이론이다. 행위 자체의 절대적 속성보다는 일탈자로 규정되는 과정과 일탈의 상대성을 강조한다.

㉠ 사회적 규범의 통제력 회복은 뒤르켐의 아노미 이론 관점의 해결책에 해당한다.

㉡ 정상적인 집단과의 교류 추진은 차별적 교제 이론 관점의 해결책에 해당한다.

4 〈보기〉의 (가)와 (나)에 해당하는 사회조직에 대한 설명으로 가장 옳은 것은?

〈보기〉

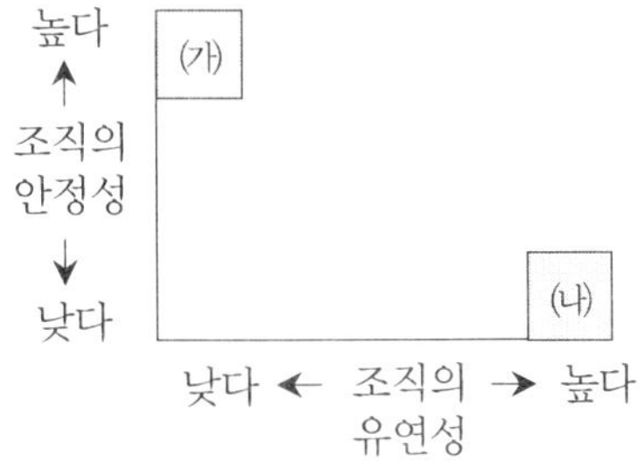

① (가)와 (나)는 모두 효율성을 중요시 여긴다.

② (나)는 조직 내 지위가 권한과 책임에 따라 서열화되어 있다.

③ (가)는 다품종 소량생산 체제에 적합한 사회조직이다.

④ (나)는 (가)보다 연공서열에 따른 보상체계가 이루어진다.

ADVICE (가)는 안정성이 높은 사회조직으로 관료제고, (나)는 유연성이 높은 사회조직인 탈관료제다.

① 조직의 안정성과 유연성으로 구분하면 두 조직은 확연히 구분되나 공통적으로 효율성을 중요시 여긴다.

② 조직 내 지위가 권한과 책임에 따라 서열화되어 있는 것은 관료제이다.

③ 관료제는 소품종 대량생산 체제에 적합한 사회조직이고, 탈관료제는 다품종 소량생산 체제에 적합한 사회조직이다.

④ 연공서열에 따른 보상체계는 탈관료제보다는 관료제와 밀접하다.

ANSWER 3.④ 4.①

5 **개인과 사회를 바라보는 관점에 관한 〈보기〉에 대한 설명으로 가장 옳은 것은?**

> 〈보기〉
>
> ㈎ 선거에서 후보자를 선택할 때는 소속 정당을 봐야 해. 어떤 후보가 되더라도 정당의 결정에서 자유로울 수가 없어.
>
> ㈏ 후보자의 소속 정당보다는 후보자 개인의 능력이나 품성이 중요하지. 훌륭한 인물이 대표가 되면 정당의 발전도 가능해.

① ㈎의 관점은 사회의 합은 개인의 합보다 크다고 본다.
② ㈏의 관점에서는 사회는 실재하며 개인에게 지속적인 영향력을 미친다고 본다.
③ ㈎의 관점은 ㈏의 관점과는 달리 사회문제를 해결하기 위해서 개인의 의식개혁에 중점을 둔다.
④ ㈏의 관점은 ㈎의 관점과 달리 사회를 생물유기체에 비유하며 개인의 자율성을 중시한다.

ADVICE ㈎는 개별 후보자보다 정당이라는 집단의 결정이 우선한다는 것으로 사회 실재론의 관점이다. ㈏는 소속 정당보다는 개인의 능력이나 품성이 중요하다는 것으로 사회 명목론의 관점이다.
① 사회 실재론의 관점은 사회의 합은 개인의 합보다 크다고 본다.
② 사회는 실재하며 개인에게 지속적인 영향력을 미친다고 보는 것은 사회 실재론의 관점이다.
③ 사회문제를 해결하기 위해서 개인의 의식개혁에 중점을 두는 것은 사회 명목론의 관점이다.
④ 사회를 생물유기체에 비유하는 것은 사회 실재론의 관점이고, 개인의 자율성을 중시하는 것은 사회 명목론의 관점이다.

6 **〈보기〉의 이론에 대해 가장 옳게 설명한 것은?**

> 〈보기〉
>
> 이븐 할둔(Ibn Khaldoun)은 이슬람 문명의 흥망성쇠에 관심을 갖고 여러 나라의 흥망사를 비교 설명하면서 사회 변화나 문화 현상은 유기체의 일생처럼 성장과 쇠퇴를 되풀이한다고 주장하였다.

① 과거 역사 속에서 반복되는 사회 변동을 설명하고 해석하는 데 유용하다.
② 문화 상대주의를 부정하고 서구 사회의 지배를 정당화한다.
③ 변동은 곧 진보를 의미한다고 본다.
④ 사회 발전은 변동 속도의 차이는 있지만 일정한 방향으로 변화한다고 주장한다.

ADVICE 이븐 칼둔은 아랍의 베두인족을 중심으로 이슬람 문명의 흥망성쇠를 연구한 결과 유목민과 정착민의 교체가 반복된 것을 증명하였다. 이는 사회변동에 관한 순환론에 해당한다.

① 순환론은 과거 역사 속에서 반복되는 사회 변동을 설명하고 해석하는 데 유리하다. 그러나 미래의 사회 변동을 예측하는 데는 한계가 있다는 비판이 제기된다.

② 문화 상대주의를 부정하고 서구 사회의 지배를 정당화한다는 비판은 사회진화론에 대한 것이다.

③ 변동은 곧 진보를 의미한다고 보는 것은 사회진화론이다.

④ 사회 발전은 변동 속도의 차이는 있지만 일정한 방향으로 변화한다고 주장하는 것은 사회진화론이다.

7 〈보기〉에 대한 설명으로 가장 옳은 것은?

〈보기〉

갑(甲)은 A주택의 소유자이다.

- 갑(甲) – 2017년 2월 15일 A주택에 대해 B은행에 3억 원 근저당을 설정함.
- 갑(甲) – 2017년 10월 2일 A주택에 대해 을(乙)과 2억 원에 전세 계약을 함.
- 을(乙) – 2017년 12월 2일 A주택에 입주하고 전입신고를 하면서 확정일자를 받음.
- 갑(甲) – 2018년 1월 10일 A주택에 대해 C은행에 2억 원의 근저당을 설정함.

① 을(乙)의 A주택 전입신고 기록은 등기부 등본 갑구에 기록된다.

② A주택 등기부 등본 을구에는 B은행과 C은행의 근저당권이 설정되어 있다.

③ A주택이 경매될 경우 을(乙)은 B은행에 우선하여 보증금을 받을 수 있다.

④ 갑(甲)이 채무를 변제하지 못한다면 B은행은 A주택을 직접 사용, 수익할 수 있다.

ADVICE ② 을구에는 소유권 이외의 권리인 저당권, 근저당권 등이 기재된다. B은행과 C은행에 근저당을 설정하였으므로 을구에 기재된다.

① 전입신고 기록은 등기부에 기록되지 않으며 등기부 등본 갑구에는 소유권에 관한 사항이 기재된다.

③ 주택이 경매될 경우 을(乙)은 선순위 저당권자인 B은행에 우선할 수 없고, 후순위 저당권자인 C은행에 우선한다.

④ 채무를 변제하지 못한다면 B은행은 A주택을 경매 신청하여 경매대금으로 채무 변제를 할 수 있을 뿐이다. B은행이 A주택을 직접 사용, 수익할 수 없다.

ANSWER 5.① 6.① 7.②

8 〈보기〉에 제시된 헌법 조항에 나타난 민주 정치의 기본원리에 해당하지 않는 것은?

〈보기〉

제1조 ② 대한민국의 주권은 국민에게 있고, 모든 권력은 국민으로부터 나온다.
제40조 입법권은 국회에 속한다.
제41조 ① 국회는 국민의 보통 · 평등 · 직접 · 비밀 선거에 의하여 선출된 국회의원으로 구성한다.
제66조 ④ 행정권은 대통령을 수반으로 하는 정부에 속한다.
제101조 ① 사법권은 법관으로 구성된 법원에 속한다.

① 국민주권의 원리
② 대의제의 원리
③ 권력분립의 원리
④ 지방 자치의 원리

ADVICE ④ 지방자치에 관한 사항은 헌법 제117조와 제118조에 규정되어 있으나 보기에는 제시되어 있지 않다.
① 국민주권의 원리는 헌법 제1조 제2항에 나타나 있다.
② 대의제의 원리는 헌법 제41조 제1항에 나타나 있다.
③ 권력분립의 원리는 헌법 제40조, 제66조 제4항, 제101조 제1항에 나타나 있다.

9 〈보기〉는 우리나라의 외환 시장에 영향을 주는 요인들이다. ㈎~㈑의 현상이 독립적으로 나타났을 때 갑(甲)국 국민의 생활 모습에 대한 추론으로 가장 옳지 않은 것은? (단, 제시된 것 외에 다른 경제적 요인에는 변화가 없으며, 모든 거래는 달러로 이루어진다고 가정한다.)

〈보기〉

㈎ 국가 신용도 하락으로 외국인의 국내 투자가 지난해의 1/3 수준으로 감소하였다.
㈏ 국내 조류 독감 파동으로 달걀과 달걀 가공품의 수입이 지난해보다 5배 증가하였다.
㈐ 한류의 영향으로 문화 예술 저작권의 해외 판매액이 큰 폭으로 증가하였다.
㈑ 국민 총소득의 감소로 해외 상품에 대한 1인당 지출이 감소하였다.

① ㈎, ㈏ 현상이 동시에 나타나면 우리나라의 경상수지는 일시적으로 개선된다.
② ㈏, ㈐ 현상이 동시에 나타나면 우리 정부의 외채 상환 부담을 증가시킨다.
③ ㈐, ㈑ 현상이 동시에 나타나면 미국으로 수출하는 재화의 가격 경쟁력은 낮아진다.
④ ㈎와 ㈐는 외환의 공급 측면에, ㈏와 ㈑는 외환의 수요 측면에 영향을 미친다.

ADVICE ㈎는 외화의 공급 감소 요인으로, 환율은 상승한다.
㈏는 외화의 수요 증가 요인으로, 환율은 상승한다.
㈐는 외화의 공급 증가 요인으로, 환율은 하락한다.
㈑는 외화의 수요 감소 요인으로, 환율은 하락한다.

② 환율이 상승하면 외채 상환 부담은 증가하나, ㈏는 환율 상승 요인이고, ㈐는 환율 하락 요인이다. 따라서, 동시에 상승할 경우에 어떤 효과가 더 큰지에 따라 외채 상환 부담 여부는 달라진다.
① ㈎, ㈏는 환율 상승 요인으로 우리나라의 수출은 증가하고 외국상품의 수입은 감소한다. 이에 따라 경상수지는 개선된다.
③ ㈐, ㈑는 환율 하락 요인이다. 이는 우리나라 수출 상품의 달러 표시 가격이 상승하므로 미국으로의 수출품의 가격 경쟁력은 낮아진다.
④ ㈎는 외환의 공급을 감소시키며 ㈐는 외환의 공급을 증가시킨다. ㈏는 외환의 수요를 증가시키고 ㈑는 외환의 수요를 감소시킨다.

10 〈보기〉에서 국제 관습법으로 가장 옳게 묶인 것은?

〈보기〉

㉠ 신법 우선의 원칙
㉡ 외교관 면책 특권
㉢ 국내 문제 불간섭 원칙
㉣ 권리 남용 금지의 원칙

① ㉠, ㉡
② ㉠, ㉢
③ ㉡, ㉢
④ ㉡, ㉣

ADVICE 국제 사회에서 오래도록 관행이 지속되고 이러한 관행이 국제사회에서의 규범으로 자리 잡혀 비록 성문의 법으로는 제정되지 않았더라도 국제사회의 법규범으로 승인되고 준수될 때, 국제관습법이 된다. 외교관 면책 특권, 국내 문제 불간섭 원칙 등이 대표적이다.
㉠신법 우선의 원칙과 ㉣권리 남용 금지의 원칙은 법의 일반 원칙에 해당한다.

ANSWER 8.④ 9.② 10.③

11 〈보기〉의 ㈎~㈐ 제도가 공통적으로 보장하고자 하는 기본권에 대한 설명으로 가장 옳은 것은?

〈보기〉

㈎ 생계 곤란 가구에 최저 생계비 지원

㈏ 집행유예 중인 자에게도 선거권 부여

㈐ 선거구 간 인구 편차를 2 : 1까지로 제한

① 다른 기본권 보장을 위한 수단적 권리이다.

② 인간다운 생활을 보장하기 위한 기본권이다.

③ 가장 고전적인 권리로서 방어적 성격의 권리이다.

④ 신분, 성별, 재산 등의 이유로 차별받지 않을 권리이다.

ADVICE ㈎에는 인간다운 생활을 할 권리, 행복추구권, 평등권이 결부되어 있고, ㈏는 선거권과 평등권이 쟁점이 되며 ㈐는 평등선거를 나타낸다. 따라서, 보기의 제도는 공통적으로 평등권을 보장하고자 한다. 평등권은 신분, 성별, 재산 등의 이유로 차별받지 않을 권리이다.

① 다른 기본권 보장을 위한 수단적 권리는 청구권적 기본권이다.

② 인간다운 생활을 보장하기 위한 기본권은 사회적 기본권이다.

③ 가장 고전적인 권리로서 방어적 성격의 권리는 자유권적 기본권이다.

12 〈보기〉의 밑줄 친 ①~④ 중 가장 옳은 것은?

〈보기〉

발표 학생 : 오늘 제가 발표할 내용은 법률 개정 절차입니다. 우리나라는 ①국회재적의원 과반수 또는 대통령이 법률안을 발의할 수 있습니다. ②발의된 법률안은 소관 상임위원회에서 검토한 후 국회의장에게 제출되고, 국회의장이 문제가 있는지 검토 후 법제 사법위원회에서 자구, 체계 등을 심사하도록 합니다. 법제 사법위원회의 심사를 거친 법률안은 본회의에 상정되어 ③재적의원 과반수가 출석하고, 출석의원 과반수가 찬성하면 의결됩니다. 의결된 법률안은 정부로 이송되어 ④대통령이 이의서를 붙여 거부할 수 있으며, 거부된 법률안은 이의서를 반영하여 수정하고 재상정됩니다.

ADVICE ③ 본회의에 상정된 법률안은 재적의원 과반수 출석과 출석 의원 과반수의 찬성으로 의결된다.

① 법률안은 국회재적의원 과반수가 아닌 국회의원 10명 이상의 찬성으로 발의할 수 있다.

② 발의된 법률안은 국회의장에게 제출되어 소관 상임위원회에서 검토한다. 상임위원회에서 통과된 법률안은 법제 사법위원회에서 자구, 체계 등을 심사하여 본회의에 상정된다.

④ 국회 본회의에서 의결된 법률안은 대통령이 거부할 수 있으나, 환부 거부(전부 거부)만 가능하다. 또, 거부된 법률안이 반드시 이의서를 반영하여 수정되어야 하는 것은 아니다.

13 〈보기〉에 대한 설명으로 가장 옳은 것은?

〈보기〉

갑(甲, 20세)은 A사에 계약직으로 취업한 지 1년이 넘었다. 팀장이 바뀌면서 인사 평가 점수가 낮으니 회계 담당이던 갑(甲)에게 영업 업무까지 맡으라고 강요했다. 제안을 거절하면 정직원 전환이 안 될 것이라는 말을 듣고 억지로 일을 맡게 되었다. 그 후 갑(甲)은 영업 실적이 부족하고 업무 수행이 태만하다는 이유로 문자 메시지로 해고 통보를 받았다.

① A사의 해고 처분은 사유는 부당하나 절차상 하자는 없다.
② 갑(甲)은 부당해고에 대한 노동위원회의 심판 결과가 나오기 전에 해고 무효 확인 소송을 진행할 수 있다.
③ A사의 노동조합은 갑(甲)에 대한 부당해고를 이유로 노동위원회에 A사를 제소할 수 있다.
④ 갑(甲)이 부당해고에 대한 노동위원회의 결정에 이의가 있을 경우 노동위원회의 결정에 대하여 민사소송을 제기할 수 있다.

ADVICE ② 근로자 갑(甲)은 지방노동위원회와 중앙노동위원회의 구제절차를 거치지 않고도 곧바로 해고 무효 확인의 소를 제기할 수 있다.

① 근로기준법 제27조에 따라 사용자가 근로자를 해고하려면 해고사유와 해고시기를 서면으로 통지하여야 한다. 문자 메시지로 해고 통보를 하였으므로 절차상의 하자가 있다.

③ 근로기준법 제28조 제1항에 따라 사용자가 근로자에게 부당해고 등을 하면 근로자는 노동위원회에 구제를 신청할 수 있다. 즉, 노동조합이 주체가 될 수 없다.

④ 갑(甲)이 부당해고에 대한 노동위원회의 결정에 이의가 있을 경우 노동위원회의 결정에 대하여 민사소송이 아닌 행정소송을 제기할 수 있다.

ANSWER 11.④ 12.③ 13.②

14 〈보기〉는 민간 경제의 흐름을 나타낸 것이다. 이에 대한 설명으로 가장 옳은 것은? (단, ㈎, ㈏는 민간경제 주체에 해당한다.)

〈보기〉

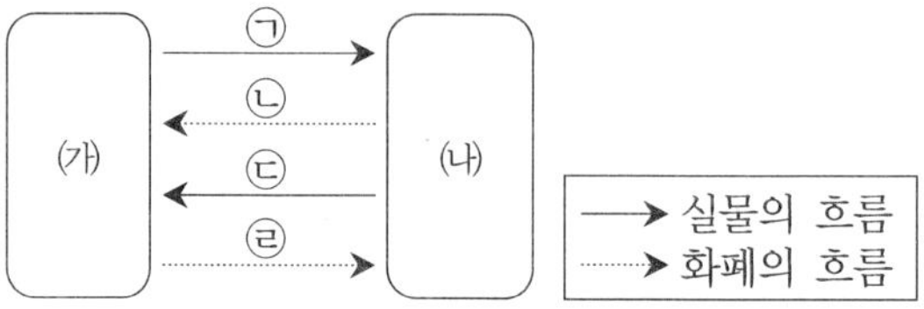

① ㈎가 가계이면, ㉠은 재화이다.
② ㈏가 기업이면, ㉡은 서비스의 대가이다.
③ ㉢이 생산요소이면, ㈎는 이윤의 극대화를 추구한다.
④ ㉣이 생산요소의 대가이면, ㈏는 생산물 시장의 공급자이다.

ADVICE ③ ㉢이 생산요소이면, ㈎는 생산요소의 수요자인 기업이므로 이윤의 극대화를 추구한다.
① ㈎가 가계이면, ㉠은 노동 · 토지 · 자본 · 경영과 같은 생산요소다.
② ㈏가 기업이면, ㉡은 노동 · 토지 · 자본 · 경영의 대가인 임금 · 지대 · 이자 · 이윤이다.
④ ㉣이 생산요소의 대가이면, ㈏는 생산물 시장의 수요자인 가계다.

15 〈보기〉는 생산측면에서 외부효과가 발생한 A재의 시장 상황을 보여준다. 이에 대한 분석 및 추론으로 가장 옳은 것은?

〈보기〉

(단위: 개, 원)

〈사회적 최적수준〉

사회적 최적 생산량	80
최적 가격	100

〈현재 시장 균형〉

시장 균형 생산량	50
시장 균형 가격	㉠

① ㉠은 100보다 작다.
② 외부 불경제가 일어나고 있는 상황이다.
③ 사적 비용이 사회적 비용보다 작을 때 이런 현상이 발생한다.
④ 정부가 생산자에게 보조금을 지급하여 상황을 개선할 수 있다.

ADVICE 사회적 최적 생산량(80)보다 시장 균형 생산량(50)이 더 작으므로 생산 측면에서 외부경제가 나타나고 있다.

④ 외부 경제의 경우 정부가 보조금을 지급하면 생산자의 생산 비용을 낮출 수 있다. 생산 비용 감소는 공급을 증가시키게 되어 상황을 개선시키게 된다.

① 생산 측면에서 외부 경제가 나타날 경우 사회적 최적 가격(100)보다 시장 균형 가격(㉠)은 더 크다.

② 생산 측면에 있어서 외부 경제가 일어나고 있는 상황이다.

③ 생산 측면에 있어서 외부 경제가 나타날 경우 사적 비용이 사회적 비용보다 크다.

④ A제품을 필수재로 인식하는 소비자의 비율이 낮은 을(乙)국에서 대체재가 더 많을 것이다.

16 〈보기〉의 헌법재판소의 권한에 대한 설명으로 가장 옳은 것은?

〈보기〉

정부	제소 →	A
법원	제청 →	B
국회	소추 →	C
국민	청구 →	D
기관	청구 →	E

① D의 경우는 권리구제형 헌법소원과 위헌심사형 헌법소원이 있다.
② C의 결정의 효력은 당사자를 공직으로부터 파면하며, 민·형사상의 모든 책임이 면제된다.
③ A, B에 해당하는 사건의 경우 헌법 재판관 6명 이상의 출석과 5명 이상의 찬성이 있어야 한다.
④ E에 해당하는 것은 위헌 정당 해산 심판이다.

ADVICE A는 위헌정당해산심판, B는 위헌법률심판, C는 탄핵심판, D는 헌법 소원, E는 권한쟁의심판이다.

① 헌법 소원은 권리구제형 헌법소원과 위헌심사형 헌법 소원이 있다. 권리구제형 헌법소원은 공권력의 행사 또는 불행사로 헌법상 보장된 기본권을 침해당한 자가 청구하는 헌법소원이다. 위헌심사형 헌법소원은 위헌법률심판의 제청신청이 법원에 의해 기각된 경우 제청 신청을 한 당사자가 청구하는 헌법소원이다.

② 탄핵심판 결정의 효력은 피소추자는 공직으로부터 파면되며 민·형사상 책임이 면제되는 것은 아니다.

③ 위헌 정당 해산 심판과 위헌 법률 심판의 경우 헌법 재판관 7명 이상의 출석과 6명 이상의 찬성이 있어야 한다. 권한쟁의심판은 헌법 재판관 7명 이상의 출석과 과반수 이상의 찬성을 요한다.

④ E에 해당하는 것은 권한쟁의심판이다.

ANSWER 14.④ 15.④ 16.①

17 〈보기〉에 대한 분석으로 가장 옳은 것은? (단, 갑(甲), 을(乙)국의 수요의 가격탄력성은 탄력적, 비탄력적 중 하나이다.)

〈보기〉

A제품에 대한 국가별 시장 조사 결과

구분	갑(甲)국	을(乙)국
현재 판매량	1,000개	500개
원화로 환산한 현재 가격	1만 원	1만 원
필수재로 인식하는 소비자의 비율	높다	낮다
가계의 소비 예산에서 차지하는 비중	작다	크다

① A제품을 판매하는 기업은 갑(甲)국에서는 가격을 내리는 전략을 통해 기업의 판매 수입을 극대화할 것이다.
② 을(乙)국에서 A제품의 수요의 가격탄력성은 0보다 크고 1보다는 작을 것이다.
③ A제품의 가격이 변화할 때 갑(甲)국의 수요량은 을(乙)국의 수요량보다 덜 민감하게 나타난다.
④ A제품은 을(乙)국보다 갑(甲)국에서 대체재가 더 많을 것이다.

ADVICE 필수재로 인식하는 소비자의 비율이 높을수록, 가계의 소비 예산에서 차지하는 비중이 작을수록 수요의 가격탄력성은 비탄력적이다. 따라서 A제품에 대한 갑국 수요의 가격 탄력성은 비탄력적이고 을국은 탄력적이다.

③ 갑(甲)국에서 A제품의 수요의 가격탄력성은 비탄력적이므로 A제품의 가격이 변화할 때 갑(甲)국의 수요량은 을(乙)국의 수요량보다 덜 민감하게 나타난다.

① 수요의 가격탄력성이 비탄력적일 경우 가격을 인상하는 것이 기업의 총판매수입을 증가시킨다. 따라서 A제품을 판매하는 기업은 갑(甲)국에서는 가격을 올리는 전략을 통해 기업의 판매 수입을 극대화할 것이다.

② 을(乙)국에서 A제품의 수요의 가격탄력성은 탄력적이다. 따라서 을(乙)국에서 A제품의 수요의 가격탄력성은 1보다 클 것이다.

④ A제품을 필수재로 인식하는 소비자의 비율이 낮은 을(乙)에서 대체재가 더 많을 것이다.

18 〈보기〉는 갑(甲)국의 경상수지 자료이다. 이에 대한 분석으로 가장 옳은 것은? (단, 국제 거래는 갑국과 을국 사이에서만 발생하고 제시된 자료 이외의 거래는 없다.)

〈보기〉

(단위: 억 달러)

	2017년	2018년
상품수지	30	20
서비스수지	−20	−30
본원소득수지	−15	10
이전소득수지	10	−5

① 2018년 갑(甲)국의 상품 수출액은 2017년에 비해 감소하였다.
② 2018년 경상수지는 을(乙)국 화폐 대비 갑(甲)국 화폐 가치가 상승하는 요인이다.
③ 2017년과 달리 2018년 갑(甲)국의 경상수지는 외환 보유액이 증가하는 요인이다.
④ 2018년 경상수지는 갑(甲)국에서는 물가 하락을, 을(乙)국에서는 물가 상승을 유발한다.

ADVICE ④ 2018년 갑(甲)국의 경상수지는 적자로 통화량의 감소를 의미한다. 따라서 화폐가치는 상승하게 되고 물가는 하락한다. 2018년 을(乙)국의 경상수지는 흑자다. 갑(甲)국과는 반대로 통화량 증가로 인해 화폐가치는 하락하며 물가는 상승한다.
① 상품수지의 경우 2017년은 30억 달러이고 2018년은 20억 달러로 흑자폭이 감소하였다. 그러나 이를 갖고 수출액이 감소했다고 단정할 수 없다.
② 갑(甲)국의 2018년 경상수지 적자는 외화 유입보다 외화 유출이 더 크다. 이는 을(乙)국 화폐 대비 갑(甲)국의 화폐 가치를 하락시키는 요인이다.
③ 2017년과 달리 2018년 갑(甲)국의 경상수지는 적자이므로 외환 보유액이 감소하는 요인이다.

ANSWER 17.③ 18.④

19 〈보기 1〉의 밑줄 친 ㈎, ㈏ 기관이 추진할 정책에 대한 내용을 가장 옳게 추론한 것을 〈보기 2〉에서 모두 고른 것은?

> 〈보기 1〉
>
> 정부가 올해 하반기 우리 경제 상황을 부정적으로 평가하였다. 소비가 더디게 회복되고 고용 증가세도 악화되고 있기 때문이다. 이에 ㈎정부와 ㈏중앙은행은 여러 대책을 고민하고 있다.

> 〈보기 2〉
>
> ㉠ ㈎는 세율을 인하하여 가계의 처분가능 소득을 감소시킬 것이다.
> ㉡ ㈏는 채권시장에서 국·공채를 매입할 것이다.
> ㉢ ㈎와 ㈏는 총수요를 증가시키는 방향으로 정책을 추진할 것이다.
> ㉣ ㈎는 통화 정책, ㈏는 재정 정책으로 경기 안정화에 나설 것이다.

① ㉠, ㉡
② ㉠, ㉣
③ ㉡, ㉢
④ ㉢, ㉣

ADVICE ㉡ 경기 침체 시 중앙은행은 국·공채를 매입하여 통화량을 증가시킨다. 통화량의 증가는 이자율을 하락시키므로 가계 소비와 기업 투자를 증가시키게 된다.

㉢ 경기 침체 시 정부의 확장 재정 정책과 중앙은행의 확장통화 정책을 통해 총수요를 증가시킨다.

㉠ 경기 침체 시 정부는 경기 부양을 위해 세율을 인하하는 정책을 시행한다. 세율이 인하될 경우 가계의 가처분 소득이 증가하여 소비 활성화에 따른 경기 부양 효과가 생긴다.

㉣ 정부는 지출과 세율을 조절하는 재정 정책을 시행하고 중앙은행은 통화량을 조절하는 통화(금융) 정책으로 경기 안정화에 나선다.

20 〈보기〉에 해당하는 경제적 유인과 성격이 가장 유사한 것은?

〈보기〉

19세기 영국에서는 무거운 죄를 지은 사람들을 호주로 유배를 보내는 것이 관례였는데, 호송 도중 죄수들이 사망하는 문제가 자주 발생했다. 영국 정부는 이 문제를 해결하기 위해 이송 범죄자의 수에 비례하여 비용을 지급하는 방식에서 이송이 끝났을 때까지 살아남은 죄수들의 수에 비례하여 비용을 지급하는 방식으로 바꾸었다. 이후 호송 도중 죄수들이 사망하는 문제는 크게 줄어들었다.

① 특허권
② 환경 오염세
③ 쓰레기 종량제
④ 전력 요금 누진제

ADVICE 경제적 유인이란 사람들이 특정한 방식으로 행동하도록 동기를 부여하는 요인이나 제도 등을 의미한다. 이익으로 작용하여 어떤 행위를 유도하는 것을 긍정적 유인이라고 하며, 비용으로 작용하여 어떤 행위를 덜 하게 하는 유인을 부정적 유인이라고 한다. 제시문은 호송 도중 죄수들이 사망하는 문제를 줄일 수 있도록 유도하는 긍정적 유인의 사례이다. 특허권은 기술 발명을 유도하는 긍정적 유인의 사례이며 환경 오염세, 쓰레기 종량제, 전력 요금 누진제는 부정적 유인의 사례이다.

ANSWER 19.③ 20.①

2019. 4. 6. 인사혁신처 시행

1 **우리나라에 도입된 직접 민주제적 요소에 대한 설명으로 옳은 것은?**

① 국민의 대표 기관인 국회가 제정한 법률에 기초하여 국가권력이 행사된다.

② 국민이 대통령이나 국회의원을 임기만료 전이라도 투표로 해임할 수 있다.

③ 대통령은 필요하다고 인정할 때에는 외교 · 국방 · 통일 기타 국가안위에 관한 중요 정책을 국민투표에 부의할 수 있다.

④ 국회의원 선거권자 과반수의 찬성으로 법률 제 · 개정안을 발의할 수 있다.

ADVICE 직접민주제는 모든 국민이 국정을 논의하고 결정하는 형태로 국민투표, 국민발안, 국민소환이 대표적이며 우리나라는 국민투표만 인정되고 있다. 한편, 지방자치법은 주민 투표, 주민 소환, 주민 발안제를 규정하고 있다.

① 국민의 대표기관인 국회가 제정한 법률에 기초하여 국가권력이 행사되는 것은 직접민주제가 아닌 간접민주제(대의제)에 해당한다.

② 국민소환제란 국민이 대통령이나 국회의원을 임기 만료 전에 투표로 해임할 수 있는 제도로 우리나라에서는 채택하고 있지 않다.

④ 국회의원 선거권자인 국민 일정 수의 찬성으로 법률 제 · 개정안을 발의하는 것은 국민발안제로 우리나라에서는 채택하고 있지 않다.

2 **다음 설명에 해당하는 것은?**

- 국가나 지방자치단체가 선거비용의 일부를 부담한다.
- 후보자들에게 균등한 선거운동의 기회를 보장한다.
- 선거운동의 과열을 방지함으로써 선거가 공정하게 치러질 수 있도록 한다.
- 국가가 비용을 지나치게 많이 부담할 경우 후보가 난립할 수도 있다.

① 선거 공영제　　② 중 · 대선거구제

③ 보통 선거제　　④ 선거구 법정주의

ADVICE 선거공영제는 공정한 선거를 위하여 선거에 소요되는 선거비용의 일부를 국가가 부담하고 정부가 선거를 관리하는 제도이다. 선거운동의 과열을 방지하고 후보자 간 선거 운동의 기회 균등을 보장함으로써 선거가 공정하게 치러질 수 있도록 한다. 헌법에서는 선거에 들어가는 경비는 법률이 정하는 바를 제외하고는 정당이나 후보자에게 부담시킬 수 없으며 선거관리위원회의 관리하에 균등한 기회가 보장되어야 한다고 명시하고 있다.

3 **사회계약론에 대한 설명으로 옳지 않은 것은?**

① 사회계약론은 국가권력의 원천을 국민의 동의에 두고 있다.
② 홉스는 자연 상태를 '만인에 대한 만인의 투쟁' 상태로 보았고, 로크는 자연 상태를 평화롭지만 불안정한 상태로 보았다.
③ 홉스는 인간의 본성이 본래 악하다고 보았고, 루소는 인간의 본성이 본래 선하다고 보았다.
④ 홉스는 사람들이 무정부 상태에서 스스로를 지키기 위해 지배자에게 자연권을 모두 양도했다고 주장하였고, 루소는 사람들이 국가를 만들기 위해 지배자와의 계약을 통해 주권을 양도했다고 주장하였다.

ADVICE 사회계약론은 국가권력의 원천을 국민의 동의에 두고 있다. 즉, 국민의 계약에 의해 국가가 성립됐다고 보는 것으로 이는 국가 자체를 목적으로 간주하지 않으며 시민(인민)의 자연권을 보장하기 위한 수단으로 보는 것이다.
④ 홉스는 전부양도설의 입장에서 국민 스스로가 생존을 위해 지배자에게 자연권을 모두 양도했다는 군주 주권론을 주장했다. 루소는 양도 불가설의 입장에서 주권에 대한 양도나 위임이 불가능하고 보는 국민 주권론(직접 민주주의)을 주장했다. 한편, 로크는 부분 양도설의 입장에서 입헌 군주국가(대의 민주정치)를 주장하였다.

4 **국제사회를 바라보는 다음의 관점에 대한 설명으로 옳지 않은 것은?**

> (가) 국가는 힘을 추구하며, 국가가 힘을 추구하는 데 있어 보편적 윤리는 중요한 관심의 대상이 아니라고 본다.
> (나) 국제사회가 동물의 세계처럼 힘이 지배하는 세계가 아니라 인간의 이성과 윤리가 작동하는 사회라고 본다.

① (가)는 국제사회를 무정부 상태에 가깝다고 이해하고, 국가안보의 중요성을 강조한다.
② (가)는 (나)의 관점과 달리 경제, 환경, 인권 문제도 중시한다.
③ (나)는 국제사회가 보편적인 선이나 국제규범에 의해 지배되고 있다고 주장한다.
④ (나)는 (가)의 관점과 달리 국제법과 국제기구 등을 통해 평화적이고 협력적인 국제사회를 건설할 수 있다고 주장한다.

ADVICE (가)는 국제사회가 힘을 추구하며 보편적 윤리는 중요한 관심의 대상이 아니라고 보는 현실주의 관점이다. (나)는 국제사회가 인간의 이성과 윤리가 작동하는 사회라고 보는 이상주의(자유주의) 관점이다.
② 현실주의와 이상주의는 국제사회를 바라보는 관점이 다를 뿐, 경제 · 환경 · 인권 문제는 두 입장 모두에서 중시한다.
① 현실주의 관점은 국제사회를 무정부 상태에 가깝다고 이해하고 세력균형 전략을 통한 국가안보의 중요성을 강조한다.
③ 이상주의 관점은 국제사회가 보편적인 선이나 국제규범에 의해 지배되고 있다고 주장한다.
④ 국제법과 국제기구를 통해 평화적이고 협력적인 국제사회를 건설할 수 있다고 주장하는 것은 이상주의 관점이다.

ANSWER 1.③ 2.① 3.④ 4.②

5 **다음 갑국의 선거제도에 대한 설명으로 옳은 것은?**

> 국회는 지역구 국회의원 300명과 비례대표 국회의원 100명으로 구성된다. 국회의원 선거에서 19세 이상의 남·여 국민은 누구나 선거권을 가진다. 피선거권자는 정당 공천 여부와 관계없이 지역 선거구에 출마할 수 있다. 유권자는 지역구 국회의원 후보자에게만 투표하며, 한 표라도 많이 얻은 최고 득표자가 당선된다. 비례대표 의석은 지역구 선거에서 표출된 유권자의 의사를 그대로 정당에 대한 지지 의사로 의제하여 배분하며, 각 정당이 사전에 선거관리위원회에 제출한 비례대표 국회의원 후보자 명부의 순번으로 당선자를 결정한다.

① 지역구 국회의원 선거방식은 소선거구제이며, 군소정당 후보에게 유리하다.

② 자신의 지지정당이 후보를 공천하지 않아 어쩔 수 없이 무소속 후보자에게 투표한 사람의 경우 비례대표 국회의원의 선출에 기여하지 못한다는 점은 보통 선거 원칙에 위배된다.

③ 지역구 국회의원 선거방식은 소수 대표제이며, 선거운영 방식이 다수 대표제보다 복잡하고 선거비용도 많이 든다.

④ 유권자가 지역구 후보자나 그 후보자가 속한 정당 어느 일방만을 지지할 경우 후보자 개인이나 정당 중 어느 기준으로 투표하더라도 유권자의 선택권이 제한되는 측면이 있다.

ADVICE 갑국은 지역구의 경우에 한 표라도 많이 얻은 최고 득표자가 당선되는 소선구거제 다수대표제를 적용하고 있다. 비례대표의 경우, 별도로 정당에 투표하지 않고 지역구 선거 결과에 따라 의석을 배분하고 있다.

④ 갑국은 정당에 투표하지 않고 지역구 선거결과에 따라 의석을 배분하므로, 유권자의 선택권이 제한되는 측면이 있다.

① 지역구 국회의원 선거방식은 소선구거제이며, 이는 군소정당에게 불리한 선거제도다.

② 자신의 지지정당이 후보를 공천하지 않아 어쩔 수 없이 무소속 후보자에게 투표한 사람의 경우, 지역구 선거에서 나타난 표심을 정당에 대한 지지 의사로 의제하여 비례대표 의석을 배분한다고 했으므로 비례대표 국회의원의 선출에 기여하지 못한다는 문제가 발생한다. 이는 보통 선거 원칙이 아니라 평등 선거 원칙에 위배된다.

③ 지역구 국회의원 선거방식은 다수대표제(한 선거구에서 최고 득표자 한 명만 선출)이며, 소수대표제와 비교하여 선거비용이 적게 들며 당선자 결정 방식이 단순하다.

6 헌법상 조약에 관련된 설명으로 옳지 않은 것은?

① 외국인은 국제법과 조약이 정하는 바에 의하여 그 지위가 보장된다.
② 국회는 모든 조약의 체결·비준에 대해 동의권을 가진다.
③ 대통령은 조약에 대한 체결·비준권을 가진다.
④ 헌법에 의하여 체결·공포된 조약은 국내법과 같은 효력을 가진다.

ADVICE ② 우리나라의 조약 체결권은 대통령에게 있다. 다만 헌법 제60조 제1항에 따라 상호원조 또는 안전보장에 관한 조약, 중요한 국제조직에 관한 조약, 우호통상항해조약, 주권의 제약에 관한 조약, 강화조약, 국가나 국민에게 중대한 재정적 부담을 지우는 조약 또는 입법사항에 관한 조약의 체결·비준에 대해서는 국회의 동의를 필요로 한다.
① 헌법 제6조 제2항에 따라 외국인은 국제법과 조약이 정하는 바에 의하여 그 지위가 보장된다.
③ 헌법 제73조에 따라 대통령은 조약에 대한 체결·비준권을 가진다.
④ 헌법 제6조 제1항에 따라 헌법에 의하여 체결·공포된 조약은 국내법과 같은 효력을 가진다.

7 「노동조합 및 노동관계조정법」상 부당노동행위에 해당하지 않는 것은?

① 근로자가 노동조합에 가입한 것을 이유로 사용자가 해고하였다.
② 노동조합 대표자가 사용자에게 단체 교섭을 요구했지만 사용자는 정당한 이유 없이 이를 거부하였다.
③ 회사의 재무상황이 악화되어 사용자는 근로자에게 최저임금보다 낮은 임금을 지급하였다.
④ 사용자가 근로자를 어느 노동조합에 가입하지 않을 것을 고용 조건으로 회사에 입사하도록 하였다.

ADVICE 부당노동행위란 사용자가 정상적인 근로자의 노동조합 운동이나 운영을 방해하는 행위를 의미한다. 부당노동행위 유형에는 불이익대우, 황견계약(비열계약), 단체교섭 거부, 노동조합 조직·운영에 대한 지배·개입 및 노동조합 운영비 원조 등이 있다.
① 근로자가 노동조합에 가입한 것을 이유로 사용자가 해고한 것은 불이익대우로 부당노동행위에 해당한다.
② 노동조합 대표자가 사용자에게 단체 교섭을 요구했지만 사용자는 정당한 이유 없이 이를 거부할 경우 단체교섭 거부로 부당노동행위에 해당한다.
④ 근로자가 노동조합에 가입하지 않을 것을 고용 조건으로 회사에 입사하도록 한 것은 황견계약(비열계약)으로, 부당노동행위에 해당한다.

ANSWER 5.④ 6.② 7.③

8 다음 글의 괄호 안에 들어갈 말로 옳은 것은?

> 「병역법」 제2조 제1항 제5호는 산업 기능 요원 편입 관련 부정행위로 인한 병역법 위반죄, 종사의무 위반으로 인한 병역법 위반죄 및 신상 이동 통보 불이행으로 인한 병역법 위반죄 등의 범행 주체인 '고용주'를 '「근로기준법」의 적용을 받는 공·사 기업체나 공·사 단체의 장으로서 병역의무자를 고용하고 있는 자'로 규정하고 있다. 여기서 '사기업체의 장'이란 일반적으로 그와 같은 사기업체를 대외적으로 대표할 수 있는 대표이사를 의미한다고 봄이 상당하다. 그러므로 사기업체의 대표이사가 아닌 실제 경영자를 이 조항에서 규정한 '고용주'에 해당하는 것으로 해석하는 것은 죄형법정주의의 내용 중 하나인 (　　)원칙에 어긋나 허용될 수 없다.

① 유추 해석 금지
② 적정성
③ 관습 형법 금지
④ 소급효 금지

ADVICE 유추 해석 금지의 원칙은 형벌과 관련하여 법률에 규정이 없는 상황에 대해 그것과 유사한 성질을 갖는 사항에 관한 법률을 적용해서는 안 되며, 수사기관, 재판기관의 자의적 해석을 금지하는 원칙이다. 제시문에서 사기업체의 대표이사가 아닌 실제 경영자를 고용주로 해석하는 것은 죄형법정주의의 내용 중 하나인 유추 해석 금지 원칙에 어긋난다.

② 적정성의 원칙은 범죄행위와 형벌 간에는 적당한 균형이 맞아야 한다는 원칙이다.
③ 관습 형법 금지 원칙은 법관이 적용할 형벌에 관한 법은 국회에서 제정한 성문의 법률뿐이고 관습법과 같은 불문법에 적용해서는 안 된다는 원칙이다.
④ 소급효 금지 원칙은 형벌 법규는 그 시행 이후에 이루어진 행위에 대해서만 적용되고, 시행 이전의 행위에까지 소급하여 적용할 수 없다는 원칙이다.

9 헌법상 기본권에 대한 설명으로 옳지 않은 것은?

① 참정권은 국정에 참여할 수 있는 능동적 권리로 선거권, 공무담임권 등이 이에 속한다.
② 국민의 자유와 권리는 헌법에 열거되지 아니한 이유로 경시되지 아니한다.
③ 과잉금지의 원칙에서 수단의 적합성을 충족하지 못하더라도 침해의 최소성과 법익의 균형성을 충족한 국가작용은 합헌적인 국가작용이다.
④ 국민의 기본권을 제한하는 경우에도 기본권의 본질적인 내용을 침해할 수 없다.

ADVICE ③ 과잉금지원칙이란 침해가 적절한 수준에서 이루어져야 한다는 것으로 침해하는 목적의 정당성, 수단의 적합성, 피해의 최소성, 법익의 균형성을 심사하여 결정하게 된다.

① 참정권은 국정에 참여할 수 있는 능동적 권리로 선거권, 공무담임권(피선거권, 공직 취임권) 등이 이에 속한다.

② 헌법 제37조 제1항에 따라 국민의 자유와 권리는 헌법에 열거되지 아니한 이유로 경시되지 아니한다.

④ 헌법 제37조 제2항에 따라, 국민의 모든 자유와 권리는 국가안전보장·질서유지 또는 공공복리를 위하여 필요한 경우에 한하여 법률로써 제한할 수 있으며, 제한하는 경우에도 자유와 권리의 본질적인 내용을 침해할 수 없다.

10 다음은 주택 임대차 계약을 체결한 (갑) ~ (기)의 상황을 나타낸 것이다. 이에 대한 설명으로 옳은 것은? (단, 자연인 (갑) ~ (병)은 등기를 하지 않았으며, 모든 임대차 계약은 일시사용을 위한 것이 아니다)

임차인	임대인	임차인이 실제 거주하고 있는가?	임차인이 전입신고 후 주민등록이 되어 있는가?	임차인이 계약서에 확정일자를 받았는가?
(갑)	(정)	예	아니요	아니요
(을)	(무)	예	예	아니요
(병)	(기)	예	예	예

① (갑)은 자신의 임차권으로 제3자에게 대항할 수 있다.
② (을)은 임차한 주택이 경매 등의 절차를 거치더라도 후순위 권리자보다 우선하여 보증금 2억 전액을 변제받을 수 있다.
③ (병)이 임대차 기간을 1년으로 주택을 임차하였다면 임대차 기간을 2년이라고 주장할 수는 없다.
④ (갑)과 (정)이 임대차 기간이 끝날 때까지 상대방에게 계약 갱신에 관한 어떤 의사도 표시하지 않았다면 원칙적으로 그 기간이 끝난 때에 전 임대차와 동일한 조건으로 다시 임대차한 것으로 본다.

ADVICE ④ 계약 만료 전 임대인은 6개월에서 1개월까지, 임차인은 1개월 전까지 별도의 의사표시를 하지 않는다면 종전의 임대차계약과 동일한 조건으로 갱신되는데, 이를 묵시적 갱신이라 한다.

① 임차인이 대항력을 갖추기 위해서는 임차인이 주택을 인도받아(점유) 주민등록을 마치거나 전입신고를 해야 한다. 갑은 주민등록이 되어있지 않으므로 자신의 임차권으로 제3자에게 대항할 수 없다.

② 임차인의 보증금 우선 변제권은, '점유+주민등록+확정일자'를 필요로 한다. 을은 확정일자를 받지 않았으므로 우선 변제를 받을 수 없다.

③ 주택임대차보호법에 따라 임대차 기간을 정하지 않았거나 2년 미만으로 정한 경우 2년 계약한 것으로 보아 최소 2년 이상 거주할 수 있도록 하고 있다.

ANSWER 8.① 9.③ 10.④

11 밑줄 친 '나의 관점'에 부합하는 것만을 〈보기〉에서 모두 고르면?

> 근대화 과정을 설명하는 주요 이론으로 A이론과 B이론이 있다. 이 중 A이론은 세계 자본주의 체제가 중심부와 주변부로 구성된다고 가정하고, 주변의 제3세계 국가들은 중심부인 선진국으로부터 자원과 재화를 착취당하는 원료공급지와 상품시장으로 전락하여 저발전 상태를 벗어날 수 없다고 주장한다. 그러나 B이론을 지지하는 나의 관점에서 볼 때, A이론은 라틴아메리카 국가들의 특수한 상황을 토대로 만들어진 이론이며 한국이나 대만과 같은 신흥공업국의 사회경제적 발전을 설명하지 못하고 있다.

〈보기〉

㉠ 전통은 발전에 대한 장애 요인이다.
㉡ 서구 사회가 동양 사회보다 우월한 사회라고 단정 지을 수 없다.
㉢ 모든 사회는 일정한 단계를 거쳐 발전한다.
㉣ 제3세계 국가는 자국 산업을 중심으로 독자적인 발전을 도모해야 한다.

① ㉠, ㉡ ② ㉠, ㉢
③ ㉡, ㉣ ④ ㉢, ㉣

ADVICE 근대화 과정을 설명하는 주요 이론으로 종속 이론과 근대화론이 있다. A이론은 세계 자본주의 체제가 중심부와 주변부로 구성된다고 가정하는 '종속이론'이다. 1960년대에 들어 라틴 아메리카 대륙의 학자들이 라틴 아메리카의 발전 문제를 다루면서 제시한 이론이다. B이론은 '근대화론'으로 밑줄 친 나의 관점은 곧 근대화론이다.

㉠ 근대화론에서 전통은 발전에 대한 장애 요인이므로 이를 철폐해야 함을 주장한다.
㉢ 근대화론은 사회진화론에 바탕을 두고 모든 사회가 일정한 단계를 거쳐 발전한다고 주장한다.
㉡ 근대화론에서 근대화는 곧 서구화다. 즉, 서구 사회가 동양 사회보다 우월한 사회임을 간주한다.
㉣ 종속이론에서는 자국 산업을 중심으로 독자적인 발전을 도모해야 함을 주장한다.

12 사회 계층화 현상을 설명하는 A, B이론에 대한 설명으로 옳은 것은?

질문 \ 이론	A이론	B이론
지위 불일치의 가능성을 인정하는가?	예	아니요
내부 구성원 간 귀속 의식을 강조하는가?	아니요	예

① A이론은 계층이 불연속적으로 구분되어 있다고 본다.
② B이론은 다원론적 관점에서 사회 불평등을 이해한다.
③ A이론은 B이론과 달리 사회 불평등 현상에 경제적 요인이 작용한다고 본다.
④ B이론은 A이론과 달리 정치적 불평등이 경제적 불평등에 종속되는 것으로 본다.

ADVICE 사회 계층화 현상을 설명하는 이론 중 A이론은 지위 불일치의 가능성을 인정하는 '계층 이론'이다. 내부 구성원 간의 귀속 의식을 강조하는 B 이론은 '계급 이론'이다.

④ 계급 이론은 경제적 요인만으로 사회계층을 구분하므로 정치적 불평등이 경제적 불평등에 종속되는 것으로 본다.
① 계층이 불연속적으로 구분되어 있다고 보는 것은 계급 이론이다.
② 사회 불평등 현상을 계급(경제적인 부), 사회적 지위, 정치적 권력의 다원적 관점에서 이해하는 것은 계층 이론이다.
③ 사회 불평등 현상으로 계층 이론은 경제적 요인 외에도 다른 요인을 고려한다. 계급 이론은 생산 수단의 소유 유무라는 경제적 요인만으로 사회계층을 구분한다. 따라서 두 이론 모두 경제적 요인이 작용한다.

13 다음의 일탈 행동 이론에 대한 설명으로 옳은 것은?

> 일탈 행동은 다른 행동과 마찬가지로 학습의 결과이며, 학습은 개인과 친밀하거나 중요한 혹은 의미 있는 사람들과 의사소통을 할 때 주로 발생한다. 특히 기존의 일탈자와의 의사소통을 통해서 개인은 구체적으로 일탈 행동을 수행하는 방식과 더불어 일탈 행동을 정당화할 수 있는 가치 등을 학습한다.

① 문화적 목표를 달성할 수 있는 제도화된 수단의 제공을 강조한다.
② 급격한 사회변동으로 인한 지배적인 규범의 부재로 일탈 행동이 발생한다고 본다.
③ 일탈 행동의 해결 방안으로 사회구조의 근본적인 변혁을 강조한다.
④ 정상적인 집단과의 교류를 통해 일탈 행동을 억제할 수 있다고 본다.

ADVICE 일탈 행동은 학습의 결과이며, 기존의 일탈자와의 의사소통을 통해 발생한다고 보는 이론은 '차별적 교제 이론'이다. 차별적 교제 이론에서는 일탈자와의 접촉을 차단하고, 정상적인 집단과의 교류를 통해 일탈 행동을 억제할 수 있다고 본다.

① 문화적 목표를 달성할 수 있는 제도화된 수단의 제공을 강조하는 것은 머튼의 아노미 이론이다.
② 급격한 사회변동에 따라 지배적인 규범의 부재로 일탈 행동이 발생한다고 보는 것은 뒤르켐의 아노미 이론이다.
③ 일탈 행동의 해결 방안으로 사회구조의 근본적인 변혁을 강조하는 것은 갈등 이론이다.

ANSWER 11.② 12.④ 13.④

14 **다음 주장에 담긴 개인과 사회의 관계를 바라보는 관점에 대한 설명으로 옳지 않은 것은?**

> 나의 관심은 왜 자본주의가 16 ~ 17세기 서구에서 발생했는가를 규명하는 데 있다. 그 당시의 물적 조건은 다른 시대와 다른 지역에서도 발견된다. 인간의 자본 획득 본능 역시 이전부터 존재해 온 것이기 때문에 만족스러운 이유가 되지 못한다. 나의 관점에서 보면, 16 ~ 17세기 유럽에서의 자본주의 발흥에는 프로테스탄티즘 윤리라는 도덕적이고 윤리적인 사회정신이 배후에 있었던 것으로 보인다. 이 정신은 이윤 추구를 직업적 성실성, 근면, 검소 등을 핵심으로 하는 도덕적 개혁 운동으로 전환시켜 궁극적으로 자본주의 체제를 태동시켰다. 자본주의는 개인의 단순한 이윤 추구 행위가 아닌 규범과 가치와 시장 제도가 결합된 사회적 수준의 사실이 된 것이다.

① 사회는인들로 환원될 수 없는 독자적인 특성을 가진 실체이다.
② 한 사회의 제도나 이념 등이 개별 구성원의 의식과 행동을 구속한다.
③ 개인은 자유의지에 따라 행동하며 사회는 개인의 목표를 증진시켜 주는 도구에 불과하다.
④ 사회의 구조적인 특성을 강조하면서 사회 구성원은 전체를 구성하는 부분으로 이해한다.

ADVICE 제시문은 서구 자본주의의 발전을 프로테스탄티즘 윤리에서 찾는 것으로(사회이념이 개인행동에 영향을 미침), 개인과 사회의 관계를 바라보는 관점 중 사회 실재론의 관점에 해당한다.

③ 개인은 자유의지에 따라 행동하며 사회는 개인의 목표를 증진시켜 주는 도구에 불과하다고 보는 것은 사회 명목론적 관점이다.
① 사회는 개인들로 환원될 수 없는 독자적인 특성을 가진 실체라고 보는 것은 사회 실재론의 관점이다.
② 한 사회의 제도나 이념 등이 개별 구성원의 의식과 행동을 구속한다고 보는 것은 사회 실재론의 관점이다.
④ 사회의 구조적 특성을 강조하면서 사회 구성원은 전체를 구성하는 부분으로 이해하는 것은 사회 실재론적 관점이다.

15 밑줄 친 ㉠～㉦에 대한 설명으로 옳은 것은?

> 연구자 갑은 우리나라 대학생의 ㉠대학 생활에 대한 만족도에 ㉡대학 내 사회적 관계의 정도가 미치는 영향을 알아보기 위한 연구를 진행하였다. 갑은 우선 모든 조건이 동일하다면, 대학 내 사회적 관계의 정도가 강한 학생일수록 대학 생활에 대한 만족도가 높을 것이라는 가설을 세웠다. 갑은 설문조사에서 대학 내 사회적 관계의 정도를 ㉢과거 6개월간 동아리 활동 참여 횟수로, 대학 생활에 대한 만족도는 5점 척도를 사용한 문항으로 각각 알아보기로 하였다. 갑은 ㉣○○대학교 학부생 중 성별, 학년, 전공을 고려해 ㉤100명의 학부생을 추출한 후 이들을 대상으로 준비한 설문지를 통해 조사를 수행하였다. 조사 수행 후 ㉥동아리 활동에 참여한 적이 없는 학생 집단(집단 A)과 ㉦한 번 이상 참여한 학생 집단(집단 B)으로 구분하여 자료를 분석하였다.

① ㉠은 독립변수, ㉡은 종속변수이다.
② ㉡은 ㉢으로 조작적 정의하였다.
③ ㉣은 모집단, ㉤은 표본집단이다.
④ ㉥은 통제집단, ㉦은 실험집단이다.

ADVICE ② 조작적 정의란 행동 발생에 대한 관찰자 간의 불일치를 최소화시키기 위하여 연구하고자 하는 행동의 구체적인 범위와 한계를 관찰 가능하고 측정 가능한 용어로 기술하는 것이다. '㉡대학 내 사회적 관계의 정도'는 추상적 개념이므로 이를 측정할 수 있는 형태인 '㉢과거 6개월 간 동아리 활동 참여 횟수'로 정의한 것이다.

① '대학 내 사회적 관계의 정도(㉡)'가 독립변수, '대학 생활에 대한 만족도(㉠)'가 종속변수이다.
③ 모집단은 우리나라 대학생 전체다. ㉣, ㉤은 모집단 중에서 표본 집단을 선정한 것이다.
④ 실험법에서는 실험 처치가 가해지는 실험집단과 그렇지 않는 통제집단으로 구분하여 실험결과를 비교한다. 제시된 사례는 질문지법이므로 실험집단과 통제집단의 개념이 존재하지 않는다.

ANSWER 14.③ 15.②

16 **민간 경제의 순환을 나타낸 다음 그림에 대한 설명으로 옳은 것은? (단, ㈎, ㈏는 서로 다른 경제 주체를, 화살표는 실물 또는 화폐의 흐름을 표시한 것이다)**

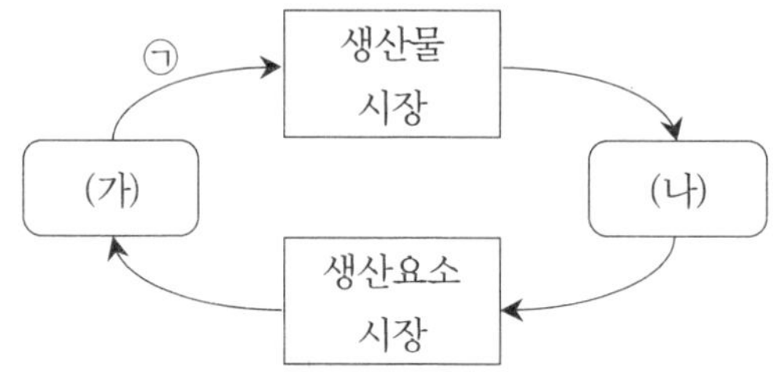

① 화살표가 화폐의 흐름이라면 ㈎는 생산물 시장의 수요자이다.
② 화살표가 실물의 흐름이라면 ㈏는 생산 활동의 주체이다.
③ ㈏가 생산물 시장의 공급자라면 생산 요소에 대한 대가 지급은 ㉠에 해당한다.
④ ㈎가 소비활동의 주체라면 ㈏의 경제 활동 목적은 효용의 극대화이다.

ADVICE ① 화살표가 화폐의 흐름이라면 ㈎는 생산물 시장에 대가를 지불하고 재화와 서비스를 구매하는 '가계'로, 생산물 시장의 수요자다.
② 화살표가 실물의 흐름이라면 ㈏는 생산요소인 노동, 토지, 자본 등을 생산요소 시장에 제공하는 '가계'다. 가계는 소비활동의 주체다.
③ ㈏가 생산물 시장의 공급자라면 이는 '기업'이고 ㈎는 '가계'가 된다. ㉠은 재화와 서비스를 구매하기 위한 소비 지출이다.
④ ㈎가 소비활동의 주체라면 이는 '가계'이고, ㈏는 '기업'이며 기업은 이윤 극대화를 추구한다.

17 **경기과열 시 총수요를 줄이기 위한 통화정책으로 바르게 묶은 것은?**

	국 · 공채	재할인율	지급준비율
①	매각	인상	인상
②	매각	인상	인하
③	매입	인하	인상
④	매입	인하	인하

ADVICE 정부나 중앙은행이 경제 안정화나 경제 성장을 위하여 통화량과 이자율을 조절하는 정책을 통화 정책이라 한다. 경기 과열 시에는 통화량을 감소시켜 이자율을 높여야 한다. 이를 위해서는 국 · 공채를 매각하거나, 재할인율 및 지급준비율을 인상하는 방법 등이 있다.

18 다음 X재, Y재에 대한 설명으로 옳은 것은?

> • X재는 수요 법칙이 적용되며, 공급의 가격 탄력성은 무한대의 값을 갖는다.
> • Y재는 수요 법칙이 적용되며, 공급의 가격 탄력성은 0의 값을 갖는다.

① X재의 공급은 가격에 대해 완전 비탄력적이다.
② X재의 수요가 증가해도 X재 균형 거래량은 변함이 없다.
③ Y재의 공급이 증가하면 Y재 균형 거래량은 증가한다.
④ X재와 Y재 모두 수요가 증가하면 균형 가격이 상승한다.

ADVICE ③ Y재는 공급의 가격 탄력성이 0이므로 완전 비탄력적인 수직 형태다. Y재의 공급이 증가하면 거래량은 증가하게 되고 가격은 하락한다.
① X재 공급의 가격 탄력성은 무한대의 값으로 완전 탄력적이라는 것을 의미한다.
② X재 공급의 가격 탄력성이 완전 탄력적이므로 공급 곡선은 수평이다. 따라서 수요가 증가하면 가격의 변화는 없고 거래량만 증가하게 된다.
④ X재는 수요가 증가할 경우 가격 변화는 없고 거래량만 증가한다. Y재의 경우 수요가 증가할 경우 거래량은 변화가 없고 가격만 상승하게 된다.

19 밑줄 친 ㉠, ㉡에 대한 설명으로 옳은 것은?

> 경기 변동은 ㉠총수요의 변동으로 인해 발생하기도 하고, ㉡총공급의 변동으로 인해 발생하기도 한다.

① ㉠이 감소할 경우 스태그플레이션이 나타난다.
② ㉡이 변동할 경우 물가와 실질 GDP는 서로 반대 방향으로 움직인다.
③ ㉡ 곡선이 오른쪽으로 이동하는 요인으로 원자재 가격의 상승을 들 수 있다.
④ ㉠과 ㉡ 모두 증가할 경우 실질 GDP의 증감 여부는 알 수 없다.

ADVICE ② 총공급이 감소하면 물가는 상승하고 실질 GDP는 감소한다. 총공급이 증가하면 물가는 하락하고 실질 GDP는 증가한다. 즉, 물가와 실질 GDP는 서로 반대 방향으로 움직인다.
① 스태그플레이션은 경기 침체에도 불구하고 물가가 오히려 오르는 현상으로 총공급이 감소할 때 나타난다.
③ 원자재의 가격이 상승할 경우 생산비 증가로 총공급은 감소한다. 이 때, 총공급 곡선은 왼쪽으로 이동한다.
④ 총수요와 총공급이 모두 증가할 경우 실질 GDP는 증가한다.

ANSWER 16.① 17.① 18.③ 19.②

20 다음 자료에 대한 분석으로 〈보기〉에서 옳은 것만을 모두 고르면? (단, a ~ j는 각 영역의 면적에 해당하며, 갑국은 X재만을 거래한다)

D와 S는 T기에 갑국의 X재 국내수요곡선과 국내공급곡선이다. 시장을 개방하지 않았던 갑국은 T + 1기에 시장을 개방하여 자유 무역을 통해 국제 가격 수준에서 X재를 수입하였으나, T + 2기에는 국내 X재 산업 보호를 위해 P_1P_2만큼의 관세를 부과하였다.

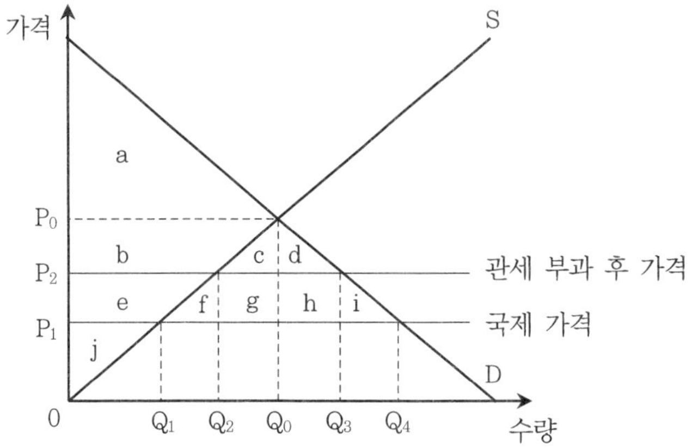

〈보기〉

㉠ T기에 비해 T + 1기에 갑국의 사회적 잉여는 d + h + i 만큼 증가한다.
㉡ T + 2기에 갑국 정부의 관세 수입은 g + h이다.
㉢ T + 1기에 비해 T + 2기에 갑국에서는 f + i 만큼의 사회 후생의 손실이 발생한다.
㉣ T + 2기에 갑국의 생산자 잉여는 T + 1기 보다 j + e 만큼 증가한다.

① ㉠, ㉡
② ㉠, ㉣
③ ㉡, ㉢
④ ㉢, ㉣

ADVICE T기는 국제무역이 이루어지기 전의 시장 상황을 나타내고, T+1기는 국제 가격인 P_1에서 자유무역이 이루어지는 상황을 나타낸다. T+2기는 국제 가격에 관세를 붙인 P_2에서 무역이 이루어지는 상황이다.

㉡ 갑국 정부의 관세 수입은 수입물량인 $Q_2Q_3 \times P_1P_2$로 'g+h'다.

㉢ 자유무역이 이루어지던 T+1기에 비해 T+2기에는 f+i만큼의 사회적 후생 손실이 발생한다.

㉠ T기는 시장을 개방하지 않았던 시기로 사회적 잉여는 'a+b+e+j'다. T+1기는 사회적 잉여가 'a+b+c+d+e+f+g+h+i+j'로 증가한다. 따라서, T기에 비해 T+1기에 증가된 갑국의 사회적 잉여는 'c+d+f+g+h+i'이다.

㉣ T+2기의 갑국의 생산자 잉여는 e+j로 과거 T+1기의 j에 비해 e만큼 증가한다.

2019. 6. 15. 제1회 지방직 시행

1 **우리나라의 현행 국회의원 선거에 대한 설명으로 옳지 않은 것은?**

① 공정한 선거 실시를 위해 선거구 법정주의를 채택하고 있다.
② 원양어선 선원 등을 대상으로 한 선상(船上)투표 제도를 시행하고 있다.
③ 비례대표 의석은 각 정당의 득표율에 따라 배분한다.
④ 유효투표수의 과반수를 얻어야 당선되는 절대다수대표제를 채택하고 있다.

ADVICE ④ 현행 국회의원 선거에서는 최다 득표자를 당선인으로 결정하는 상대 다수 대표제를 채택하고 있다.
① 선거구 법정주의란 특정 정당이나 인물이 유리하도록 선거구가 정해지는 것을 방지하기 위해 선거구를 법률로 정한 것을 말한다. 헌법 제41조 제3항에서 이를 규정하고 있다.
② 공직선거법 제38조에 따라 선상에서 FAX를 사용하여 투표지를 선거관리위원회에 전송하여 투표하는 방식인 선상투표 제도를 시행하고 있다.
③ 비례대표 의석은 비례대표 국회 의원선거에서 유효 투표 총수의 3% 이상을 득표하였거나 지역구 국회 의원선거에서 5석 이상의 의석을 차지한 정당에 대하여 각 정당의 득표율에 따라 배분한다.

2 **우리나라 헌법의 기본원리 중 국제평화주의에 대한 설명으로 옳지 않은 것은?**

① 국민은 항구적인 세계평화와 인류공영에 이바지한다.
② 대한민국은 국제평화의 유지에 노력하고 일체의 전쟁을 부인한다.
③ 외국인은 국제법과 조약이 정하는 바에 의하여 그 지위가 보장된다.
④ 헌법에 의하여 체결 · 공포된 조약과 일반적으로 승인된 국제법규는 국내법과 같은 효력을 가진다.

ADVICE ② 헌법 제5조 제1항에 따라 대한민국은 국제평화의 유지에 노력하고 침략적 전쟁을 부인한다.
① 국민은 항구적인 세계평화와 인류공영에 이바지함을 헌법 전문에 규정하고 있다.
③ 헌법 제6조 제2항에 따라 외국인은 국제법과 조약이 정하는 바에 의하여 그 지위가 보장된다.
④ 헌법 제6조 제1항에 따라 헌법에 의하여 체결 · 공포된 조약과 일반적으로 승인된 국제법규는 국내법과 같은 효력을 가진다.

ANSWER 20.③ / 1.④ 2.②

3 (가) ~ (다)의 근대 정치사상에 대한 설명으로 옳은 것은?

> (가) 자연 상태에서 인간은 자연적 권리를 무제한적으로 행사함으로써 끝없이 서로 투쟁하고, 그 결과 항상 죽음의 공포 속에 살아간다. 이러한 상태를 벗어나기 위해 개인들은 권리를 양도하는 계약을 맺어 국가를 세우게 된다.
> (나) 인간은 자연 상태에서는 자유롭게 태어났으나 사회 속에서 자유를 갖지 못하고 구속받는다. 자연 상태와 같이 자유로우려면 사회 계약을 통해 일반 의지를 형성하고 국가를 만들어야 한다.
> (다) 자연 상태는 평화로우나 일부 탐욕스러운 사람들에 의해 권리의 보장이 불안정한 상태이다. 국가는 이러한 불안정한 상태를 예방하고 자유와 평등을 안전하게 보장하기 위해 사회 구성원의 계약을 통해 만들어진 것이다.

① (가)에서는 절대군주제의 폐지를 주장한다.
② (나)에서는 개인의 직접적인 정치 참여를 옹호한다.
③ (다)에서는 자연권을 침해한 정부에 대한 저항권을 부정한다.
④ (가), (다)에서는 국민주권론을 주장한다.

ADVICE (가)는 자연 상태를 투쟁과 죽음의 공포로 보고 있는 홉스의 사회계약론이다. (나)는 일반 의지를 형성하고 국가를 만들어야 함을 주장한 루소의 사회계약론이다. (다)는 불안정한 상태를 예방하고 자유와 평등을 안전하게 보장하기 위해 국가를 만들었다고 보는 로크의 사회계약론이다.
② 루소는 개인의 직접적인 정치 참여형태인 직접 민주 정치를 옹호하였다.
① 홉스는 절대군주제를 주장하였다.
③ 로크는 자연권을 침해한 정부에 대한 저항권을 인정하였다.
④ 국민주권론은 루소(직접 민주 정치)와 로크(대의 민주정치)가 주장하였다.

4 우리나라 국가기관 간의 견제에 대한 설명으로 옳지 않은 것은?

① 대통령은 국회에서 의결된 법률안에 대해 재의를 요구할 수 있다.
② 재의 요구된 법률안은 국회가 재적의원 과반수의 출석과 출석의원 3분의 2 이상의 찬성으로 의결하면 법률로서 확정된다.
③ 대통령이 일반사면을 명하려면 국회의 동의를 얻어야 한다.
④ 국회는 대통령에 대한 탄핵 심판권을 가진다.

ADVICE ④ 국회에서 탄핵 소추를 의결하면 헌법재판소가 심판한다.
① 정부에 이송된 법률안에 대해 대통령은 15일 이내에 이의서를 붙여 환부하고 재의를 요구할 수 있다.
② 재의 요구된 법률안은 국회 재적의원 과반수의 출석과 출석의원 3분의 2 이상의 찬성으로 의결하면 법률로써 확정된다.
③ 일반사면은 대통령령으로 죄의 종류를 정하여 행하며, 국무회의의 심의를 거쳐 국회의 동의를 얻어야 한다.

5 국제사회의 행위주체에 대한 설명으로 옳은 것은?

① 유럽연합(European Union)은 기능적 범위가 제한적이지 않고 포괄적인 국제기구이다.
② 국제연합(United Nations)과 국제사면위원회(Amnesty International)는 정부 간 국제기구이다.
③ 여러 나라에 계열회사를 두고 국제적 생산 · 판매 활동을 하는 대기업은 행위주체가 아니다.
④ 전직 국가원수나 저명 예술가는 행위주체가 될 수 없다.

ADVICE ① 유럽연합은 유럽의 정치 · 경제 통합을 실현하기 위한 공동체로 기능적 범위가 제한적이지 않고 포괄적인 국제기구다.
② 국제연합은 국가를 구성원으로 하여 창설된 정부 간 국제기구이나 국제사면위원회는 개인 또는 민간단체를 가입 대상으로 하는 비정부 간 국제기구다.
③ 여러 나라에 계열회사를 두고 국제적 생산 · 판매 활동을 하는 다국적 기업은 국제사회의 행위주체다.
④ 전직 국가원수나 저명 예술가의 경우 개인이더라도 국제사회에 영향을 미칠 경우 국제사회의 행위주체가 될 수 있다.

6 다음 상황에 관한 설명으로 옳지 않은 것은?

> 갑(남)과 을(여)이 혼인을 하고 두 명의 자녀를 낳아 살던 중, 갑이 다른 여성과 부정한 관계를 맺고 을의 부모에게 심히 부당한 대우를 하였다. 을이 이혼을 요구하였으나 갑이 거부하였다. 갑과 을은 재판을 거쳐 이혼하였다.

① 이혼숙려기간은 재판상 이혼에 적용되지 않는다.
② 갑은 결혼 생활 중 공동으로 마련한 재산에 대해 분할을 청구할 수 없다.
③ 을은 갑에 대해 손해배상을 청구할 수 있다.
④ 자녀를 직접 양육하지 않게 된 일방은 특별한 사정이 없는 한 면접교섭권을 가진다.

ADVICE ② 갑에게는 재산 분할 청구권이 인정되므로 결혼 생활 중 공동으로 마련한 재산에 대해 분할을 청구할 수 있다.
① 이혼숙려기간은 협의 이혼의 경우에만 적용되며 재판상 이혼에는 적용되지 않는다.
③ 을은 혼인관계의 파탄에 책임이 있는 갑에 대해 손해배상을 청구할 수 있다.
④ 이혼 시 자녀를 양육하지 않는 부 또는 모는 면접교섭권을 가진다.

ANSWER 3.② 4.④ 5.① 6.②

7 ㈎에 포함되는 법률만을 〈보기〉에서 고르면?

> [㈎]는(은) 근대 자본주의 국가에서 나타나는 모순과 부조리를 해결하기 위해 등장한 법으로, 국민의 사적 영역에 국가가 개입하여 공법적 규제를 가할 수 있도록 제정된 법이다.

〈보기〉

㉠ 형사소송법	㉡ 근로기준법
㉢ 독점규제 및 공정거래에 관한 법률	㉣ 민법
㉤ 국가배상법	㉥ 소비자기본법

① ㉠, ㉢, ㉣

② ㉠, ㉣, ㉤

③ ㉡, ㉢, ㉥

④ ㉡, ㉤, ㉥

ADVICE ㈎는 '사회법'으로, 자본주의 사회의 폐단을 시정하기 위해 국가가 개인 또는 집단관계에 적극적으로 개입하여 국민의 생활과 기업의 노사 관계를 규제하고 조정하는 일련의 작용을 법에 규정하게 되었는데 이러한 법을 사회법이라 한다. 노동법(근로기준법), 경제법(독점규제 및 공정거래에 관한 법률, 소비자기본법), 사회보장법(사회보장기본법)이 대표적인 사회법이다.

8 가격탄력성에 대한 설명으로 옳지 않은 것은?

① 수요의 가격탄력성이 0이면 가격이 변화해도 수요량은 변화하지 않는다.

② 수평축은 수요량을, 수직축은 가격을 각각 나타낸다고 할 때 수요의 가격탄력성이 무한대(∞)이면 수요곡선은 수직이 된다.

③ 공급의 가격탄력성은 공급량의 변화율을 가격의 변화율로 나눈 값이다.

④ 공급의 가격탄력성이 탄력적이면 가격이 1% 상승할 때 공급량은 1%보다 더 크게 상승한다.

ADVICE ② 수평축은 수요량을, 수직축은 가격을 각각 나타낸다고 할 때 수요의 가격 탄력성이 무한대이면 수요 곡선은 수평이 된다. 수요 곡선이 수직인 것은 수요의 가격 탄력성이 0인 경우다.

① 수요의 가격 탄력성이 0이면, 가격이 변화할 때 수요량의 변화율이 0%이므로 수요량은 변하지 않는다.

③ 공급의 가격 탄력성은 공급량의 변화율을 가격의 변화율로 나눈 값이다.

④ 공급의 가격 탄력성이 탄력적이면 가격 변화율보다 공급량의 변화율이 크다는 것을 나타낸다. 따라서 가격이 1% 상승할 때 공급량은 1%보다 더 크게 상승한다.

9 다음 자료에 관한 설명으로 옳은 것은?

> 위헌법률심판제청신청서
>
> 사　건 2019고합◎◎◎
>
> 신청인 홍길동
>
> 신청 취지
>
> "○○법 제△△조 제△항의 위헌 여부에 관한 심판을 제청한다."라는 결정을 구합니다.
>
> 이　유
>
> 1. 재판의 전제성
>
> － 생략 －
>
> 2. 위헌이라 해석되는 이유
>
> － 생략 －
>
> 3. 결론
>
> 그러므로, 신청취지와 같이 결정하여 주시기 바랍니다.
>
> 2019. ×. ××.
>
> 신청인 홍길동(인)
>
> ㅁㅁ지방법원 제21형사부 귀중

① 이 신청을 받은 기관에서 위헌법률심판을 한다.

② 이 신청이 기각될 경우 홍길동은 헌법재판소에 위헌심사형 헌법소원심판을 제기할 수 있다.

③ 이 신청을 받은 기관의 위헌법률심판제청에 의해 ○○법 제△△조 제△항은 잠정적으로 효력을 상실한다.

④ 홍길동은 권리구제형 헌법소원을 거친 후에 이 신청서를 제출해야 한다.

ADVICE ② 위헌심사형 헌법소원이란 위헌법률심판의 제청신청이 법원에 의해 기각된 경우 제청신청을 한 당사자가 청구하는 헌법소원이다. 만약 법원에서 위헌법률심판제청 신청이 기각될 경우 홍길동은 헌법재판소에 위헌심사형 헌법소원심판을 제기할 수 있다.

① 위헌법률심판제청은 재판 당사자(홍길동)가 법원에 신청한다.

③ 헌법재판소법 제47조에 따라 위헌으로 결정된 법률 또는 법률조항은 결정이 있는 날로부터 효력을 상실한다.

④ 권리구제형 헌법소원은 공권력의 행사 또는 불행사로 헌법상 보장된 기본권을 침해 당한 자가 청구하는 헌법소원이다. 홍길동이 권리구제형 헌법소원을 거친 후에 위헌법률심판제청 신청서를 제출해야 하는 것은 아니다.

ANSWER 7.③ 8.② 9.②

10 다음 상황에 처한 갑이 이용할 수 있는 제도에 해당하는 것은?

> 갑은 을에게 사기를 당하여 200만 원의 직접적인 물적(物的) 피해를 입었다. 을은 사기죄로 기소되었다. 을이 형사 처벌을 받는다고 하더라도 갑이 피해를 배상받으려면 따로 민사 소송 절차를 밟는 것이 원칙이다. 하지만 민사소송은 많은 시간과 노력이 드는 절차이기 때문에 갑이 을로부터 신속, 간이하게 손해배상을 받기가 어렵다.

① 범죄피해자구조제도
② 형사보상제도
③ 국가배상제도
④ 배상명령제도

ADVICE 배상명령이란 형사재판 과정에서 민사소송절차를 접목시킨 것으로 형사사건의 피해자에게 손해가 발생한 경우 법원의 직권 또는 피해자의 신청에 의해 신속하고 간편한 방법으로 피고인에게 민사적 손해배상을 명하는 절차로서 「소송촉진 등에 관한 특례법」에 따라 규율된다.

① 범죄피해자구조제도는 타인의 범죄행위로 생명 · 신체에 피해를 받은 국민이 국가로부터 구조를 받을 수 있는 제도다.
② 형사보상제도는 국가의 형사절차상의 과오로 형사피의자 또는 형사피고인이 입은 정신적, 물질적 피해를 국가가 보상하는 제도를 의미한다.
③ 국가배상제도는 국민이 공무원의 직무상 불법 행위로 피해를 입었을 때에 국가 또는 공공단체에 그 피해에 대한 배상을 청구할 수 있는 제도다.

11 (가) ~ (다)에 제시된 기본권에 대한 설명으로 옳은 것은?

> (가) 모든 국민은 직업선택의 자유를 가진다.
> (나) 모든 국민은 법률이 정하는 바에 의하여 공무담임권을 가진다.
> (다) 모든 국민은 법률이 정하는 바에 의하여 국가기관에 문서로 청원할 권리를 가진다.

① (가)는 국가의 적극적인 개입을 통해 실현되는 권리이다.
② (나)는 현대 복지국가 헌법에서 비로소 등장한 권리이다.
③ (다)는 다른 기본권을 보장하기 위한 수단적 권리이다.
④ (가)~(다)는 어떠한 경우에도 법률로써 제한할 수 없다.

ADVICE (가)는 직업선택의 자유로 자유권에 해당한다.
(나)의 공무담임권은 참정권에 해당한다.
(다)의 청원권은 청구권에 해당한다.

③ 청구권은 다른 기본권이 침해되었을 때 또는 침해될 우려가 있을 때 이를 구제 또는 보상받을 수 있는 권리이기 때문에 '기본권 보장을 위한 기본권' 또는 '절차적 기본권'으로서 수단적 성격이 강하다.

① 자유권은 국민이 자유로운 생활을 영위할 권리이며 소극적이고 방어적인 권리이다.
② 현대 복지국가 헌법에서 등장한 권리는 사회권이다.
④ 헌법 제37조 제2항에 따라 국민의 모든 자유와 권리는 국가안전보장 · 질서유지 또는 공공복리를 위하여 필요한 경우에 한하여 법률로써 제한할 수 있으며, 제한하는 경우에도 자유와 권리의 본질적인 내용을 침해할 수 없다.

12 A, B에 대한 설명으로 옳은 것만을 〈보기〉에서 고르면?

> 한 사회 구성원 대부분이 누리는 문화를 [A]라고 한다면, 한 사회 내의 일부 구성원들이 공유하는 문화를 [B]라고 한다.

> 〈보기〉
> ㉠ A는 사회 내에 존재하는 B의 총합이다.
> ㉡ B는 사회 전체의 문화적 다양성을 저해한다.
> ㉢ 사회 변화에 따라 B는 A가 되기도 한다.
> ㉣ B는 A가 추구하는 가치와는 다른 가치를 추구하기도 한다.

① ㉠, ㉡ ② ㉠, ㉢
③ ㉡, ㉣ ④ ㉢, ㉣

ADVICE A는 '전체문화'로, 한 사회의 구성원 대부분이 공유하는 문화이다. 그 사회의 가장 기본이 되는 가치와 이념이 행동이나 상징으로 표현되는 것이기 때문에 그 사회 구성원들에게 대체로 이질감이나 거부감 없이 받아들여지는 문화이다. B는 '하위문화'로, 특정집단에서 독특하게 나타나는 문화, 즉 한 사회 내의 여러 집단이 각각 자기집단 구성원들끼리만 공유하는 문화를 말하며 부분문화라고도 한다.
㉢ 사회 변화에 따라 하위문화가 한 사회의 구성원 대부분이 공유하는 문화인 전체 문화가 될 수 있다.
㉣ 하위문화는 전체문화가 추구하는 가치와 다른 가치를 추구하기도 하는데 반문화가 대표적인 예다. 반문화란 어떤 집단의 문화가 그 사회의 지배적인 문화에 정면으로 반대하거나 가치가 대립될 때 일반적으로 쓰는 하위문화와 구분하기 위해 쓰는 개념이다.
㉠ 하위문화는 전체문화에 포함되어 전체문화의 영향을 받게 된다. 그러나 한 사회 내에 존재하는 하위문화의 총합이 전체문화인 것은 아니다.
㉡ 하위문화가 있음으로 인해 제도의 융통성과 사회생활에 유연성을 주며, 개인에게 선택의 기회를 넓혀 준다. 즉, 문화적 다양성을 형성한다. 그러나 하위문화가 너무 많으면 전체 사회의 규범이 약화될 수 있다.

ANSWER 10.④ 11.③ 12.④

13 **다음 그림은 우리나라 사회 보장 제도의 유형을 구분한 것이다. A ~ C에 대한 설명으로 옳지 않은 것은? (단, A ~ C는 각각 사회 보험, 공공 부조, 사회 서비스 중 하나이다)**

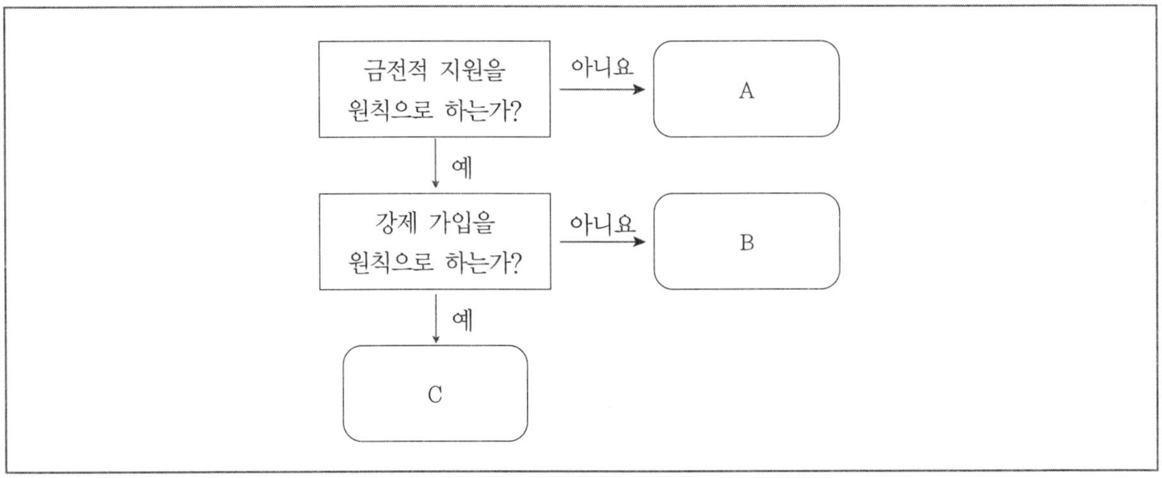

① A제도는 상담, 재활, 돌봄 등을 통하여 국민의 삶의 질이 향상되도록 지원한다.

② B제도는 C제도에 비해 수혜 대상자의 범위가 좁다.

③ C제도는 B제도에 비해 소득 재분배 효과가 작다.

④ C제도는 국가와 지방자치단체가 비용을 전액 부담한다.

ADVICE 사회보험과 공공부조는 금전적 지원을 원칙으로 하고 사회 서비스는 재활, 사회복지시설 이용 등을 제공한다. 따라서 '금전적 지원을 원칙으로 하는가'에 '아니오'로 답한 A는 사회 서비스다. '강제 가입을 원칙으로 하는가'에 '예'로 답한 C는 사회보험이고 '아니오'라고 답한 B는 공공부조다.

④ 국가와 지방자치단체가 비용을 전액 부담하는 사회 보장 제도는 공공부조다.

① 사회 서비스는 상담, 재활, 돌봄 등을 통하여 국민의 삶의 질이 향상되도록 지원한다.

② 공공부조는 생활 유지 능력이 없거나 생활이 어려운 국민들을 대상으로 한다. 사회보험은 근로자를 포함하여 일정 조건의 모든 국민을 대상으로 한다. 따라서 공공부조는 사회보험에 비해 수혜 대상자의 범위가 좁다.

③ 공공부조는 국가나 공공기관이 비용을 전액 부담하여 저소득층에게 혜택을 주기 때문에 사회보험에 비해 소득 재분배 효과가 크다.

14 다음 표는 사회 변동에 따른 각 사회 A ~ C의 특성을 비교한 것이다. 이에 대한 추론이나 일반적 특징으로 옳은 것은? (단, A ~ C는 각각 농업 사회, 산업 사회, 정보 사회 중 하나이다)

구분	A	B	C
생산 방식	(가)	소품종 소량 생산	(나)
가정과 일터의 결합 정도	+	+++	++
사회의 다원화 정도	++	+	+++
정보 확산의 시공간적 제약 정도	++	+++	+

※ +가 많을수록 정도가 크다.

① A는 노동력과 자본이, B는 토지와 노동력이 생산의 중심이 된다.
② 산업에서 제조업이 차지하는 비중은 B가 C에 비해 더 크다.
③ 인간관계에서 면대면 접촉이 차지하는 비중은 C > A > B 순으로 나타난다.
④ (가)는 다품종 소량 생산, (나)는 소품종 대량 생산이다.

ADVICE B는 소품종 소량 생산은 농업사회를 나타낸다. 정보 확산의 시간 · 공간적 제약 정도가 낮고 사회의 다원화 정도가 가장 높은 C는 정보 사회에 해당한다. 나머지 하나인 A는 산업 사회가 된다.
① 산업 사회에서는 노동력과 자본이 생산의 중심이 되고, 농업 사회에서는 토지와 노동력이 생산의 중심이 된다.
② 산업 사회에서는 제조업이 차지하는 비중이 가장 크다.
③ 인간관계에서 면대면 접촉이 차지하는 비중은 '농업 사회(B) > 산업 사회(A) > 정보 사회(C)' 순으로 나타난다.
④ 산업 사회에서는 소품종 대량 생산방식이 일반화되고, 정보 사회에서는 다품종 소량 생산방식이 보편화된다.

ANSWER 13.④ 14.①

15 사회 · 문화 현상의 연구 방법 (가),(나)의 일반적 특징에 대한 설명으로 옳은 것은?

| (가) |는 사회 · 문화 현상의 일반적인 경향성이나 이론을 발견하려는 입장이라면, | (나) |는 사회 · 문화 현상에서 행위자의 의미와 동기를 파악하려는 입장이다. 예를 들어, '스마트폰 중독과 초등학생 사회성 발달 간의 상관관계'와 같은 주제를 다루는 연구자는 | (가) |의 입장을 취한다. 한편 '초등학생의 스마트폰 중독 과정과 의미'에 관한 연구 주제는 | (나) |로 접근할 수 있다.

① (가)에서는 일기, 편지 등 비공식적 자료를 주로 활용한다.
② (나)는 방법론적 일원론을 전제로 한다.
③ (가)는 (나)보다 인과관계의 설명에 유리하다.
④ (나)는 (가)보다 개념의 조작적 정의를 중시한다.

ADVICE 사회 · 문화 현상의 일반적인 경향성이나 이론을 발견하려는 입장인 (가)는 실증적(양적) 연구 방법이다. 사회 · 문화 현상에서 행위자의 의미와 동기를 파악하려는 입장인 (나)는 해석적(질적) 연구 방법이다.

③ 인과관계를 통한 법칙 발견이 용이한 것은 실증적 연구 방법이다.
① 일기나 편지 등 비공식적 자료를 주로 활용하는 것은 해석적 연구 방법이다.
② 방법론적 일원론은 사회 · 문화 현상의 탐구와 자연 현상의 탐구가 비슷하다고 보는 관점으로 실증적 연구방법의 관점이다. 방법론적 이원론은 사회 · 문화 현상의 탐구와 자연 현상의 탐구가 서로 다르다고 보는 관점으로 해석적 연구방법의 관점이다.
④ 개념의 조작적 정의는 연구하고자 하는 행동의 구체적인 범위와 한계를 관찰 가능하고 측정 가능한 용어로 기술하는 것이다. 이는 실증적 연구 방법에서 중시한다.

16 (가) ~ (다)는 일탈 행동의 원인에 관한 이론이다. 이 이론에 대한 설명으로 옳은 것은?

(가) 어떤 사람의 행동에 대해 다른 사람들이 나쁜 행동이라고 규정하고 주변 사람들이 부정적인 시선으로 바라볼 때 그 사람은 일탈자가 되기도 한다.
(나) 사회에 공통적으로 추구하는 문화적 목표가 존재하고, 이러한 문화적 목표를 달성하기 위해 사람들은 그 사회가 합법적으로 허용한 수단을 사용한다. 문화적 목표와 이를 달성하기 위한 합법적 수단이 괴리되는 경우에 일탈 행동이 일어난다.
(다) 교도소에 수감된 사람들은 다른 범죄를 저지르고 수감된 동료들을 만나게 된다. 이 과정에서 일탈 행동에 대한 재소자들의 도덕적 저항감이 이완되기도 한다. 또한 재소자들은 수감기간 동안 새로운 범죄 기술을 배우고, 출소 이후 이를 이용하여 다시 범죄를 저지르기도 한다.

① ㈎는 일탈 행동의 상대성을 강조한다.

② ㈎는 거시적 관점을, ㈏는 갈등론적 관점을 취한다.

③ ㈐는 개인의 욕구와 행동을 조정하는 기준이 되는 지배적 규율이 없기 때문에 일탈이 발생한다고 본다.

④ ㈎, ㈏는 ㈐에 비해 일탈 행동이 어떠한 과정을 거쳐 학습되고 반복되는지에 주목한다.

ADVICE ㈎는 다른 사람들의 부정적 시선으로 일탈자가 될 수 있다고 보는 '낙인 이론'이다. ㈏는 문화적 목표와 이를 달성하기 위한 수단과의 괴리로 일탈 행동이 일어난다고 보는 '머튼의 아노미 이론'이다. ㈐는 범죄 기술을 학습하고 일탈자가 된다고 보는 '차별적 교제 이론'이다.

① 낙인 이론은 제도 · 관습 · 규범 · 법규 등 사회를 유지하기 위한 기본적인 제도적 장치들이 범죄를 유발한다는 본다. 이는 일탈을 규정하는 절대적 기준이 없다고 보는 것으로 일탈 행동의 상대성을 강조한다.

② 낙인 이론은 사회 구성원들의 상호 작용을 분석하는 미시적 관점을 취한다. 머튼의 아노미 이론은 기능론적 관점에 입각한 거시적 관점을 취한다.

③ 개인의 욕구와 행동을 조정하는 기준이 되는 지배적 규율이 없기 때문에 일탈이 발생한다고 보는 것은 뒤르켐의 아노미 이론이다.

④ 일탈 행동이 어떠한 과정을 거쳐 학습되고 반복되는지에 주목하는 것은 차별적 교제 이론이다.

17 경제활동참가율은 80%이고 고용률이 60%인 국가의 실업률은?

① 10%

② 15%

③ 20%

④ 25%

ADVICE
- 경제활동참가율 $= \frac{\text{경제활동인구}}{\text{15세 이상 인구}} \times 100$
- 고용률 $= \frac{\text{취업자수}}{\text{15세 이상 인구}} \times 100$
- 실업률 $= \frac{\text{실업자수}}{\text{경제활동 인구}} \times 100$

15세 이상 인구를 100명으로 가정하고, 고용률이 60%라는 의미는 취업자가 60명이라는 의미와 같다. 경제활동참가율은 15세 이상 인구 중에서 차지하는 취업자와 실업자의 비율이므로 실업자는 20명이다. 실업률은 취업자와 실업자(80명)에서 차지하는 실업자(20명)의 비율로 25%다.

ANSWER 15.③ 16.① 17.④

18 다음 표는 각국이 보유한 생산요소를 X재나 Y재 중 한 재화에만 투입하였을 때 생산 가능한 최대 생산량을 나타낸 것이다. 이에 대한 설명으로 옳은 것은? (단, 생산요소의 양은 양국이 동일하다)

구분	X재	Y재
갑국	100개	80개
을국	90개	60개

① X재 생산에 따른 기회비용은 을국이 갑국보다 크다.
② 갑국은 두 재화 생산에 모두 비교우위를 가지기 때문에 교역을 통해 이득을 얻을 수 없다.
③ 양국이 비교우위를 가진 재화에 특화할 경우 X재 1개당 Y재 $\frac{11}{15}$개의 교역이 가능하다.
④ 양국이 비교우위를 가진 재화에 특화할 경우 갑국은 X재를, 을국은 Y재를 각각 생산한다.

ADVICE 갑국과 을국에서 각 재화 1개 생산의 기회비용은 다음과 같다.

구분	X재 1개 생산의 기회비용	Y재 1개 생산의 기회비용
갑국	Y재 80/100개(=$\frac{4}{5}$개)	X재 100/80개(=$\frac{5}{4}$개)
을국	Y재 60/90개(=$\frac{2}{3}$개)	X재 90/60개(=$\frac{3}{2}$개)

③ 갑국이 교역 이익을 얻기 위해서는 비교우위에 있는 Y재 1개를 생산해서 얻는 이익이 그 기회비용 X재 $\frac{5}{4}$개보다 커야 한다(Y재 1개 > X재 $\frac{5}{4}$개).

또, 을국의 입장에서는 특화 상품 X재 1개를 생산해서 얻는 이익이 Y재 $\frac{2}{3}$개보다 커야 한다(X재 1개 > Y재 $\frac{2}{3}$개). X개 1개를 기준으로 양국이 모두 이익을 얻을 수 있는 교역 범위를 나타내 보면, 'Y재 $\frac{2}{3}$개 < X재 1개 < Y재 $\frac{4}{5}$개'이다. X재 1개당 Y재 $\frac{11}{15}$개는 교역 범위 안에 있으므로 교역이 가능하다.

① X재 생산의 기회비용은 을국(2/3개)이 갑국(4/5개)보다 작다.
② 갑국은 Y재 생산에 비교 우위가 있고, 을국은 X재 생산에 비교 우위가 있다.
④ 양국이 비교 우위를 가진 재화에 특화할 경우 갑국은 Y재를, 을국은 X재를 각각 생산한다.

19 다음 표는 하나의 재화만 생산하는 국가의 실질GDP와 명목GDP를 나타낸 것이다. 이에 대한 분석으로 옳은 것은? (단, 기준 연도는 2016년이다)

(단위: 억 원)

구분	2016년	2017년	2018년
실질GDP	100	110	100
명목GDP	100	110	110

① 2017년의 물가는 2016년에 비해 상승하였다.
② 2017년의 생산량은 2016년에 비해 증가하였다.
③ 2018년의 물가는 2016년에 비해 하락하였다.
④ 2018년의 생산량은 2017년에 비해 증가하였다.

ADVICE • GDP 디플레이터 $= \frac{\text{명목}\,GDP}{\text{실질}\,GDP} \times 100$

GDP 디플레이터는 물가 수준을 나타내는 지표로서 GDP 디플레이터를 연도별로 구해보면 2016년 100, 2017년 100, 2018년 110이다.

② 2016년에 비해서 2017년의 실질GDP가 증가하였으므로 생산량은 증가하였다.
① 2016년과 2017년의 GDP디플레이터가 동일하므로 물가는 같다.
③ 2018년의 물가 수준은 2016년에 비해서 GDP디플레이터가 크므로 물가는 상승하였다.
④ 2018년에는 2017년에 비해서 실질GDP가 감소했으므로 2018년의 생산량은 2017년에 비해 감소하였다.

ANSWER 18.③ 19.②

20 다음 표는 한 국가의 구간별 소득세율을 보여준다. 이에 대한 설명 중 옳은 것은? (단, 소득공제는 없다)

소득 구간 \ 연도	2017년	2018년
2,000만 원 이하	5%	10%
2,000만 원 초과 ~ 5,000만 원 이하	25%	20%
5,000만 원 초과	35%	30%

※ 소득세 부과 방식 : 연간 소득이 5,500만 원인 경우 2,000만 원까지는 '2,000만 원 이하' 소득 구간의 세율을, 3,000만 원에 대해서는 '2,000만 원 초과 ~ 5,000만 원 이하' 소득 구간의 세율을, 나머지 500만 원에 대해서는 '5,000만 원 초과' 소득 구간의 세율을 각각 적용한다.

① 소득세 부과방식이 2017년의 누진세제에서 2018년에는 비례세제로 바뀌었다.
② 연간 소득이 2,000만 원인 사람의 2018년 소득세액은 2017년의 소득세액에 비해 5% 증가하였다.
③ 연간 소득이 3,000만 원인 사람의 2018년 소득세액은 2017년의 소득세액에 비해 증가하였다.
④ 연간 소득이 6,000만 원인 사람의 2018년 소득세액은 연간 소득이 2,000만 원인 사람의 2018년 소득세액의 3배이다.

ADVICE ③ 연간 소득이 3,000만 원인 사람의 2017년의 소득세액은 350만 원(2,000만 원×5%+1,000만 원×25%)이다. 2018년의 소득세액은 400만 원(2,000만 원×10%+1,000만 원×20%)으로 2017년에 비해서 증가하였다.
① 소득세의 부과 방식은 2017년과 2018년 모두 소득이 증가함에 따라 세율이 높아지는 누진세가 적용되었다.
② 연간 소득이 2,000만 원인 사람의 2017년의 소득세액은 100만 원이고, 2018년의 소득 세액은 200만 원이다. 2018년에는 2017년에 비해 100% 증가하였다.
④ 연간 소득이 6,000만 원인 사람의 소득세액이 2,000만 원인 사람의 소득 세액의 3배가 되려면 비례세가 적용된 경우여야 한다. 누진세가 부과된 경우에는 3배보다 더 커지게 된다.

2019. 6. 15. 제2회 서울특별시 시행

1 〈보기〉의 ㈎~㈑에 해당하는 자료수집방법에 대한 설명으로 가장 옳지 않은 것은?

> 〈보기〉
>
> • 다음은 근로자들의 생활실태와 의식에 관한 자료를 수집하기 위한 활동이다.
> ㈎ 근로자들의 수기 내용을 분석하여 근로자들의 의식을 파악한다.
> ㈏ 근로자들과의 대화를 통해 그들이 생각하는 바를 깊이 있게 조사한다.
> ㈐ 근로자들이 일하는 공장에서 함께 생활하면서 근로자들이 살아가는 모습을 관찰한다.
> ㈑ 근로자들이 생각하는 바를 알아보기 위해 질문지를 만들어 그들에게 답을 하도록 한다.

① ㈎는 양적 연구와 질적 연구 모두에 활용된다.
② ㈏와 ㈐는 문맹자에게 사용하기 어렵다.
③ ㈏는 ㈑에 비해 자료수집과정에서 연구자의 유연성이 높다.
④ ㈏와 ㈑는 언어를 매개로 한 상호작용이 필수적이다.

ADVICE ㈎에서 수기 내용을 분석하는 것은 자료수집방법 중 문헌연구법에 해당한다. ㈏에서 근로자들과의 대화를 통해 깊이 있게 조사한 것은 면접법이다. ㈐에서 근로자들과 함께 생활하면서 관찰한 것은 참여관찰법에 해당한다. ㈑의 질문지를 통한 조사는 질문지법이다.

② 면접법은 '대화'를 통해, 참여관찰법은 '참여와 관찰'을 통해 정보를 수집하기 때문에 문맹자에게 사용할 수 있다.
① 문헌연구법은 양적 자료와 질적 자료 모두를 분석대상으로 한다.
③ ㈏의 면접법은 상황에 따라 질문의 순서 및 내용을 달리할 수 있고, 추가 질문을 하는 등 유연성을 높일 수 있다.
④ ㈏의 면접법은 대화가 매개가 되며, ㈑의 질문지법은 질문지가 매개가 된다. 두 방법 모두 언어의 의미 이해가 바탕이 된다.

ANSWER 20.③ / 1.②

2 **〈보기〉의 근대화를 설명하는 이론 중 밑줄 친 ㉠, ㉡에 대한 설명으로 가장 옳지 않은 것은?**

> 〈보기〉
>
> 우리나라의 사회 과학계에 영향을 끼쳤던 사회학자 갑(甲)은 낙후된 국가의 빈곤 문제를 '종속에 의한 저발전의 심화'라고 설명하며, 근대화를 설명하는 ㉠또 다른 이론에 도전장을 던졌다. ㉡갑의 이론은 서구 선진국에 의해 주도된 이론에 대한 비판 이론으로 주목을 받으며 등장했다. 1970년대 한국에도 유입되어 최근까지 연구가 진행되고 있다.

① ㉠은 사회 변동 방향에 대해 진화론을 기초로 한다.
② ㉡은 낙후된 국가의 저발전 원인을 외부에서 밝히고 있다.
③ ㉡은 ㉠과 비교하여 개별 국가의 주체적 발전을 더 강조한다.
④ ㉠은 ㉡과 달리 각 국가는 다양한 경로를 거쳐 발전할 수 있다고 본다.

ADVICE 낙후된 국가의 빈곤 문제를 종속에 의한 저발전의 심화로 설명하는 '갑의 이론'은 종속이론이다. 따라서 근대화를 설명하는 또 다른 이론 ㉠은 근대화론이다. ㉡은 서구 선진국에 의해 주도된 이론(근대화론)에 대한 비판으로 주목을 받으며 등장했다. 이는 낙후된 빈곤 문제를 종속에 의한 저발전의 심화로 보는 종속 이론에 해당한다.

④ 근대화론은 서구화를 이상적인 모습으로 제시함으로써 각 국가가 다양한 경로를 거쳐 발전할 수 있음을 부정한다.

① 근대화론은 사회 변동 방향과 관련하여 진화론을 기초로 한다.

② 종속이론은 낙후된 국가의 저발전의 원인을 중심부와 주변부라는 외부(국제)의 관점에서 밝히고 있다.

③ 종속이론은 중심부 국가인 선진국과의 종속 관계에서 벗어나 주체적 발전을 해야 함을 강조한다.

3 〈보기〉는 질문 (가), (나)에 따라 경제 체제를 분류한 것이다. 이에 대한 설명으로 가장 옳은 것은? (단, A와 B는 각각 시장 경제 체제와 계획 경제 체제 중 하나이다.)

〈보기〉

	A	B
(가)	예	아니요
(나)	아니요	예

① A가 계획 경제 체제라면, (나)는 '기본적인 경제 문제가 발생하는가?'가 될 수 있다.
② A가 시장 경제 체제라면, (가)는 '정부의 계획에 의한 자원 배분을 강조하는가?'가 될 수 있다.
③ B가 시장 경제 체제라면, (가)는 '경쟁보다 형평성을 중시하는가?'가 될 수 있다.
④ (나)가 '시장 가격의 자원 배분 기능을 중시하는가?'이면, A는 B보다 경제적 유인체계를 강조한다.

ADVICE ③ 경쟁보다 형평성을 중시하는 것은 계획 경제 체제다. B가 시장 경제 체제라면 '아니요'가 옳은 설명이다.
① 기본적인 경제 문제는 시장 경제 체제와 계획 경제 체제 모두에서 발생할 수 있다.
② 정부의 계획에 의한 자원 배분을 강조하는 것은 계획 경제 체제다. 따라서, A가 시장 경제 체제라면 '예'가 아니라 '아니요'가 되어야 한다. 시장 경제 체제는 경쟁 원리에 입각한 시장의 가격 기구에 의한 자원 배분을 강조한다.
④ 시장 가격의 자원 배분 기능을 중시하는 것은 시장 경제 체제다. 이렇게 될 경우 A는 계획 경제 체제, B는 시장 경제 체제가 된다. 이때 경제적 유인체계를 강조하는 것은 B의 시장 경제 체제다.

ANSWER 2.④ 3.③

4 〈보기〉의 ㈎와 ㈏는 민주정치의 참여방식이다. 이에 대한 설명으로 가장 옳지 않은 것은?

〈보기〉

㈎ 주권자인 국민은 선거를 통해 그들이 선출한 대표에게 국가 의사 및 정책의 결정권을 전적으로 위임한다.

㈏ 대의제하에서는 국민의 다양한 의사를 정치과정에 투입하는 데 한계가 있다. 그러므로 국민투표, 국민발안, 국민 소환 제도를 도입하여 대의제를 보완한다.

① ㈎의 정치방식은 민주주의에 부합하지 않는다.

② ㈏는 ㈎에 비해 정책결정의 정당성이 증진될 수 있다.

③ ㈎는 모든 국민이 국가의 의사결정에 참여하는 것은 비현실적이라고 생각한다.

④ ㈏의 정치방식은 시민의 정치적 무관심을 극복하려고 한다.

ADVICE ㈎는 주권자인 국민이 선거를 통해 그들이 선출한 대표에게 국가 의사 및 정책의 결정권을 위임하는 간접 민주 정치(대의제)다. ㈏는 대의제의 한계를 보완하기 위해 국민투표, 국민발안, 국민소환 등의 직접 민주 정치 제도를 도입하자는 주장이다.

① 대의제와 직접 민주 정치는 주권 행사의 방법이 다를 뿐 모두 민주주의에 해당한다.

② 직접 민주 정치는 국민의 의사를 정치과정에 투입할 수 있으므로 대의제에 비해 정책결정의 정당성이 증진될 수 있다.

③ 인구의 증가와 넓은 영토 등 지리적 한계에 따라 모든 국민이 국가의 의사결정에 참여하는 데는 한계가 있다. 이에 대다수 국가는 대의제를 도입하고 있다.

④ 선거 참여의 저조 및 투표율의 하락 등 대의제에서는 정치적 무관심이 나타날 수 있다. 국민투표, 국민발안, 국민 소환 제도와 같은 직접 민주 정치적 제도를 통해 이를 극복하고자 한다.

5 〈보기〉의 사례에 대한 법적 판단으로 가장 옳은 것은?

> 〈보기〉
>
> 갑(甲)과 을(乙)은 결혼한 후 아이가 생기지 않자, 병(丙)이 홀로 키우던 자녀 A와 B 중에서 A를 적법한 절차를 거쳐 친양자로 입양하였다. 이후 A를 키우던 중 갑과 을은 불화로 재판상 이혼을 하였고, 미성년 자녀인 A에 대한 양육권은 갑이 갖기로 하였다. 1년 뒤, 갑은 교통사고로 3억 원의 재산과 1억 원의 빚을 남기고 사망하였다.

① 갑과 을은 이혼할 때, 이혼 숙려 기간을 거쳤을 것이다.

② A가 받을 수 있는 갑의 상속액은 8천만 원이다.

③ 병이 사망한 경우, 병의 법정 상속인은 B이다.

④ A는 갑과 을의 가족 관계 등록부에 양자로 기재된다.

ADVICE ③ 갑과 을은 A를 친양자로 입양하였으므로 A와 병과의 친족 관계는 소멸한다. 따라서 병이 사망할 경우 법정 상속인은 B만 해당된다.

① 갑과 을은 재판상 이혼을 하였으므로, 협의 이혼 시 적용되는 숙려 기간은 거치지 않는다.

② A는 갑의 직계 비속으로 3억 원의 재산(적극 재산)과 1억 원의 빚(소극 재산)을 단독 상속받으므로 2억 원이 된다.

④ 친양자는 법률상 양부모의 친생자이므로 입양 사실이 공개되지 않는다.

ANSWER 4.① 5.③

6 〈보기〉는 서로 다른 과세 제도를 나타낸다. 이에 대한 설명으로 가장 옳지 않은 것은?

〈보기〉

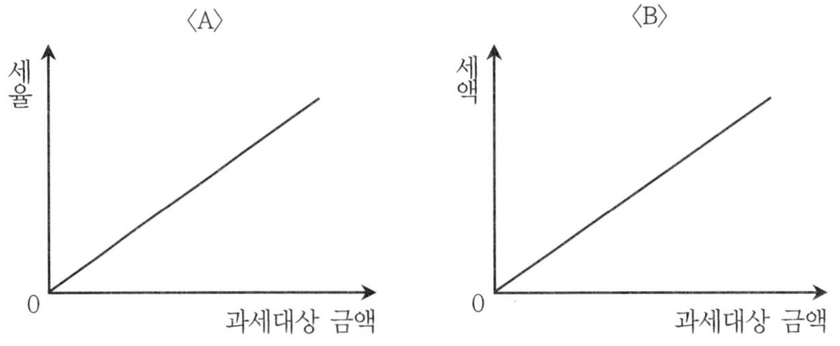

일반적으로 A는 조세 중 납세자와 담세자가 ㉠일치하는 조세에, B는 ㉡일치하지 않는 조세에 적용된다.

① B는 조세부담의 역진성이 나타나 저소득층에게 불리하다.

② A는 경기 자동 안정화 장치로서의 기능을 한다.

③ ㉠은 ㉡에 비해 조세 징수 비용이 크다.

④ ㉡은 ㉠에 비해 소득 재분배 효과가 크다.

ADVICE A는 과세 대상 금액에 따라 '세율'이 증가하는 누진세이고, B는 과세 대상 금액에 따라 '세액'이 증가하는 비례세다. ㉠은 납세자와 담세자가 일치하는 직접세, ㉡은 납세자와 담세자가 일치하지 않는 간접세다.

④ 직접세는 누진세가 적용되므로 비례세가 적용되는 간접세보다 소득 재분배 효과가 크다.

① 비례세는 조세 부담의 역진성으로 저소득층에게 불리하다.

② 누진세는 소득에 따라 세율이 결정된다. 경기 침체로 소득이 감소할 경우 낮은 세율이 적용되어(가처분 소득 증가) 경기 부양을 기대할 수 있다. 반대로 경기가 과열되어 소득이 증가할 경우 높은 세율이 적용되어(가처분 소득 감소) 경기 과열을 억제하는 효과를 기대할 수 있다.

③ 직접세는 간접세 징수에 비해 조세 저항이 크므로, 조세 징수 비용이 크다.

7 〈보기〉는 헌법 개정 절차이다. 밑줄 친 ㉠~㉣에 대한 설명으로 가장 옳은 것은?

〈보기〉

㉠ <u>제안</u> → ㉡ <u>공고</u> → ㉢ <u>국회 의결</u> → ㉣ <u>국민 투표</u> →(즉시) 공포

① 국회에서 ㉠을 하기 위해서는 국회재적의원 과반수의 찬성을 얻고, 국무회의 심의를 거쳐야 한다.
② ㉡은 20일 이상의 기간 동안 국회의장이 한다.
③ ㉢은 헌법개정안이 공고된 날로부터 90일 이내에 이루어져야 하며, 국회재적의원 2/3 이상의 찬성을 얻어야 한다.
④ ㉣은 헌법개정안을 국회가 의결한 후 30일 이내에 이루어져야 하며, 국회의원선거권자 과반수의 투표와 투표자 과반수의 찬성을 얻으면 헌법개정안은 확정된다.

ADVICE ① 헌법 개정은 국회재적의원 과반수 또는 대통령의 발의로 제안된다. 즉, 국회에서 제안할 경우에는 국회재적의원 과반수의 찬성만 있으면 된다.
② 제안된 헌법개정안은 국회의장이 아닌 대통령이 20일 이상의 기간 동안 공고한다.
③ 국회는 헌법개정안이 공고된 날로부터 60일 이내에 의결하여야 하며, 국회재적의원 2/3 이상의 찬성을 얻어야 한다.

ANSWER 6.④ 7.④

8 **〈보기〉의 밑줄 친 내용으로 가장 적절하지 않은 것은?**

〈보기〉

국내 총생산(GDP)은 한 나라의 경제 활동 수준을 측정하는 데 매우 유용하지만, 국민의 삶의 질이나 생활 수준을 측정하는 데는 한계가 있다.

① 지하 경제에서 거래되는 부분은 국내 총생산에 포함되지 않는다.
② 국내 총생산은 생산활동으로 창출된 재화의 가치만 포함하며 서비스의 가치는 포함하지 못한다.
③ 국내 총생산은 총량의 개념이므로 소득 분배 상태를 정확하게 측정하지 못한다.
④ 국내 총생산의 증가가 반드시 국민의 복지 후생 수준의 향상을 의미하지는 않는다.

ADVICE ② 국내 총생산은 생산활동으로 창출된 재화와 서비스의 가치를 모두 포함한다.
① 국내 총생산은 시장 거래를 통한 경제 활동만을 반영하므로 지하 경제처럼 시장에서 거래되지 않는 활동은 포함되지 않는다.
③ 국내 총생산은 국내에서 생산된 모든 최종 생산물 가치의 합인 총량의 개념이다. 따라서 개인별 소득 분배 상태를 정확하게 측정하지 못한다.
④ 국내 총생산은 물질적 생산만을 포함하고 있으므로 공해나 교통 체증 등의 부작용으로 인한 비용은 포함되지 않는다. 즉, 국내 총생산이 높다고 해서 복지 수준이 높은 것은 아니다.

9 **〈보기〉의 밑줄 친 ㉠과 ㉡의 특징에 대한 설명으로 가장 옳지 않은 것은? (단, ㉠과 ㉡은 각각 관료제와 탈관료제 중 하나이다.)**

〈보기〉

○○ 기업 경영 혁신 보고서

○○ 기업의 경우 구성원 간의 위계를 바탕으로 모든 업무에 있어 표준화된 업무 처리 지침을 갖추고 있는 등 ㉠안정적으로 관리되는 조직이지만, 다가올 4차 산업혁명 시대에 발맞추어 보다 ㉡유연한 조직으로 개편하여 급변하는 기업 환경에 적극적으로 대처할 필요성이 있다.

① ㉠은 ㉡보다 중간 관리층의 역할이 크다.
② ㉠은 ㉡에 비해 구성원이 교체되어도 상대적으로 안정적인 과업 수행이 가능하다.
③ ㉡은 ㉠과 달리 과업 수행 과정에서 예측 가능성이 상대적으로 높다.
④ ㉡은 ㉠과 달리 승진에서 연공서열이 차지하는 비중이 상대적으로 낮다.

ADVICE ㉠은 위계를 바탕으로 표준화된 업무 처리 지침을 갖춘 '관료제'를, ㉡은 급변하는 기업 환경에 유연하게 대처할 수 있는 '탈관료제'를 나타낸다.

③ 과업 수행 과정에서 예측 가능성이 상대적으로 높은 것은 관료제다.

① 관료제는 위계적 구조를 갖추고 있으므로 중간 관리층의 역할이 크다. 반면, 탈관료제는 계층을 축소하거나 수평적 형태를 지향하므로 중간 관리층의 역할이 크지 않다.

② 관료제는 표준화된 업무 처리 지침에 따라 구성원이 교체되어도 상대적으로 안정적인 과업 수행이 가능하다.

④ 관료제는 승진에서 연공서열이 차지하는 비중이 높다. 반면 탈관료제는 구성원 각자의 역할과 책임을 중시하므로 연공서열보다는 성과와 능력이 차지하는 비중이 크다.

10 〈보기〉의 올림픽을 바라보는 관점이 가지는 일반적인 특징에 대한 설명으로 가장 옳은 것은?

> 〈보기〉
>
> 올림픽은 전세계 모든 이들이 꿈과 희망을 품고 하나가 되기를 희망한다. 즉, 올림픽은 경제적 지위, 학력, 인종, 성별이 다른 개인들을 하나의 공동체로 응집해 사회적 연대의식을 고취하는 기능을 수행한다.

① 사회갈등은 사회존속에 필요한 기능적 요건이 충족되지 않았기에 발생한다.

② 행위자에게서 파악될 수 없는 사회적 속성을 경시한다는 비판을 받는다.

③ 사회적 관계가 기본적으로 지배, 피지배의 관계라고 전제한다.

④ 사람들이 주어진 상황에 어떤 의미를 부여하는지에 대한 상황정의를 중시한다.

ADVICE 제시문은 올림픽이 개인들을 하나의 공동체로 응집해 사회적 연대의식을 고취하는 기능을 수행한다고 보고 있으므로 기능론적 관점에 해당한다.

① 기능론은 사회는 살아 있는 유기체와 같이 각각의 구성요소들이 사회의 유지와 존속에 필요한 기능을 수행하고 있다고 보는 이론이다. 사회존속에 필요한 기능적 요건이 충족되지 않을 때 사회갈등이 발생한다고 본다.

② 행위자에게서 파악될 수 없는 사회적 속성을 경시한다는 비판을 받는 것은 미시적 관점이다. 기능론은 사회 구조나 제도와 같은 거시적 관점에서 사회·문화 현상을 바라본다.

③ 사회적 관계가 기본적으로 지배, 피지배의 관계라고 전제하는 것은 갈등론이다.

④ 상징적 상호 작용론은 사람들이 주어진 상황에 어떤 의미를 부여하는지에 대한 상황정의를 중시한다.

ANSWER 8.② 9.③ 10.①

11 〈보기〉의 밑줄 친 ㉠, ㉡에 대한 설명 중 가장 옳은 것은?

〈보기〉

매달 A군은 1만 엔을, B군은 100달러를 구입한다. ㉠원/엔 환율 변동과 ㉡원/달러 환율 변동으로 인해 A군과 B군이 각각 엔화와 달러화를 구입하기 위해 매달 지불해야 하는 원화의 양이 아래의 표와 같이 변하였다.

구분	변동 전	변동 후
A군	9만 원	10만 원
B군	11만 원	10만 원

① 엔화의 수요 감소는 ㉠의 요인이다.
② 달러화의 공급 감소는 ㉡의 요인이다.
③ ㉠은 우리나라 대일상품 수지를 개선시키는 요인이다.
④ ㉡은 우리나라 국민의 미국 유학 경비 부담을 증가시키는 요인이다.

ADVICE 〈보기〉에서 A군은 엔화를 구입하고 B군은 달러화를 구입한다. 표에 따라 A군은 변동 전보다 변동 후에 엔화를 구입하기 위해 지불해야 하는 원화의 양이 많아지고 있다. 이는 원/엔 환율이 상승(㉠)한다는 것을 나타낸다. B군의 경우 변동 전보다 변동 후에 달러화를 구입하기 위해 지불해야 하는 원화의 양이 적어졌다. 이는 원/달러 환율이 하락(㉡)함을 나타낸다.

③ 원/엔 환율의 상승으로, 우리나라 상품의 가격은 하락하여 일본으로의 수출이 증가한다. 반면, 일본 상품의 가격은 상승하여 일본 상품의 수입은 감소한다. 이는 우리나라 대일상품 수지를 개선시키는 요인이 된다.
① 엔화의 수요 감소는 원/엔 환율을 하락시킨다.
② 달러화의 공급 감소는 원/달러 환율을 상승시킨다.
④ 원/달러 환율의 하락으로 더 적은 원화로 같은 금액의 달러를 구입할 수 있게 되므로 우리나라 국민의 미국 유학 경비 부담은 감소한다.

12 〈보기 1〉의 A, B 선거구제의 특징에 대한 설명 중 옳은 것을 〈보기 2〉에서 모두 고르면?

〈보기 1〉

구분	A	B
내용	한 선거구에서 1명의 대표자를 선출	한 선거구에서 2명 이상의 대표자를 선출

〈보기 2〉

㉠ A 방식에 비해 B 방식에서 국민의 다양한 의사가 선거에 반영된다.
㉡ 일반적으로 A 방식에 비해 B 방식에서 사표(死票)가 많이 발생한다.
㉢ B 방식보다 A 방식이 양당제를 촉진하는 경향이 있다.
㉣ B 방식이 A 방식에 비해 선거 비용이 적게 든다.

① ㉠, ㉡　　② ㉠, ㉢
③ ㉡, ㉣　　④ ㉢, ㉣

ADVICE 한 선거구에서 1명의 대표자를 선출하는 A는 소선구제에 해당하고, 한 선거구에서 2명 이상의 대표자를 선출하는 B는 중 · 대 선거구제에 해당한다.

㉠ 중 · 대 선거구제에서는 최다 득표를 하지 않은 후보자에게도 당선의 기회가 부여되므로 국민의 다양한 의사가 선거에 반영될 수 있다.
㉡ 소선구제의 경우 당선된 1명을 제외하고 사표(死票)가 되므로 사표가 많이 발생한다.
㉢ 소선구거제는 최다 득표자 1명만이 당선되므로 거대 정당 후보에게 유리하다. 즉, 군소 정당이나 신인보다는 다수당에 유리하므로 양당제를 촉진하는 경향이 있다.
㉣ 중 · 대 선거구제는 한 선거구에서 두 명 이상의 대표자를 선출하므로 선거 비용이 증가한다.

ANSWER 11.③ 12.②

13 〈보기〉의 자료는 갑(甲)국의 t기와 t+1기의 선거 결과를 나타낸 것이다. 이에 대한 분석 및 추론으로 가장 옳은 것은? (단, 갑국은 전형적인 대통령제 국가이다.)

〈보기〉

구분	t기	t+1기
A당	40%	60%
B당	32%	37%
C당	25%	2%
기타	3%	1%

※ 두 시기 모두 행정부 수반은 A당 소속임.

① t기에 비해 t+1기에는 다수당의 횡포가 감소할 것이다.
② t+1기와 달리 t기에는 연립 정부가 구성되었을 것이다.
③ t기에 비해 t+1기에는 행정부 수반의 법적 권한이 많아졌을 것이다.
④ t+1기에 비해 t기에는 국민의 다양한 의견이 국정에 반영될 가능성이 클 것이다.

ADVICE ④ t기에는 과반 의석을 점유한 정당이 존재하지 않으므로 t+1기와 비교하여 국민의 다양한 의견이 국정에 반영될 가능성이 크다.

① t기와 비교하여 t+1기에는 A당이 과반 의석 이상인 60%의 의석을 점하고 있다. 따라서 다수당의 횡포가 나타날 가능성이 있다.

② 의원내각제 국가에서는 과반 의석을 확보한 정당이 없을 경우 둘 이상의 정당이 연립하여 정부를 구성한다. 갑국은 전형적인 대통령제 국가이므로 국민이 선출한 대통령이 정부(내각)를 구성한다.

③ 전형적인 대통령제 국가에서는 대통령이 행정부 수반이면서 국가 원수로서의 막강한 권한을 보유한다. 따라서 여당이 다수당이라고 하여, 혹은 시기에 따라 대통령의 법적 권한이 많아지는 것은 아니다.

14 〈보기〉 표의 A~C는 정치참여집단이다. 이에 대한 설명으로 가장 옳은 것은? (단, A~C는 시민단체, 이익집단, 정당 중 하나이다.)

〈보기〉

질문 내용	A	B	C
정치적 책임을 지는가?	예	아니요	아니요
공익을 사익보다 우선시하는가?	예	예	아니요
(가)	예	예	예

① A는 정권 획득을 목표로 하며 B, C와 달리 사회 구성원에 대한 정치 사회화 기능을 수행한다.
② B는 A와 달리 자발적으로 결성된 집단으로, 정치과정에서 투입 기능을 한다.
③ C는 B와 달리 대의제의 한계를 보완하기 위해 등장한 집단이다.
④ (가)에는 '정책 결정 과정에 영향력을 행사하는가?'가 들어갈 수 있다.

ADVICE A는 정치적 책임을 지는 정치참여집단으로 '정당'이다. B는 공익을 사익보다 우선시하는 '시민 단체'고 C는 '이익 집단'이다.

④ 정당, 시민 단체, 이익 집단은 정책을 결정할 권한은 없으나 정책 결정 과정에 영향력을 행사한다.
① 정치사회화란 사회구성원들이 정치적 태도와 신념, 가치관, 규범을 습득해 나가는 과정을 의미한다. 정치사회화 기능은 시민 단체, 이익 집단, 정당 모두가 수행한다.
② 시민 단체, 이익 집단, 정당 모두는 자발적으로 결성된 집단이며 정치과정에서 투입 기능을 한다.
③ 시민 단체와 이익 집단 모두 대의제의 한계를 보완하여 국민의 다양한 의견과 이해관계를 대변하기 위해 등장한 집단이다.

ANSWER 13.④ 14.④

15 〈보기〉에 대한 분석으로 가장 옳은 것은?

〈보기〉

보일러를 독점 생산하는 K기업은 보일러 가격 10% 인상을 고려하고 있다. 아래의 표는 K기업의 사원 A~D가 예상한 보일러의 가격 인상에 따른 판매수입 변화율을 나타낸다.

구분	A	B	C	D
판매수입 변화율(%)	10	−10	5	0

① A는 보일러의 수요가 가격에 대해 완전비탄력적이라고 본다.
② B는 가격 인상 후 보일러의 수요량에 변화가 없을 것이라고 본다.
③ C는 가격상승률이 수요량 감소율보다 작다고 본다.
④ D는 보일러의 수요가 가격에 대해 탄력적이라고 본다.

ADVICE ① A는 보일러 가격이 10% 인상될 때 판매 수입도 10% 증가할 것이라 예상하고 있다. 이 경우는 보일러 가격이 오름에도 수요량은 변하지 않는 것으로 보일러의 수요가 가격에 대해 완전비탄력적이라고 보는 것이다.
② B는 보일러 가격이 10% 인상될 때 판매 수입 변화율은 10% 감소할 것이라 예상하고 있다. 이 경우는 가격이 상승한 비율보다 수요량의 감소 비율이 더 큰 것으로, 보일러 수요의 가격 탄력성은 탄력적이다.
③ C는 보일러 가격이 10% 인상될 때 판매 수입 변화율은 5% 증가할 것이라 예상하고 있다. 이 경우는 가격이 상승한 비율보다 수요량의 감소 비율이 더 작은 것으로, 보일러 수요의 가격 탄력성은 비탄력적이다.
④ D는 보일러 가격이 10% 인상될 때 판매 수입 변화율은 변화가 없을 것이라고 예상한다. 이 경우는 가격이 오른 만큼 수요량이 감소하는 것으로 보일러 수요의 가격 탄력성은 단위탄력적이다.

16 〈보기〉에 나타난 문화의 속성에 대한 설명으로 가장 옳은 것은?

> 〈보기〉
>
> 한국인들은 김치 냄새만 맡아도 군침이 돌고 밥 생각이 간절해진다. 식당에서 라면을 주문할 때도 당연히 김치가 나올 것을 기대한다. 오랜 외국생활을 한 사람들은 매콤한 김치에 흰쌀밥을 가장 그리워한다는 의견이 많다. 이는 김치가 한국인들에게 특별한 의미를 가지기 때문이다.

① 문화는 환경에 적응하는 과정에서 끊임없이 변화한다.
② 문화는 상대방의 행동을 예측하고 대응할 수 있게 해준다.
③ 문화는 계승되면서 보다 풍부한 요소를 갖추게 된다.
④ 문화의 한 부분의 변동은 다른 부분에 영향을 주어 변동을 일으킨다.

ADVICE 제시된 사례는 문화의 속성 중 공유성을 나타낸다. 이는 사회구성원들의 언어, 예술, 식생활 등 여러 면에서 공통적으로 나타나는 행동 및 사고방식이다.

② 같은 문화를 공유하는 구성원들에게는 원활한 사회생활을 위한 공동의 장을 제공해 준다. 문화를 공유함에 따라 구성원들이 특정한 상황에서 상대방이 어떻게 행동할 것인지, 또 서로에게 무엇을 할 수 있는지를 예측할 수 있다.
① 문화의 변동성에 대한 설명이다.
③ 문화의 축적성에 대한 설명이다.
④ 문화의 총체성에 대한 설명이다.

ANSWER 15.① 16.②

17 **〈보기〉의 ㈎, ㈏의 상황 및 그로 인해 나타날 수 있는 변화에 대한 설명으로 가장 옳지 않은 것은? (단, 노동가능 인구수의 변화는 없다.)**

〈보기〉

㈎ 직장의 사정으로 인해 일자리가 없어진 갑(甲)은 일자리를 구하고 있는 중이다.

㈏ 직장을 다니던 을(乙)이 학업을 위해 대학원에 진학하게 되면서 직장을 그만두게 되었다.

<table>
<tr><td colspan="4">① 전체 인구</td></tr>
<tr><td rowspan="3">③ 만 15세 미만 인구</td><td colspan="3">② 노동 가능 인구(만 15세 이상 인구)</td></tr>
<tr><td rowspan="2">④ 비경제활동 인구</td><td colspan="2">⑤ 경제활동 인구</td></tr>
<tr><td>⑥ 취업자</td><td>⑦ 실업자</td></tr>
</table>

* 실업률 ⑦÷⑤×100　　* 취업률 ⑥÷⑤×100

* 고용률 ⑥÷②×100　　* 경제활동참가율 ⑤÷②×100

① ㈎의 경우 이전보다 실업률은 상승하고 고용률은 하락한다.

② ㈏의 경우 실업률은 이전과 동일하고, 고용률은 이전보다 하락한다.

③ 갑은 취업자에서 실업자, 을은 취업자에서 비경제활동 인구가 되었다.

④ 경제활동참가율은 ㈎의 경우 이전과 동일하지만, ㈏의 경우 이전보다 하락한다.

ADVICE 사례에서 갑(甲)은 취업자였지만 일자리가 없어져 일자리를 탐색하고 있는 실업자가 되었다. 을(乙)은 취업자였으나 대학원에 진학하면서 비경제활동 인구가 되었다.

② 을은 취업자인 상태에서 비경제활동 인구가 되었으므로, 실업률은 증가하고, 고용률은 하락한다.

① 실업률은 경제활동 인구에서 차지하는 실업자의 비율로 갑은 실업자가 되었으므로 실업률은 상승한다. 고용률은 노동가능 인구에서 차지하는 취업자의 비율로 고용률은 하락한다.

③ 갑은 취업자에서 실업자가 되었고, 을은 취업자에서 비경제활동 인구가 되었다.

④ ㈎의 경우 갑이 취업자에서 실업자가 된 것으로, 취업자와 실업자 모두 경제활동 인구에 속하므로 경제활동참가율에는 변화가 없다. ㈏의 경우는 경제활동 인구인 취업자에서 비경제활동 인구가 된 것으로 경제활동 참가율은 하락한

18 〈보기〉는 우리나라가 2008년에 도입하여 시행 중인 재판의 절차이다. 이와 관련한 설명으로 가장 옳은 것은?

〈보기〉

㉠ 배심원 선정

↓

공판

↓

㉡ 평의 및 평결

↓

㉢ 판결

① ㉢에 불복하는 경우 검사와 피고인 모두 2심 법원에 항소할 수 있다.
② ㉠은 일정한 법적 지식이 있는 만 20세 이상의 국민 중에서 선정된다.
③ 국민의 의견을 반영해야 하므로 재판부는 반드시 ㉡에 따라 판결을 선고해야 한다.
④ 민사 재판과 형사 재판에서 피고인이 신청하는 경우에만 실시된다.

ADVICE 〈보기〉는 국민 참여 재판의 절차이다.

① 국민참여재판은 특수공무집행방해치사, 뇌물, 특수강도강간, 살인사건 등 1심에 해당하는 형사 재판이다. 판결에 불복할 경우 2심 법원에 항소할 수 있다.
② 배심원 자격은 만 20세 이상의 국민이면 누구나 대상이 된다. 다만 일정한 전과자, 변호사, 경찰관 등 특정한 직업을 가진 사람은 제외된다.
③ 배심원은 사실 인정, 법령 적용 및 형의 양정에 관한 의견을 제시하며 배심원의 평결과 의견은 법원을 기속하지 않는다.
④ 국민참여재판은 형사 재판만을 대상으로 한다. 이때, 피고인이 원하지 않을 경우 또는 법원이 배제결정을 할 경우는 국민참여재판을 하지 않는다.

ANSWER 17.② 18.①

19 〈보기〉와 같은 글을 쓴 근대 사상가에 대한 설명으로 가장 옳은 것은?

〈보기〉

인간은 자연 상태에서는 자유롭고 행복하고 선량하지만, 스스로 만든 사회 제도나 문화에 의해 억압당하는 불행한 삶을 살고 있다. …… 다른 사람과 더불어 살면서 자신의 신체와 재산을 지키고 자신에게만 복종하는, 마치 자연 상태와 같이 자유로우려면 사회 계약을 통해 국가를 만들어야 한다. …… 국가는 국민의 자유의사로 만들어진다. 주권자인 국민의 ㉠ 에 의해 형성된 국가는 특수한 개인이나 집단의 의지를 초월하는 보편적 가치를 지닌다.

－「인간 불평등 기원론」 中 －

① ㉠에는 '보통선거'가 적절하다.
② 프랑스 혁명의 영향을 받은 사상가이다.
③ 자연 상태를 '만인에 대한 만인의 투쟁'으로 보았다.
④ 국가는 개인의 자유로운 계약으로 형성된다고 보았다.

ADVICE 제시문은 루소의 사회계약론으로 인간은 원래 자유로우며, 따라서 국가의 성립도 인간의 자유의지에 의한 것이어야만 하는 것으로 규정하고 있다. 그는 로크를 비롯한 일반 계약론자들이 계약을 피치자와 통치자 내지 통치집단 간의 계약이라고 본 것과 달리, 계약은 사회 구성원 전체의 개별적인 의지의 집약인 동시에 그것을 넘어선 일반의지에 따를 것을 약속함으로써 각각 성립하는 것이며 이 약속이 바로 사회계약이라 하였다.

④ 사회계약설은 공통적으로 국민의 계약에 의해 국가가 성립됐다고 본다. 이는 곧 국가 자체를 목적으로 간주하지 않으며 국가를 시민(인민)의 자연권을 보장하기 위한 수단으로 보는 것이다.
① ㉠은 루소가 제시한 공익의 핵심적 개념인 '일반 의지'이다. 보편의지 또는 총의(總意)라고도 한다.
② 루소의 사상은 프랑스 혁명의 영향을 받은 게 아니라 반대로 프랑스 혁명의 바탕이 되었다.
③ 자연 상태를 '만인에 대한 만인의 투쟁'으로 본 것은 홉스다.

20 〈보기〉는 우리나라 사회보장 제도를 구분한 것이다. A~C에 대한 설명으로 가장 옳은 것은? (단, A~C는 각각 사회보험, 공공부조, 사회 서비스 중 하나이다.)

〈보기〉

특징 \ 제도	A	B	C
소득 재분배 효과가 있는가?	아니요	예	예
상호부조의 성격이 강한가?	아니요	예	아니요

① A는 강제 가입을 원칙으로 한다.
② B는 수혜 정도에 따라 비용을 부담한다.
③ C는 대상자 선정 과정에서 부정적 낙인이 발생할 수 있다.
④ A, B는 C와 달리 비금전적 지원을 원칙으로 한다.

ADVICE 사회보험과 공공부조는 소득 재분배 효과가 있고 사회 서비스는 소득 재분배 효과가 없으므로 '소득 재분배 효과가 있는가?'에 '아니요'로 답한 A는 사회 서비스이다. '상호부조의 성격이 강한가?'에 '예'로 답한 B는 사회보험, '아니요'로 답한 C는 공공부조이다.

③ 공공부조는 국가 및 지방자치단체의 책임하에 생활 유지 능력이 없거나 생활이 어려운 국민들을 대상으로 이들의 최저 생활을 보장하고 자립을 지원하는 제도다. 대상자 선정 과정에서 부정적 낙인이 발생할 수 있다.
① 강제 가입을 원칙으로 하는 사회보장 제도는 사회보험이다.
② 사회보험은 수혜 정도가 아니라 소득 수준에 따라 부과된다.
④ 사회보장 제도 중 사회 서비스는 장애인 활동 지원, 실업 및 무직자 대상 직업 훈련 등 비금전적 지원을 원칙으로 한다.

ANSWER 19.④ 20.③

2020. 6. 13. 제1회 지방직 / 제2회 서울특별시 시행

1 국제사회의 변천 과정에 대한 설명으로 옳지 않은 것은?

① 1648년 베스트팔렌 조약을 기점으로 영토, 국민, 주권을 지닌 국민국가가 국제사회의 주체로 등장하였다.
② 국제연맹은 미국의 참여와 주도에도 불구하고 일본과 독일, 이탈리아의 탈퇴로 실질적인 효과를 거두지 못하였다.
③ 미국은 1947년 트루먼 독트린을 통해 공산주의 세력의 위협을 받는 국가에 군사 및 경제 원조를 제공하였다.
④ 1990년대 들어 냉전이 종식되면서 민족, 종교, 영토, 자원 등으로 인한 분쟁은 오히려 증가했다.

② ADVICE

국제연맹은 승전국을 주축으로 국제 평화와 안전을 유지하고 경제적 · 사회적 국제협력을 증진시킨다는 목적으로 창설하였다. 그러나 미국의 불참과, 일본과 독일, 이탈리아의 탈퇴, 전쟁 방지 기능의 취약으로 실효를 거두지 못하였다.

① 독일의 30년 종교전쟁을 끝마치기 위해 1648년 베스트팔렌 조약이 체결되면서 교황 세력은 후퇴하게 되었다. 이를 배경으로 유럽 국가들은 영토, 국민, 주권을 지닌 국민국가로써 국제사회의 주체로 등장하는 계기가 되었다.
③ 미국 중심의 자유주의 진영과 소련 중심의 공산주의 진영으로 양극체제가 형성된 시점에 미국은 트루먼 독트린을 발표하였다. 이는 공산주의 세력의 위협을 받는 국가에 대한 군사 및 경제 원조를 담고 있다.
④ 닉슨 독트린과 데탕트 와해, 소련의 개혁과 개방으로 탈냉전의 분위기가 형성되었고, 냉전체제를 종식하는 몰타 선언이 이어졌다. 냉전이 종식되면서 1990년대에는 민족, 종교, 영토, 자원 등으로 인한 분쟁이 증가하고 있다.

※ 몰타선언 : 1898년 12월 2일과 3일 지중해의 몰타에서 미국 대통령 부시와 소련 서기장 고르바초프 사이에 이루어진 회담으로 제2차 세계대전 이후의 냉전체제를 종식하고 평화를 지향하는 새로운 세계질서를 수립한다는 역사적 선언을 의미한다.

2 국가의 구성요소인 주권에 대한 설명으로 옳은 것만을 모두 고르면?

> ㉠ 일반 사회 집단도 소유할 수 있다.
> ㉡ 국가 원수로서 대통령만이 갖는 권한이다.
> ㉢ 민주주의 국가에서는 그 소재가 국민에게 있다.
> ㉣ 주권은 대내적으로 최고성, 대외적으로 독립성을 갖는다.

① ㉠, ㉡
② ㉠, ㉣
③ ㉡, ㉢
④ ㉢, ㉣

ADVICE ㉢ 민주국가의 구성 요소인 주권은 국민주권주의에 따라 그 소재가 국민에게 있다.
㉣ 주권은 대내적으로 최고성, 대외적으로는 독립성을 갖는다.
㉠ 주권은 국가를 구성하는 요소이므로 일반 사회 집단이 소유할 수 없다.
㉡ 국가 원수로서의 대통령은 삼권을 통할하고 국가를 대표하는 권한은 있다. 다만, 주권을 대통령이 독점하는 것은 아니다.

3 우리나라의 지방자치제도에 대한 설명으로 옳은 것은?

① 지역 주민들은 조례 제정 및 개폐 청구권을 가진다.
② 기초의회는 비례대표 의원 없이 지역구 의원만으로 구성된다.
③ 지방자치단체장은 지방자치단체의 예산을 심의 · 확정하고, 결산을 승인한다.
④ 교육자치를 위해 광역자치단체와 기초자치단체에 각각 교육감을 두고 있다.

ADVICE 우리나라는 헌법적 차원에서 국민 발안은 인정되지 않으나 지방자치적 차원에서 주민들의 조례 제정 및 개폐 청구권을 보유한다. 이때, 일정 수 이상의 주민은 조례 제정안, 개정안이나 폐지안을 지방자치단체장을 거쳐 지방의회에 발의할 수 있다.
② 지방의회는 광역의회(서울특별시, 광역시, 도)와 기초의회(일반시, 군, 자치구)가 있으며 국회의원 선거와 동일 하게 지역구 의원과 비례대표 의원을 선출한다.
※ 우리나라에서 시행하고 있는 직접 민주 정치 제도 : 우리나라에서 시행하고 있는 직접 민주 정치 제도는 헌법 규정에 따른 국민투표가 있다. 지방자치적 차원에서는 법률에 근거를 두고 주민 투표제, 주민 발안제, 주민 소환제를 시행하고 있다.

ANSWER 1.② 2.④ 3.①

4 ㉠과 ㉡에 대한 설명으로 옳은 것은?

> • 국회의원 A는 ㉠「도로교통법」 일부 개정 법률안을 대표 발의하려고 한다.
> • 정부는 ㉡「형의 집행 및 수용자의 처우에 관한 법률」 일부 개정 법률안을 국회에 제출하려고 한다.

① ㉠의 발의자는 국회의원 5인 이상이어야 한다.

② ㉠이 가결되어 정부에 이송되면 대통령은 15일 이내에 국회로 환부하여 재의를 요구할 수 있다.

③ 정부는 ㉡을 국회에 제출하기 전에 국회 상임위원회의 심의를 거쳐야 한다.

④ ㉡은 국회의원 임기 만료의 경우를 제외하고는 회기 중에 의결되지 못하면 폐기된다.

ADVICE 법률안은 국회 본회의에서 심의 · 의결하여 정부에 이송되면 대통령은 15일 이내에 공포해야 한다. 만약 법률안에 이의가 있을 때에는 정부 이송 후 15일 이내에 이의서를 붙여 국회로 환부하고, 그 재의를 요구할 수 있다.

① 법률안은 국회의원 10인 이상 또는 정부가 발의할 수 있다.

③ 정부는 법률안을 제출하기 전에 국무회의의 심의를 거쳐야 한다. 국회 상임위원회는 법률안 발의 후에 국회의장이 회부 함으로써 각 소관별로 심사를 하게 된다.

④ 법률안은 국회의원 임기 만료의 경우를 제외하고는 회기 중에 의결되지 못한 이유로 폐기되지 않는다.

※ 법률의 제 · 개정 절차

법률의 제 · 개정 절차

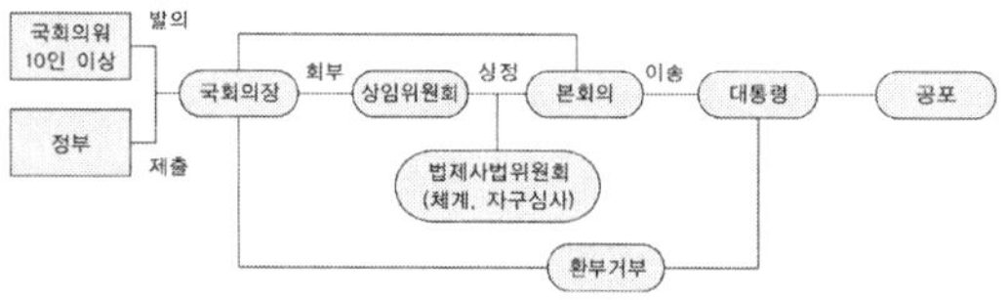

1. 제안 : 제안권자는 국회의원 · 정부, 국회의원은 10인 이상의 찬성 필요, 정부는 국무회의 심의를 거쳐 대통령이 서명하고, 국무총리 · 관계 국무위원이 부서
2. 회부 : 국회의장은 법률안이 제출되면 이를 인쇄하여 의원에게 배부하고 본회의에 보고한 후 소관 상임위원회에 회부하여 심사
3. 상임위원회 심사
4. 법제사법위원회의 체계 · 지구 심사
5. 전원위원회 심사
6. 본회의 심의 · 의결
7. 정부이송 : 국회에서 의결된 법률안은 정부에 이송되어 15일 이내에 대통령이 공포
8. 대통령의 거부권 행사 : 법률안에 이의가 있을 때에는 대통령은 정부 이송 후 15일 이내에 이의서를 붙여 국회로 환부하고, 그 재의를 요구할 수 있음. 재의 요구된 법률안에 대하여 국회가 재적의원 과반수의 출석과 출석 의원 3분의 2 이상의 찬성으로 전과 같은 의결을 하면 그 법률안은 법률로서 확정, 정부이송 후 15일 이내에 대통령이 공포하지 않거나 재의요구를 하지 않은 경우 그 법률안은 법률로서 확정
9. 공포 : 대통령은 법률안이 정부에 이송된 지 15일 이내에 공포하여야 함, 재의결에 의해 법률로 확정된 후 5일 이내에 대통령이 이를 공포하지 않을 경우 국회의장이 공포, 법률은 특별한 규정이 없으면 공포한 날로부터 20일을 경과함으로써 효력 발생

5 그림의 (가) ~ (다)에 대한 설명으로 옳지 않은 것은? (단, (가) ~ (다)는 각각 정당, 시민단체, 이익집단 중 하나이다)

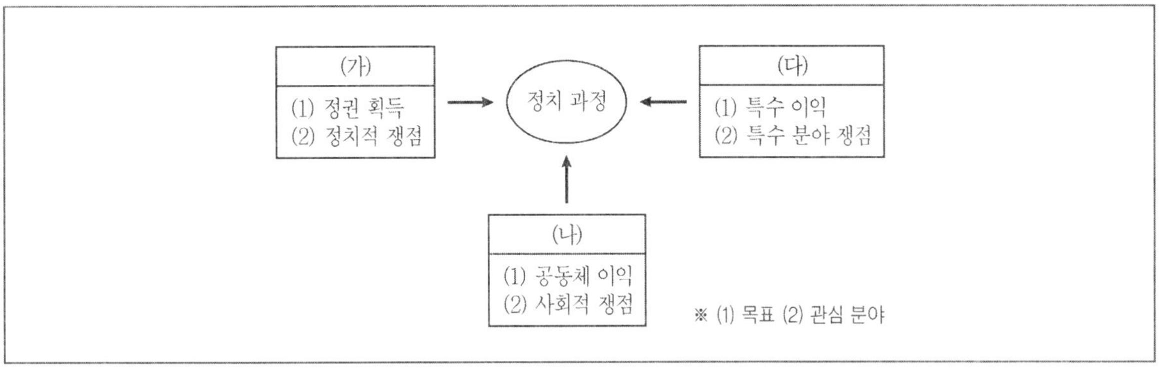

① (가)는 정치적 충원과 여론 형성 및 조직화 기능을 수행한다.

② (나)는 시민들에 의해 자발적으로 구성되는 집단이다.

③ (다)는 사회 전체의 보편적 이익과 충돌하는 활동을 할 우려가 있다.

④ (가)와 (다)는 정치적 책임을 진다는 공통점이 있다.

ADVICE (가)는 정권 획득과 정치적 쟁점을 다루는 정당에 해당한다. (나)는 공동체의 이익과 사회적 쟁점과 관련된 분야에서 활동하는 시민단체다. (다)는 단체의 특수이익과 특수 분야의 쟁점에서 활동하는 이익집단이다. 정당은 선거에 후보자 및 당선자를 배출하므로 선거과정을 통해 정치적 책임을 부담하게 된다. 이는 정당만의 고유한 특징이다.

① 정당은 정치적 충원과 여론 형성 및 조직화 기능을 수행한다.

② 시민단체는 시민들에 의해 자발적으로 구성된 집단이다.

③ 이익집단은 소속집단의 특수이익을 과도하게 추구할 경우 사회 전체의 보편적 이익과 충돌하는 활동을 할 우려가 있다.

ANSWER 4.② 5.④

6 연령기준과 관련된 법 규정으로 옳지 않은 것은?

① 「민법」은 '만 18세가 된 사람은 혼인할 수 있다'고 규정하고 있다.

② 헌법은 '대통령으로 선거될 수 있는 자는 선거일 현재 25세에 달하여야 한다'고 규정하고 있다.

③ 「민법」은 '사람은 19세로 성년에 이르게 된다'고 규정하고 있다.

④ 「공직선거법」은 '18세 이상의 국민은 대통령 및 국회의원의 선거권이 있다'고 규정하고 있다.

ADVICE 피선거권은 선거에 출마하여 당선되어 선거직 공무원이 될 수 있는 권리다. 대통령의 피선거권은 만 40세 이상이어야 하고, 국회의원, 지방의회 의원 및 지방자치단체 장의 피선거권은 25세 이상의 국민에게 인정된다.

① 민법 제807조에 따라 만18세가 된 사람은 혼인할 수 있다.

③ 민법 제4조에 따라 사람은 19세로 성년에 이르게 된다.

④ 공직선거법 제15조 제1항에 따라 국민은 대통령 및 국회의원의 선거권이 있다.

※ 외국인의 참정권

인정여부	법령	내용
권리인정 ○	주민투표법 (제5조 제1항 제2호)	출입국관리 관계 법령에 따라 대한민국에 계속 거주할 수 있는 자격(체류자격변경허가 또는 체류기간연장허가를 통하여 계속 거주할 수 있는 경우를 포함한다)을 갖춘 외국인으로서 지방자치단체의 조례를 정한 사람은 주민투표권이 인정됨
권리인정 ×	정당법(제22조 제2항)	대한민국 국민이 아닌 자는 당원이 될 수 없음
	정치자금법(제31조 제1항)	외국인, 국내·외의 법인 또는 단체는 정치자금을 기부할 수 없음
	공직선거법(제16조 제3항)	"주민으로서 18세 이상의 국민은 그 지방의회의원 및 지방자치단체의 장의 피선거권이 있다."고 명시하여 국민에게만 피선거권이 인정하고 있음

7 상점 절도를 저지른 갑 ~ 정에 대한 판단으로 옳은 것만을 〈보기〉에서 모두 고르면?

구분	갑	을	병	정
10세 이상의 '소년'인가요?	아니요	아니요	예	예
기소할 수 있는 연령인가요?	예	아니요	아니요	예

〈보기〉

㉠ 갑과 정은 모두 선도조건부 기소유예 처분을 받을 수 있다.
㉡ 정의 연령은 을, 병보다 높지만 갑보다는 낮다.
㉢ 을, 병은 모두 형사 미성년자이다.
㉣ 검사는 정에 대한 피의사건 수사 결과, 보호처분에 해당하는 사유가 있다고 인정한 경우에는 사건을 관할 법원 소년부에 송치하여야 한다.

① ㉠, ㉢
② ㉡, ㉣
③ ㉠, ㉡, ㉢
④ ㉡, ㉢, ㉣

ADVICE '을'은 10세 이상의 소년이 아니면서 기소할 수 있는 연령도 아니므로 10세 미만의 자다. '정'은 10세 이상의 소년이면서 기소할 수 있는 연령이므로 범죄소년이다. '갑'은 10세 이상의 소년이 아니면서 기소할 수 있는 연령이므로 소년법을 적용받지 않은 19세 이상의 성인이다. '병'은 10세 이상의 소년이면서 기소할 수 없는 연령으로 촉법소년이다.

㉡ 정은 범죄소년으로 14세 이상~19세 미만이다. 을은 10세 미만이고, 병은 촉법소년으로 10세 이상~14세 미만이다. 갑은 19세 이상의 성인이므로 옳은 진술이다.
㉢ 형사미성년자는 형법에 따라 14세가 되지 않은 자로 10세 미만인 을과, 10세 이상~14세 미만인 병이 해당된다.
㉣ 소년 사건의 경우 중죄를 저지른 경우가 아니라면 검사는 사건 및 소년에 대한 조사를 하여 가정 법원 소년부로 송치하며 선도 조건부 기소 유예 처분을 내릴 수 있다.
㉠ 정은 소년법의 적용 대상으로 선도조건부 기소유예 처분을 받을 수 있으나 갑은 19세 이상의 성인이므로 보통의 형사재판을 받게 된다.

ANSWER 6.② 7.④

8 국회 인사청문회의 청문대상 공직이 아닌 것은?

① 대법원장 ② 감사원 감사위원
③ 국무총리 ④ 대법관

ADVICE 인사청문회는 인사청문회법에 따라 국회의 입장에서 대통령의 인사권을 통제하고, 정부의 입장에서는 인사권 행사를 신중하게 하는 데 그 목적이 있다. 인사청문회의 대상이 되는 공직후보자 가운데 국무총리, 감사원장, 대법원장 및 대법관, 헌법재판소장, 국회에서 선출하는 헌법재판소 재판관 및 중앙선거관리위원회 위원은 국회의 임명동의를 필요로 한다. 그 외 국무위원 및 국가정보원장, 검찰총장, 국세청장, 경찰청장, 합동참모의장 등은 국회 인준 절차가 없다.

※ 인사청문회 대상

국회의 임명 동의 필요	• 대법원장 및 대법관, 헌법재판소장, 국무총리, 감사원장 • 국회에서 선출하는 헌법재판소 재판관 및 중앙선거관리위원회 위원
국회 인준 절차 없음	• 대통령이 임명하는 직책의 후보자 : 헌법재판소 재판관, 중앙선거관리위원회 위원, 국무위원, 방송통신위원회 위원장, 국가정보원장, 공정거래위원회 위원장, 금융위원회 위원장, 국가인권위원회 위원장, 국세청장, 검찰총장, 경찰청장, 합동참모의장, 한국은행 총재, 특별감찰관 또는 한국방송공사 사장 • 대통령 당선인이 「대통령직 인수에 관한 법률」에 따라 지명하는 국무위원 후보자 • 대법원장이 지명하는 직책의 후보자 : 헌법재판관 또는 중앙선거관리위원회 위원

9 갑에 대한 법적 조언으로 옳은 것은?

> 만 18세인 갑은 친권자인 양부모의 동의를 얻어 을이 사장인 주유소에서 하루 8시간씩 근로를 하게 되었다. 사장인 을은 근무 기간이 3개월이 안 될 경우 유급 휴일이 인정되지 않는다고 하였고, 갑은 3개월간 쉬는 날 없이 성실하게 일하였다. 그 동안 학업을 병행하느라 월급에 대해 신경을 쓰지 못하고 있었는데 알고 보니 양부인 병이 근로 계약서를 작성하여 갑의 임금이 병에게 지급되고 있었다.

① 갑의 근로 시간은 1일 7시간을 초과할 수 없다.
② 사용자는 근로자에게 1주에 평균 1회 이상의 유급 휴일을 보장하여야 한다.
③ 민사상 미성년자이기 때문에 친권자인 양부모가 대리로 계약을 체결하는 것은 물론, 갑의 임금을 대 리 지급받는 것도 가능하다.
④ 사용자와의 합의에 따라 휴식 시간은 1일 1시간 보장되고, 근로 시간은 1일 30분 한도로 연장 가능하다.

ADVICE 사례에서 갑은 만 18세로 민법상으로는 미성년자이나 근로기준법에서는 일반 근로자와 동일하다. 근로기준법은 만 18세 미만의 자를 연소자로 규정하고 있는데, 갑은 만 18세이기 때문이다. 유급휴일과 관련하여 근로기준법 제55조 제1항에서는 1주에 평균 1회 이상의 유급휴일을 보장할 것을 규정하고 있다.

① 갑이 연소자일 경우는 근로 시간은 1일 7시간을 초과할 없으나 연소자가 아니므로 해당되지 않는다.

③ 갑은 민사상 미성년자이나 대리계약 체결, 임금강취를 막기 위해 법정대리인의 동의하에 직접 근로 계약을 체결하고 임금을 받을 수 있도록 하고 있다.

④ 근로기준법에는 근로시간이 4시간인 경우에는 30분 이상, 8시간인 경우에는 1시간 이상의 휴게시간을 근로시간 도중에 주어야 한다고만 규정하고 있다.

※ 연소자의 근로기준법상 보호

㉠ 최저 고용 연령 : 고용할 수 있는 근로자의 최저 연령을 만15세로 정하고 있다.

㉡ 근로 계약 체결권, 임금청구권

㉢ 유해노동 사용 금지 : 만 18세 미만의 자는 도덕상 또는 보건상 유해, 위험한 노동을 시킬 수 없다.

㉣ 근로시간 제한 : 1일 최대 7시간, 1주 최대 42시간까지로 제한한다. 합의하에 근로 시간을 연장하는 경우에도 1일 최대 1시간, 1주 최대 6시간으로 제한하고 있다.

10 자료 수집 방법 (가) ~ (다)에 대한 설명으로 옳은 것은?

자료 수집 방법	특 징
(가)	– 비교적 짧은 시간에 다수의 대상으로부터 자료를 얻는 데 용이함 – 통계처리가 용이하며 비교 분석 연구에 적합함
(나)	– 문맹자에게도 사용할 수 있음 – 응답자만이 알고 있는 심층적인 정보를 얻을 수 있음
(다)	– 의사소통이 어려운 집단을 조사할 때 유용함 – 생동감 있고 깊이 있는 정보를 직접 파악할 수 있음

① (가)는 양적 연구에서 주로 활용되는 자료 수집 방법이다.

② (나)는 시간과 비용 측면에서 효율적이라는 장점이 있다.

③ (다)는 인위적인 상황을 만들어 변수 간의 인과관계를 파악하는 방법이다.

④ (가), (나)와 달리 (다)는 질적 연구에서 주로 활용되는 자료 수집 방법이다.

ADVICE (가)는 비교적 짧은 시간에 다수의 대상으로부터 자료를 얻는 데 용이한 질문지법이다. (나)는 문맹자에게도 사용할 수 있으며 심층적인 정보를 얻을 수 있는 면접법이다. (다)는 의사소통이 어려운 집단을 대상으로 생동감 있고 깊이 있는 정보를 직접 파악할 수 있는 참여관찰법이다.

질문지법은 질문 응답 결과를 분석하여 계량화, 수치화하는 양적 연구에서 주로 활용되는 자료 수집 방법이다.

② 시간과 비용 측면에서 효율적인 것은 질문지법(가)의 장점이다. 면접(나)은 시간과 비용이 많이 든다는 단점이 있다.

③ 인위적인 상황을 만들어 변수 간의 인과관계를 파악하는 방법은 실험법이다.

④ 질문지법(가)은 양적 연구에서 활용되며, 면접법(나), 참여관찰법(다)은 질적(해석적) 연구에서 활용된다.

ANSWER 8.② 9.② 10.①

11 민법의 기본원리인 (가) ~ (다)에 대한 설명으로 옳은 것만을 〈보기〉에서 모두 고른 것은?

구분	관련 내용
(가)	개인의 재산권은 공공복리에 적합하도록 행사되어야 한다.
(나)	개인은 자유로운 의사에 기초하여 타인과 법률관계를 형성할 수 있다.
(다)	가해자는 직접적인 고의나 과실이 없는 경우에도 일정한 요건에 따라 손해 배상 책임을 질 수 있다.

〈보기〉

㉠ (가)는 개인 소유의 재산에 대해 사적 지배를 인정하지 않는다.
㉡ (나)에 의해 사회적 이익에 반하거나 불공정한 계약은 법적 효력이 없다.
㉢ (다)는 제조물 책임에 대해서 적용되는 원칙이다.
㉣ (가)와 (다)는 개인이나 기업의 사회적 책임을 강조한다.

① ㉠, ㉡
② ㉠, ㉢
③ ㉡, ㉣
④ ㉢, ㉣

ADVICE (가)는 소유권 공공의 원칙(소유권 행사의 공공복리 적합의무)으로 개인의 재산권은 공공복리에 적합하도록 행사되어야 한다는 현대 민법의 원칙이다. (나)는 사적 자치의 원칙(계약 자유의 원칙)으로 개인의 자유로운 의사에 기초하여 타인과 법률관계를 형성할 수 있는 근대민법의 원칙이다. (다)는 무과실책임의 원칙으로 가해자의 직접적인 고의나 과실이 없는 경우에도 일정한 요건에 따라 손해 배상 책임을 질 수 있다는 현대 민법의 원칙이다.

㉢ 현대 과학기술의 발달에 따라 소비자가 제조업자의 과실을 입증하는 것이 쉽지 않으므로 제조물 책임법이 제정되었다. 입증책임을 전환시킴으로써 소비자가 제조업자의 과실을 입증하지 않고도 피해를 보상받을 수 있도록 함으로써 무과실 책임의 원칙을 실현하고자 한다.

㉣ 소유권 공공의 원칙에 따라 소유권의 행사는 사회 전체의 이익(공공복리)을 위해서 그 권리의 행사가 제한될 수 있다. 또한 무과실책임의 원칙은 고의 혹은 과실이 없는 데도 일정한 상황에서는 관련자에게 책임을 물을 수 있도록 한다. 두 원칙은 모두 개인이나 기업의 사회적 책임을 강조하는 것과 관련된다.

㉠ 소유권 공공의 원칙은 개인 소유의 재산에 대한 사적 지배를 인정하지 않는게 아니라 일정한 경우 제한을 가할 수 있다는 의미다.

㉡ 사적 자체의 원칙은 개인의 자유로운 의사에 기초하여 계약 체결, 상대방 선택, 계약 내용 결정, 방식의 자유를 인정한다.

※ 근대민법의 원칙과 현대민법의 수정 원칙

구분	소유권 절대 원칙	계약 자유 원칙	과실 책임 원칙
폐단	경제적 약자에 대한 유산계급의 지배와 횡포	경제적 강자에게 유리한 계약을 약자에게 일방적 강요	기술과 자본을 통해 고의·과실 없음을 증명하여 책임 회피
수정 (현대민법원리)	소유권 행사의 공공복리 적합의무(원칙)	계약공정의 원칙	무과실 책임의 원칙

12 다음은 연구 단계를 순서 없이 나열한 것이다. 이에 대한 설명으로 옳은 것은?

> (가) 수집한 자료를 통계 처리하여 변수 간의 인과관계 분석
> (나) 자기주도학습이 학업 성취도에 미치는 영향을 연구 주제로 선정
> (다) 자기주도학습 태도를 지닌 고등학생일수록 학업 성취도가 높을 것이라는 잠정적 결론 도출
> (라) ○○시 △△고교 학생 1,500명을 대상으로 연구주제에 대한 설문조사 실시
> (마) 학업 성취도는 1학기와 2학기의 지필평가 평균 점수를 비교하여 측정하기로 결정

① (가) 단계와 (다) 단계에서는 연구자의 가치 중립적 태도가 요구된다.
② (가) 단계에서는 (다) 단계와 달리 연구자의 직관적 통찰이 필요하다.
③ (나) 단계와 (마) 단계에서는 연구자의 가치가 개입된다.
④ 연구는 (나) → (라) → (가) → (마) → (다)의 순서로 진행되어야 한다.

ADVICE (가)는 자료 분석 단계로 수집한 자료를 통계 처리하고 인과관계를 분석하는 단계다. (나)는 문제의 인식 및 연구 주제 선정 단계에 해당한다. (다)는 가설 설정 단계에 해당한다. (라)는 자료 수집 단계에 해당한다. (마)는 연구 설계 단계에 해당한다. 연구를 함에 있어서 가치 중립적 태도를 유지하는 게 중요하지만 막스 베버는 가치중립과 가치 개입이 반드시 배타적 개념이 아니라고 주장하였다. 이에 (나) 단계인 연구 주제를 선정하고, (마) 단계인 연구를 설계하는 과정에서 가치 개입이 허용된다.

① 자료 분석 단계에서는 철저히 가치 중립이 요구된다. 연구 주제를 선정하는 단계에서는 가치 개입이 허용된다.
② 제시문은 양적 연구에 해당된다. 연구자의 직관적 통찰은 질적(해석적) 연구에서 필요로 한다.
④ 연구의 과정은 (나) → (다) → (마) → (라) → (가) 순으로 진행되어야 한다.

※ 양적 연구와 질적 연구

구분	양적 연구	질적 연구
연구의 목적	인과 법칙 발견	현상의 의미 해석
자료	수치화된 양적 자료	언어와 행동, 동기나 의도
사례 수	다수	소수
경험적 증거	객관적으로 관찰 가능	주관적으로 이해 가능
탐구방법	통계적 방법	참여관찰, 심층면접
연구자와 연구대상자의 관계	연구 대상과의 거리 유지	연구 대상에 개입

ANSWER 11.④ 12.③

13 다음에 제시된 A ~ C에 대한 설명으로 옳은 것은?

> A. 회사 내 노동조합
> B. 직장 내 등산 동호회
> C. 환경 정책을 감시하는 시민단체

① A는 자발적 결사체이자 비공식 조직이다.
② B는 공식 조직으로 2차 집단의 성격이 강하다.
③ C는 A와 달리 자연 발생적으로 형성된 집단이다.
④ A ~ C는 모두 사회의 다원화에 기여하는 이익 사회이다.

ADVICE 퇴니스는 결합의지를 기준으로 사회집단으로 공동사회(게마인샤프트)와 이익사회(게젤샤프트)로 구분하였다. 회사 내 노동조합, 직장 내 등산 동호회, 환경 정책을 감시하는 시민단체는 모두 구성원의 이해관계에 따른 계약과 규칙에 따라 인위적으로 결합한 이익사회에 해당한다.

① 회사 내 노동조합은 자발적 결사체이면서 구성원들의 지위와 역할 분담 및 업무 수행의 절차가 명시적으로 규정되어 있는 공식 조직이다.
② 직장 내 등산 동호회는 비공식 조직이면서 친밀한 대면적 관계를 맺는 1차 집단의 성격이 강하다.
③ 회사 내 노동조합과 환경 정책을 감시하는 시민단체는 자발적 결사체로 이익 사회에 해당한다. 자연 발생적으로 형성된 집단은 공동 사회다.

※ 퇴니스의 사회집단

구분	공동사회	이익사회
결합의지	본질의지에 의한 결합	선택의지에 의한 결합
집단의 형성	구성원의 상호이해와 공동의 신념 및 관습에 의하여 자연적으로 발생	구성원의 이해관계에 따른 계약과 규칙에 따라 인위적으로 결합
집단의 목적	결합을 통한 집단의 존속 자체를 목적으로 함	특수한 목적 달성을 위한 하나의 수단임
인간관계	애정적, 인격적, 감정적, 영속적, 포괄적, 비공식적 관계	형식적, 계약적, 합리적, 공식적, 일시적, 현실적, 비인격적 관계
가입 · 탈퇴의 자유	가입과 탈퇴를 자유롭게 할 수 없음	자유의사에 따라 가입과 탈퇴를 마음대로 할 수 있음
사례	가족, 친족, 촌락공동체 등	회사, 정당, 조합, 협회 등

14 사회화를 바라보는 갑과 을의 관점에 대한 설명으로 옳은 것은?

> 갑 : 개인은 사회적 환경 속의 다른 대상자들처럼 자신을 대상으로 보는 과정을 통하여 자아를 형성해 간다. 또한 개인이 자아 관념을 형성하는 과정에서는 감정적으로 강한 애착을 느낄 수 있는 가족, 또래 집단 등이 중요하다.
>
> 을 : 어린아이들이 게임을 하는 과정에서 각기 다른 사람들의 역할을 배우고, 게임의 규칙에 따라 주어진 역할을 모방함으로써 사회 전반적으로 받아들여지는 태도와 역할을 배우게 된다.

① 한 사회의 보편적인 가치나 규범은 사회의 지배 집단에 의하여 규정된다.

② 사회화를 거시적 관점에서 바라보며, 사회화는 사회구조의 안정과 질서를 유지하는 데 반드시 필요한 과정이다.

③ 사회화는 언어나 몸짓, 기호와 같은 상징을 사용하여 다른 사회 구성원과 상호 작용하는 과정을 통하여 이루어진다.

④ 사회화는 기존의 불평등한 사회구조를 정당화하려는 것이며, 기득권층에 유리한 가치와 행동을 학습시키는 과정이다.

ADVICE 갑과 을은 모두 상징적 상호작용론의 관점에서 사회화를 바라보고 있다. 상징적 상호작용론은 개인과 개인 간의 일상적인 상호작용에서 나타나는 다양한 사회·문화 현상을 탐구하는 관점이다. 상호작용이 발생하는 상황과 맥락에 대한 주관적 동기와 의미를 해석하는 상황 정의를 중요시한다.

① 한 사회의 보편적인 가치나 규범은 사회의 지배 집단에 의하여 규정된다고 보는 것은 갈등론적 관점이다.

② 사회화를 거시적 관점에서 바라보며, 사회화는 사회구조의 안정과 질서를 유지하는 데 반드시 필요한 과정이라고 보는 관점은 기능론적 관점이다.

④ 사회화는 기존의 불평등한 사회구조를 정당화하려는 것이며, 기득권층에 유리한 가치와 행동을 학습시키는 과정이라고 보는 것은 갈등론적 관점이다.

ANSWER 13.④ 14.③

15 다음 표는 부모 세대와 자녀 세대의 계층적 위치를 나타내고 있다. 이에 대한 설명으로 옳은 것은?

(단위 : %)

구분		부모의 계층			
		상	중	하	계
자녀의 계층	상	2	8	10	20
	중	6	14	40	60
	하	2	8	10	20
	계	10	30	60	100

① 자녀 세대의 계층 구조는 피라미드형이다.

② 부모 세대 상층의 경우 세대 간 이동은 일어나지 않았다.

③ 자녀 세대보다 부모 세대에서 세대 내 이동이 활발하게 일어났다.

④ 부모가 중층인 경우 세대 간 상승 이동 비율과 세대 간 하강 이동 비율은 같다.

ADVICE 표의 부모 계층에서 중층의 총 비율은 30%이다. 이중 세대 간 상승(상층) 이동 비율은 8%이고, 하강(하층) 이동 비율 역시 8%로 비율은 같다.

① 자녀 세대의 계층 구조는 상층 20%, 중층 60%, 하층 20%로 피라미드형이 아니라 다이아몬드형이다.

② 부모 세대 상층의 비율은 총 10%다. 이 중 중층 6%, 하층 2%, 총 8%가 세대 간 이동을 하였다.

③ 주어진 표는 부모 세대와 자녀 세대의 계층적 위치를 통해 세대 간 이동을 나타내고 있다. 따라서 세대 내 이동 여부는 알 수 없다.

16 그림 ㈎와 ㈏의 인플레이션 유형에 대한 설명으로 옳지 않은 것은? (단, 우하향하는 총수요곡선, 우상향하는 총공급곡선을 가정한다)

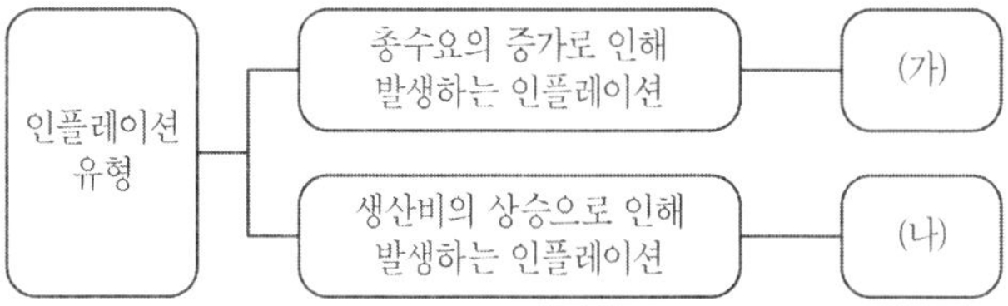

① ㈎는 물가 상승과 경기 침체가 함께 발생하는 스태그플레이션(stagflation)을 발생시킬 수 있다.
② ㈏의 원인은 임금 상승, 임대료 상승, 원자재 가격 상승 등이다.
③ ㈎는 실질 GDP의 증가, ㈏는 실질 GDP의 감소를 가져온다.
④ ㈎는 총수요곡선의 우측 이동, ㈏는 총공급곡선의 좌측 이동으로 나타난다.

ADVICE 인플레이션이라는 물가가 높은 수준으로 지속적으로 상승하는 현상을 의미한다. ㈎는 총수요의 증가로 발생하는 수요 견인 인플레이션이고, ㈏는 생산비의 상승으로 발생하는 비용 인상 인플레이션이다. 이때, ㈏의 비용 인상 인플레이션은 물가 상승과 경기 침체가 함께 발생하는 스태그플레이션을 발생시킬 수 있다.

※ 인플레이션의 유형과 대책

구분	수요 견인 인플레이션	비용 인상 인플레이션
의미	• 총수요 증가로 인한 물가 상승 • 주로 경기 호황기에 발생 • 총수요곡선은 우측 이동하여 물가 상승, 실질 GDP 증가 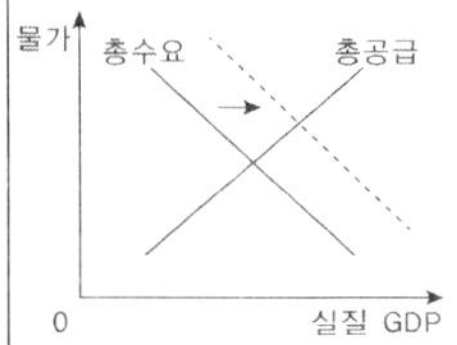	• 비용 인상 또는 총공급 감소로 인한 물가 상승 • 주로 경기 침체기에 발생하며 스태그플레이션 현상이 발생할 수 있음 • 총공급곡선은 좌측 이동하여 물가 상승, 실질 GDP 감소 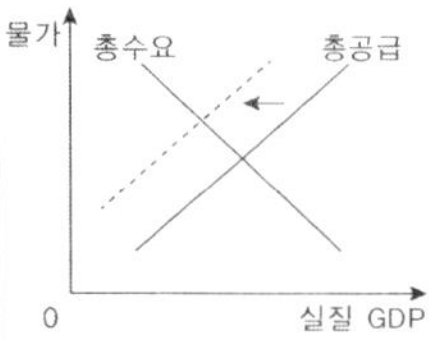
원인	• 소비 증가, 투자 증가 • 정부 지출 증가, 통화량 증대 • 순수출 증가	• 원자재 가격, 원유 가격 등의 생산비 상승 • 노동조합의 과도한 임금 인상 • 기업의 이윤 인상
대책	• 총수요 억제 • 긴축(흑자) 재정 정책, 긴축 금융 정책(조세 징수 증대, 정부 지출 축소, 통화량 감축) • 기업의 불필요한 투자 억제 • 가계의 과소비 억제	• 총공급 증가 • 기술 혁신, 경영 혁신을 통한 기업의 비용 절감 • 생산성을 초과하는 과도한 임금 인상 요구 억제 • 에너지 가격, 부동산 임대료 등의 상승억제

ANSWER 15.④ 16.①

17 **다음은 외부 효과가 존재하는 경우에 대한 설명이다. 각 빈칸에 적절한 내용으로 옳은 것은? (단, 우하향하는 수요곡선, 우상향하는 공급곡선을 가정한다)**

구분	생산 측면의 ㈎	소비 측면의 ㈏
영향	• 사회적 최적 가격보다 시장 균형 가격이 낮다. • 사회적 최적 거래량에서 사회적 비용이 사적 비용보다 (㉠)	• 사회적 최적 가격보다 시장 균형 가격이 낮다. • 사회적 최적 거래량에서 사회적 편익이 사적 편익보다 (㉡)
문제점	사회적 최적 수준보다 (㉢)	사회적 최적 수준보다 (㉣)
개선책	(㉤)	(㉥)

① ㈎는 '외부 경제', ㈏는 '외부 불경제'이다.
② ㉠과 ㉡ 모두 '작다'이다.
③ ㉢은 '과다 생산', ㉣은 '과소 소비'이다.
④ ㉤은 '소비자에게 보조금 지급', ㉥은 '소비자에게 세금 부과'이다.

ADVICE ㈎는 사회적 최적 가격보다 시장 균형 가격이 낮은 생산 측면의 외부 불경제를 나타낸다.

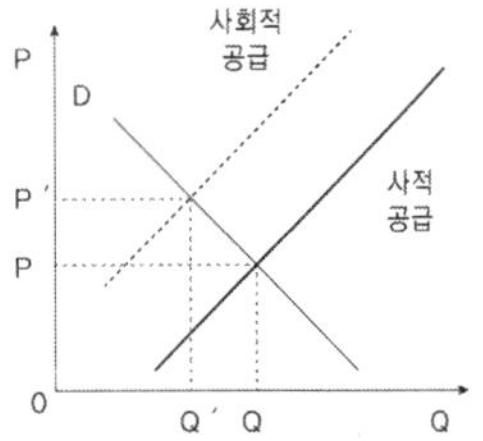

공급 측면(생산 측면)

㈏는 사회적 최적 가격보다 시장 균형 가격이 낮은 소비 측면의 외부 경제를 나타낸다.

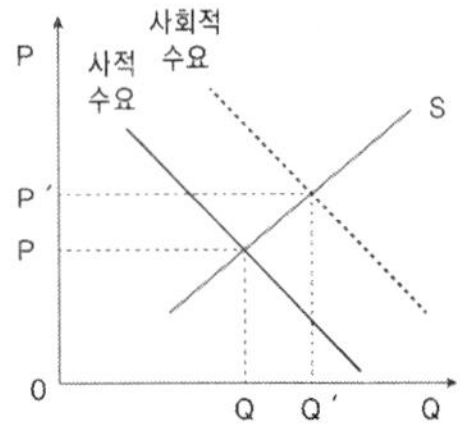

수요 측면(소비 측면)

① ㈎는 외부 불경제, ㈏는 외부 경제를 나타낸다.
② 생산 측면의 외부 불경제는 사회적 최적 거래량에서 사회적 비용이 사적 비용보다 크다. 소비 측면의 외부 경제는 사회적 최적 거래량에서 사회적 편익이 사적 편익보다 크다. 즉 ㉠과 ㉡ 모두 크다.
③ 생산 측면의 외부 불경제는 사회적 최적 수준보다 과다하게 생산 · 소비된다. 소비 측면의 외부 경제는 사회적 최적 수준보다 과소하게 생산 · 소비된다.
④ ㉤은 외부 불경제이므로 세금 부과가 개선책이고, ㉥은 외부 경제이므로 보조금 지급이 개선책이다.

18 정부가 시장에 대해 두 가지 가격규제 정책 (가)와 (나)를 시행할 때 나타나는 변화에 대한 설명으로 옳은 것은?

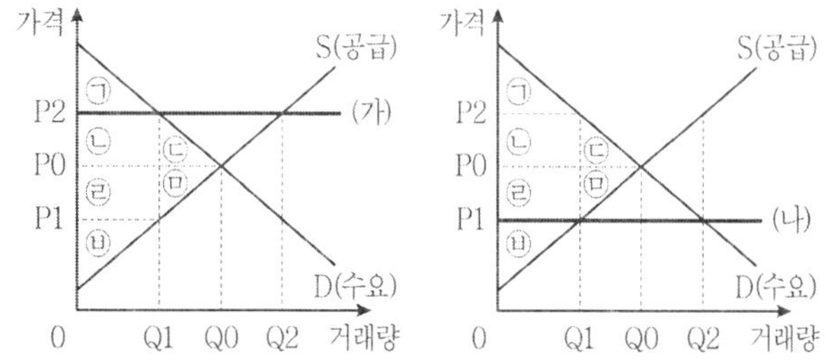

① (가)를 시행하면 Q1 ~ Q2만큼 초과수요가 발생하고, 사회적 잉여 ㉢ + ㉤이 감소한다.

② (나)를 시행하면 생산자 잉여였던 ㉣ + ㉤은 소비자 잉여로 바뀐다.

③ (가)와 (나), 두 경우 모두 사회적 잉여 ㉢ + ㉤이 감소한다.

④ (가)를 시행하면 소비자 잉여가 증가하고, (나)를 시행하면 생산자 잉여가 증가한다.

ADVICE 정부의 가격 규제 정책이란 시장에서 거래되는 상품의 가격을 수요 · 공급의 원리에 맡기지 않고 정부가 일정한 수준에서 인위적으로 규제하는 것을 의미한다.

(가)는 최저 가격제로 균형 가격이 너무 낮다고 판단될 때, 정부가 균형 가격보다 높은 수준에서 가격 하한선을 정하는 것이다. (나)는 최고 가격제로 균형 가격이 너무 높다고 판단될 때, 정부가 균형 가격보다 낮은 수준에서 가격 상한선을 정하는 것이다.

(가)와 (나), 두 경우 모두 거래량은 Q1이므로 균형거래량보다 감소하게 된다. 따라서 사회적 잉여 ㉢+㉤이 감소한다.

① (가)를 시행하면 Q1~Q2만큼 초과공급이 발생한다.

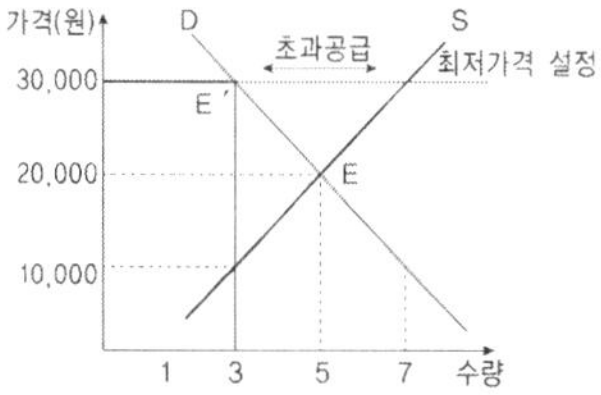

② (나)를 시행하면 생산자 잉여였던 ㉣+㉤ 중에서 ㉣은 소비자 잉여가 되고 ㉤은 사회적 잉여 ㉢과 함께 감소한다.

④ (가)를 시행하면 소비자 잉여는 ㉠+㉡+㉢에서 ㉠으로 감소한다. (나)를 시행하면 생산자 잉여는 ㉣+㉤+㉥에서 ㉥으로 감소한다.

ANSWER 17.③ 18.③

19 다음은 미국 달러화에 대한 각 국가 통화 가치의 변동을 나타낸다. 이에 대한 분석으로 옳은 것은?

구분	원화	엔화
미국 달러화 대비 통화 가치	상승	하락

① 한국 기업의 달러 표시 외채 상환 부담이 증가한다.
② 일본 유학 중인 자녀에게 송금하는 한국 학부모의 학비 부담이 감소한다.
③ 한국으로 여행을 오는 미국 사람들의 여행 경비 부담이 감소한다.
④ 미국 시장에서 일본산 제품과 경쟁하는 한국산 제품의 가격 경쟁력이 강화된다.

ADVICE 미국 달러화 대비 통화 가치에 대하여 원화는 상승하였고 엔화는 하락하였다. 다시 말해, 원화의 가치는 상승하였고, 엔화의 가치는 하락하였으므로 일본 유학 중인 자녀에게 송금하는 한국 학부모의 학비 부담은 감소하게 된다.
① 미국 달러화 대비 원화의 통화 가치는 상승하였으므로 한국 기업의 달러 표시 외채 상환 부담은 감소한다.
③ 미국 달러화 대비 원화의 가치는 상승하였으므로 한국으로 여행을 오는 미국 사람들의 여행 경비 부담은 증가한다. 반대로 미국으로 여행가는 한국 사람의 경비 부담은 감소한다.
④ 미국 달러화 대비 원화의 가치가 상승하였으므로 한국 상품의 가격은 상승한 것이다. 반면, 엔화 가치는 하락하였으므로 일본 상품의 가격은 하락하게 된다. 따라서 미국 시장에서 일본산 제품과 경쟁하는 한국산 제품의 가격 경쟁력은 약화된다.

20 다음은 각 연도의 물가 상승률과 명목 GDP 증가율을 나타낸다. 표에 대한 분석으로 옳은 것은? (단, 물가는 GDP 디플레이터로 측정되며, 실질 GDP 측정의 기준년도는 T－1년이다)

구분	T년	T+1년	T+2년
물가 상승률(전년도 대비, %)	0	3	1
명목 GDP 증가율(전년도 대비, %)	0	3	－1

① T년의 GDP 디플레이터는 100보다 크다.
② T년에 비해 T+1년의 실질 GDP는 증가하였다.
③ 실질 GDP는 T+2년이 가장 크다.
④ GDP 디플레이터는 T+2년이 가장 크다.

ADVICE GDP 디플레이터는 물가 수준의 지표로서 명목 GDP를 실질 GDP로 나눈 수치에 100을 곱한 값이다.

$$\text{GDP 디플레이터} = \frac{\text{명목}\, GDP}{\text{실질}\, GDP} \times 100$$

자료에서 T년 물가는 0, T+1년 물가는 3%, T+2년 물가는 1% 증가한 것으로 나타난다. 물가 상승은 누적의 개념으로 계속해서 증가하였으므로 T+2년의 GDP 디플레이터가 가장 큰 것이다.
① 단서에서 기준연도는 T−1로 주어졌으며 물가지수는 100이 기준이 된다. T년의 물가상승률은 0%이므로 GDP디플레이터 지수는 동일하게 100이다.
② 실질 GDP의 증가율은 주어진 표에 따라 명목 GDP 증가율에서 물가 상승률은 뺀 값이다. 이에 따라 T년과 T+1년 모두 0%이므로 실질 GDP 증가율은 변화가 없다.
③ 실질 GDP의 증가율은 T년과 T+1년은 0%이고, T+2년에는 -2%(−1−1)이므로 T+2년이 가장 작다.

2020. 6. 13. 제2회 서울특별시 시행

1 〈보기〉의 밑줄 친 「헌법」상 기본권 A~C에 대한 설명으로 가장 옳은 것은? (단, A~C는 각각 자유권, 사회권, 청구권 중 하나이다.)

> 〈보기〉
>
> 갑(甲)은 과거 시민단체에서 인권 운동가로 활동했는데, 국가기관이 갑(甲)의 인적사항, 가족사항, 정당 및 사회 활동, 대인접촉 관계, 집회 또는 시위 참가 활동 내역 등을 수집하였다는 것을 알게 되어 A를 침해한다고 보았다. 그리하여 갑(甲)은 B를 바탕으로 국가를 상대로 소송을 제기하였고, 대법원은 국가의 책임을 인정하였다. 지친 심신을 회복하기 위해 도시 근교로 이사를 갔지만 주변 공장으로 인한 환경 공해와 자동차 행상들의 확성기 사용으로 인한 소음 공해가 매우 심각하다고 느껴 C 역시 침해 받고있다.

① A는 소극적 · 열거적 성격의 권리이다.
② B는 국가에 특정 행위를 요구할 수 있는 절차적 권리이다.
③ C는 민주주의 이념 중 하나로 다른 기본권 보장의 전제 조건이 되는 기본권이다.
④ A는 B와 C의 보장과 실현을 위한 수단적 성격의 권리이다.

ADVICE 개인의 대인접촉 관계, 집회 또는 집회 참가 활동의 자유로운 영역인 A는 자유권이다. 갑은 국가를 상대로 소송을 제기하였는데, 이는 재판청구권을 행사한 것이므로 B는 청구권이다. 환경 공해와 소음 공해는 환경권을 침해 받은 것으로 이는 사회권에 해당한다.

① 자유권(A)은 국민이 자유로운 생활을 영위할 권리이며 소극적이고 방어적 성격의 권리이다. 다만, 헌법 제37조 제1항에 따라 "국민의 자유와 권리는 헌법에 열거되지 아니한 이유로 경시되지 아니한다."라는 규정을 둠으로써 자유권의 다양성과 포괄성을 규정하고 있다.

③④ 다른 기본권 보장의 전제 조건이 되는 수단적, 절차적 기본권이자, 기본권 보장을 위한 기본권은 청구권(B)이다.

※ 자유권의 성격 : 자유권은 소극적이고 방어적 공권의 성격을 갖는데 이는 개인이 국가권력의 간섭이나 침해를 받지 아니하는 권리라는 의미다. 자유권은 절대군주권에 항의하여 최초로 획득한 권리로 천부인권성을 내포한다.

ANSWER 19.② 20.④ / 1.②

2 〈보기〉의 밑줄 친 ㉠~㉢과 같은 현상의 일반적인 특징에 대한 설명으로 가장 옳은 것은?

〈보기〉

환경부에서 ㉠ 멸종 위기 야생 생물로 지정한 열목어는 연어과의 민물고기로 ㉡ 산란기가 되면 온몸이 짙은 홍색으로 변한다. 열목어 개체 수가 급감하자 여러 기관에서는 인공 증식한 열목어를 방류하는 등 ㉢ 열목어 복원 사업을 추진하고 있다.

① ㉠과 같은 현상은 몰가치적, ㉢과 같은 현상은 가치 함축적이다.
② ㉡과 같은 현상은 ㉠과 같은 현상과 달리 확실성의 원리가 적용된다.
③ ㉢과 같은 현상은 ㉡과 같은 현상과 달리 존재 법칙의 지배를 받는다.
④ ㉠과 같은 현상은 ㉡, ㉢과 같은 현상과 달리 보편성과 특수성이 공존한다.

ADVICE ㉠의 멸종 위기 양생 생물 지정과 ㉢의 열목어 복원 사업 추진은 사회 · 문화 현상이다. ㉡의 산란기가 되면 온몸이 짙은 홍색으로 변하는 것은 자연 현상이다. 자연 현상은 사회 · 문화 현상과 달리 확실성의 원리가 적용된다.
① ㉠, ㉢과 같은 사회 · 문화 현상은 가치 함축적이고 ㉡과 같은 자연 현상은 몰가치적이다.
③ ㉢과 같은 사회 · 문화 현상은 당위 법칙의 지배를 받고 ㉡과 자연 현상은 존재 법칙의 지배를 받는다.
④ ㉠, ㉢과 같은 사회 · 문화 현상은 보편성과 특수성이 공존하며 ㉡과 같은 자연 현상은 보편성이 적용된다.

※ 자연현상과 사회 · 문화 현상의 비교

구분	자연 현상	사회 · 문화 현상
의미	• 인간의 의지와 무관한 보편적 현상 • 자연의 법칙 그 자체를 인간의 힘으로 변경할 수 없음 예 봄이 가면 여름이 옴, 가뭄, 태풍 등의 자연 현상	• 인간에 의하여 창조된 모든 현상 • 인간의 의지로 현상을 바꿀 수 있음 예 정치, 경제, 예술, 종교, 집단 등의 사회제도
성격	• 사실법칙이 지배 • 존재법칙(Sein의 법칙) • 인과법칙 • 필연법칙 예 물은 위에서 아래로 흐른다.	• 규범법칙이 지배 • 당위법칙(Sollen의 법칙) • 목적법칙 • 자유법칙 예 사람을 살해해서는 안 된다.
가치	몰가치적이고 보편성을 지님	가치 함축적이고 가치 판단적임
예측	• 고정성과 불변성 • 규칙발견과 예측 용이	• 유동성과 가변성 • 규칙발견과 예측이 곤란
인식방법	관찰과 실험	통제된 실험이 용이하지 않고 사례연구, 참여관찰, 설문조사 등 병행
관련학문	자연과학→확실성의 원리	사회과학→확률의 원리

3 「형법」상 죄형 법정주의를 실현하는 구체적인 원칙과 그에 대한 설명으로 가장 옳지 않은 것은?

① 관습 형법 금지의 원칙 – 불문법인 관습법을 근거로는 처벌할 수 없다.
② 유추 해석 금지의 원칙 – 범죄 행위가 형법에 명확히 규정되어 있지 않은 때에 유사한 규정을 적용해서는 안 된다.
③ 명확성의 원칙 – 무엇이 범죄이고 그 범죄에 어떤 형벌이 부과되는지 법률에 명확히 기재되어 있어야 한다.
④ 소급효 금지의 원칙 – 범죄 행위 당시 그 처벌 규정이 법률에 없었으나 범죄 행위 이후에 그 처벌 규정이 법률에 제정되었다면 반드시 소급하여 처벌해야 한다.

ADVICE 죄형법정주의란 어떤 행위가 범죄가 되는지, 그러한 범죄를 저지르면 어떤 처벌을 받는지가 미리 성문의 법률에 규정되어 있어야 한다는 원칙이다. 파생원칙 또는 구체적 내용으로 관습 형법 금지의 원칙, 명확성의 원칙, 유추 해석 금지의 원칙, 형벌 불소급의 원칙, 적정성의 원칙이 있다. 이 중 소급효 금지의 원칙(형벌 불소급의 원칙)은 형법 법규는 그 시행 이후에 이루어진 행위에 대해서만 적용되고, 시행이전의 행위에까지 소급하여 적용할 수 없다는 원칙이다.

※ 죄형법정주의와 유리한 소급효 적용

형법 제1조 ① 범죄의 성립과 처벌은 행위 시의 법률에 따른다. ② 범죄 후 법률이 변경되어 그 행위가 범죄를 구성하지 아니하게 되거나 형이 구법보다 가벼워진 경우에는 신법에 따른다. ③ 재판이 판정된 후 법률이 변경되어 그 행위가 범죄를 구성하지 아니하게 된 경우에는 형의 집행을 면제한다.

4 관료제와 탈관료제에 대한 설명으로 가장 옳은 것은?

① 관료제는 업무의 세분화와 전문화를 강조한다.
② 탈관료제는 관료제에 비해 연공서열에 따른 보상을 중시한다.
③ 탈관료제는 관료제와 달리 조직 운영의 효율성을 추구한다.
④ 탈관료제는 업무 수행 방식의 표준화를 중시한다.

ADVICE 관료제는 조직을 효율적, 합리적으로 관리하기 위한 하나의 방식으로 업무의 세분화와 전문화를 강조한다. 탈관료제란 관료제의 역기능을 극복하기 위해 등장한 것으로 팀제 조직, 네트워크 조직, 아메바형 조직, 오케스트라형 조직 등으로 세분화된다.

② 관료제는 탈관료제에 비해 연공서열에 따른 보상을 중시한다.
③ 관료제와 탈관료제 모두 조직 운영의 효율성을 추구한다. 다만, 탈관료제는 보다 유연하고 빠른 적응력을 강조한다.
④ 업무 수행 방식의 표준화를 중시하는 것은 관료제다.

※ 관료제의 역기능
㉠ 수단과 목적의 전도(목적 전치) : 본래 목표보다 과업 전문화, 위계 서열화, 규약과 절차 등의 수단을 지키는 데에 더 주력하는 현상이다.
㉡ 인간소외 현상의 증대 : 공식적 과업수행을 위해 개인의 사적인 의사나 욕구가 허용되지 않으므로 소외감이 증대된다.
㉢ 창의성 발휘 곤란 : 구성원들로 하여금 규격화, 표준화된 행동만을 요구함으로써 진취적이고 독창적인 사고를 하기 힘든 경우가 생긴다.

ANSWER 2.② 3.④ 4.①

5 〈보기〉는 사회 · 문화 현상의 연구 방법 A, B를 분류한 것이다. 이에 대한 설명으로 가장 옳은 것은?

〈보기〉

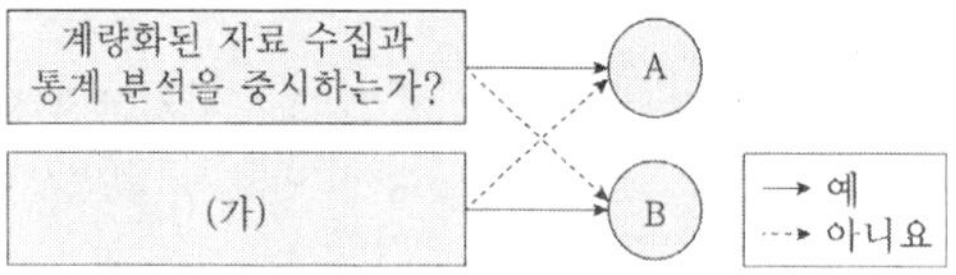

① A는 연구자의 직관적 통찰을 통한 이해를 강조한다.

② B는 변인 간 관계에 대한 법칙 발견을 목적으로 한다.

③ A는 방법론적 일원론, B는 방법론적 이원론에 기초한다.

④ (가)에는 '경험적 관찰을 통해 자료를 수집하는가?'가 들어갈 수 있다.

ADVICE 사회 · 문화 현상의 연구 방법 중 계량화된 자료 수집과 통계 분석을 중시하는 A는 실증적 연구(양적 연구) 방법이다. 그렇지 않은 B는 해석적(질적) 연구 방법이다. 실증적 연구는 방법론적 일원론, 해석적 연구는 방법론적 이원론에 기초한다.

① 연구자의 직관적 통찰을 통한 이해를 강조하는 연구 방법은 해석적 연구(B)다.

② 변인 간 관계에 대한 법칙 발견을 목적으로 하는 연구 방법은 실증적 연구(A)다.

④ 두 연구 방법은 구체적 방법이 다를 뿐 모두 경험적 관찰을 통해 자료를 수집한다.

※ 방법론적 일원론과 이원론

구분	방법론적 일원론	방법론적 이원론
주장자	콩트(Comte, A)	베버(Weber, M)
의미	사회 · 문화 현상의 탐구와 자연현상의 탐구가 비슷하다고 보는 관점	사회 · 문화 현상의 탐구와 자연 현상의 탐구가 서로 다르다고 보는 관점
전제	사회 · 문화 현상에도 자연 현상과 마찬가지로 인과법칙이 존재하고 있어 본질적으로 측정이나 실험과 같은 실증적 방법을 통하여 법칙을 발견할 수 있다.	사회 · 문화 현상은 인간의 의식과 의지를 바탕으로 일어나고, 인간의 행위에는 주어진 환경과 조건, 자신의 행위에 대한 해석과 의미가 담겨 있기 때문에 자연과학적 방법과는 다른 방법으로 탐구해야 한다.
연구목적	인과관계 및 일반적 법칙 발견	인간 행동의 동기 및 의미 파악
특징	사회 현상은 연구자와 독립된 객체에 있기 때문에 분리가 가능하다.	사회 현상은 연구자 자신까지 포함하고 있어서 연구자의 가치와 관점이 개입될 수 있기 때문에 분리가 불가능하다.
연구방법	실증적 연구방법으로 발전	해석적 연구방법으로 발전

6 〈보기〉의 ㈎, ㈏는 개인과 사회의 관계를 바라보는 서로 다른 관점에 대한 주장이다. 이에 대한 설명으로 가장 옳은 것은?

〈보기〉

㈎ 무엇보다 중요한 것은 직원 개개인의 능력입니다. 변화가 필요한 곳에 능력이 뛰어난 사람을 배치한다면, 반드시 좋은 성과를 낼 수 있을 것입니다.

㈏ 뛰어난 직원도 지금의 조직 문화 속에서는 좋은 성과를 낼 수 없습니다. 모두가 좋은 성과를 낼 수 있도록 동기를 부여하는 조직 문화를 되살리는 것이 더 시급 합니다.

① ㈎는 사회를 개인의 외부에 존재하는 실체라고 본다.

② ㈏는 사회 명목론이다.

③ ㈎는 ㈏와 달리 개개인의 노력을 통해 사회 문제를 해결할 수 있다고 본다.

④ ㈏는 ㈎와 달리 사회의 독자적 특성이 존재하지 않는다고 본다.

ADVICE ㈎는 직원 개개인의 능력을 중시하는 사회명목론의 관점이다. 개인의 우월성을 강조하는 입장으로 개인만이 참다운 실재라고 본다. ㈏는 조직 문화라는 전체를 강조하는 사회실재론의 관점이다. 전체 또는 사회의 우월성을 강조하며 실제로 존재하는 것은 전체로서의 사회뿐이고 개인은 단지 사회의 구성원에 불과하다고 본다.

① 사회를 개인의 외부에 존재하는 실체로 보는 것은 사회실재론㈏이다.

② ㈎는 사회명목론이고 ㈏는 사회실재론이다.

④ ㈏의 사회실재론에서는 사회의 독자적 특성이 존재한다고 본다.

ANSWER 5.③ 6.③

7 〈보기〉의 근대 사회 계약론자 갑(甲), 을(乙)에 대한 설명으로 가장 옳은 것은?

〈보기〉

- 갑(甲) : 자연 상태는 강제할 수 있는 선악의 기준이 전혀 없는 상태이다. 따라서 자연 상태는 일종의 전쟁 상태이고, 인간이 자기 보존을 위해 자연권을 갖고 있다고 해도 오히려 생명의 위험에 처하는 상태가 발생한다. 그러므로 인간은 계약을 맺어 자연권을 포기하고 각 사람이 가지는 힘을 모아 좀 더 큰 집단적 힘을 가지는 정치 사회를 만든다.
- 을(乙) : 사람들이 계약에 따라 사회를 이룩한 것은 자연 상태에 대한 절망에서가 아니라 불편함 때문이다. 즉 자연 상태에서는 누구나 자연법의 집행권을 갖고 있으므로 자기 소유물을 지키는 데 불안을 느끼게 된다. 따라서 계약의 절차를 밟아 통치자를 세우는 데 동의하고, 또 통치자에게 자연권을 위임하는 동시에 자연권의 보호를 맡긴다. 통치자와 국민의 관계는 동의와 신탁 위에서만 성립한다.

① 갑(甲)은 국가가 사회 계약을 위반한다면 국민은 국가를 부정할 권리를 가진다고 본다.
② 을(乙)은 국가 권력은 위임 목적에 맞게 행사되도록 분립되어야 한다고 본다.
③ 갑(甲)과 달리 을(乙)은 일반의지에 의한 통치를 강조한다.
④ 갑(甲), 을(乙) 모두 국가를 수단이 아닌 목적으로 간주한다.

ADVICE 갑은 자연 상태는 일종의 전생 상태이고 인간은 계약을 맺어 자연권을 포기하고 국가를 만들었다고 본다. 이는 홉스의 사회계약론이다. 을은 자연 상태에서 누구나 집행권을 갖고 있다고 보는데, 계약을 통해 통치권을 위임했다는 입장이다. 이는 로크의 사회계약론이다. 로크는 이권분립론을 제시하여 권력을 입법권과 집행권으로 구분하였다.

① 국가가 사회 계약을 위반한다면 국민은 국가를 부정할 권리를 저항권이라고 하는데 이는 로크가 제시하였다.
③ 일반의지에 의한 통치는 루소가 강조하였다.
④ 사회계약론은 공통적으로 국가를 목적이 아닌 수단으로 간주한다.

※ 루소의 일반의지 : 루소의 저서 「사회계약론」에 나타나 있는 공익의 핵심적 개념으로 보편의지 또는 총의라고도 한다. 이기적인 개인으로서의 독립성과 사익성을 버리고 공동의 힘을 통해 자신과 재산을 지키고 옹호하는 결합 형식에 기반한다. 이 속에서 자유로운 계약으로 성립하는 국가가 가지는 단일한 의지를 일반의지라 불렀다.

8 〈보기〉의 밑줄 친 ㉠ ~ ㉣ 중 혼인의 효력에 대한 설명으로 가장 옳지 않은 것은?

> 〈보기〉
>
> 혼인한 부부는 원칙적으로 함께 살며 서로 부양하고 협조해야 할 법률상의 의무를 진다. 「민법」은 혼인하였더라도 ㉠ 부부가 각자의 재산을 따로 소유 · 관리 · 처분하는 부부 별산제를 원칙으로 한다. ㉡ 혼인 중 부부가 협력하여 취득한 재산은 명의가 어느 쪽으로 되어 있는지에 따라 부부 각자의 재산으로 본다. 부부는 공동생활에 필요한 비용을 함께 부담해야 하므로 이를 위하여 ㉢ 일상의 가사에 대해 상대방을 대리할 수 있다. ㉣ 일상의 가사에 대해 부부 중 어느 한쪽이 지는 채무는 별도의 의사 표시가 없는 한 부부에게 연대 책임이 있다.

① ㉠　　② ㉡

③ ㉢　　④ ㉣

ADVICE 혼인은 가족을 구성하고 사회 질서 속에 편입되는 사회적 제도로써 적법한 혼인은 법이 규율하는 법률관계를 구성하며 법의 보호를 받는다. 민법 제830조 제1항에 따라 부부의 일방이 혼인 중 자기의 명의로 취득한 재산을 그 특유재산으로 한다. 따라서, 혼인 중 부부가 협력하여 취득한 재산은 명의가 어느 쪽으로 되어 있는지에 따라 부부 각자의 재산으로 한다. 즉, 간주의 의미로써 '본다'가 아니라 추정의 의미로써 '한다'가 옳은 설명이다.

① 민법 제830조 제1항에 따라 부부가 각자의 재산을 따로 소유 · 관리 · 처분하는 부부 별산제를 원칙으로 한다.

③ 민법 제827조 제1항의 일상가사 대리권에 따라 부부는 일상의 가사에 대해 상대방을 대리할 수 있다.

④ 민법 제832조에 따라 일상의 가사에 대해 부부 중 어느 한쪽이 지는 채무는 별도의 의사 표시가 없는 한 부부에게 연대 책임이 있다.

ANSWER 7.② 8.②

9 〈보기〉의 밑줄 친 ㉠과 관련하여 우리 헌법에서 규정하고 있는 제도는?

〈보기〉

헌법은 법 위의 법이다. 헌법의 목적은 법을 만들고 실행하는 정치가나 관료들이 자신들에게 주어진 권한을 남용하거나 기본 원칙들을 위반하는 것을 막는 것이다. 그러므로 ㉠ 의회에서 어떤 특정한 법안을 통과시킬 때는 그 법안이 헌법이 정한 테두리를 벗어나지 않는지를 먼저 확인하여야 한다. 또한 정부가 함부로 헌법을 바꾸지 못하도록 여러 가지 제도적 장치들을 마련해 놓고 있다. 헌법은 정권이 바뀔 때마다 제정되는 것이 아니며, 가장 기본적이고 신성한 영역으로 간주되어야 한다.

① 탄핵 심판
② 권한 쟁의 심판
③ 위헌 법률 심판
④ 위헌 정당 해산 심판

ADVICE 의회에서 어떤 특정한 법안을 통과시킬 때는 그 법안이 헌법이 정한 테두리를 벗어나지 않는지를 먼저 확인하여야 하는데 이는 위헌 법률 심판과 관련 있다. 헌법 제107조 제1항에 따라 법률이 헌법에 위반되는 여부가 재판의 전제가 된 경우에는 법원은 헌법재판소에 제청하여 그 심판에 의하여 재판한다는 규정을 두고 있다.

① 탄핵 심판이란 고위 공무원의 직무집행에 있어서 헌법이나 법률을 위반한 이유로 국회의 탄핵 소추 의결을 거쳐 헌법재판소에서 심판하는 절차다.
② 권한 쟁의 심판은 국가기관 상호 간, 국가기관과 지방자치단체 간 및 지방자치단체 상호 간에 권한의 유무 또는 범위에 관하여 다툼이 있을 때에 청구하는 심판이다.
④ 정당 해산 심판은 정당의 목적이나 활동이 민주적 기본질서에 위배될 경우 정부는 국무회의의 심의를 거쳐 헌법재판소에 정당해산심판을 청구하면 그 해산여부를 심판한다.

※ 위헌법률심판의 요건과 효과

구 분	개념 요소	
심판의 대상	법률이 헌법에 위반되는 여부	
제청권자	국민이 아닌 법원이 헌법재판소에 제청하며 위헌 여부 심판의 제청에 관한 결정에 대하여는 항고할 수 없음	
재판의 전제성	침해하고 있는 법률이 재판 중에 적용되는 법률이어야 하고, 그러한 법률 때문에 다른 내용의 재판을 하게 될 수 있는 경우	
결정 유형	각하결정	청구의 요건을 갖추지 못하여 심사를 하지 않는 경우
	합헌결정	헌법재판소 재판관의 위헌의견이 6인을 넘지 못하는 경우
	위헌결정	헌법재판소 재판관 6인 이상의 위헌이라고 판단한 경우
	헌법 불합치결정	국회의 입법권을 존중하고 법적 공백상태를 방지하기 위해 특정시기까지만 효력이 있고 이후에 새로운 법을 제정 또는 개정하라는 입법촉구결정을 함께 함
위헌 결정 효력	헌법재판소법 제47조에 따라 위헌으로 결정된 법률 또는 법률조항은 결정이 있는 날로부터 효력을 상실함	

10 〈보기〉에서 밑줄 친 부분에 대한 사례 발표로 보기에 가장 어려운 것은?

〈보기〉

사회자 : 노동 관련법 위반과 관련한 피해 사례를 발표해 주시기 바랍니다.

- 갑(甲) : 제가 다니는 회사는 임금을 주는 날짜가 정해져 있지 않습니다. 회사 매출이 많을 때 주다 보니 임금 3개월치를 한꺼번에 받기도 합니다.
- 을(乙) : 제대 후 PC방에서 아르바이트를 하는데, 하루에 12시간씩 일합니다. 일이 많아서 휴일도 없이 일주일 내내 일해야 합니다.
- 병(丙) : 최근 회사 경영이 어려워졌다면서 여자들을 중심으로 해고를 시작했습니다. 저도 여자라는 이유로 갑자기 해고를 당했습니다.
- 정(丁) : 회사가 엔터테인먼트 분야로 사업 영역을 확장하겠다고 합니다. 노동조합에서는 이러한 경영 계획에 반대하고 이 문제에 대한 협의를 위해 단체 교섭을 요청했지만 회사는 이를 거절했습니다.

① 갑(甲)　　② 을(乙)
③ 병(丙)　　④ 정(丁)

ADVICE 단체교섭권은 근로자들이 단결권을 기초로 결성한 단체가 사용자 또는 사용자 단체와 자주적으로 교섭하는 권리다. 노동조합과 사용자 단체가 임금, 근로시간 등 근로조건에 관한 협약의 체결을 위하여 대표자를 통해 집단적으로 합의점을 찾아가게 된다. 사례에서 사업 영역을 확장하겠다는 회사의 경영 방침은 경영권에 관한 사항으로 근로조건과 직접적 연관성이 없으므로 노동 관련법 위반에 해당하지 않는다.

① 근로기준법 제43조에 제2항에 따라 임금은 매월 1회 이상 일정한 날짜를 정하여 지급해야 한다. 따라서 갑의 사례는 노동 관련법 위반에 해당한다.

② 근로기준법 제50조에 따라 1일의 근로 시간은 휴게시간을 제외하고 8시간을 초과할 수 없고, 동법 제53조에 따라 당사자간에 합의하면 1주간에 12시간을 한도로 근로시간을 연장할 수 있다. 아울러 동법 제55조 제1항에 따라 사용자는 근로자에게 1주에 평균 1회 이상의 유급휴일을 보장해야 하므로 을의 사례는 동법 관련법 위반에 해당한다.

③ 근로기준법 제24조 제1항에 따라 경영상의 필요에 따라 해고를 하는 경우, 합리적이고 공정한 해고의 기준을 정하고 그 대상자를 선정하여야 한다. 동조 제2항에서는 그 대상자를 선정하는데 있어서 남녀의 성을 이유로 차별하여서는 안 됨을 규정하고 있다. 따라서 병의 사례는 노동 관련법 위반에 해당한다.

※ 노동법 : 노동법은 근로자의 생존권 확보와 사회적 지위 향상을 도모하고, 사용자와 근로자 간 대립과 이해관계를 조정하는 법의 총체다.

헌법규정	근로의 권리와 근로 3권
근로기준법	• 근로자 개인을 보호하기 위한 규정 • 근로조건의 최저기준, 사용자와 근로자 간 동등한 위치에서의 자유의사에 의한 계약, 근로 계약 준수와 성실 이행의무, 사용자의 차별금지, 사용자의 폭행 · 구타금지 등
노동조합 및 노동관계 조정법	노동조합을 조직하고, 단체교섭을 행하며 단체행동, 분쟁의 조정 등 단체로서의 권리 · 의무 관계를 규정

ANSWER 9.③ 10.④

11 〈보기〉의 ㈎와 ㈏가 각각 나타내는 사회 보장 제도의 일반적인 특징에 대한 설명으로 가장 옳은 것은?

〈보기〉

㈎ 가구 소득 인정액이 기준액 이하인 가구의 최저 생활을 보장하고 자활을 지원하기 위해 국가나 지방 자치 단체가 생계, 의료 등 급여를 지급하는 제도

㈏ 노령, 사망, 장애 등으로 인한 소득 상실을 보전하고 기본 생활을 지원하기 위해 가입자와 고용주 등이 분담해서 마련한 기금을 통해 연금 급여를 지급하는 제도

① ㈎가 속한 유형은 비금전적 지원을 원칙으로 한다.

② ㈏가 속한 유형은 사전 예방적 성격이 강하다.

③ ㈎가 속한 유형은 ㈏가 속한 유형과 달리 소득 재분배 효과가 나타난다.

④ ㈏가 속한 유형은 ㈎가 속한 유형과 달리 수혜 대상자가 수혜 정도에 따라 비용을 부담한다.

ADVICE ㈎는 가구 소득 인정액이 기준액 이하인 가구의 최저 생활을 보장하는 것을 골자로 하는 기초 생활 보장 제도로 공공 부조에 해당한다. ㈏는 가입자와 고용주 등이 분담해서 소득 상실을 보전하고 기본 생활을 지원하기 위한 국민연금 제도로 사회 보험에 해당한다. 사회 보험은 국민에게 발생하는 사회적 위험에 대비하여 보험에 가입하도록 하는 것으로 사전 예방적 성격이 강하다.

① 비금전적 지원으로 원칙으로 하는 사회보장 제도는 사회 서비스다. 공공 부조는 금전적 지원을 원칙으로 한다.

③ 공공 부조와 사회 보험 모두 소득 재분배 효과가 나타난다. 다만, 공공 부조가 사회 보험보다 소득 재분배 효과가 크게 나타난다.

④ 사회 보험은 수혜의 정도가 아니라 부담 능력(소득)에 따라 비용을 부담한다. 또한 공공 부조는 국가나 지방 자치 단체가 비용을 부담한다.

12 〈보기〉는 금융상품 A ~ C를 질문을 통해 구분한 것이다. 이에 대한 설명으로 가장 옳지 않은 것은? (단, A ~ C는 각각 요구불 예금, 주식, 채권 중 하나이다.)

〈보기〉

질문	A	B	C
만기가 있는가?	아니요	예	아니요
배당 수익을 얻을 수 있는가?	아니요	아니요	예
㈎	예	예	아니요

① A는 예금자 보호 제도의 적용을 받는다.
② B의 발행 기관은 B를 발행할 경우 부채가 증가하게 된다.
③ B와 달리 C는 시세 차익을 얻을 수 있다.
④ (가)에는 '이자 수익을 얻을 수 있는가?'가 들어갈 수 있다.

ADVICE 만기와 배당수익이 없는 A는 요구불 예금이다. 만기가 있고, 배당 수익을 얻을 수 없는 B는 채권이다. 만기가 없고, 만기가 없고, 배당 수익을 얻을 수 있는 C는 주식이다.

채권과 주식은 모두 시세 차익을 얻을 수 있다는 점에서 공통점이 있다.

① 요구불 예금은 재산 증식의 용도보다는 생활 자금이나 회사 운영 자금 등을 금융기관에 안전하게 보관하는 용도로 사용된다. 또한 예금자 보호 제도의 적용을 받는다.
② 채권은 정부나 기업이 투자자로부터 돈을 빌리면서 만기와 이자, 이자 지급일을 약속한 증서다. 자본의 성격은 타인 자본으로 이는 곧 부채다.
④ 요구불 예금과 채권은 이자수익을 받을 수 있고 주식은 해당 사항이 없다.

※ 채권과 주식

구분	채권	주식
개념	정부나 기업이 투자자로부터 돈을 빌리면서 만기와 이자, 그리고 이자 지급일에 대해 약속한 증서	기업이 사업 자금 조달을 위해 투자자로부터 자금을 받고 그 대가로 회사 소유권의 일부를 주는 증표
수익	• 약속한 이자 수익 • 시세 차익(이자율과 회사의 신용 등급이 주된 가격 차이 요소)	• 배당 • 시세 차익(회사의 경영 실적이나 전망의 변화가 주된 가격 차이 요소)
투자 시 중시하는 부분	투자 대상의 안전성(파산하지 않는 한 원리금 상환 가능)	투자 대상의 성장 가능성(시세 차익 및 배당에 대한 기대와 일부의 경우 경영에 대한 참여)
위험성	상대적으로 낮음	높음
발행 주체	정부, 주식회사, 지방자치단체	주식회사
자본 성격(발행자 입장)	타인 자본(부채)	자기자본
증권의 존속기간	만기 있음	만기 없음
원금 상환	만기 시 상환	의무 아님

ANSWER 11.② 12.③

13 **〈보기〉의 밑줄 친 ㉠, ㉡에 대한 설명으로 가장 옳은 것은?**

> 〈보기〉
>
> 사회자 : 현재 경기 상황을 극복하기 위한 대책은 무엇입니까?
>
> • 갑 : ㉠ 소득세율을 인상해야 합니다.
>
> • 을 : ㉡ 지급 준비율을 인상해야 합니다.

① ㉠은 금융 정책에 해당한다.
② ㉠을 통해 가계의 가처분 소득은 증가한다.
③ ㉡을 통해 통화량이 증가한다.
④ ㉠과 ㉡ 모두 총수요 감소 정책에 해당한다.

ADVICE 경제 안정화 정책이란 정부나 중앙은행이 물가와 실업 문제를 해결하기 위해 정부 지출이나 조세의 변동을 통해 경기를 조절하는 정책을 의미한다. 정부의 소득세율 인상 시 가계가 지출할 수 있는 소득이 줄어들기 때문에 소비가 감소하게 된다. 중앙은행이 지급 준비율을 인상할 경우 통화량이 감소하고 이자율이 상승한다. 따라서 두 정책 모두 총수요 감소 정책에 해당한다.

① 세율 조절과 정부 지출 조절은 재정 정책에 해당한다.
② 소득세율 인상 시 가계의 가처분 소득은 감소한다.
③ 지급준비율을 인하할 경우 통화량이 증가하고 이자율이 하락한다.

14 **〈보기〉는 우리나라 헌법 개정 과정을 나타낸 것이다. 〈보기〉의 ㈎ ~ ㈑의 내용으로 가장 옳지 않은 것은?**

〈보기〉

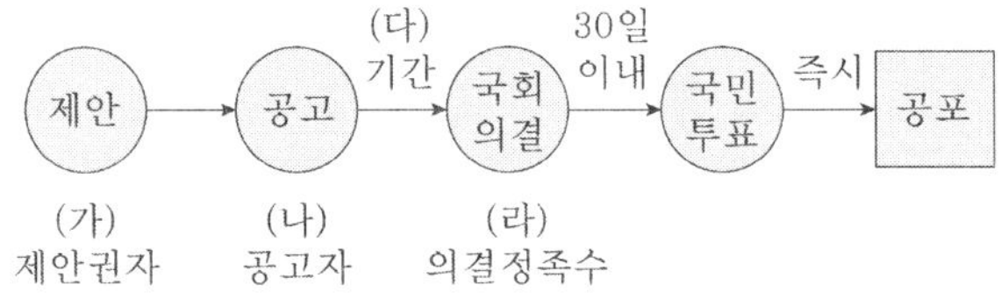

① ㈎ 국회 재적 의원 3분의 1 이상 또는 대통령
② ㈏ 대통령
③ ㈐ 60일 이내
④ ㈑ 국회 재적 의원 3분의 2 이상 찬성

ADVICE 우리나라 헌법 개정 과정은 제안, 공고, 국회의결, 국민투표, 공포의 과정을 거친다. 헌법 개정안은 헌법 제128조 제1항에 따라 국회 재적 의원 과반수 또는 대통령의 발의로 제안된다.

② 헌법 제129조에 따라 헌법 개정안은 대통령이 20일 이상의 기간 동안 이를 공고하여야 한다.
③④ 헌법 제130조 제1항에 따라 국회는 헌법 개정안이 공고된 날로부터 60일 이내에 의결하여야 하며, 국회의 의결은 재적의원 3분의 2 이상의 찬성을 얻어야 한다.

※ 헌법 개정 절차

구분	헌법 조항	내용
제안	제128조 제1항	국회 재적의원 과반수 또는 대통령의 발의로 제안된다.
공고	제129조	제안된 헌법 개정안은 대통령이 20일 이상의 기간 동안 이를 공고하여야 한다.
의결	제130조 제1항	국회는 헌법 개정안이 공고된 날로부터 60일 이내에 의결하여야 하며, 국회의 의결은 재적의원 3분의 2 이상의 찬성을 얻어야 한다.
국민투표	제130조 제2항	국회가 의결한 후 30일 이내에 국민투표에 붙여 국회의원 선거권자 과반수의 투표와 투표자 과반수의 찬성을 얻어야 한다.
공포	제130조 제3항	국민투표에 의하여 찬성을 얻을 때에는 헌법 개정은 확정되며, 대통령은 즉시 공포하여야 한다.

15 **〈보기〉는 경제 체제 A와 B를 구분한 것이다. 이에 대한 설명으로 가장 옳은 것은? (단, A와 B는 각각 시장 경제 체제와 계획 경제 체제 중 하나이다.)**

〈보기〉

질문	A	B
생산 수단의 사적 소유를 인정하는 경제 체제와 관련이 있는가?	예	아니요
개별 경제 주체들의 자유로운 경제 활동을 보장하는가?	㉠	㉡
㈎	아니요	예

① A는 기본적인 경제 문제의 해결에서 형평성을 더 강조한다.
② B보다 A에서 경제적 유인 체계를 더 중시한다.
③ ㉠에는 '아니요', ㉡에는 '예'가 들어간다.
④ ㈎에는 '보이지 않는 손을 중시하는가?'가 들어갈 수 있다.

ADVICE 생산 수단의 사적 소유를 인정하는 경제체제인 A는 시장 경제 체제고, 그렇지 않은 B는 계획 경제 체제다. 시장 경제 체제는 사적 재산권과 이윤 추구 활동의 이익을 극대화하기 위해 최선을 다하게 된다. 따라서 계획 경제 체제와 비교하여 경제적 유인 체계가 중시된다.

① 시장 경제 체제는 기본적인 경제 문제의 해결에 있어서 효율적인 자원 배분을 강조한다. 형평성을 강조하는 것은 계획 경제 체제다.
③ "개별 경제 주체들의 자유로운 경제 활동을 보장하는가?"에 대한 응답으로 ㉠은 '예', ㉡은 '아니요'가 들어간다.
④ 보이지 않는 손을 중시하는 것은 시장 경제 체제로 A가 '예', B는 '아니요'가 되어야 한다.

ANSWER 13.④ 14.① 15.②

16 〈보기〉의 밑줄 친 ㉠, ㉡에 대한 설명으로 가장 옳은 것은?

〈보기〉

세금을 국가나 지방 자치 단체에 납부하는 사람을 '납세자'라고 하고, 부과된 세금을 실질적으로 부담하는 사람을 '담세자'라고 한다. 납세자와 담세자의 일치 여부에 따라 조세를 분류하면 ㉠ 간접세와 ㉡ 직접세로 나뉜다.

① ㉠은 납세자와 담세자가 일치하는 조세이다.
② ㉡은 주로 소비 지출에 부과되는 조세이다.
③ ㉠이 ㉡보다 조세에 대한 저항이 더 강하다.
④ ㉡이 ㉠보다 소득 재분배 효과가 더 크다.

ADVICE 직접세는 납세자와 담세자가 일치하며 소득의 원천(수입)에 세금을 부과한다. 간접세는 납세자와 담세자가 불일치하며 소득의 지출(소비)에 세금을 부과한다. 직접세는 누진세를 적용함으로 비례세를 적용하는 간접세에 비하여 소득 재분배 효과가 크게 나타난다.

① ㉠ 간접세는 납세자와 담세자가 불일치한다.
② ㉡ 직접세는 소득(수입)에 부과되는 조세이다.
③ ㉡ 직접세는 소득세, 법인세, 상속·증여세, 종합부동산세가 있으며 조세 저항이 나타난다.

17 〈보기〉의 사례에 대한 「민법」상 판단으로 가장 옳은 것은?

〈보기〉

갑(甲, 만 17세)은 법정 대리인인 부모의 동의 없이 신형 스마트폰 판매자인 을(乙, 만 40세)과 고가의 스마트폰 매매 계약을 체결하였다. 갑(甲)은 을(乙)과 이에 대한 계약서를 작성하였지만 아직 매매 대금을 지불하지 않았다.

① 갑(甲)과 을(乙)의 계약은 당연히 처음부터 효력이 발생하지 않는다.
② 을(乙)은 갑(甲) 본인에게 계약을 취소할 것인지에 대한 확답을 촉구할 권리를 갖는다.
③ 을(乙)은 갑(甲)과 계약을 체결할 당시에 갑(甲)이 미성년자임을 몰랐을 경우에만 철회권을 행사할 수 있다.
④ 매매 계약이 성립되는 시기는 매매 대금이 완납되는 시점부터이다.

ADVICE 사례에서 갑(甲)은 미성년자로 제한능력자에 해당한다. 제한능력자가 맺은 계약은 추인이 있을 때까지 상대방인 을(乙)이 그 의사표시를 철회할 수 있다. 다만, 상대방이 계약 당시에 제한능력자임을 알았을 경우에는 철회할 수 없다. 다시 말해서, 을(乙)은 갑(甲)과 계약을 체결할 당시에 갑(甲)이 미성년자임을 몰랐을 경우에는 철회권을 행사할 수 있다.

① 제한능력자의 법률행위는 취소할 수 있는 법률행위로 법률행위가 유효하게 성립하지만 취소라는 의사표시를 통해 소급적으로 무효가 된다.

② 제한능력자의 상대방(을)은 제한능력자(갑)가 능력자가 된 후에 그에게 1개월 이상의 기간을 정하여 그 취소할 수 있는 행위를 추인할 것인지 여부의 확답을 촉구할 수 있다.

④ 계약이 성립하려면 당사자들의 의사표시가 합치되어야 하며 청약과 승낙이라는 과정을 거치게 된다. 청약이란 계약을 청하는 의사 표시이고, 승낙이란 이러한 청약에 대해 동의를 하는 의사표시다. 사례에서 매매 대금을 지불하지 않았다고 하더라도 계약서를 작성하였다면 매매계약은 성립한 것이다.

18 〈보기 1〉과 관련된 우리나라 헌법의 기본원리를 실현하기 위한 내용으로 옳은 것을 〈보기 2〉에서 모두 고른 것은?

> 〈보기 1〉
> 헌법재판소는 공연장, 박물관, 미술관, 문화재 등의 시설을 관람하거나 이용하는 사람에게 특별 부담금을 부과하도록 한 구(舊) 「문화 예술 진흥법」의 해당 조항을 위헌으로 결정하였다.

> 〈보기 2〉
> ㉠ 국가는 평생 교육을 진흥하여야 한다.
> ㉡ 국가는 문화의 보호 및 발전을 위해 노력해야 한다.
> ㉢ 국가는 균형 있는 국민 경제의 성장 및 안정과 적정한 소득의 분배를 유지해야 한다.
> ㉣ 의료, 교육, 고용 등의 분야에서 국가가 적극적으로 나서야 한다.

① ㉠, ㉡ ② ㉠, ㉢
③ ㉡, ㉣ ④ ㉢, ㉣

ADVICE 〈보기 1〉의 공연장, 박물관, 미술관, 문화재 등의 시설을 이용하는 것과 관련된 우리나라 헌법의 기본원리는 문화 국가의 원리다. 문화 국가의 원리는 헌법 전문의 "유구한 역사와 전통에 빛나는" 부분과 헌법 제9조에서 규정하고 있는 문화의 보호 및 발전을 위한 국가의 노력, 헌법 제31조 제5항에서 규정하는 국가의 평생 교육 진흥이 해당한다.

ANSWER 16.④ 17.③ 18.①

19 〈보기〉의 ㈎는 X재 시장의 상황을 나타낸다. 〈보기〉 ㈏의 수요와 공급의 변동 요인을 통해 추론할 수 있는 X재 시장의 균형 가격과 균형 거래량의 변화로 가장 옳은 것은? (단, X재와 Y재는 모두 수요법칙과 공급법칙을 따른다.)

〈보기〉

㈎

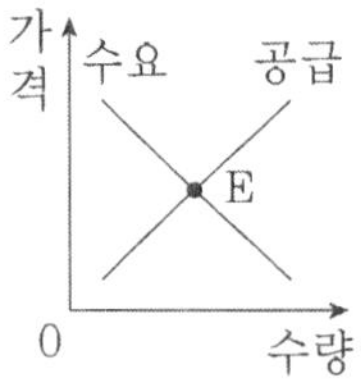

㈏

• 수요의 변동 요인 : X재와 대체재 관계에 있는 Y재의 가격이 상승하였다.
• 공급의 변동 요인 : 시설 설비의 첨단화로 인해 X재의 생산 기술이 향상되었다.
(단, 수요 곡선의 변동 폭이 공급 곡선의 변동 폭보다 더 크다.)

① 균형 가격은 상승하고, 균형 거래량은 증가한다.
② 균형 가격은 상승하고, 균형 거래량은 감소한다.
③ 균형 가격은 하락하고, 균형 거래량은 증가한다.
④ 균형 가격은 하락하고, 균형 거래량은 감소한다.

ADVICE X재와 대체재 관계에 있는 Y재의 가격이 상승하였으므로 X재의 수요는 증가하여 수요 곡선은 우측으로 이동한다. 시설 설비의 첨단화로 X재의 생산 기술이 향상되었으므로 공급 역시 증가하여 공급 곡선 또한 우측으로 이동한다. 한편, 수요 곡선이 더 크게 증가하였으므로 균형 가격과 균형 거래량 모두 증가한다.

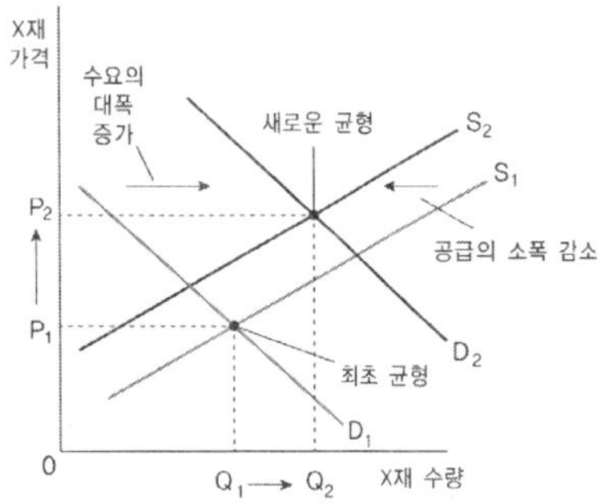

ANSWER

※ 대체재와 보완재

구분	대체재	보완재
의미	두 재화의 용도가 서로 비슷하여 한 재화 대신 다른 재화를 사용해도 만족감(효용)에 큰 차이가 없는 관계	두 재화를 서로 함께 사용(소비)할 때 만족감(효용)이 커지는 관계
특징	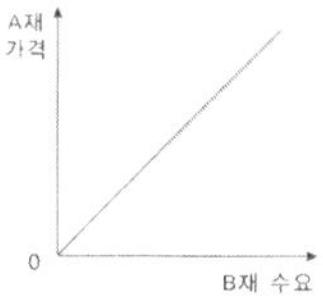 한 재화의 가격이 상승(하락)할 때 다른 재화의 수요가 증가(감소)	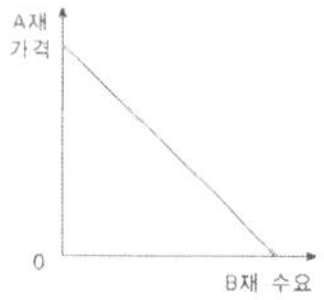 한 재화의 가격이 상승(하락)할 때 다른 재화의 수요가 감소(증가)
사례	커피와 홍차, 쇠고기와 돼지고기, 밥과 빵 등	피자와 콜라, 프린트와 잉크, 자동차와 휘발유 등

20 〈보기〉에 대한 설명으로 가장 옳은 것은?

〈보기〉

아래의 표는 갑(甲)국과 을(乙)국이 X재 1개와 Y재 1개를 각각 생산하는 데 필요한 노동자 수를 나타낸 것이다. (단, 양국은 X재와 Y재만을 생산하고 노동만을 생산 요소로 사용하며 양국이 보유한 노동자 수는 각각 100명이다.)

구분	갑(甲)국	을(乙)국
X재(1개)	4명	2명
Y재(1개)	5명	4명

① 갑(甲)국은 Y재를 최대 25개 생산할 수 있다.
② 갑(甲)국의 X재 1개 생산에 따른 기회비용은 Y재 5/4개이다.
③ 갑(甲)국은 X재에, 을(乙)국은 Y재에 비교우위를 가진다.
④ 을(乙)국은 X재 10개와 Y재 20개를 동시에 생산할 수 있다.

ADVICE 갑(甲)국과 을(乙)국의 X재와 Y재 생산에 필요한 노동량을 통해 을(乙) 국에 두 재화 모두 절대 우위가 있음을 알 수 있다. 기회비용을 통해 비교 우위를 살펴보면 다음과 같다.

구 분	갑국	을국
X재 1개 생산의 기회비용	Y재 4/5개=0.8개	Y재 2/4개=0.5개
Y재 1개 생산의 기회비용	X재 5/4개=1.25개	X재 4/2개=2개

이때, 양국이 보유한 노동자 수는 각각 100명이므로 을(乙)국은 X재 10개(20명)와 Y재 20개(80명)를 동시에 생산할 수 있다.
① 갑(甲)국은 Y재 1개를 생산하기 위해 5명이 필요하므로 최대 20개를 생산할 수 있다.
② 갑(甲)국의 X재 1개 생산에 따른 기회비용은 Y재 4/5개이다.
③ 갑(甲)국은 기회비용이 작은 Y재 생산에, 을(乙)국은 기회비용이 작은 X재 생산에 비교우위를 가진다.

ANSWER 19.① 20.④

2020. 7. 11. 인사혁신처 시행

1 (가), (나)에 대한 설명으로 옳은 것은?

> 정치 과정은 사회의 다양한 요구가 표출되는 [(가)], 정책 결정 기구가 정책을 수립하고 집행하는 [(나)], 산출된 정책에 대한 사회의 평가가 재투입되는 환류 과정을 의미한다.

① 정부가 국회에 법률안을 제출하는 것은 (가)에 해당한다.
② 정당이 공직 선거에 후보자를 공천하는 것은 (나)에 해당한다.
③ (가)가 (나)에 잘 반영될수록 시민들의 정치적 효능감이 높아진다.
④ 향리형 정치문화가 지배적인 사회에서는 (나)보다 (가)가 활성화된다.

ADVICE 정치 과정은 사회의 다양한 요구가 표출되는 투입(가)과 정책 결정 기구가 정책을 수립하고 집행하는 산출(나), 환류 과정을 거친다. 정치효능감이란 정치적 행위가 정치과정에 영향을 미치거나 미칠 수 있다는 신념이다. 투입이 산출에 잘 반영될수록 시민들의 정치적 효능감은 높아진다.

① 정부가 국회에 법률안을 제출하는 것은 정책 결정 기구의 결정이 흘러가는 과정이므로 산출에 해당한다.
② 정당은 정책 결정에 영향력을 행사하지만 정책 정당이 결정 기구는 아니다. 따라서 정당이 공직 선거에 후보자를 공천하는 것은 산출과는 무관하다.
④ 향리형 정치 문화는 전근대적인 전통 사회에서 나타나는 정치 문화로 투입과 산출에 대해 무관심하다

※ 데이비드 이스턴(D. Easton)의 정치 과정 모형

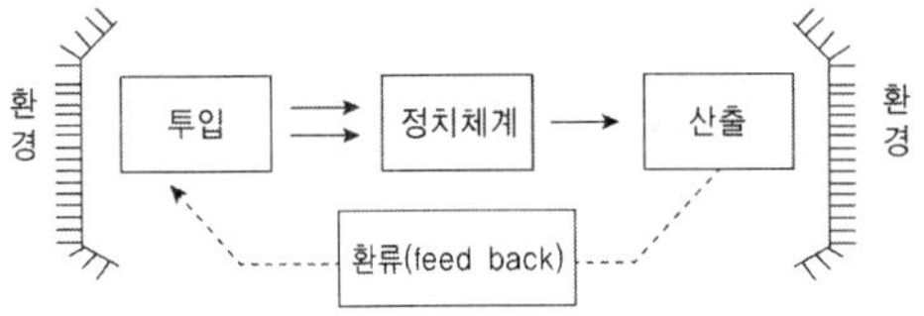

2 헌법상의 국가 기관 A, B에 대한 설명으로 옳은 것은?

> A : 정부의 권한에 속하는 중요한 정책을 심의하는 행정부 내 최고 심의 기관의 의장
> B : 국가의 세입 · 세출의 결산, 국가 및 법률이 정한 단체의 회계검사와 행정기관 및 공무원의 직무에 관한 감찰 등을 담당하는 기관

① A는 국무총리의 제청으로 대통령이 임명한다.
② A는 국민의 직접 선거로 선출되며, 임기는 5년이다.
③ B는 권한 쟁의 심판을 담당한다.
④ B는 사법부 소속의 독립성을 갖는 헌법 기관이다.

ADVICE A는 정부의 권한에 속하는 중요한 정책을 심의하는 국무회의의 의장인 대통령이다. B는 국가의 세입 · 세출의 결산, 국가 및 법률이 정한 단체의 회계검사와 행정기관 및 공무원의 직무에 관한 감찰 등을 담당하는 감사원이다. 대통령은 국민의 직접 선거로 선출되며, 임기는 5년이다.

① 대통령은 헌법 제67조 제1항에 따라 국민의 보통 · 평등 · 직접 · 비밀 선거로 선출한다.
③ 권한 쟁의 심판은 헌법재판소가 담당한다.
④ 감사원은 대통령 소속 기관이며 직무상 기능 면에서는 독립적으로 활동한다.
※ 국무회의 : 국무회의는 정부의 권한에 속하는 중요한 정책을 심의하는 헌법상 필수적 최고정책 심의기관으로 대통령 · 국무총리와 15인 이상 30인 이하의 국무위원으로 구성된다. 대통령은 국무회의의 의장이 되고 국무총리는 대통령을 보좌, 국무회의의 부의장이 된다.

ANSWER 1.③ 2.②

3 현행법상 지방자치단체 주민의 지방 자치 참여에 대한 설명으로 옳지 않은 것은?

① 주민은 법령으로 정하는 바에 따라 지방자치단체의 장 및 지방의회의원(비례대표 지방의회의원은 제외함)을 소환할 수 있다.

② 19세 이상의 주민은 지방자치단체와 그 장의 권한에 속하는 사무의 처리가 법령에 위반된다고 인정되면 「지방자치법」이 정하는 바에 따라 감사를 청구할 수 있다.

③ 국민인 주민은 법령으로 정하는 바에 따라 그 지방자치단체에서 실시하는 지방의회의원과 지방자치단체의 장의 선거에 참여할 수 있다.

④ 주민은 지방의회의 의결이 월권이거나 법령에 위반되거나 공익을 현저히 해친다고 인정되면 그 의결사항에 대해 재의를 요구할 수 있다.

ADVICE 지방의회의 의결이 월권이거나 법령에 위반되거나 공익을 현저히 해친다고 인정되면 주민이 아닌 지방자치단체장은 그 의결사항에 대해 재의를 요구할 수 있다.

① 주민은 법령으로 정하는 바에 따라 지방자치단체의 장 및 지방의회의원(비례대표 지방의회의원은 제외)을 소환할 수 있는데, 이를 주민소환이라고 한다.

② 19세 이상의 주민은 지방자치단체와 그 장의 권한에 속하는 사무의 처리가 법령에 위반된다고 인정되면 「지방자치법」이 정하는 바에 따라 감사를 청구할 수 있는데 이를 주민 감사 청구라고 한다.

③ 지방자치법 제13조 제2항에 따라 국민인 주민은 법령으로 정하는 바에 따라 그 지방자치단체에서 실시하는 지방의회의원과 지방자치단체의 장의 선거에 참여할 수 있다.

4 국회의 권한에 대한 설명으로 옳은 것은?

① 국회는 헌법 또는 법률에 특별한 규정이 없는 한 재적의원 3분의 1 이상의 출석과 출석의원 과반수의 찬성으로 의결한다.

② 국회는 국가 기관 구성과 관련하여 헌법재판소장 임명권 및 중앙선거관리위원회 위원장 선출권을 가진다.

③ 국회는 정부의 동의 없이 정부가 제출한 지출예산 각 항의 금액을 증가하거나 새 비목을 설치할 수 있다.

④ 국회는 국정을 감사하거나 특정한 국정사안에 대하여 조사할 수 있으며, 이에 필요한 서류의 제출 또는 증인의 출석과 증언이나 의견의 진술을 요구할 수 있다.

ADVICE 국회는 국정을 감사하거나 특정한 국정사안에 대하여 조사할 수 있으며, 이에 필요한 서류의 제출 또는 증인의 출석과 증언이나 의견의 진술을 요구할 수 있다.

① 국회는 헌법 또는 법률에 특별한 규정이 없는 한 재적의원 과반수의 출석과 출석의원 과반수의 찬성으로 의결한다.

② 헌법재판소장은 헌법재판관 중에서 국회의 동의를 얻어 대통령이 임명한다. 중앙선거관리위원회 위원장은 위원 중에서 호선한다.

③ 국회는 정부의 동의 없이 정부가 제출한 지출예산 각 항의 금액을 증가하거나 새 비목을 설치할 수 없다.

※ **국정감사와 국정조사** : 국정감사는 국회가 정기회 회기 중의 법정 기간 동안, 행정부의 국정 수행이나 예산 집행 등 국정 전반에 관한 상임위원회별로 법정된 기관에 대해 실시하는 감사다. 여기서 법정 기간은 정기국회 개회일 다음 날부터 20일 간이다. 국정 조사는 특별한 사안이나 특정 문제가 이슈 될 경우 국회 의결에 따라 수시로 실시하게 되는 점에서 구별된다.

5 그림의 (가) ~ (다)에 대한 설명으로 옳은 것은? (단, (가) ~ (다)는 고대 아테네 민주정치, 근대 민주정치, 현대 민주정치 중 하나이다)

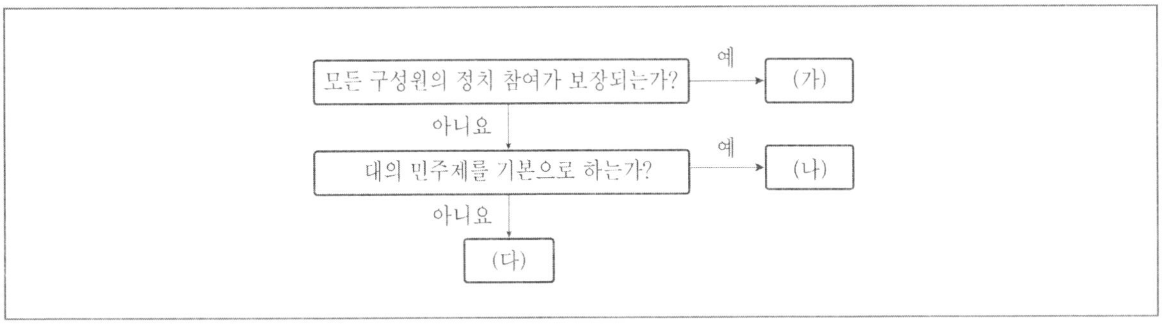

① (가)는 시민이 직접 국가를 운영하는 정치형태이다.
② (나)의 사상적 배경은 계몽사상과 사회계약설이다.
③ (가), (나)의 공통점은 보통 선거 제도를 확립한 것이다.
④ (가), (다)의 공통점은 여성의 정치 참여가 제도화된 것이다.

ADVICE "모든 구성원의 정치 참여가 보장되는가?"에 '예'로 답한 (가)는 현대 민주정치다. "대의 민주제를 기본으로 하는가?"에 '예'로 답한 (나)는 근대 민주정치, '아니요'로 답한 (다)는 고대 아테네 민주정치다.
근대 민주정치의 사상적 배경은 계몽사상과 사회계약설이며 시민 혁명을 통해 근대 사회가 도래하였다.
① 시민이 직접 국가를 운영하는 정치형태는 고대 아테네의 직접 민주정치다.
③④ 시민혁명의 한계를 극복하여 보통선거제를 확립하기 위한 차티스트 운동이 전개되었는데, 1832년부터 1928년까지 약 100년이라는 세월이 흘러 보통선거제도가 정착되 었다. 이는 현대 민주정치의 특징이다.

ANSWER 3.④ 4.④ 5.②

6 **국제법의 법원(法源) ㈎～㈐에 대한 설명으로 옳은 것은? (단, ㈎～㈐는 조약, 국제 관습법, 법의 일반 원칙 중 하나이다)**

> ㈎ 국내 문제 불간섭 원칙
> ㈏ 신의 성실의 원칙, 권리 남용 금지의 원칙
> ㈐ 한미 상호 방위 조약, 교토 의정서

① ㈎는 국제 행위 주체 간의 합의가 명시적 문서로 작성된 것이다.
② ㈏는 문명국들이 공통적으로 승인하여 따르는 법의 보편적인 원칙이다.
③ ㈐는 국제 사회의 관행이 국제 사회에서 법으로 승인된 것이다.
④ 우리나라에서 ㈎, ㈏가 국내법과 같은 효력을 갖기 위해서는 별도의 법적 절차를 거쳐야 한다.

ADVICE ㈎는 국제 관습법으로 국제 사회의 반복적 관행이 국제 사회에서 묵시적으로 승인되어 법적 효력을 지닌 규범을 의미한다. ㈏는 법의 일반 원칙으로 문명국들이 공통으로 승인하여 국내법에서 수용하고 있는 법의 보편적인 원칙을 의미한다. ㈐는 조약으로 국가 상호 간, 국제기구와 국가 간, 국제기구 상호 간에 체결하는 법적 구속력을 지닌 문서 형식의 합의 또는 약정이다.

① 국제 행위 주체 간의 합의가 명시적 문서로 작성된 것은 조약이다.
③ 국제 사회의 관행이 국제 사회에서 법으로 승인된 것은 국제 관습법이다.
④ 헌법 제6조 제1항에 따라 헌법에 의하여 체결 · 공포된 조약과 일반적으로 승인된 국내 법규는 국내법과 같은 효력을 지니므로 법적 절차가 필요하다. 다만, 국제 관습법과 법의 일반원칙은 별도의 법적 절차 없이 국내법과 같은 효력을 갖는다.

※ 국내법과 국제법

구분	국제법	국내법
제정 주체	당사국 간의 합의 또는 승인에 의해 제정	권위를 가진 입법부에 의해 제정
적용	다수 국가 사이에 적용되며 국가 상호 관계 또는 국제기구 등을 규율	한 나라의 주권이 미치는 범위
효력	중앙 정부가 없으므로 강제 집행 곤란, 구속력이 약하고 위반 시 제재에 한계	원칙적으로 국가 내의 모든 국민에게 효력을 미치며 구속력이 강하고 위반 시 제재 가능

7 다음 사례에 대한 설명으로 옳은 것은?

> • 법원은 ㅁㅁ법 일부 조항이 기본권 침해의 소지가 크다며 A에 (㉠)을 제청하였다.
> • △△법 위반으로 기소된 갑은 1심 재판 중 해당 법 조항에 대해 법원에 (㉡)을 신청한 후, 기각되자 A에 (㉢)을 청구하였다.

① A의 종국심리에 관여한 재판관 과반수가 찬성하면 해당 법률조항은 위헌으로 결정된다.
② 법원이 ㉠을 제청하기 위해서는 소송 당사자의 제청 신청이 있어야 한다.
③ 갑이 법원에 신청한 ㉡은 위헌법률심판 제청이다.
④ ㉠은 위헌법률심판이고, ㉢은 권한쟁의심판이다.

ADVICE 법원은 ㅁㅁ법 일부 조항이 기본권 침해의 소지가 크다며 A에 ㉠을 제청하였다. 여기서 ㉠은 위헌법률심판이다. △△법 위반으로 기소된 갑은 1심 재판 중 해당 법 조항에 대해 법원에 ㉡ 을 신청한 후, 기각되자 A에 ㉢을 청구하였다. 이때 ㉡은 위헌법률심판 제청이고 ㉢은 위헌심사형 헌법소원이다.

① A의 종국심리에 관여한 재판관 과반수가 아닌 재판관 6인 이상이 찬성하면 해당 법률조항은 위헌으로 결정된다.
② 법원이 ㉠을 제청하기 위해서는 소송 당사자의 제청 신청이 있을 경우에는 물론 직권으로 헌법재판소에 위헌법률심판을 제청할 수 있다.
④ ㉠은 위헌법률심판이고, ㉢은 위헌심사형 헌법소원이다.

ANSWER 6.② 7.③

8 밑줄 친 ㉠, ㉡에 대한 설명으로 옳은 것은?

> 갑과 을은 법률상의 부부이다. 혼인 생활을 유지하던 중 갑은 을의 심각한 부정행위를 알게 되어 을에게 ㉠ 협의상 이혼을 요구하였다. 하지만 을은 이를 거절하였고, 이에 갑은 가정법원에 ㉡ 재판상 이혼을 청구하였다.

① ㉠의 효력은 법원에서 이혼 의사 확인을 받은 즉시 발생한다.
② ㉠과 달리 ㉡에서만 을은 갑에게 재산 분할을 청구할 수 있다.
③ ㉠, ㉡ 모두 법원을 거쳐야만 혼인 관계를 해소할 수 있다.
④ ㉡은 법률로 정한 이혼의 사유나 원인을 필요로 하지 아니한다.

ADVICE ㉠의 협의상 이혼은 이유나 원인, 동기는 법적으로 규정되어 있지 않으며 이혼의사에 대한 합의를 필요로 한다. ㉡의 재판상 이혼은 민법 제840조에 규정된 사유가 있어야 한다. 협의상 이혼은 부부가 판사 앞에 출석하여 협의이혼의사를 확인받아야 하며, 재판상 이혼은 조정 또는 이혼소송 절차를 통해 확정된다. ㉠, ㉡ 모두 법원을 거쳐야만 혼인 관계를 해소할 수 있다.

① ㉠의 효력은 법원에서 이혼 의사 확인 및 이혼 숙려 기간 진행, 가정법원의 협의이혼의사 확인, 행정관청에 이혼신고를 해야 효력이 발생한다.
② 재산 분할은 협의상 이혼, 재판상 이혼 모두 행사할 수 있다.
④ 재판상 이혼은 법률로 정한 이혼의 사유나 원인을 필요로 한다.

※ 재판상 이혼

구분	내용	비고
의의	법이 정한 사유가 있는 경우 법원의 판결로써 강제로 이루어지는 이혼	
이혼 사유	배우자의 부정행위, 배우자의 악의의 유기, 배우자 또는 직계존속의 심히 부당한 대우, 자기의 직계 존속에 대한 배우자의 심히 부당한 대우, 배우자의 생사가 3년 이상 불분명한 경우, 그 밖에 혼인을 계속하기 어려운 중대한 사유	민법 제840조에 규정
이혼 절차	1. 재판상 이혼을 하려면 먼저 가정법원에 조정을 신청해서 조정절차를 거쳐야 함 2. 조정이 성립되지 않을 경우 이혼소송 절차로 이행 3. 이혼소송이 진행되면 변론절차를 거쳐 이혼여부에 대해 법원이 판결함 4. 조정이 성립되거나 판결이 선고되면 1개월 내 행정관청에 이혼신고	조정이 성립되면 이혼 판결을 받은 것과 동일효과 발생

9 밑줄 친 ㉠～㉣에 대한 설명으로 옳은 것은?

> 갑은 을에게 상해를 입힌 혐의로 체포되었다. 경찰은 갑을 ㉠구속 수사한 후 사건을 검찰에 송치하였고, 갑은 기소되었다. 그 이후 갑은 법원의 허가를 받아 ㉡석방되었고, 국민 참여 재판이 열렸다. ㉢1심 법원은 갑에게 ㉣징역 1년에 집행 유예 2년을 선고하였다.

① 검사가 영장실질심사를 한 후 ㉠ 여부를 결정한다.
② ㉡을 위해 갑은 구속적부심사를 법원에 청구하였다.
③ ㉢은 지방 법원 본원 합의부이다.
④ ㉣은 선고 후 2년이 지나면 형의 선고가 없었던 것으로 된다.

ADVICE 사례에서 ㉢의 1심 법원은 국민 참여 재판으로 열렸음이 나타난다. 국민 참여 재판은 특수 공무집행 방해 치사, 뇌물, 특수강도강간, 살인사건 등의 형사 재판만을 대상으로 한다. 또한 1심 사건 및 합의 관할 사건을 대상으로 한다. 이에 ㉢은 지방 법원 본원 합의부다.

① 영장 실질심사제도는 형사소송법에 규정된 피의자의 권리로 구속영장의 청구가 있으면 판사는 지체 없이 피의자를 심문하여 적부를 결정해야 한다.
② 구속적부 심사제는 구속의 이유가 부당하거나 적법하지 못할 경우 법관이 심사하여 이를 석방하는 제도로 피의자에게 인정되며 공소가 제기(기소)된 피고인에게는 인정되지 않는다. 만약 공소가 제기된 피고인이라면 보석제도를 활용해야 한다.
④ 집행유예는 유죄를 인정하여 형을 선고하되 일정한 요건 아래 형의 집행을 유예하고 문제없이 유예기간을 경과한 때에는 형 선고의 효력을 상실시키는 제도다.

ANSWER 8.③ 9.③

10 **다음 사례에 대한 법적 판단으로 옳은 것만을 〈보기〉에서 모두 고르면?**

> 갑은 노동조합에 가입하였다는 이유로, 을은 잦은 결근을 하였다는 이유로 모두 A 회사로부터 해고를 당하였다. 갑과 을은 각각 B 지방 노동 위원회에 구제신청을 하였는데, B 지방 노동 위원회는 갑의 구제신청은 받아들이고 을의 구제신청은 기각하는 결정을 하였다.

> 〈보기〉
>
> ㉠ 갑, 을 모두 지방 법원에 해고 무효 확인 소송을 제기할 수 있다.
>
> ㉡ 을은 B 지방 노동 위원회의 기각 결정 처분을 송달받은 날부터 10일 이내에 A 회사 사용자를 상대로 행정 소송을 제기할 수 있다.
>
> ㉢ B 지방 노동 위원회는 갑의 해고에 대해 부당노동행위가 성립한다고 판정한 때에는 A 회사 사용자에게 구제명령을 발하여야 한다.
>
> ㉣ A 회사의 노동조합은 갑과 을의 해고에 대해 B 지방 노동 위원회에 구제신청을 할 수 있다.

① ㉠, ㉢
② ㉠, ㉣
③ ㉠, ㉡, ㉢
④ ㉡, ㉢, ㉣

ADVICE 사례에서 갑은 노동조합 가입을 이유로, 을은 잦은 결근을 이유로 A회사로부터 해고를 당한 상황이다. 둘은 B지방 노동 위원회에 구제신청을 하였는데 갑의 구제신청만 받아들여졌다.

㉠ 갑과 을은 모두 해고를 당한 상태이므로 노동 위원회를 통한 구제 신청과 별개로 해고 무효 확인 소송(민사소송)을 제기할 수 있다.

㉢ 갑은 노동조합에 가입하였다는 이유로 해고를 당했다. B지방 노동 위원회는 갑의 해고에 대해 부당노동행위가 성립한다고 판정한 때에는 A 회사 사용자에게 구제명령을 발하여야 한다.

㉡ 지방노동위원회의 기각결정에 불복하는 경우 기각결정서를 통지받은 날부터 10일 이내에 중앙노동위원회에 재심을 신청할 수 있다.

㉣ 부당노동행위에 대해서는 노동조합이 지방 노동위원회에 구제 신청을 할 수 있으나 부당 해고의 경우에는 근로자만이 구제신청을 할 수 있다.

11 다음 대화를 통해 추론할 수 있는 개인과 사회를 바라보는 갑과 을의 관점으로 가장 적절한 것은?

> 갑 : 회사 실적을 올리기 위해 무엇보다 중요한 것은 직원 개개인의 능력입니다. 변화가 필요한 곳에 능력이 뛰어난 사람을 배치한다면, 반드시 좋은 성과를 낼 수 있을 것입니다.
> 을 : 아무리 뛰어난 직원이라도 현재 우리 회사의 조직 문화 속에서는 좋은 성과를 내기 어렵습니다. 회사의 실적을 올리기 위해 무엇보다도 시급한 것은 조직 문화를 개선하는 것입니다.

① 갑의 입장은 집단의 속성을 개인 속성의 총합과 같다고 본다.
② 갑의 입장은 개인주의와 자유주의를 토대로 하면서 사회 유기체설에 기반을 둔 주장과 일치한다.
③ 을의 입장은 사회가 개인들 간의 합의에 따라 움직인다고 본다.
④ 을의 입장은 사회를 개인의 행복과 자유를 추구하기 위한 단순한 수단으로 본다.

ADVICE 개인과 사회를 바라보는 관점으로써 갑은 직원 개개인의 능력을 강조하는데 이는 사회 명목론에 해당한다. 을은 사회사의 실적을 올리기 위해 조직 문화를 개선하자고 하므로 사회 실재론에 해당한다.
사회명목론에 따르면 개인만이 참다운 실재고 사회는 개인의 집합체에 붙여진 이름에 불과하다고 본다. 또한 집단의 속성은 개인의 속성의 총합과 같다고 본다.
② 사회명목론은 개인주의와 자유주의를 토대로 하나, 사회유기체설이 아닌 사회계약설에 기반을 두고 있다.
③ 사회가 개인들 간의 합의에 따라 움직인다고 보는 것은 개인의 속성을 강조한 것이므로 사회 명목론의 입장이다.
④ 사회를 개인의 행복과 자유를 추구하기 위한 단순한 수단으로 보는 것은 사회계약설의 입장으로 이는 사회명목론에 해당한다.

※ 사회명목론과 사회실재론

구분	사회명목론	사회실재론
내용	개인만이 참다운 실재이고 사회는 한낱 개인의 집합체에 붙여진 이름에 불과함	실재로 존재하는 것은 전체로서의 사회뿐이고 개인은 단지 사회의 구성원에 불과함
관점	개인의 우월성을 강조 (개인주의적 사회관)	사회의 우월성을 강조 (전체주의적 사회관)
특징	• 개인 이외에 전체사회의 존재나 구조적 특성은 인정치 않음 • 개인주의와 자유주의가 사상적 토대	• 개인보다 사회가 더 근원적인 실재자 • 전체는 개인들의 모임과는 구별되는 독자적 특성과 구속력을 가짐
관련분야	• 사회계약설 • 홉스(Hobbes, T), 로크(Locke, J), 루소(Rousseau, J.J)	• 사회 유기체설 • 콩트(Comte, A), 스펜서(Spencer, H), 뒤르켐(Durkheim, E)

ANSWER 10.① 11.①

※ 다음 글을 읽고 〈보기〉에서 옳은 것만을 모두 고르시오. 【12~13】

12

> • '골드 러시'라고 불리는 미국 서부 개척 시대였던 1853년, 한 독일 출신 청년이 광부들의 작업복이 쉽게 찢어지는 것을 보고, ㉠ 텐트용으로 생산된 두꺼운 천으로 바지를 만들기 시작하였다. 얼마 지나지 않아 이 바지는 광부들로부터 폭발적인 인기를 끌었고, 이 청년의 이름을 따서 바지 상표를 만들게 되었는데 이때부터 청바지의 역사가 시작되었다. ㉡ 우리나라에는 청바지가 6 · 25 전쟁 때 참전한 미군으로부터 소개된 후, 생맥주, 통기타 등과 어우러지면서 청년 문화의 상징이 되었다가 지금은 남녀노소 누구나 즐겨 입는 옷이 되었다.
>
> • 19세기 이후 서구 열강의 지배를 받은 아프리카의 많은 나라에 서양 문물이 전해졌는데, 그중에는 종교도 있었다. ㉢ 많은 선교사들이 아프리카로 건너가 기독교를 전파함으로써 ㉣ 아프리카 고유의 토속 신앙이 사라지고 서양 종교인 기독교로 종교가 대체되기도 하였다.

〈보기〉

㈎ ㉠은 알려지지 않았던 문화 요소를 찾아내는 발견에 해당한다.
㈏ ㉡은 외재적 변동에 해당한다.
㈐ ㉢은 간접전파에 해당한다.
㈑ ㉣은 문화변동의 결과 중 문화동화의 사례에 해당한다.

① ㈎, ㈐
② ㈏, ㈑
③ ㈎, ㈏, ㈐
④ ㈏, ㈐, ㈑

ADVICE ㉡ 문화의 외재적 변동이란 서로 다른 문화가 장기간에 걸쳐 접촉하게 됨에 따라 문화 요소간에 변동이 생기는 것으로 문화접변이 가장 대표적이다. 미군으로부터 청바지가 우리나라에 소개된 것은 외재적 변동에 해당한다.

㉣ 아프리카 고유의 토속신앙이 사라지고 서양 종교인 기독교로 종교가 대체(흡수)된 것은 문화접변의 양상 중 문화동화의 사례다.

㉠ 텐트용으로 생산된 두꺼운 천으로 바지를 만든 것은 알려지지 않았던 문화 요소를 찾아낸 발견이 아니라 새로운 문화 요소를 발명한 것이다.

㉢ 간접 전파는 매개체를 통한 전파인데 선교사들이 아프리카로 건너가 기독교를 전파한 것은 접촉에 따른 직접 전파다.

※ 문화접변의 양상

㉠ 문화병존 : 두 개의 이질적인 문화가 접촉을 하면서도 각각 자체 문화의 가치관과 특성을 그대로 유지하면서 한 사회 내에서 공존하는 문화현상을 의미한다.

㉡ 문화동화 : 여러 가지 독특한 하위문화를 가진 집단이 그 사회의 지배문화로 통합되는 문화현상을 의미한다.

㉢ 문화융합 : 두 개의 이질적인 문화가 오랜 기간 접촉하는 동안 각각 본래의 문화유형을 잃어가고 새로운 문화를 창조해 내는 문화현상, 즉 A문화와 B문화가 접촉하는 동안 C문화가 나타나는 현상을 말한다.

13

> 우리나라의 사회보장제도는 (㉠), (㉡), (㉢)(으)로 구성되어 있다. 이 가운데 (㉠)에 해당하는 대표적인 제도인 (㉣)은(는) 생활이 어려운 사람에게 생계급여, 주거급여, 의료급여, 교육급여 등 필요한 급여를 제공하여 이들의 최저생활을 보장하고 자활을 돕는 것을 목적으로 한다.
> 한편, (㉡)에 해당하는 대표적인 제도 중 하나인 (㉤)은(는) 업무와 관련하여 질병이나 장애를 얻거나 또는 사망할 경우, 본인의 치료비와 가족에게 생계비를 보장해 주는 제도이다.

〈보기〉

(가) ㉠은 소득 재분배 효과가 있지만, ㉡은 소득 재분배 효과가 없다.
(나) ㉠의 수혜자는 ㉢의 수혜자가 될 수 있다.
(다) 기초연금제도는 ㉡에 해당한다.
(라) ㉣은 국민기초생활보장제도이며, ㉤은 산업재해보상보험이다.

① (가), (다)
② (나), (라)
③ (다), (라)
④ (나), (다), (라)

ADVICE ㉣은 생활이 어려운 사람에게 생계급여, 주거급여, 의료급여, 교육급여 등 필요한 급여를 제공하여 이들의 최저생활을 보장하고 자활을 돕는 국민 기초 생활 보장 제도다. 이는 공공 부조에 해당하므로 ㉠은 공공부조다. ㉤은 업무와 관련하여 질병이나 장애를 얻거나 사망할 경우, 본인의 치료비와 가족에게 생계비를 보장해 주는 산업 재해 보상 보험이다. 따라서 ㉡은 사회 보험이다. 마지막으로 ㉢은 사회서비스다.

(나) 공공 부조와 사회서비스는 서로 다른 제도이므로 공공 부조의 수혜자가 사회서비스의 수혜자가 될 수 있다.
(라) ㉣은 국민기초생활보장제도이고, ㉤은 산업재해보상보험이다.
(가) ㉠의 공공 부조와 ㉡의 사회 보험은 모두 소득재분배 효과가 있다. 다만, 재원을 100% 정부나 지자체에서 마련하는 공공 부조의 소득재분배 효과가 더 크게 나타난다.
(다) 기초연금제도는 사회보험이 아닌 공공부조에 해당하는 제도다.

ANSWER 12.② 13.②

14 **자료수집 방법 A ~ C에 대한 설명으로 가장 적절한 것은? (단, A ~ C는 질문지법, 참여관찰법, 문헌연구법 중 하나이다)**

비교 항목	비교 결과
자료수집 방법의 구조화 · 표준화 정도	A〈C
조사대상자들의 상호작용 파악 용이성 정도	B, C〈A
오랜 시간이 경과되어 접근이 어려운 사회 · 문화 현상 탐구 용이성 정도	A, C〈B

※ 낮음 또는 작음〈높음 또는 큼

① A는 조사대상자와 연구자의 의사소통을 전제로 한다.
② B는 수집된 자료를 해석하는 과정에서 연구자의 주관이 개입될 여지가 있다.
③ C는 양적 자료보다 질적 자료의 수집에 적합하다.
④ A와 달리 C는 문맹자를 대상으로 자료를 수집할 수 있는 기법이다.

ADVICE 자료수집 방법의 구조화 · 표준화 정도가 높은 C는 질문지법이다. 조사대상자들의 상호작용 파악이 용이성이 가장 높은 A는 참여관찰법이다. 오랜 시간이 경과되어 접근이 어려운 사회 · 문화 현상 탐구 용이성 정도가 가장 높은 B는 문헌 연구법이다.

문헌연구법은 시간 및 비용 효율성이 높고 시간과 공간의 제약으로부터 자유로운 장점이 있는 반면, 문헌 해석 시 연구자의 주관적 가치가 개입될 수 있다. 또한 문헌의 정확성과 신뢰성이 확보되지 않을 경우 연구 전반의 신뢰도에 문제가 발생한다.

① 참여관찰법은 언어소통이 어려운 상황에서 자료를 수집하고자 할 때 유용하다. 조사대상자와 연구자의 의사소통을 전제로 하는 것은 면접법이다.
③ 질문지법은 자료를 수집하여 통계 분석할 때 쓰이며 개인적 태도나 의식을 조사하는 경우에도 활용된다.
④ 질문지법은 문맹자를 대상으로 자료를 수집하기가 어려운 반면, 참여관찰법은 문맹자를 대상으로도 자료를 수집할 수 있다.

15 다음은 갑국의 계층별 인구 구성 변화를 요약한 것이다. 이에 대한 분석으로 옳은 것은? (단, 갑국의 총인구는 2000년 이후 1,000만 명으로 변화가 없다)

> • 2005년 : 상층 인구보다 중층 인구는 4배 많고, 하층 인구는 상층 인구보다 5배 많다.
> • 2010년 : 2005년에 비해 상층 인구는 2배 증가했고, 하층 인구는 1/2로 감소하였다.
> • 2015년 : 2005년에 비해 중층 인구는 1/2로 감소했고, 하층 인구는 동일하다.

① 2005년의 계층 구조는 2015년과 달리 모래시계형이다.
② 2005년의 하층 인구는 같은 해 상층과 중층의 인구를 합한 것보다 많다.
③ 2010년의 상층 인구와 2015년의 상층 인구는 같다.
④ 2010년의 사회 구조가 2005년과 2015년에 비해 더 안정적이다.

ADVICE 2005년은 상층 인구가 10%, 중층 인구는 40%, 하층 인구는 50%를 구성하고 있다. 총인구가 1000만 명이므로 순서대로 100만 명, 400만 명, 500만 명이다.
2010년은 2005년에 비해 상층 인구는 2배 증가했고, 하층인구는 1/2로 감소하였다.
2015년에는 2005년에 비해 중충 인구는 1/2로 감소했고, 하층 인구는 동일하다.
2005년~2015년의 인구 구성 변화를 표로 정리하면 다음과 같다.

(단위 : 만 명)

구분	2005년	2010년	2015년
상층	100	200	300
중층	400	550	200
하층	500	250	500

①④ 2010년은 중충이 가장 많은 다이아몬드형 계층구조를 보이며 2005년의 피라미드형과 2015년의 모래시계형 구조와 비교하여 안정적인 구조를 보이고 있다.
② 2005년의 하층 인구는 500만 명으로 같은 해 상층(100만 명)과 중층(400만 명) 인구를 합한 500만 명과 같다.

ANSWER 14.② 15.④

16 **물가가 지속적으로 상승하는 현상이 발생할 경우, 일반적으로 나타날 수 있는 경제 상황에 대한 추론으로 옳은 것만을 모두 고르면?**

> ㉠ 채권자는 유리해지고 채무자는 불리해진다.
> ㉡ 환율의 변화가 없는 경우, 경상수지가 악화된다.
> ㉢ 고정된 임금을 받는 가계의 실질소득이 감소하게 된다.
> ㉣ 실물 자산을 보유한 사람이 화폐 자산을 보유한 사람에 비해 불리해진다.

① ㉠, ㉡　　② ㉠, ㉣

③ ㉡, ㉢　　④ ㉢, ㉣

ADVICE 물가가 지속적으로 상승하는 현상은 인플레이션이다.

㉡ 물가가 상승함에 따라 상품가격이 오를 경우 수출이 감소하게 된다. 반면 값싼 수입품을 들여옴에 따라 경상수지는 악화된다.

㉢ 상승하는 물가에 대비하여 임금이 고정되어 있을 경우 가계의 실질소득은 감소하게 된다.

㉠ 인플레이션이 발생할 경우 채무자가 유리해지고 채권자는 불리해진다.

㉣ 물가가 상승할 경우 실물 자산의 가격은 상승한다. 화폐 자산을 보유한 사람보다 실물 자산을 보유한 사람이 유리해진다.

※ 인플레이션의 유형과 대책

구분	수요 견인 인플레이션	비용 인상 인플레이션
의미	• 총수요 증가로 인한 물가 상승 • 주로 경기 호황기에 발생 • 총수요곡선은 우측 이동하여 물가 상승, 실질 GDP 증가 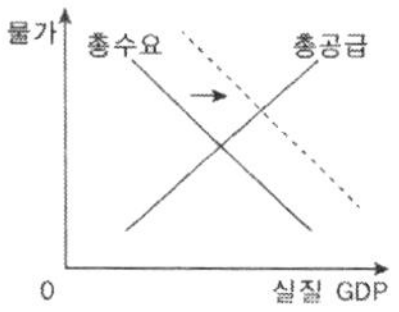	• 비용 인상 또는 총공급 감소로 인한 물가 상승 • 주로 경기 침체기에 발생하며 스태그플레이션 현상이 발생할 수 있음 • 총공급곡선은 좌측 이동하여 물가 상승, 실질 GDP 감소 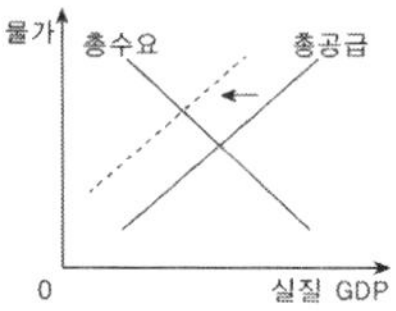
원인	• 소비 증가, 투자 증가 • 정부 지출 증가, 통화량 증대 • 순수출 증가	• 원자재 가격, 원유 가격 등의 생산비 상승 • 노동조합의 과도한 임금 인상 • 기업의 이윤 인상
대책	• 총수요 억제 • 긴축(흑자) 재정 정책, 긴축 금융 정책(조세 징수 증대, 정부 지출 축소, 통화량 감축) • 기업의 불필요한 투자 억제 • 가계의 과소비 억제	• 총공급 증가 • 기술 혁신, 경영 혁신을 통한 기업의 비용 절감 • 생산성을 초과하는 과도한 임금 인상 요구 억제 • 에너지 가격, 부동산 임대료 등의 상승억제

17 그림은 X재 시장의 균형점 E의 이동 방향을 나타낸 것이다. 이에 대한 설명으로 옳은 것은?

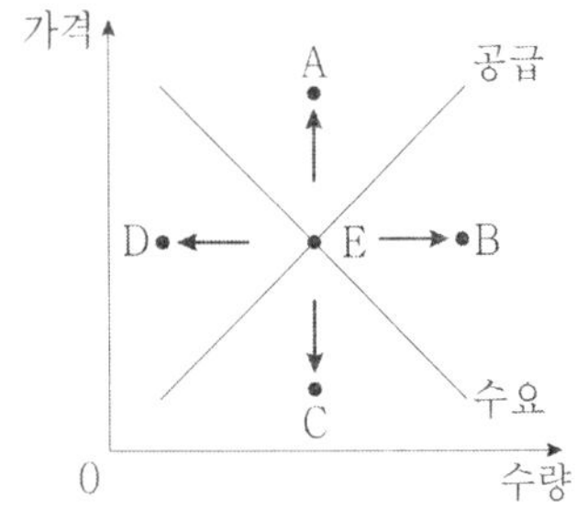

① X재의 생산 기술이 발전하고 X재에 대한 수요자의 선호가 감소하면, E는 A로 이동할 수 있다.
② X재의 생산 기술이 발전하고 X재 수요자의 소득이 증가하면, E는 B로 이동할 수 있다.
③ X재의 원자재 가격이 하락하고 X재의 대체재 가격이 상승하면, E는 C로 이동할 수 있다.
④ X재의 원자재 가격이 상승하고 X재의 보완재 가격이 하락하면, E는 D로 이동할 수 있다.

ADVICE X재의 생산 기술이 발전하면 공급은 증가하게 된다. 또한 X재 수요자의 소득이 증가할 경우 수요가 증가하는데, 만약 수요와 공급 증가의 폭이 같다면 E에서 B로 이동할 수 있다.
① 균형점이 E에서 A로 이동하려면 수요는 증가하고, 공급은 감소해야 한다.
③ 균형점이 E에서 C로 이동하려면 수요는 감소하고, 공급은 증가해야 한다.
④ 균형점이 E에서 D로 이동하려면 수요는 감소하고, 공급도 감소해야 한다.

ANSWER 16.③ 17.②

18 그림은 조세를 세율의 적용 방식에 따라 두 가지 유형 A와 B로 구분하여 나타낸 것이다. 이에 대한 설명으로 가장 적절한 것은?

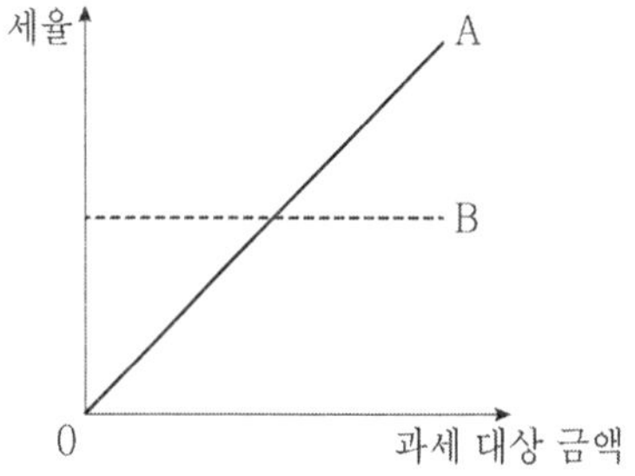

① 부가 가치세에는 주로 A가 적용된다.

② 법인세와 개인소득세에는 주로 B가 적용된다.

③ 직접세는 일반적으로 A보다는 B를 적용한다.

④ 소득 재분배 효과는 B에서보다 A에서 크게 나타난다.

ADVICE A는 과세 대상 금액에 따라 높은 세율이 적용되는 누진세다. B는 과세 대상 금액에 상관없이 일정한 세율이 적용되는 비례세다. 소득 재분배 효과는 비례세보다 누진세에서 크게 나타난다.

① 부가 가치세에는 비례세가 적용된다.

② 법인세와 개인소득세는 누진세가 적용된다.

③ 직접세는 납세자와 담세자가 일치하는 조세로 소득의 원천(수입)에 세금을 부과하는데 누진세를 적용한다.

19 표는 총수요나 총공급의 변동이 국민 경제 균형에 미치는 영향을 나타낸다. 이에 대한 설명으로 옳은 것은? (단, 총수요 곡선은 우하향하며 총공급 곡선은 우상향한다. 또한 A, B는 총수요, 총공급 중 하나이다)

구분	균형 물가 수준	균형 실질 GDP
A만 증가	상승	㉠
B만 감소	상승	㉡
㈎	하락	증가

① A는 총공급, B는 총수요이다.

② ㉠과 ㉡은 모두 '증가'이다.

③ ㈎에는 'B만 증가'가 들어갈 수 있다.

④ 정부 지출의 증가는 ㈎의 원인이다.

ADVICE 총공급은 변화가 없고 총수요만 증가할 경우 균형 물가는 상승하므로 A는 총수요다. 총수요는 변화가 없고 총공급만 감소할 경우에도 균형 물가는 상승하므로 B는 총공급이다.

총수요는 변화가 없고 총공급만 증가할 경우 균형 물가는 하락하고 균형 실질 GDP는 증가하므로 (가)에는 'B만 증가'가 들어갈 수 있다.

① A는 총수요, B는 총공급이다.

② A만 증가할 경우 균형 실질 GDP는 증가하고, B만 증가할 경우 균형 실질 GDP는 감소한다.

④ 정부 지출은 총수요를 구성하며 정부 지출이 증가할 경우 총수요는 증가한다. 이 경우 물가는 상승하고, 실질 GDP도 상승하므로 (가)의 원인으로서 부적절하다.

20 **그림은 가격이 2% 상승했을 때 각 재화의 수요량 변화율을 나타낸 것이다. 이에 대한 분석으로 옳은 것은?**

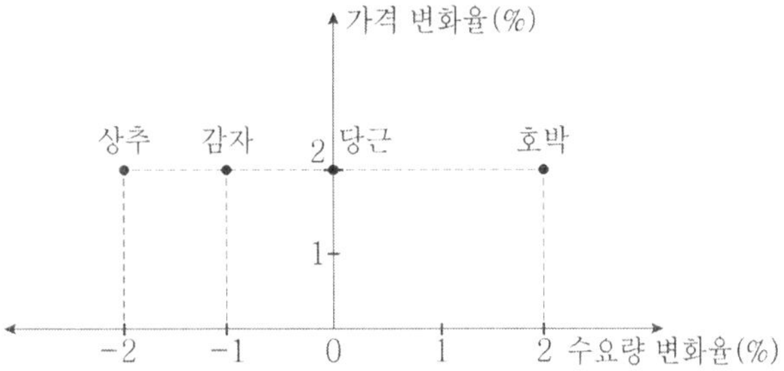

① 감자와 호박의 판매수입은 각각 증가하였다.

② 당근의 수요는 가격에 대해 완전 탄력적이다.

③ 상추 판매수입은 감소하고, 당근 판매량은 감소하였다.

④ 상추의 수요는 가격에 대해 탄력적이다.

ADVICE 가격이 2% 상승했을 때 감자의 수요량 변화율은 -1%이므로 수요의 가격 탄력성은 비탄력적이다. 비탄력적 수요를 보이는 상품의 경우 가격을 올릴 경우 판매수입은 증가한다. 호박의 경우 가격이 2%올랐음에도 수요량이 2%올랐으므로 판매 수입은 증가하며 수요 법칙이 적용되지 않은 상품이다.

② 당근은 가격이 2% 상승했음에도 수요량의 변화율이 변화가 없으므로 수요의 가격 탄력성은 완전 비탄력적이다.

③④ 가격이 2% 상승했을 때 상추의 수요량의 변동률은 -2%로 수요의 가격 탄력성은 단위 탄력적이다. 이 경우 판매 수입의 변화는 없다. 당근의 경우는 완전 비탄력적 수요를 보임에 따라 판매량의 변화가 없다.

ANSWER 18.④ 19.③ 20.①

2021. 4. 17. 인사혁신처 시행

1 **다음 질문에 대한 (가)와 (나)의 답변은 정치의 의미를 이해하는 다른 방식을 나타낸다. 이에 대한 설명으로 옳은 것은?**

질문	(가)	(나)
쓰레기 분리수거 문제로 갈등을 겪고 있는 아파트 입주민들의 회의를 정치 현상으로 보는가?	예	아니요

① (가)는 다원화된 현대 사회의 정치 현상을 설명하기 어렵다.
② (가)는 공공시설 설치 지역 선정을 둘러싼 지방자치단체 간의 갈등을 정치 현상으로 본다.
③ (나)는 가족 간 유산 상속을 둘러싼 갈등을 정치 현상으로 본다.
④ (나)는 국회의원의 입법 활동을 정치 현상으로 보지 않는다.

ADVICE (가) 집단현상설 : 정치를 국가뿐 아니라 모든 사회 집단 활동에서 일어나는 보편적 현상으로 여긴다.
(나) 국가현상설 : 정치를 국가에서 일어나는 특별한 현상으로 보는 입장으로, '정치'의 개념을 좁혀서 생각한다.
① 국가현상설 ③ 집단현상설 ④ 국가현상설

2 **우리나라의 시대별 국제 관계 변화에 대한 설명으로 옳지 않은 것은?**

① 1970년대 냉전 체제의 강화로 공산 진영을 배제한 채 미국 중심의 자유 진영 국가와 우호 관계를 구축하였다.
② 1980년대 후반에는 북방 외교 정책을 펼쳐 구소련, 중국 등 공산권 국가와 관계 개선을 추진하였다.
③ 1990년대 탈냉전 흐름 속에서 안보 외교를 유지하면서도 실리를 중시하는 외교를 추구하였다.
④ 2000년 이후 공적 개발 원조(ODA) 지원 규모의 증가 추세 속에서 개발 원조 위원회(DAC) 회원국이 되었다.

ADVICE ① 1969년에 미국 대통령 닉슨이 닉슨 독트린을 세계에 선포하면서 냉전 완화가 시작되었다. 닉슨 독트린은 우호국과의 협력, 미국의 중대 이익을 위협하는 국가에 대한 힘에 의한 대처, 평화를 위한 필요조건으로서의 교섭 의무를 기본 원칙으로 한다.

3 다음은 갑국의 선거구제 변화를 나타낸 것이다. 이러한 변화의 결과에 대한 옳은 추론만을 〈보기〉에서 모두 고르면?

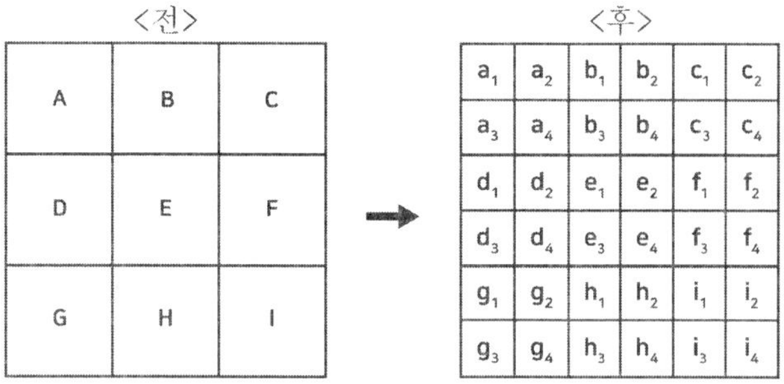

※ 갑국은 시기별 하나의 선거구제를 채택하고 있으며, 지역구만 존재한다. 또한 선거구제 변화 전후의 총의원수는 36명으로 같다.

〈보기〉

㉠ 유권자와 대표 간 유대 관계 형성이 어려워진다.
㉡ 군소 정당의 난립으로 정국이 불안해질 수 있다.
㉢ 유권자가 후보자에 대한 상세한 정보를 얻기 유리하다.
㉣ 사표 발생 증가로 정당 득표율과 의석률의 격차가 커진다.

① ㉠, ㉡　　② ㉠, ㉢
③ ㉡, ㉣　　④ ㉢, ㉣

ADVICE 갑국의 선거 제도는 중 · 대선거구제에서 소선거구제로 변경되었다.
㉠, ㉡. 중 · 대선거구제에 관한 설명이다.
※ 중 · 대선거구제와 소선거구제 특징

구분	중대선서구	소선거구
장점	• 선거관리용이, 선거비용절약 • 다수당 출현 유리 • 후보자 파악 유리 • 대표의 원리 충실	• 사표감소 • 군소정당 원내 진출 용이 • 전국적 인물 당선 가능 • 인물 선택 범위 넓음
단점	• 사표가 많아짐, 소수당 불리 • 부정선거, 선거구 조작 가능 • 지역적 인물 당선 유리	• 과도한 선거비용, 후보자 난립 • 군소정당 난립시 정국불안 • 후보자 인물파악 곤란

ANSWER 1.② 2.① 3.④

4 **다음은 복수 정당제 유형 ㈎와 ㈏의 일반적 특성을 비교한 것이다. 이에 대한 설명으로 옳은 것은?**

질문	㈎	㈏
국정 운영의 책임 소재가 명확한가?	아니요	예
다양한 의견을 반영하기에 유리한가?	예	아니요

① ㈎이면서 의원내각제를 채택한 국가의 경우 연립 정부가 구성되는 일이 흔히 발생한다.

② ㈎에서는 정당 간 대립이 발생할 때 중재가 비교적 어렵다.

③ ㈏인 국가에는 2개의 정당만 존재한다.

④ ㈏가 ㈎보다 민주적이다.

ADVICE ㈎ 다당제 ㈏ 양당제

② 다당제에서는 정당 간 대립이 발생할 때 중재가 비교적 쉽다.

③ 양당제는 '의회 내에서 영향력을 미치는 정당'이 2개가 있는 제도이다.

④ 양당제와 다당제는 둘 다 민주적이다.

※ 다당제와 양당제의 특징

	양당제	다당제
의미	정당이 둘 또는 그 이상 있어도 비슷한 세력을 가진 2개 정당이 상호 비판과 견제를 통해 교제하면서 독자적으로 집권	다수 정당의 분립으로 의회 내 과반수 의석을 차지한 정당이 없을 때 연립 내각을 구성하여 집권
장점	• 정국의 안정 • 책임 정치의 실현 • 평화적인 정권 교체 용이 • 과반수 정당의 존재로 국회 운영 원활 • 공약 및 정책 비교가 쉬워 유권자의 정당 선택이 용이	• 국민의 다양한 의견 반영 용이 • 소수자의 이익 보호 • 정당 간 대립 시 제3당에 의하여 조정 용이 • 정당 선택의 폭이 넓음
단점	• 국민의 다양한 의견 반영 곤란 • 다수당의 횡포로 소수 이익 무시 • 대립시 정국의 극한 대립 우려	• 군소 정당의 난립으로 정국의 불안정 우려 • 강력한 정책의 시행 곤란 • 정당 간 연합으로 책임 소재 불분명 • 인물 본위의 정치가 되기 쉬움
국가	미국, 영국, 캐나다	프랑스, 독일, 일본, 이탈리아

5 우리나라 국회에 대한 설명으로 옳은 것은?

① 국회는 의장 1인과 부의장 2인을 선출하고, 그 임기는 4년이다.
② 20인 이상의 소속 의원을 가진 정당만이 하나의 교섭단체를 구성할 수 있다.
③ 국회는 헌법개정안이 공고된 날로부터 60일 이내에 의결하여야 하며, 국회의 의결은 재적의원 3분의 2 이상의 찬성을 얻어야 한다.
④ 국회 회의의 원칙에 따라 한 회기 중에 의결하지 못한 법률안이나 의안은 다음 회기에 다시 심의하지 못한다.

ADVICE ① 국회는 의장 1인과 부의장 2인을 선출하고, 그 임기는 2년이다.
② 20인 이상의 소속 의원을 가진 정당이 하나의 교섭단체를 구성할 수 있지만, 20인 이하의 의원으로 단독으로 교섭단체를 구성할 수 없을 때에는 다른 교섭단체에 속하지 않은 의원 20인이 모여 교섭단체를 구성할 수 있다.
④ 국회 회의의 원칙에 따라 한 회기 중에 의결하지 못한 법률안이나 의안은 다음 회기에 제출되어 의결할 수 있다.

6 근로 3권에 대한 설명으로 옳지 않은 것은?

① 근로 3권은 근로자가 사용자와 대등한 지위에서 근로관계를 형성할 수 있도록 해준다.
② 사용자가 불공정한 방법으로 근로 3권을 침해하는 것은 부당노동행위에 해당한다.
③ 근로자는 근로조건 이외에도 사용자의 경영 전반에 걸쳐 제약 없이 단체교섭권을 행사할 수 있다.
④ 단체행동권의 정당한 행사에 따른 사용자의 손해에 대해 근로자는 법적 책임이 없다.

ADVICE ③ 노조법 제2조 정의규정에 의거 단체교섭의 대상이 되는 사항은 근로조건의 유지개선에 관한 사항으로 임금 · 근로시간 · 취업장소 · 휴식 · 휴일 · 휴가 · 퇴직 · 해고기준에 관한 근로조건의 유지 개선에 관한 사항인 것이다. 또한 재해보상, 휴게실, 구내식당, 복리후생등에 관한 사항 또한 근로조건과 관련된 사항으로 교섭대상이 된다. 이러한 규범적 조항은 실무교섭에서 처리하는 것이 보통이며 만일 사용자가 교섭을 거부하면 부당노동행위가 된다. 단체교섭의 절차에 관한 사항, 노동쟁의(평화조항포함)에 관한 사항, 고충처리, 노동조합활동에 관한 사항, 취업시간내의 조합활동에 관한 사항, 비조합원의 범위, 조합전임자에 사항은 협약의 채무적 조항으로서 본교섭(상급단체)에서 처리하는 것이 바람직하며, 만일 사용자가 교섭을 거부한다고 해도 부당노동행위가 성립하지 않는다.
그러나 경영권 및 인사권에 관한 사항 또는 사회전반의 문제점에 관한 사항, 예를 들면 관리자를 해고하라는 요구, 해고자의 복직요구, 구속자석방, 학교의 투명경영요구의 경우에는 교섭사항이 될 수 없으며, 이러한 내용으로 교섭을 요구할 때에는 이를 시정토록 요구하여야 하고, 시정하지 않을 경우에는 교섭을 거부할 수 있다.

ANSWER 4.① 5.③ 6.③

7 **다음 〈사례〉에 대한 법적 판단으로 옳은 것만을 〈보기〉에서 모두 고르면?**

〈사례〉

- 14세인 갑은 배고픔을 참지 못하고 빵집에서 빵을 훔쳤다.
- 을은 빚을 갚지 않고 해외로 도망가는 채무자를 공항에서 강제로 붙잡았다.
- 병은 갑자기 나타나 달려드는 맹견을 피하기 위해 대문이 열린 남의 집으로 들어갔다.
- 정은 친구의 가방에서 돈을 훔쳤는데 친구는 그 사실을 알지 못했다.

〈보기〉

㉠ 갑은 책임능력이 없다.
㉡ 을의 행위는 자구행위에 해당하여 위법성이 조각될 수 있다.
㉢ 병의 행위는 긴급피난에 해당하여 위법성이 조각될 수 있다.
㉣ 정의 행위는 절도죄의 구성요건에 해당하지 않는다.

① ㉠, ㉡ ② ㉠, ㉣
③ ㉡, ㉢ ④ ㉢, ㉣

ADVICE ㉠ 갑은 14세로 형사미성년자가 아니므로 책임능력이 있다.
㉣ 정의 행위는 절도죄의 구성요건에 해당한다.
※ 절도죄의 구성요건
㉠ 재물
㉡ 재물의 타인성
㉢ 절취행위

8 **밑줄 친 ㉠, ㉡에 대한 설명으로 옳은 것은?**

- 갑은 같은 회사 직원 병에게 폭행을 당해 상해를 입어 형사고소를 하였다. 갑은 민사소송 제기 없이 형사재판에서 신속하고 간편하게 손해배상을 받기 위해 ㉠ <u>배상명령제도</u>를 활용하려 한다.
- 을은 살인 혐의로 구속기소되어 재판을 받던 중 진범이 잡혀 무죄로 석방되었다. 억울한 을은 ㉡ <u>형사보상제도</u>를 활용하여 피해를 보상받으려 한다.

① 갑이 ㉠을 통해 손해배상을 받기 위해서는 병이 당해 재판에서 유죄판결을 받아야 한다.
② 불구속 수사 후 무죄취지의 불기소처분을 받은 사람도 ㉡을 활용할 수 있다.
③ 구속 재판을 받은 피고인이 집행유예 확정판결을 받은 경우 ㉡을 통해 보상을 청구할 수 있다.
④ ㉠, ㉡ 모두 국가가 범죄 피해자 보호를 위해 보상 또는 배상을 하는 제도이다.

ADVICE ② 불구속 수사 후 무죄취지의 불기소처분을 받은 사람은 형사보상제도를 활용할 수 없다.
③ 집행유예는 유죄 판결로, 유죄 판결을 받은 경우 형사보상제도를 이용할 수 없다.
④ 국가가 범죄 피해자 보호를 위해 보상 또는 배상을 하는 제도는 범죄 피해자 보호 제도이다. 형사보상제도는 범죄자로 오인 받은 사람을 보호하기 위한 제도이다.

9 **다음 사례에 대한 법적 판단으로 옳지 않은 것은?**

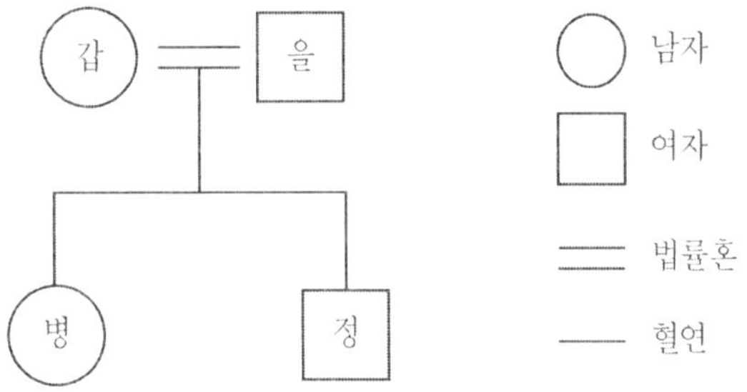

갑과 을은 혼인 신고 후 자녀 병과 정을 낳고 살고 있었다. 어느 날 갑과 병이 큰 교통사고를 당하여 시차를 두고 두 사람 모두 사망하였다. 사망 당시 갑과 병의 전 재산은 각각 14억 원이었으며, 별도의 유언은 없었다.

① 갑이 먼저 사망한 경우 정은 갑 사망 시 갑의 재산 중 4억 원을 상속받는다.
② 병이 먼저 사망한 경우 을은 병 사망 시 병의 재산 중 7억 원을 상속받는다.
③ 갑이 먼저 사망하고 나서 병이 나중에 사망한 경우 을은 최종적으로 24억 원을 상속받는다.
④ 병이 먼저 사망하고 나서 갑이 나중에 사망한 경우 정은 최종적으로 10억 5천만 원을 상속받는다.

ADVICE ④ 병이 먼저 사망한 경우 법정 상속인은 갑, 을로, 각각 7억을 받게 되어 갑의 재산은 21억이 된다. 갑의 사망으로 받는 정의 법정 상속액은 21억의 $\frac{1}{2.5}$이므로, 8억 4천이다.

ANSWER 7.③ 8.① 9.④

10 다음 A ~ C에 해당하는 국제연합의 주요 기관에 대한 설명으로 옳은 것은?

> • (A)는 국제연합의 모든 회원국으로 구성되며 국제연합의 활동범위에 속하는 문제에 대해 토의, 권고하는 권한을 지닌다. 주권평등원칙에 따라 안건을 의결할 때, 1국 1표를 행사한다.
> • (B)는 5개 상임이사국과 10개 비상임이사국으로 구성된다. 국제연합의 신속하고 효과적인 조치를 확보하기 위하여, 국제연합의 회원국은 국제평화와 안전의 유지를 위한 일차적 책임을 (B)에 부여한다.
> • (C)는 국제연합의 주요한 사법 기관이다. (C)는 국가 간 분쟁에 대해 국제법에 따른 판결을 내릴 수 있다.

① A는 국제연합의 실질적 최고 의사결정기구이다.
② B는 중요 문제에 대해 5개 상임이사국이 모두 포함된 9개국 이상의 찬성으로 의사를 결정한다.
③ C는 서로 다른 국적의 15인 재판관으로 구성되며 강제적 관할권을 가진다.
④ C는 판결을 이행하지 않는 당사국에 대하여 직접 제재를 가할 수 있다.

ADVICE A 총회 B 안전보장이사회 C 국제 사법 재판소
① 총회는 국제연합의 형식적 최고 의사결정기구이다.
③ 국제 사법 재판소는 서로 다른 국적의 15인 재판관으로 구성되나 강제적 관할권을 가지지는 않는다.
④ 국제 사법 재판소는 판결을 이행하지 않는 당사국에 대하여 직접 제재를 가할 수 없다.

11 사회 변동의 방향을 설명하는 이론 (가), (나)에 대한 설명으로 옳은 것은?

> (가) 사회는 일정한 방향으로 진보하는데, 사회마다 속도의 차이는 있지만 결국 모든 사회가 같은 경로로 변동한다.
> (나) 사회는 특정한 방향으로 지속해서 진보하는 것이 아니라, 발전과 퇴보를 반복하며 변동한다.

① (가)는 사회 변동을 운명론적 시각으로 바라본다.
② (나)는 사회가 이전보다 발전된 모습으로 변동한다고 본다.
③ (가)는 (나)와 달리 인간의 주체적 행동을 과소평가한다는 비판을 받는다.
④ (나)는 (가)와 달리 미래의 사회 변동을 예측하여 대응하기에 적합하지 않다는 비판을 받는다.

ADVICE (가) 진화론 (나) 순환론

① 순환론 ② 진화론 ③ 순환론

※ 진화론과 순환론

㉠ 진화론 : 로스토는 모든 사회가 일정한 단계를 거쳐 경제 성장을 이룩할 수 있다고 주장하며, 경제 성장 5단계론을 제시하였다. 이는 경제 성장이 1단계(전통 사회 단계)→2단계(도약 준비 단계)→3단계(도약 단계)→4단계(성숙기)→5단계(대량 소비 단계)를 거친다는 것이다.

㉡ 순환론 : 슈펭글러는 모든 사회가 생물 유기체의 생애 과정과 같이 변동하게 된다고 주장하였다. 그는 사회가 성장, 발전, 노쇠, 몰락의 단계를 거치며, 여러 문명들이 이와 유사한 단계를 밟는다고 주장하였다. 따라서 문명들은 서로 비교하면 어떤 사회가 어떤 단계에 이르렀는지 알 수 있다고 보고, 이를 근거로 서양 문명의 몰락을 주장하였다.

12 다음 사례에 나타난 문화 변동에 대한 설명으로 옳은 것은?

> A국은 오랜 전쟁 끝에 B국을 정복하고 식민통치하였다. 식민통치 하에서 B국 사람들이 자연스럽게 A국의 의복을 받아들이면서, B국의 고유한 의복은 자취를 감추고 A국의 의복으로 대체되었다. 또한 A국에서는 B국의 고유한 향신료를 A국 전통음식에 접목시킨 새로운 음식을 만들어 즐기게 되었다.

① A국에서는 문화 융합, B국에서는 문화 동화가 발생하였다.

② A국과 달리 B국에서는 간접 전파에 의한 문화 변동이 발생하였다.

③ B국과 달리 A국에서는 강제적 문화 접변으로 문화 변동이 발생하였다.

④ A, B국 모두 내재적 요인에 의한 문화 변동이 발생하였다.

ADVICE ② A국과 B국 모두 직접 전파에 의한 문화변동이 발생하였다.

③ A국과 B국 모두 강제적 문화 접변이 일어나지 않았다.

④ A, B국 모두 외재적 요인에 의한 문화 변동이 일어났다.

※ 문화변동 양상

㉠ 문화융합 : 두 문화의 접촉 과정에서 새로운 제3의 문화가 형성되는 것

㉡ 문화접변 : 두 문화 간에 장기간에 걸친 전면적인 접촉을 통해 이루어지는 변동

㉢ 문화 동화 : 토착 문화가 외래문화 체계에 흡수되거나 대체되는 것

㉣ 문화 공존 : 새로운 문화 요소와 기존의 문화 요소가 고유한 성격을 잃지 않고 한 사회 내에서 함께 존재하는 것

㉤ 문화 진화 : 장기간에 걸친 점진적인 변동

㉥ 문화 개혁 : 단기간에 인위적인 노력에 의한 변동

㉦ 문화 접변 : 두 문화 간에 장기간에 걸친 전면적인 접촉을 통해 이루어지는 변동

ANSWER 10.② 11.④ 12.①

13 다음 연구에 대한 설명으로 옳은 것만을 〈보기〉에서 모두 고르면?

- 연구 목적 : 청소년의 ㉠학교 적응 정도에 ㉡이성교제 여부가 미치는 영향 분석
- 가설 : 이성교제 경험이 있는 학생이 그렇지 않은 학생보다 학교 적응 정도가 높을 것이다.
- 연구 방법
  - 조사 대상 : ㉢이성교제 경험이 있는 고등학생 300명, ㉣이성교제 경험이 없는 고등학생 300명
  - 조사 도구 : ㉤학교 적응 정도를 학교 생활 적응 정도, 학교 친구 적응 정도, 학교 수업 적응 정도로 구체화하여 측정한 값을 얻기 위해 개발된 질문지

〈보기〉

㈎ 방법론적 이원론에 기초한 연구 방법을 시행하였다.
㈏ ㉠은 종속 변수, ㉡은 독립 변수이다.
㈐ ㉢과 ㉣을 합한 것이 모집단이다.
㈑ ㉤은 개념의 조작적 정의에 해당한다.

① ㈎, ㈏　　② ㈎, ㈐
③ ㈏, ㈑　　④ ㈐, ㈑

ADVICE ㉠ 방법론적 일원론에 기초한 질문지법을 시행하였다.
㉢ ㉢과 ㉣을 합한 것은 표본집단이다.

14 표는 갑국과 을국의 계층 구성 비율을 나타낸 것이다. 이에 대한 분석으로 옳은 것은? (단, 계층은 상층, 중층, 하층으로만 구분되고, A ~ C는 각각 상층, 중층, 하층 중 하나이다)

계층 \ 국가	갑국	을국
A	30%	60%
B	10%	25%
C	60%	15%

① 갑국의 계층 구조가 피라미드형이면, 을국의 계층 구조는 모래시계형이다.
② 갑국의 하층 비율이 상층 비율의 2배이면, 갑국의 계층 구조는 타원형이다.
③ B에서 A로의 이동이 하강이동이고 B에서 C로의 이동이 상승이동이면, 을국의 계층 구조는 다이아몬드형이다.
④ 갑국의 하층 비율과 을국의 중층 비율이 동일하다면, 사회 통합에 유리한 계층 구조를 가진 국가는 을국이다.

ADVICE ① 갑국의 계층 구조가 피라미드형이면, 을국의 계층 구조는 다이아몬드형이다.
② 갑국의 하층 비율이 상층 비율의 2배이면, 갑국의 계층 구조는 모래시계형이다.
③ B에서 A로의 이동이 하강이동이고 B에서 C로의 이동이 상승이동이면, 을국의 계층 구조는 피라미드형이다.

15 **밑줄 친 ㉠ ~ ㉥에 대한 설명으로 옳은 것만을 〈보기〉에서 모두 고르면?**

> 빈농의 ㉠ 장남으로 태어난 갑은 고등학교를 졸업하고 대학 진학 대신 취업을 결심하였다. ㉡ 갑은 △△은행, ㅁㅁ회사 중 어디에 취업하는 것이 가족의 경제적 어려움을 해결하기 위해 더 좋을지를 고민하였다. 결국 부모님의 권유로 △△은행에 ㉢ 평사원으로 입사하였다. 갑은 35년 동안 성실히 근무하여 ㉣ △△은행의 지점장으로 승진하고 중산층이 되었다. 갑은 고등학교 동창회에서 ㉤ ㅇㅇ은행에 다니는 을을 만난 후 그가 ㉥ 은행장으로 승진한 사실을 알고 무척 부러워하였다.

> 〈보기〉
>
> (가) ㉠은 귀속지위에, ㉢과 ㉥은 성취지위에 해당한다.
> (나) ㉡은 갑의 역할 갈등에 해당한다.
> (다) ㉣은 갑의 세대 내 이동이면서 세대 간 이동이다.
> (라) ㉤과 ㉥은 모두 갑의 준거 집단이다.

① (가), (나)
② (가), (다)
③ (가), (다), (라)
④ (나), (다), (라)

ADVICE ㉡ 역할 갈등이란 역할들이 충돌하여 나타나는 긴장이나 갈등상태로, 진로에 대한 고민은 역할 갈등이 아니다.
㉣ 준거 집단이란 개인이 행동을 함에 있어 그 행동 방향에 결정적인 영향력을 갖는 집단규범을 갖춘 집단으로, 갑이 부러워했다는 것만으로 ㅇㅇ은행과 은행장을 준거 집단으로 보기는 어렵다.

ANSWER 13.③ 14.④ 15.②

16 **다음 자료에 대한 설명으로 옳지 않은 것은?**

> 갑국은 가계 소비와 기업 투자의 감소로 인하여 전년도에 비해 실질GDP가 감소하였다. 이에 경기 회복을 위해 정부는 ㉠ 확대 재정 정책, 중앙은행은 ㉡ 확대 통화 정책을 시행하고자 한다. (단, 총수요 곡선은 우하향, 총공급 곡선은 우상향하며, 총공급의 변동은 없다)

① 갑국의 물가는 하락하였다.
② 갑국의 총수요는 감소하였다.
③ 정부의 소득세율 인하는 ㉠의 사례이다.
④ 중앙은행의 국 · 공채 매각은 ㉡의 사례이다.

ADVICE ④ 확대 통화 정책은 국 · 공채 매입이다.

※ 재정정책과 통화정책

㉠ 재정정책 : 정부가 지출을 조절해서 경제의 총수요를 조율하는 정책이다. 경제가 침체했을 때 정부는 조세 수입보다 더 많은 지출을 해서 총수요를 진작하고(적자 재정), 경제가 과열되었을 때에는 정부의 지출을 조세 수입보다 적게 해서 총수요를 억제한다(흑자 재정).

㉡ 통화정책 : 중앙은행이 금리를 통해서 대출을 조절하는 정책이다. 일반적으로 통화 정책은 통화량(돈의 양)을 조절한다.

17 **표는 제품 A의 생산량에 따른 평균 수입과 총비용을 나타낸 것이다. 이에 대한 설명으로 옳은 것은? (단, 생산된 A는 모두 판매된다)**

(단위 : 원)

구분	생산량						
	1개	2개	3개	4개	5개	6개	7개
평균 수입	1,000	1,000	1,000	1,000	1,000	1,000	1,000
총비용	500	1,100	1,800	2,600	3,500	4,600	5,800

※ $\text{평균 수입} = \dfrac{\text{총수입}}{\text{생산량}}$

① 생산량이 1개씩 증가할 때 총수입의 증가분은 점차 커진다.
② 생산량이 1개씩 증가할 때 총비용의 증가분은 점차 작아진다.
③ 생산량이 3개일 때보다 5개일 때의 이윤이 더 크다.
④ 생산량이 6개일 때 이윤이 극대화된다.

ADVICE

구분	생산량						
	1개	2개	3개	4개	5개	6개	7개
총수입	1,000	2,000	3,000	4,000	5,000	6,000	7,000
총비용	500	1,100	1,800	2,600	3,500	4,600	5,800
총이윤	200	900	1,200	1,400	1,500	1,400	1,200

① 생산량이 1개씩 증가할 때 총수입의 증가분은 동일하다.
② 생산량이 1개씩 증가할 때 총비용의 증가분은 증가한다.
④ 생산량이 5개일 때 이윤이 극대화된다.

18 다음은 X재의 수요곡선과 공급곡선을 함수로 나타낸 것이다. 이에 대한 설명으로 옳은 것은? (단, P는 가격, Q_D는 수요량, Q_S는 공급량을 나타낸다)

수요함수 : $Q_D = 100 - 3P$
공급함수 : $Q_S = -20 + P$

① 시장 가격이 25일 경우, 초과 공급량은 20이다.
② 가격 상승에 따라 수요량이 증가하는 수요 함수이다.
③ X재의 시장 균형 가격은 30, 시장 균형 거래량은 10이다.
④ 최고 가격을 32 이상으로 설정해야 가격 상한제 정책의 목적을 달성할 수 있다.

ADVICE ① 수요량 : $100 - 3 \times 25 = 25$
공급량 : $-20 + 25 = 5$
시장 가격이 25일 경우, 초과 수요이다.
② 가격 상승에 따라 수요량이 감소하는 수요 함수이다.
④ $100 - 3P = -20 + P$
$\therefore P = 30$
시장 균형 가격은 30, 시장 균형 거래량은 10이다. 가격 상한제 정책의 목적을 달성하려면 시장 균형 가격보다 낮아야 한다.

ANSWER 16.④ 17.③ 18.③

19 그림은 T년과 T+1년 갑국의 X재 시장을 나타낸다. 갑국은 자유무역을 시행하고 있으며, T년과 T+1년의 국제가격은 각각 P_1, P_2이다. 이에 대한 설명으로 옳은 것은? (단, 갑국은 국제가격을 주어진 것으로 받아들이며, 이 가격에서 X재의 공급량에는 제한이 없다)

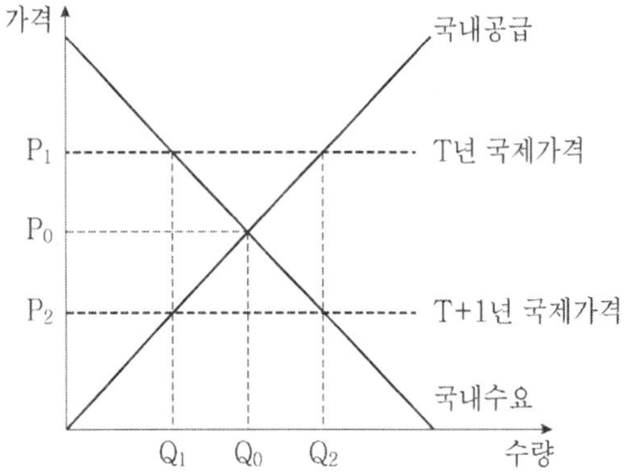

① T년 갑국은 X재를 수입한다.

② T+1년 갑국의 X재 교역량은 Q_0Q_2이다.

③ T년 갑국 소비자 잉여는 T+1년보다 크다.

④ T+1년 갑국 총잉여는 무역을 하지 않는 경우와 비교하여 $\frac{(P_0P_2 \times Q_1Q_2)}{2}$만큼 증가한다.

ADVICE ① T년에는 국제가격이 갑국의 균형가격보다 높으므로 X재를 수입하지 않는다.

② T+1년 갑국의 X재 교역량은 Q_1Q_2이다.

③ T년 갑국 소비자 잉여는 T+1년보다 작다.

20 갑국의 연도별 명목이자율과 실질이자율이 그림과 같이 나타났다. 이에 대한 설명으로 옳은 것은?

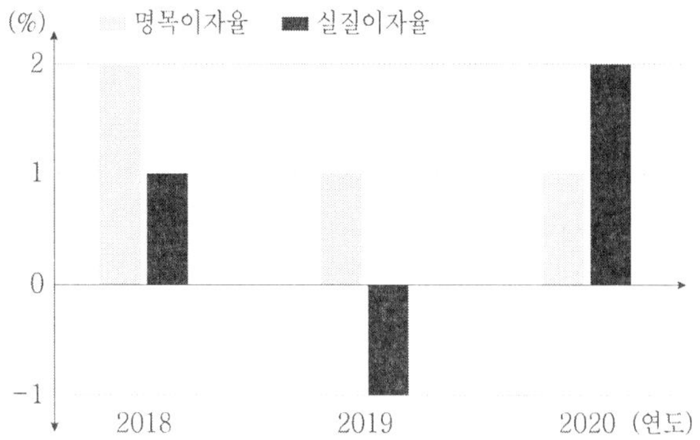

① 2019년 물가 상승률은 2018년보다 더 낮다.
② 2019년의 경우 예금보다 현금 보유가 수익성 측면에서 유리하다.
③ 2020년 물가 수준은 2019년보다 더 낮아졌다.
④ 2020년의 경우 2019년보다 화폐가치가 하락하였다.

ADVICE ① 2018년의 물가 상승률은 1, 2019년의 물가 상승률은 2로, 2019년 물가 상승률은 2018년보다 더 높다.
② 2019년의 경우 예금이 현금 보유보다 수익성 측면에서 유리하다.
④ 2020년의 경우 2019년보다 화폐가치가 상승하였다.

ANSWER 19.④ 20.③

2021. 6. 5. 제1회 지방직 시행

1 **다음 헌법상 기본권의 특징으로 옳은 것은?**

> 제31조 ① 모든 국민은 능력에 따라 균등하게 교육을 받을 권리를 가진다.
> 제32조 ① 모든 국민은 근로의 권리를 가진다.
> 제35조 ① 모든 국민은 건강하고 쾌적한 환경에서 생활할 권리를 가지며, 국가와 국민은 환경 보전을 위하여 노력하여야 한다.

① 국가의 적극적 개입을 정당화한다.
② 헌법에 열거되지 않아도 보장되는 포괄적 권리다.
③ 다른 모든 기본권을 보장하는 데 전제가 된다.
④ 다른 기본권 보장을 위한 기본권으로서 수단적 권리다.

ADVICE 제31조 1항, 제32조 1항, 제35조 1항은 사회적 기본권에 해당한다. 사회정의의 실현을 국가목적으로 하는 사회(복지)국가에서 국민이 인간다운 생활을 확보하기 위하여 일정한 국가적 급부와 배려를 요구할 수 있는 권리이다.
② 자유권에 대한 설명이다.
③ 평등권에 대한 설명이다.
④ 청구권에 대한 설명이다.

2 **다음은 갑국 의회의 의원 선거 방식이다. 이에 대한 설명으로 옳은 것은?**

> • 의원 정수 : 300명(지역구 의원 200명과 비례 대표 의원 100명)
> • ㉠ 지역구 의원 : 선거구는 200개 지역구로 구성됨. 각 지역구에서 가장 표를 많이 얻은 후보자를 해당 선거구의 당선자로 결정함
> • ㉡ 비례 대표 의원 : 전국을 하나의 선거구로 함. 각 정당이 얻은 정당 득표율에 따라 할당된 정당별 비례 대표 의원 수를 각 정당은 미리 작성한 비례 대표 후보자 명부의 순위에 기반을 두어 확정함

① ㉠ 선거는 절대다수 대표제를 채택하고 있다.
② ㉡ 선출 방식은 한 선거구 내에서 당선자 간 투표 가치의 차등 문제를 발생시킬 가능성이 크다.
③ ㉠ 선출 방식은 ㉡ 선출 방식보다 정당의 득표율과 의석률 간의 차이를 작게 발생시킨다.
④ ㉡ 선출 방식은 ㉠ 선출 방식보다 의회 의석 배분에 국민의 의사를 더 충실히 반영할 수 있다.

ADVICE ① 선거는 상대다수 대표제를 채택하고 있다.
② 선거구 내에서 당선자 간 투표 가치의 차등 문제를 발생시킬 가능성이 큰 것은 중·대선거구제이다.
③ ㉠ 선출 방식은 다수 대표제로, 정당의 득표율과 의석률 간의 차이를 크게 발생시킨다.

3 **(가), (나)에 대한 설명으로 옳지 않은 것은?**

> (가) 이것은 지방자치단체의 예산 편성 권한을 주민과 공유하여 공공 서비스나 행정 활동에 대한 주민의 다양한 의견을 예산에 반영하는 것이다.
> (나) 이것은 지방자치단체와 그 장의 권한에 속하는 사무의 처리가 법령에 위반되거나 공익을 현저히 해친다고 인정되면 일정 수 이상의 주민이 연대 서명하여 직접 감사를 청구하는 것이다.

① (가)는 재정 운영의 투명성과 재원 배분의 공정성을 높인다.
② (나)가 이루어지면 지방자치단체장의 권한이 정지된다.
③ (가)와 (나) 모두 지방자치 활성화에 기여한다.
④ (가)와 (나) 모두 지방자치단체의 민주적인 의사 결정을 강화한다.

ADVICE (가) 주민 참여 예산 제도 (나) 주민 감사 청구 제도
② 주민 감사 청구 제도가 이루어져도 지방자치단체장의 권한이 정지되지는 않는다.

ANSWER 1.① 2.④ 3.②

4 밑줄 친 '의원내각제적 요소'에 해당하는 것을 〈보기〉에서 고른 것은?

> 일반적인 대통령제는 입법부, 사법부, 그리고 행정부 간의 뚜렷한 권력 분립에 기초하고 있다. 반면에, 우리나라의 대통령제는 <u>의원내각제적 요소</u>와 함께 대통령의 권한을 강화한 권력 집중형 정치제도의 성격을 지닌다. 흔히 이를 한국형 대통령제라고도 부른다.

> ㉠ 행정부는 법률안을 제출할 수 있다.
> ㉡ 대통령은 국회에 대하여 책임을 지지 않는다.
> ㉢ 국회는 국무총리 또는 국무위원의 해임을 건의할 수 있다.
> ㉣ 대통령은 국회에서 제출한 법률안에 대하여 거부권을 행사할 수 있다.

① ㉠, ㉡
② ㉠, ㉢
③ ㉡, ㉣
④ ㉢, ㉣

ADVICE ㉡, ㉣. 대통령제적 요소에 관한 내용이다.

※ 의원 내각제와 대통령제 비교

구분	의원내각제	대통령제
구성 방식	의회 다수당의 대표가 수상이 되어 내각을 구성	국민이 선출한 대통령이 일정 기간 동안 행정권 담당
성립 배경	영국 명예혁명 계기로 왕은 상징적 존재, 내각이 행정권 장악	미국 독립국가 수립 과정에서 권력분립 전제로한 형태
특징	• 의회의 내각 불신임권 • 내각의 의회 해산권 • 의원의 내각 각료 겸직 가능 • 내각은 의회에 대해 연대 책임	• 엄격한 권력 분립 • 의원은 행정부의 각료 겸직 불가 • 대통령의 법률안 거부권
장점	• 정치적 책임과 국민의 요구에 민감 • 의회와 내각의 상호 협조를 통한 능률적 정책 수행	• 대통령의 임기 동안 정국 안정 • 일관성 있는 정책 추진으로 연속성 보장 • 다수당 횡포 견제
단점	• 다수당의 횡포 • 군소 정당의 연립 내각시 정국 불안정	• 독재 가능성 • 의회와 정부 대립시 원만한 해결 불가능
실시 국가	영국, 독일, 일본 등	우리나라, 미국, 프랑스 등

5 (가) ~ (다)에 들어갈 민주 선거의 원칙을 바르게 연결한 것은?

> • 2014년 헌법재판소는 당시 3대 1 기준이었던 국회의원 선거구 인구 편차가 [(가)] 원칙에 어긋난다는 이유로 헌법불합치 결정을 내렸다. 따라서 국회의원 선거구를 획정할 때 선거구 중 '인구수가 최대인 선거구'와 '인구수가 최소인 선거구'의 인구 차이가 2배를 넘지 않기를 권고했다.
>
> • 「공직선거법」이 개정되기 전 시행되었던 1인 1표제는 정당에 대해서 투표하는 절차가 따로 존재하지 않았으며 각 정당의 지역구 후보자가 얻은 득표율을 기반으로 정당에게 배분할 비례대표 의석을 결정하는 제도였다. 이에 관하여 헌법재판소는 1인 1표제에서는 정당 명부에 대한 투표가 따로 없어 유권자가 비례 대표 의원에 대한 직접적인 결정권을 갖지 못하므로 [(나)] 원칙에 어긋나며, 또한 유권자가 지역구에서 무소속 후보자에 투표하는 경우 그 투표는 무소속 후보자의 선출에만 기여할 뿐 비례 대표 의원의 선출에는 전혀 기여하지 못하기 때문에 [(다)] 원칙에 어긋난다고 위헌 결정을 내렸다. 이에 따라 2004년 「공직선거법」이 개정되면서 1인 1표제는 유권자가 지역구 의원과 정당에게 각각 1표씩 행사하는 1인 2표제로 변경되었다.

	(가)	(나)	(다)
①	평등 선거	평등 선거	보통 선거
②	보통 선거	직접 선거	평등 선거
③	평등 선거	직접 선거	평등 선거
④	보통 선거	평등 선거	직접 선거

ADVICE 민주 선거의 4대 원칙

㉠ 보통 선거 : 만19세 이상인 대한민국 국민은 누구나 선거권을 가질 수 있다는 것을 말한다. 성별이나 신분, 재산의 많고 적음에 관계 없이 일정한 나이가 되면 누구나 선거에 참여할 수 있다.

㉡ 평등 선거 : 신분이나 재산, 학식 등에 차별 없이 누구나 평등하게 1표씩 투표권을 가진다.

㉢ 직접 선거 : 투표권을 가진 사람이 대통령이나 국회의원을 직접 선출하는 것을 말한다.

㉣ 비밀 선거 : 누구를 찍었는지 비밀로 한다는 원칙이다.

ANSWER 4.② 5.③

6 다음 헌법 조항이 공통적으로 추구하는 헌법의 기본 원리에 대한 설명으로 옳지 않은 것은?

> 제34조 ① 모든 국민은 인간다운 생활을 할 권리를 가진다.
> 제119조 ② 국가는 균형있는 국민경제의 성장 및 안정과 적정한 소득의 분배를 유지하고, 시장의 지배와 경제력의 남용을 방지하며, 경제주체간의 조화를 통한 경제의 민주화를 위하여 경제에 관한 규제와 조정을 할 수 있다.

① 권력분립과 적법절차 원리에 의해 실현된다.
② 근로자에 대한 적정임금보장과 관련 있다.
③ 자유와 평등의 실질적 보장을 추구한다.
④ 공공 부조, 사회 보험 제도와 관련 있다.

ADVICE 제시문은 복지국가의 원리에 대한 설명이다.
① 자유 민주주의 원리에 대한 설명이다.
※ 헌법의 기본 원리
㉠ 국민 주권주의 : 국가의 의사를 최종적으로 결정할 수 있는 최고 권력, 즉 주권이 국민에게 있는 것이다.
㉡ 자유 민주주의 : 자유주의와 민주주의가 결합된 정치 원리이다.
㉢ 복지 국가의 원리 : 국민의 기본적 수요 충족 및 문화적 최저 생활을 국민의 권리로 인정하고, 이를 국가가 보장하는 것이다.
㉣ 국제 평화주의 : 국제 사회에서 평화 애호에 이바지한다는 것이다.
㉤ 평화 통일 추구 : 무력이 아닌 평화적인 방법으로 민족 통일을 이룩하겠다는 것이다.

7 그림은 헌법 개정 절차이다. ㈎~㈑에 대한 설명으로 옳지 않은 것은?

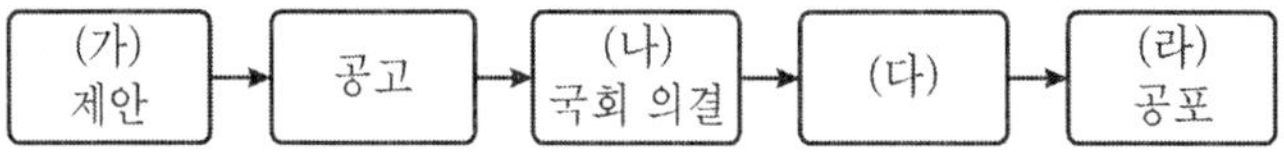

① ㈎는 대통령 또는 헌법재판소의 발의로 이루어진다.
② ㈏는 제안된 헌법개정안에 대해 국회 재적 의원 3분의 2이상의 찬성을 얻어야 한다.
③ ㈐는 국민 투표에 해당한다.
④ ㈑는 ㈐에서 헌법개정이 확정되면 대통령이 즉시 하여야 한다.

ADVICE ① 헌법 개정 제안은 대통령 또는 국회 재적 의원 과반수로 할 수 있다.

8 다음 ㈎ ~ ㈐에 대한 설명으로 옳지 않은 것은? (단, ㈎ ~ ㈐는 각각 구성 요건 해당성, 위법성, 책임 중 하나이다)

> 갑이 행한 행위가 범죄의 성립 요건에 충족하는지에 대한 판단을 위해 먼저 [㈎]를 검토해야 한다. [㈎]를 충족할 경우 [㈏]를 따져본 후 [㈐]의 충족 여부까지 검토해야 형사상 범죄의 성립 요건이 충족된다고 할 수 있다.

① ㈎는 갑의 행위가 법률에서 금지하고 있는 행위에 해당해야 한다는 내용이다.
② 갑의 행위가 피해자의 승낙에 해당하는 사유가 있다면 ㈏에서 범죄 불성립으로 판단될 수 있다.
③ ㈎, ㈏ 모두에서 갑의 행위에 대한 사회적 비난 가능성을 물을 수 있다.
④ 갑이 농아자(청각 및 언어장애인)이고 그 행위가 ㈎, ㈏를 충족하는 경우 ㈐는 조각되지 않고 형을 감경한다.

ADVICE ㈎ 해당성 ㈏ 위법성 ㈐ 책임

③ 사회적 비난 가능성은 범죄의 구성 요건 중 책임에 해당한다.

※ 해당성, 위법성, 책임

㉠ 해당성 : 구체적 사실이 범죄의 구성요건에 해당하는 것을 말한다. 즉, 법률에서 금지하고 있는 행위에 명시되어 있는 경우를 말한다.

㉡ 위법성 : 어떤 행위가 범죄나 불법 행위로 인정되는 객관적 요건을 말한다. 구성요건 해당성을 갖추었다고 해도 위법성이 없는 경우에는 범죄가 성립되지 않는다.

㉢ 책임 : 법률에서 금지하고 있으며, 위법성이 있는 행위라 하더라도 행위를 하는 자가 책임능력이 없다면 범죄가 성립하지 않는다. 따라서 책임무능력자는 벌하지 않고, 한정책임능력자는 형을 감경한다.

ANSWER 6.① 7.① 8.③

9 다음은 형사 절차를 간단히 나타낸 것이다. 이에 대한 옳은 설명은?

(가) 수사→(나) 기소→(다) 공판→(라) 판결

① (가)에서 구속 수사를 하기 위해서는 검사가 발부한 영장이 있어야 한다.
② (나)시기부터 피의자는 변호인의 도움을 받을 권리를 갖기 시작한다.
③ (다)에서 피고인에 대한 유죄 입증 책임은 검사에게 있다.
④ (라)에서 유죄 판결이 확정이 되면 피고인은 반드시 구금된다.

ADVICE ① (가)에서 구속 수사를 하기 위해서는 법원이 발부한 영장이 있어야 한다.
② 변호인의 도움을 받을 권리는 모든 형사 절차에서 인정된다.
④ (라)에서 유죄 판결이 확정되더라도 선고 유예, 집행 유예의 경우 구금되지 않는다.

10 다음은 판결문의 일부이다. 밑줄 친 '이 사건'에 해당하는 경우로 옳은 것은?

<u>이 사건</u>의 경우, 갑이 을에게 백만 원을 빌려주면서 맺은 계약은 무효이다.

① 갑은 을에게 속아서 돈을 빌려 주었다.
② 갑과 을은 계약서를 쓰지 않고 구두로 계약하였다.
③ 미성년자 갑이 부모의 허락 없이 친구인 을에게 돈을 빌려 주었다.
④ 갑은 약속기일 내에 채무를 변제하지 않으면 을의 손목을 자르기로 하였다.

ADVICE ① 사기에 의한 법률행위는 취소할 수 있다.
② 민사상 계약은 구두로 계약했다는 이유로 무효가 되지 않는다.
③ 미성년자가 법정 대리인 동의 없이 한 재산상 법률행위는 취소할 수 있는 법률행위이다.

11 밑줄 친 ㉠ ~ ㉤에 대한 설명으로 옳은 것은?

〈운동선수 A 소개〉

- 소속 : ㅁㅁ㉠ 회사의 프로농구팀
- 직업 : ㉡ 농구 선수
- 학력 : ㅇㅇ㉢ 고등학교 졸업
- 경력 : ㉣ 2018년 아시안게임 국가대표
- 수상 : 2017년 올해의 ㉤ 최우수선수상

① ㉠은 공식적 사회화 기관이다.
② ㉡은 A의 귀속지위, ㉣은 A의 성취지위이다.
③ ㉢은 이익사회이면서 2차적 사회화 기관이다.
④ ㉤은 ㉡으로서 역할에 대한 보상이다.

ADVICE ① 회사는 사회화를 비의도적으로 수행하는 비공식적 사회화 기관이다.
② ㉡과 ㉣은 개인의 노력에 의해 후천적으로 얻는 지위로, A의 성취지위이다.
④ ㉤은 ㉡으로서 역할행동에 대한 보상이다. 역할이 지위에 대한 타인의 기대의 내용이라면 역할행동은 자기 주체적인 행위이다. 한 사람에 대한 정당한 평가는 그의 지위나 역할이 아니라 역할행동에 의해 이루어진다.

※ 공식적 사회화 기관과 비공식적 사회화 기관

구분	공식적 사회화 기관	비공식적 사회화 기관
의미	사회화를 계획적으로 수행하는 기관	사회화를 비의도적으로 수행하는 기관
종류	학교, 학원, 직업훈련소, 연수원	가족, 또래 집단, 회사, 정당, 대중 매체 등

ANSWER 9.③ 10.④ 11.③

12 **문화이해의 태도 ㈎ ~ ㈐에 대한 설명으로 옳은 것은? (단, ㈎ ~ ㈐는 각각 문화 사대주의, 문화 상대주의, 자문화 중심주의 중 하나이다)**

> • [㈎]는 [㈏], [㈐]와 달리 국수주의나 문화 제국주의로 변질될 수 있다는 비판을 받는다.
> • [㈐]는 [㈎], [㈏]와 달리 해당 사회의 맥락을 고려하여 그 사회의 문화를 이해하려 한다.

① ㈎는 자문화의 객관적 이해에 기여한다.

② ㈏는 자문화 정체성을 약화시킬 우려가 있다.

③ ㈐는 다문화 사회에서 문화적 갈등을 초래한다.

④ ㈎는 문화 사대주의, ㈏는 자문화 중심주의, ㈐는 문화 상대주의이다.

ADVICE ① 자문화의 객관적 이해에 기여하는 것은 비교론적 관점으로, ㈎, ㈏, ㈐ 어디에도 해당하지 않는다.

③ ㈎는 다문화 사회에서 문화적 갈등을 초래한다.

④ ㈎는 자문화 중심주의, ㈏는 문화 사대주의, ㈐는 문화 상대주의에 해당한다.

※ 문화이해의 태도

㉠ 자문화 중심주의 : 자신의 문화가 가장 우월하다고 보기 때문에 자신의 문화를 기준으로 다른 문화를 모두 열등한 것으로 보는 관점이다.

㉡ 문화 사대주의 : 다른 사회의 문화만을 좋은 것으로 믿고 그것을 동경하거나 숭상하는 나머지 오히려 자기의 문화를 업신여기거나 낮게 평가하는 태도이다.

㉢ 문화 상대주의 : 문화의 상대성을 인정하고 어떤 사회의 문화를 그 사회의 환경과 맥락 속에서 이해하고 평가하려는 태도이다.

㉣ 극단적 상대주의 : 상대주의를 강조한 나머지 인간의 존엄성과 같은 인류 공통의 보편적 가치 기준에 위배되는 행위를 타당하다고 보는 것은 극단적 상대주의로, 상대주의와 극단적 상대주의는 구분되는 개념이다.

13 표는 A국과 B국의 계층 구성 비율을 나타낸 것이다. 이에 대한 분석으로 옳은 것은? (단, A국과 B국의 계층은 상층, 중층, 하층으로만 구분한다)

구분	A국	B국
중층 대비 상층의 비	$\frac{1}{3}$	$\frac{2}{3}$
중층 대비 하층의 비	$\frac{1}{3}$	$\frac{5}{3}$

① 전체에서 상층이 차지하는 비율은 A국보다 B국이 높다.
② 전체에서 하층이 차지하는 비율은 A국과 B국이 동일하다.
③ 상층 대비 하층의 비는 A국보다 B국이 높다.
④ A국은 피라미드형, B국은 다이아몬드형 계층 구조이다.

ADVICE A국과 B국의 상, 중, 하층 비율을 계산하면 다음과 같다.

구분	A국	B국
상층	1(20%)	2(20%)
중층	3(60%)	3(30%)
하층	1(20%)	5(50%)

① 전체에서 상층이 차지하는 비율은 A국과 B국이 동일하다.
② 전체에서 하층이 차지하는 비율은 A국보다 B국이 높다.
④ A국은 다이아몬드형, B국은 피라미드형 계층 구조이다.

ANSWER 12.② 13.③

14 다음은 연구 단계를 순서 없이 나열한 것이다. 이에 대한 설명으로 옳은 것은?

> (가) 무작위로 선정한 전국 초등학생 2,000명과 그 부모를 대상으로 질문지 조사를 실시하였다.
> (나) 초등학생 자녀의 시험 불안감에 대해 부모의 자율적 양육태도가 미치는 영향을 알아보고자 하였다.
> (다) '부모의 자율적 양육태도가 높을수록 초등학생 자녀의 시험 불안감은 낮을 것이다.'라는 가설을 설정하였다.
> (라) 수집한 자료를 통계 분석 한 결과, 부모의 자율적 양육태도는 초등학생 자녀의 시험 불안감에 부(−)적인 영향을 주며 이는 통계적으로 유의미한 것으로 나타났다.

① '부모의 자율적 양육태도'는 독립변수, '초등학생 자녀의 시험 불안감'은 종속변수이다.
② 연구자와 연구대상 간에 정서적 교감이 중요한 자료 수집 방법을 사용하였다.
③ (가)와 달리 (나), (라)에서는 연구자의 엄격한 가치 중립이 요구된다.
④ 연구는 (다) − (나) − (가) − (라) 순서로 진행되는 것이 일반적이며, 가설은 기각되었다.

ADVICE (가) 자료 수집 (나) 문제 제기 (다) 가설 설정 (라) 가설 검증
② 연구자와 대상자 간에 정서적 교감이 필요하지 않은 질문지법을 사용하였다.
③ (가)와 (라)에서는 연구자의 엄격한 가치 중립이 요구된다.
④ 연구는 (나) − (다) − (가) − (라) 순서로 진행되는 것이 일반적이다.

15 표는 재화 A ~ D를 소비와 관련된 특징에 따라 구분한 것이다. 이에 대한 설명으로 옳은 것은?

구분	배제성	비배제성
경합성	A	C
비경합성	B	D

① A는 공공재이다.
② B는 A와 달리 무임승차자의 문제가 발생한다.
③ C의 사례로 고갈되기 쉬운 공해상의 어족이 있다.
④ D는 재화의 속성상 시장에서 사회적 최적 수준만큼 충분히 거래된다.

ADVICE ① A는 사적재화이다.
② A와 B는 배제성이 있으므로 무임승차 문제가 발생하지 않는다.
④ D는 공공재로, 사회적 최적 수준보다 부족하게 공급된다.

※ 재화의 유형

구분	배제성	비배제성
경합성	사적재 값을 치른 사람만이 독점적으로 사용할 수 있는 재화와 서비스	비순수공공재 한산한 유료공립공원, 한산한 유료 고속도로, 한산한 수영장, 케이블 TV
비경합성	비순수공공재 자연자원, 막히는 국도, 붐비는 무료 국립공원	공공재 국방, 치안, 공중파 TV, 무료국립공원, 한산한 국도

16 표는 갑국의 인구 관련 자료이다. 이에 대한 분석으로 옳지 않은 것은?

구분	t 년	t + 50년
전체 인구에서 유소년 인구가 차지하는 비율(%)	28	20
노년 부양비(%)	20	60

※ 1) 유소년 부양비(%) = $\frac{\text{유소년 인구(0\sim14세 인구)}}{\text{부양 인구(15\sim64세 인구)}} \times 100$

2) 노년 부양비(%) = $\frac{\text{노인 인구(65세 이상 인구)}}{\text{부양 인구(15\sim64세 인구)}} \times 100$

3) 노령화 지수(%) = $\frac{\text{노인 인구(65세 이상 인구)}}{\text{유소년 인구(0\sim14세 인구)}} \times 100$

4) 전체 인구에서 노인 인구가 차지하는 비율이 7% 이상이면 고령화 사회, 14% 이상이면 고령 사회, 20% 이상이면 초고령 사회임.

① t 년의 유소년 부양비는 50이다.
② t + 50년의 노령화 지수는 100 이상이다.
③ 전체 인구에서 부양 인구가 차지하는 비율은 t년보다 t + 50년이 낮다.
④ t 년은 고령화 사회에, t + 50년은 초고령 사회에 해당한다.

ADVICE

구분	t 년	t + 50년
유소년 인구 비율(%)	28	20
부양 인구 비율(%)	60	50
노년 인구 비율(%)	12	30

① t 년 유소년 부양비 : $\frac{28}{60} \times 100 = 46.6(\%)$

② t + 50년의 노령화 지수 : $\frac{30}{20} \times 100 = 150$

③ 전체 인구에서 부양 인구가 차지하는 비율은 t년이 60%, t + 50년이 50%로 t + 50년이 더 낮다.

④ t년은 전체 인구에서 노년 인구가 차지하는 비율이 12%이므로 고령화 사회에, t + 50년은 전체 인구에서 노년 인구가 차지하는 비율이 30%이므로 초고령 사회에 해당한다.

ANSWER 14.① 15.③ 16.①

17 **다음 자료에 대한 분석 및 추론으로 옳은 것은?**

> 갑은 X재와 Y재만을 합리적으로 소비한다. 표는 각 재화 1개 추가 소비에 따른 편익 증가분을 화폐 단위로 나타낸다. 각 재화의 가격은 각각 5달러이고 갑의 현재 용돈은 25달러이다. 단, 갑은 용돈을 모두 사용한다.

(단위: 달러)

구분	1개째	2개째	3개째	4개째	5개째
X재	10	9	7	4	0
Y재	12	10	6	0	−8

① X재 2개, Y재 3개 소비 시 총편익이 가장 크다.
② X재 소비 증가에 따른 총편익은 지속적으로 감소한다.
③ Y재만을 소비하는 경우 총편익은 음(−)의 값을 가진다.
④ 용돈이 5달러 증가하면 현재보다 Y재 1개를 추가로 소비하게 될 것이다.

ADVICE ① X재 2개, Y재 3개 소비 시 총편익은 10+9+12+10+6=47이고, X재 3개, Y재 2개 소비 시 총편익은 10+9+7+12+10=48이므로 X재 3개, Y재 2개 소비 시 총편익이 가장 크다.
② 총편익은 4개 소비 시까지 증가하다가 5개 소비 시 동일하게 된다.
③ Y재만을 소비하는 경우 총편익은 12+10+6+0+8=46으로 양(+)의 값을 가진다.

18 **수요의 가격 탄력도를 결정하는 요인에 대한 설명으로 옳지 않은 것은? (단, 주어진 내용 이외의 조건은 고려하지 않는다)**

① 사치품에 비해 생활 필수품에 대한 수요의 가격 탄력도가 더 크다.
② 대체재가 없는 상품보다 대체재가 있는 상품에 대한 수요의 가격 탄력도가 더 크다.
③ 상품의 가격이 가계 소득에서 차지하는 비중이 클수록 수요의 가격 탄력도가 커지는 경향이 있다.
④ 상품의 가격 변동에 대해 소비자가 적응할 수 있는 시간이 길수록 수요의 가격 탄력도가 커지는 경향이 있다.

ADVICE ① 생활필수품은 가격이 변해도 수요량을 쉽게 바꿀 수 없으므로, 수요의 가격 탄력도가 더 작다.

19 표에 나타난 t년 대비 t + 1년 환율 변동에 대한 설명으로 가장 적절한 것은?

구분	t년	t + 1년
원/달러	1,075	1,138

① 달러화 대비 원화 가치 상승으로 우리나라의 물가 상승 요인으로 작용할 것이다.
② 원/달러 환율 하락으로 우리나라에서 달러화 예금 자산가치가 상승할 것이다.
③ 원/달러 환율 상승으로 우리나라 사람의 미국 여행 경비 부담은 감소할 것이다.
④ 원화 대비 달러화 가치 상승으로 미국 시장에서 우리나라 수출품의 가격 경쟁력은 높아질 것이다.

ADVICE ① 달러화 대비 원화 가치가 하락하고 있다.
② 원/달러 환율이 상승하고 있다.
③ 원/달러 환율 상승으로 우리나라 사람의 미국 여행 경비 부담은 증가할 것이다.

20 다음은 갑, 을이 노동만을 투입하여 하루 동안 생산할 수 있는 각 재화의 최대량을 정리한 것이다. 이에 대한 분석으로 옳은 것은?

구분	갑	을
물고기	10마리	5마리
나무열매	3개	4개

① 갑은 두 재화의 생산 모두에서 절대 우위가 있다.
② 나무열매 1개 생산에 따른 기회 비용은 을이 갑보다 크다.
③ 갑은 나무열매에, 을은 물고기에 특화하여 재화를 서로 교환하는 것이 합리적이다.
④ 특화 후 나무열매 1개당 물고기 3마리로 교환하면 두 사람 모두 이익을 얻을 수 있다.

ADVICE 기회비용은 다음과 같다.

구분	갑	을
물고기	나무열매 3/10개	나무열매 4/5개
나무열매	물고기 10/3마리	물고기 5/4마리

① 갑은 물고기 생산에서는 절대 우위가 있지만, 나무 열매 생산에서는 절대 열위가 있다.
② 나무열매 1개 생산에 따른 기회 비용은 갑이 을보다 크다.
③ 갑은 물고기에, 을은 나무열매에 특화하여 재화를 서로 교환하는 것이 합리적이다.

ANSWER 17.④ 18.① 19.④ 20.④

2021. 6. 5. 제1회 서울특별시 시행

1 **〈보기〉는 정치를 바라보는 갑(甲), 을(乙)의 관점에 대한 주장이다. 이에 대한 설명으로 가장 옳은 것은?**

〈보기〉

- 갑(甲) : 정치는 정치권력을 획득, 유지, 행사하는 국가의 고유한 활동이라고 생각합니다.
- 을(乙) : 직장이나 가족 등에서 이해관계의 대립이나 갈등을 조정하고 해결하는 과정이 정치라고 생각합니다.

① 갑(甲)의 관점은 국가 형성 이전의 정치 현상을 설명할 수 없다.
② 을(乙)의 관점은 정치를 국가 특유의 현상이라고 본다.
③ 갑(甲)에 비해 을(乙)의 관점은 다원화된 현대 사회의 정치 현상을 설명하기에 적합하지 않다.
④ 갑(甲)과 달리 을(乙)의 관점은 정치 활동이 소수의 통치 엘리트들에 의해서만 이루어진다고 본다.

ADVICE 갑 : 국가현상설
을 : 집단현상설
② 국가현상설에 관한 설명이다.
③ 갑(甲)에 비해 을(乙)의 관점은 다원화된 현대 사회의 정치 현상을 설명하기에 적합하다.
④ 갑(甲)의 관점은 정치 활동이 소수의 통치 엘리트들에 의해서만 이루어진다고 본다.
※ 국가현상설과 집단현상설
㉠ 국가현상설 : 정치를 국가에서 일어나는 특별한 현상으로 보는 입장으로, '정치'의 개념을 좁혀서 생각한다.
㉡ 집단형상설 : 정치를 국가뿐 아니라 모든 사회 집단 활동에서 일어나는 보편적 현상으로 여긴다.

2 〈보기〉는 갑(甲)국의 현행 선거법과 선거법 개정안의 일부이다. 현행 선거법과 비교하여 개정안에 대한 설명으로 가장 옳은 것은? (단, 지역구 의원 총수는 200명으로 변동이 없다.)

〈보기〉

현행	제21조 하나의 의회 의원 지역 선거구에서 선출할 의회 의원의 정수는 1인으로 한다.
개정안	제21조 하나의 의회 의원 지역 선거구에서 선출할 의회 의원의 정수는 2~4인으로 한다.

① 총 선거구 수가 증가한다.
② 사표가 과다하게 발생할 수 있다.
③ 다양한 국민의 의사를 의회 구성에 반영할 수 있다.
④ 다수당의 출현 가능성이 커져 정국 안정에 유리하다.

ADVICE 현행 : 소선거구제 다수대표제
개정안 : 중대선거구제 소수대표제
① 총 선거구 수가 감소한다.
② 소선거구제 다수대표제에서 사표가 가장 과다하게 발생한다.
④ 현행 선거법의 장점에 해당한다.
※ 소선거구제와 중대선거구제 특징

	소선거구	중대선서구
장점	• 사표감소 • 군소정당 원내 진출 용이 • 전국적 인물 당선 가능 • 인물 선택 범위 넓음	• 선거관리용이, 선거비용절약 • 다수당 출현 유리 • 후보자 파악 유리 • 대표의 원리 충실
단점	• 과도한 선거비용, 후보자 난립 • 군소정당 난립시 정국불안 • 후보자 인물파악 곤란	• 사표가 많아짐, 소수당 불리 • 부정선거, 선거구 조작 가능 • 지역적 인물 당선 유리

ANSWER 1.① 2.③

3 〈보기〉에서 강조하는 사회 · 문화 현상의 탐구 태도로 가장 옳은 것은?

〈보기〉

사회 · 문화 현상의 발생 과정과 원인은 단순하지 않고 복잡하기 때문에 겉으로 드러나는 현상만을 보면 안 된다. 또한 자신이 연구 절차나 방법, 연구 윤리 등을 제대로 지키며 탐구하고 있는지 되짚어 보아야 한다.

① 사실을 있는 그대로 관찰하는 것을 말한다.
② 경험적인 근거를 통해 검증하기 전에는 하나의 가설로 받아들인다.
③ 사회 · 문화 현상은 그 현상이 발생한 맥락에 따라 다른 의미를 지닌다.
④ 현상의 이면에 담겨 있는 발생 원인이나 원리를 능동적으로 살펴본다.

ADVICE 성찰적 태도에 해당한다.

※ 사회 · 문화 현상을 탐구하는 태도

반성적(성찰적) 태도	사회 · 문화현상을 있는 그대로 수동적으로만 받아들이는 것이 아니라, 역사적 · 문화적 맥락 속에서 그 적합성을 따져 보고, 그 현상의 내면에 담긴 인과관계나 의미를 능동적으로 탐구하는 태도
개방적 태도	㉠ 여러 가지 가능성이 동시에 공존할 수 있다는 사실을 인정하는 태도 ㉡ 자신의 주장에 대한 비판을 허용하고, 새로운 사실이나 주장을 편견 없이 받아들이는 태도 ㉢ 어떤 사실이나 주장이 논리적으로 옳다고 하여도, 경험적으로 실증될 때까지는 하나의 가설로서만 받아들이는 태도
상대주의적 태도	㉠ 사회 · 문화현상의 다양성과 각각의 고유한 가치를 인정하는 태도 ㉡ 동일한 사회 · 문화현상이라 할지라도, 해당 사회의 역사적 · 문화적 배경이나 현실적 여건(공간적 특수성)에 따라 그 의미를 다르게 이해하려는 태도 ㉢ 유의점 : 인류 보편적인 가치에 비추어 바람직하지 않은 사회 · 문화현상까지도 인정하는 극단적 상대주의를 경계해야 함
객관적 태도	㉠ 연구자의 주관적인 선입관이나 감정적 요소를 배제하고 제3자의 입장에서 중립적 입장에서 사회 현상을 인식하려는 태도 ㉡ 유의점 : 대책수립의 단계에서는 자신의 가치관에 근거한 판단이 필요하지만, 현상의 정확한 인식단계에서는 냉정한 제3자의 입장이 필요함
조화의 중요성을 인식하는 태도	㉠ 사회는 조화를 이루는 가운데 발전하는 것임을 인식하는 태도 ㉡ 협동과 갈등이 교차하고 반복되면서 사회가 발전함을 인정하는 태도

4 〈보기〉는 일탈 이론을 A~C로 분류한 것이다. 이에 대한 설명으로 가장 옳은 것은? (단, A~C는 각각 낙인이론, 아노미 이론, 차별적 교제이론 중 하나이다.)

〈보기〉

일탈을 규정하는 객관적 기준이 존재한다고 보는가? — 아니요 → A

↓ 예

일탈의 원인으로 규범의 부재를 강조하는가? — 아니요 → B

↓ 예

C

① A는 비합법적인 방법으로 목표를 달성하려고 하는 일탈이 발생한다고 본다.

② B는 타인과의 상호 작용 과정에서 일탈 행동을 학습한다고 본다.

③ C는 일탈 행동을 하는 사람과의 접촉 차단을 강조한다.

④ B는 A, C와 달리 일탈에 대한 대책으로 사회적 합의를 통한 규범의 정립을 강조한다.

ADVICE A 낙인 이론 B 차별적 교제이론 C 아노미 이론

① 아노미 이론에 대한 설명이다.

③ 차별적 교제이론에 대한 설명이다.

④ 아노미 이론에 대한 설명이다.

※ 일탈 행동

㉠ 낙인 이론 : 어떤 사람의 행위에 대해 다른 사람들이 나쁜 행위라고 규정하고 주변 사람들에게 낙인이 찍히면 그 사람은 결국 일탈자가 되기도 한다. 낙인 이론은 이런 측면에 주목하여 어떤 사람의 행위 자체가 반도덕적인 행위가 아님에도 불구하고 사회가 일탈 행동으로 규정함으로써 일탈 행동이 되는 것이라고 주장한다.

㉡ 차별적 교제이론 : 개인은 일탈 행위자와 교류함으로써 일탈 행동에 빠질 수 있다. 차별적 교제 이론은 한 개인이 일탈자와 지속적으로 교류하면서 사회 규범을 무시하고 일탈 행위자가 된다고 보는 이론이다. 이를테면 일탈 행위자가 많은 우범 지대에서 범죄자들과 지속적으로 교류하는 과정에서 일탈 행동을 배우게 된다는 것이다.

㉢ 아노미 이론 : 일탈의 원인을 아노미 상태에서 찾는다. 그 중에서 뒤르켐(Durkheim, E.)은 사회 규범이 약화되거나 부재하는 경우나 여러 상반된 규범이 동시에 존재하는 경우를 아노미라고 규정한다. 이러한 아노미 상태에서 개인의 욕구와 행위를 조정하는 기준이 되는 지배적 규율이 없으므로 개인은 행동의 방향을 잃게 된다는 것이다. 그는 이러한 아노미가 일탈 행동의 가능성을 높인다고 설명한다. 머튼(Merton, R. K.)은 사회 구성원이 추구하는 문화적 목표와 이를 달성하기 위한 제도적 수단 간의 괴리에 따른 가치관의 혼란 상태를 아노미라고 규정한다. 즉 합법적인 수단을 사용하지 않고 문화적 목표를 달성하려고 할 때 일탈이 발생한다는 것이다.

ANSWER 3.④ 4.②

5 **〈보기〉는 형벌의 종류를 정리한 표이다. ㉠~㉣에 대한 설명으로 옳지 않은 것은?**

〈보기〉

종류	예
(㉠)	사형
(㉡)	징역, (㉢), 구류
명예형	(㉣), 자격 정지
재산형	벌금, 과료, 몰수

① ㉠은 생명형이다.
② ㉡은 범죄자의 신체의 자유를 박탈하거나 제한하는 형벌을 의미한다.
③ ㉢은 정역을 부과하지 않는다는 점에서 구류와 구분된다.
④ ㉣에 의해 공무원이 되는 자격, 선거권과 피선거권 등이 박탈된다.

ADVICE ㉠ 생명형 ㉡ 자유형 ㉢ 금고 ㉣ 자격 상실
③ ㉢은 정역을 부과하지 않는다는 점에서 징역과 구분된다.

6 **〈보기〉의 ㉠과 ㉡에 대한 설명으로 가장 옳은 것은?(단, A와 B는 우리나라의 국가기관이다.)**

〈보기〉

상속권과 관련된 소송을 제기한 갑(甲)은 해당 민법규정이 법률에 어긋난다며 A에 ㉠ 위헌 법률 심판 제청을 신청하였으나 기각 결정이 내려졌다. 이에 갑(甲)은 B에 ㉡ 헌법 소원 심판을 청구하였다.

① A는 갑(甲)의 신청 없이 ㉠을 할 수 있다.
② 갑(甲)은 소송 중이 아니라도 ㉠을 신청할 수 있다.
③ 갑(甲)이 청구한 ㉡은 권리 구제형 헌법 소원 심판이다.
④ A, B 모두 국민으로부터 직접 민주적 정당성을 부여받는다.

ADVICE A 법원 B 헌법 재판소
② 갑(甲)은 소송 중이 아니라면 ㉠을 신청할 수 없다.
③ 갑(甲)이 청구한 ㉡은 위헌 심사형 헌법 소원 심판이다.
④ 직접 민주적 정당성을 부여받는 것은 입법부와 행정부, 지방자치제도다.

7 〈보기〉의 표는 A 민족과 B 민족 간의 교류로 인한 두 민족의 문화 변동을 나타낸 것이다. 이에 대한 설명으로 가장 옳은 것은?

〈보기〉

구분	A 민족	B 민족
T 시기	○, □, △	●, ■, ▲
T+1 시기	○, ●, □, △	●, ■, □, ▲
T+2 시기	◎, ■, △	●, ■, △

*○, □, △는 순서대로 A 민족의 의복 문화, 음식 문화, 주거 문화임.
*●, ■, ▲는 순서대로 B 민족의 의복 문화, 음식 문화, 주거 문화임.
*◎는 ○의 성격과 ●의 성격을 모두 지니면서 새로운 성격이 가미된 의복 문화임.

① T+1 시기 A 민족은 B 민족과 달리 문화 공존(병존)이 나타났다.
② T 시기에서 T+1 시기로 가면서 내재적 요인에 의한 문화 변동이 발생하였다.
③ T 시기 이후 T+2 시기에 이르기까지 A 민족과 달리 B 민족의 의복 문화에서만 자문화 요소가 유지되고 있다.
④ T 시기에 비해 T+2 시기의 A 민족 문화 변동에서 의복 문화는 음식 문화, 주거 문화와 달리 문화 융합이 발생하였다.

ADVICE ① T+1 시기 A 민족과 B 민족은 모두 문화 공존(병존)이 나타났다.
② 문화 접변에 의한 변화로 내재적 요인에 의한 것이 아니다.
③ T 시기 이후 T+2 시기에 이르기까지 A 민족은 주거 문화, B 민족은 의복 문화와 음식 문화에서 자문화 요소가 유지되고 있다.

ANSWER 5.③ 6.① 7.④

8 〈보기〉에 대한 설명으로 가장 옳은 것은? (단, A~D는 각각 서로 다른 민법의 원칙에 해당한다.)

〈보기〉

- A는 ㉠ <u>계약 공정의 원칙</u>으로 수정되었다.
- ㉡ <u>자기 책임의 원칙</u>은 B로 수정되었다.
- C는 D로 수정 · 보완되었다.

① ㉠은 경제적 약자에게 일방적으로 불리한 내용의 계약 체결을 방지한다.
② ㉡에 따라 과실이 없을 때에도 일정한 상황에서 관계된 자가 책임을 질 수 있다.
③ C는 소유권은 공공복리에 적합하도록 행사해야 한다는 원칙이다.
④ D는 C와 달리 개인 소유의 재산에 대한 사적 지배를 인정한다.

ADVICE A 계약 자유의 원칙 B 무과실 책임 원칙 C 소유권 절대 D 공정

② 무과실 책임 원칙에 대한 설명이다.
③ D는 소유권은 공공복리에 적합하도록 행사해야 한다는 원칙이다.
④ C와 D는 개인 소유의 재산에 대한 사적 지배를 인정한다.

※ 민법의 기본원리

㉠ 소유권 절대의 원칙 : 모든 개인의 사소유권을 인정하고, 이에 대한 일체의 공적 · 사적 규제를 원칙적으로 배제하는 것이다. 이 원칙은 인간의 이기적 속성을 전제로 한 소유욕을 자극하여 생산력의 증가에 크게 기여한 바 있다.

㉡ 사적 자치의 원칙 : 신분사회로부터 계약사회로의 진입(from status to contract)을 상징하는 중요한 표지가 된다. 사적 자치는 법률행위를 통하여 실현되므로 이를 법률행위자유의 원칙이라고도 하고, 또한 법률행위의 중심은 계약에 있으므로 계약자유의 원칙이라고도 부르는데, 계약자유의 원칙은 계약법의 지배원리로써 계약체결의 자유, 계약방식의 자유, 계약내용결정의 자유를 포함한다. 이 원칙을 통하여 거래관계가 활성화되었고, 시장경제의 틀이 구축되었다.

㉢ 과실책임의 원칙 : 로마법의 "과실 없으면 책임 없다"라는 법언에서 유래한다. 과실은 민사책임의 중요한 귀책요소이지만, 역으로 이는 과실 없으면 책임을 면할 수 있게 된다는 의미이기도 하다. 이를 통하여 개인의 자유로운 활동이 간접적으로 보장됨으로써 자유경쟁이 촉진되었다.

9 〈보기1〉의 빈곤 유형 A, B에 대한 설명으로 옳은 것을 〈보기2〉에서 모두 고른 것은? (단, A, B는 상대적 빈곤과 절대적 빈곤 중 하나이다.)

> 〈보기1〉
>
> ⊙ 학습 주제 : 빈곤 유형
>
> 1. [A]
> - 최소한의 생활 수준을 유지하기 곤란한 상태
> - 우리나라에서는 가구 소득이 최저 생계비 수준에 미치지 못하는 가구를 A 가구로 분류함
>
> 2. [B]
> - 사회 구성원 다수가 누리는 생활 수준에 이르지 못한 상태
> - 우리나라에서는 가구 소득이 중위 소득의 50%에 미달하는 가구를 B 가구로 분류함

> 〈보기2〉
>
> ㉠ A에 해당하는 가구는 B에 해당하지 않는다.
> ㉡ 중위 소득이 높아지면 B의 빈곤선도 높아진다.
> ㉢ A는 주로 선진국에서, B는 주로 저개발국에서 나타난다.
> ㉣ A와 B 모두 우리나라에서 객관적인 기준에 의해 분류되는 빈곤의 유형이다.

① ㉠, ㉡　　② ㉠, ㉢
③ ㉡, ㉣　　④ ㉢, ㉣

ADVICE A 절대적 빈곤 B 상대적 빈곤

㉠ A에 해당하는 가구는 B에 해당한다.

㉢ A는 주로 저개발국에서, B는 주로 선진국에서 나타난다.

※ 절대적 빈곤과 상대적 빈곤

- 절대적 빈곤 : 최소한 유지되어야 할 최저생계비를 상정하고 이를 가구 소득이 유지할 수 없는 상태를 빈곤으로 규정한 것이다.
- 상대적 빈곤 : 상대적으로 그 사회의 다른 사람들보다 적게 가지고 있는 것을 정의한다.

ANSWER 8.① 9.③

10 〈보기〉와 같은 다문화 정책에 대한 설명으로 가장 옳은 것은?

〈보기〉

캐나다는 1971년 다문화주의를 선언하고 각각의 인종이나 민족이 자신의 특성을 유지하면서 모든 사람이 평등하게 캐나다 사회에 참여하는 정책을 실시하였다. 이러한 정책은 여러 개의 조각이 조화를 이루어 하나의 작품이 되는 '모자이크'와 같다고 하여 모자이크정책이라고 한다.

① 문화적 단일성을 유지하기 위한 정책이다.
② 이민자의 문화 정체성을 훼손할 우려가 있는 정책이다.
③ 문화 간 차이를 인정하는 관용의 자세를 중시하는 정책이다.
④ 인위적으로 문화를 하나로 통합하는 것을 목적으로 하는 정책이다.

ADVICE ① 문화적 다양성을 유지하기 위한 정책이다.
② 이민자의 문화 정체성을 존중하는 정책이다.

11 〈보기〉의 A, B는 국제 연합(UN)의 주요 기관이다. 이에 대한 설명으로 가장 옳지 않은 것은?

〈보기〉

- A는 갑(甲)국과 을(乙)국 양국이 제기한 카리브해 영유권분쟁 소송에서 만장일치로 갑(甲)국이 을(乙)국보다 3배 많은 해양 영토를 받아야 한다고 판결했다.
- B는 병(丙)국에 대한 무기 수출 금지, 제재를 담은 결의안을 표결에 부치기로 했다. 그러나 러시아가 거부권을 행사할 경우 무산될 수 있다.

① A는 국제 연합의 비회원국에 대해서도 재판할 수 있다.
② A는 당사국 간 합의에 의한 제소가 있어야 재판하는 것이 원칙이다.
③ B는 의사 결정 방식에서 강대국의 논리가 반영될 가능성이 높다.
④ A는 B와 달리 군사적 개입을 할 수 있다.

ADVICE A 국제 사법 재판소 B 상임이사국
④ B는 군사적 개입을 할 수 있다.

12 〈보기〉의 ㈎, ㈏에 대한 설명으로 가장 옳은 것은?

> 〈보기〉
> 소득은 규칙적이고 반복적으로 발생하는 ㈎ 와 불규칙적으로 발생하는 ㈏ 로 구성된다.

① ㈎ 중 이전 소득에는 공적 연금이 해당한다.
② ㈎ 중 사업 소득에는 배당금이 해당한다.
③ 연금 일시금은 ㈎에 해당한다.
④ 예산 수립 시에는 ㈏를 바탕으로 하는 것이 바람직하다.

ADVICE ㈎ 경상 소득 ㈏ 비경상 소득

② ㈎ 중 재산 소득에는 배당금이 해당한다.
③ 연금 일시금은 ㈏에 해당한다.
④ 예산 수립 시에는 ㈎를 바탕으로 하는 것이 바람직하다.

※ 경상 소득과 비경상 소득

㉠ 경상 소득
- 근로 소득 : 사업장에 고용되어 대가로 받은 일체의 현금, 유가증권(상품권) 및 현물보수
- 사업 소득 : 가계(사업, 학원 등)가 운영하거나 가내 수공업 등으로 얻은 수입 중에서 가계 보조를 위해 가계로 들어온 소득
- 재산 소득 : 재산의 보유에서 발생하는 수입
- 이전 소득 : 이전지급에 의해 생기는 소득으로, 공적연금 및 사회보험 등에 의하여 지급받는 연금소득과 타가구로부터 경상적으로 보조받는 생활비 · 교육비 등의 가계보조금(사적이전)

㉡ 비경상 소득
- 경조소득 : 결혼이나 장례와 같은 경조사로 인한 소득
- 퇴직금이나 연금일시금 : 퇴직당시 받는 퇴직금이나 연금일시금,
- 기타비경상소득 : 보상금 · 구호금 · 상금 · 복권당첨 등

ANSWER 10.③ 11.④ 12.①

13 〈보기1〉의 밑줄 친 글에 대한 옳은 분석 및 추론만을 〈보기2〉에서 모두 고른 것은?

〈보기1〉

『허생전(許生傳)』에서 허생은 물건을 사들여 쌓아두었다가 시장에 공급이 부족해져 시장 가격이 오르면 내다 파는 형식으로 많은 돈을 번다. 허생이 사들인 물건은 과일과 말총이었는데, 과일은 제사나 잔치에 꼭 필요한 물건이었고, 말총은 양반의 필수품인 갓을 만드는 재료였다. 따라서 과일과 말총은 아무리 가격이 비싸더라도 소비자 입장에서는 구매할 수밖에 없었던 것이다.

〈보기2〉

㉠ 가격의 변동에 따라 수요량이 민감하게 반응하고 있다.
㉡ 일반적으로 대체재가 적은 상품에서 나타나는 모습이다.
㉢ 과일과 말총의 수요의 가격 탄력성은 1보다는 작다.
㉣ 생산 기간이 길거나 저장의 어려움이 따르는 경우에 나타나는 모습이다.

① ㉠, ㉡　　② ㉡, ㉢
③ ㉢, ㉣　　④ ㉠, ㉡, ㉢

ADVICE 밑줄 친 부분은 수요의 가격 탄력성이 비탄력적이라는 것을 의미한다.
㉠ 가격의 변동에 따라 수요량이 둔감하게 반응하고 있다.
㉣ 공급의 가격 탄력성에 관한 설명이다.

14 정부가 각각 A와 B로 가격을 정한 X재 시장과 Y재 시장에 대한 설명으로 가장 옳은 것은?

〈보기〉

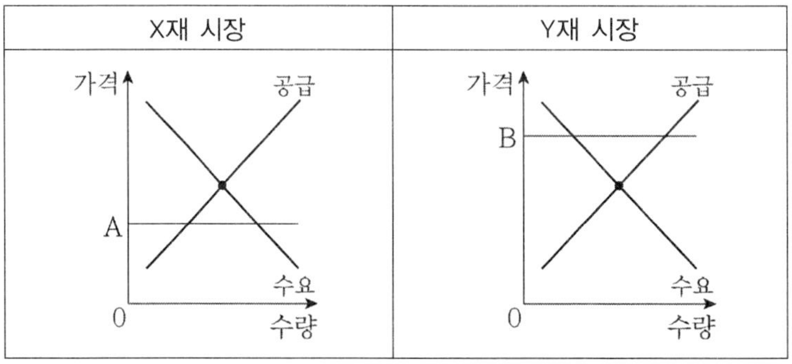

① A의 사례로 최저임금제를 들 수 있다.
② X재 시장에서는 생산자 잉여가 소비자 잉여보다 크다.
③ Y재 시장에서는 초과 수요가 발생한다.
④ B는 정부가 생산자(공급자) 보호를 위해 가격 하한선을 정한 것이다.

ADVICE A 최고 가격제 B 최저 가격제
① B의 사례로 최저임금제를 들 수 있다.
② X재 시장에서는 소비자 잉여가 생산자 잉여보다 크다.
③ Y재 시장에서는 초과 공급이 발생한다.
※ 최고 가격제와 최저 가격제
㉠ 최고 가격제 : 시장에서 형성되는 가격이 너무 높다고 판단될 때 상한선을 설정하고 그 이상의 가격으로 거래하지 못하도록 통제하는 제도
㉡ 최저 가격제 : 정부가 시장균형가격이 너무 높다고 판단될 경우, 시장가격보다 낮은 수준에 상한선을 그어놓고 그 가격을 넘어서지 못하도록 규제하는 제도

15 〈보기〉는 형사 절차의 진행과정이다. ㉠~㉣에 대한 설명으로 가장 옳은 것은?

〈보기〉
갑(甲)은 을(乙)을 폭행하였고 을(乙)의 고소로 인하여 아래와 같이 형사 절차가 진행되었다.

수사 개시 →㉠ 구속 →㉡ 기소 →㉢ 판결 확정 →㉣ 형 집행 종료

① ㉠단계에서 피의자의 범죄 혐의가 있다고 판단되면 경찰관이 형사 재판을 청구한다.
② 국선 변호인 선임은 ㉡단계 이후에 가능하다.
③ ㉢단계에서 갑(甲)이 구속될 경우 보석 제도를 활용할 수 있다.
④ ㉣단계와 달리 ㉡단계에서의 구금은 형사 보상 제도의 대상이 아니다.

ADVICE ① ㉡단계에서 피의자의 범죄 혐의가 있다고 판단되면 경찰관이 형사 재판을 청구한다.
② 국선 변호인 선임은 수사 단계에서부터 가능하다.
④ ㉡단계에서의 구금도 형사 보상 제도의 대상이다.

ANSWER 13.② 14.④ 15.③

16 〈보기〉는 사회 집단을 접촉 방식과 결합 의지에 따라 구분한 것이다. (가), (나)의 사례를 옳게 짝지은 것은?

〈보기〉

분류 기준		결합 의지	
		본질적 의지	선택적 의지
접촉 방식	직접적인 대면 접촉	(가)	
	간접적 접촉		(나)

	(가)	(나)
①	가족	정당
②	가족	전통 사회의 마을 공동체
③	학교	친족
④	회사	또래 집단

ADVICE 사회 집단의 분류

㉠ 퇴니스의 분류 : 구성원의 결합의지에 따라

구분	공동 사회	이익 사회
결합관계	본질 의지⇒본능적, 무의도적, 자연발생적 결합	선택 의지⇒구체적 이익을 가지고 의도적 · 인위적 결합
인간관계	인격적, 정서적, 비공식적	부분적, 비인간적, 공식적
종류	가족, 민족, 지역사회 등	회사, 정당, 학교 등

㉡ 쿨리의 분류 : 구성원의 접촉방식에 따라

구분	1차 집단	2차 집단
접촉방식	친밀한 대면 접촉 전인격적 인간관계	간접적인 접촉 수단적 인간관계
특징	인성 형성에 영향	특수한 목적을 위한 관계
종류	가족, 놀이집단 등	회사, 직업 집단, 군대 등

㉢ 섬너의 분류 : 구성원의 소속감에 따라

구분	내집단	외집단
접촉방식	소속감을 가지고 '동일시'하는 '우리'집단	소속감을 가지지 않으며, 동일시의 대상이 아닌 '그들' 집단, '타인' 집단
특징	소속감, 공동체의식이 강함	이질적, 적대의식을 갖게 됨
종류	우리편 등	상대편 등

㉣ 소속집단(내집단)과 준거집단

- 준거집단 : 개인이 행동이나 판단의 기준으로 삼는 집단
- 양자가 일치할 때 : 소속감이 강하고 구성원으로서의 자부심이 강하고, 만족감이 높아짐

17 〈보기〉의 정치 참여 집단 A, B에 대한 설명으로 가장 옳지 않은 것은?

〈보기〉

현대 민주 정치의 중요한 정치 행위자로 A와 B가 있다. A는 그들의 이익을 정치 현장에서 실현시키기 위해 B를 매개체로 이용하고, B도 정치권력의 획득을 위한 지지기반을 넓히기 위해 A와 밀접한 상호 관계를 맺는다. B는 A로부터 정책 쟁점에 대한 전문적 지식과 견해를 획득하고, 다원적 사회에 분산돼 경쟁 관계에 있는 여러 A는 B와 연계해 자신들에게 유리한 정책을 형성하도록 정부에 압력을 행사한다.

① B는 의회와 정부를 매개한다.
② A는 집단의 특수 이익을 실현하고자 한다.
③ B는 A와 달리 자신의 활동에 대해 정치적 책임을 진다.
④ A는 B와 달리 정치 사회화를 담당한다.

ADVICE A 이익 B 정당
④ 이익, 시민단체, 정당 모두 정치 사회화를 담당한다.

18 〈보기〉의 ㉠~㉢에 들어갈 내용을 옳게 짝지은 것은?

〈보기〉

15세 이상 인구가 일정한 상태에서 인구 구성의 변화가 발생하였을 때 고용 지표의 변화를 정리하면 다음과 같다.

구분	실업률	고용률	경제 활동 참가율
취업자 → ㉠	상승	하락	불변
㉡ → 비경제 활동 인구	하락	불변	하락
비경제 활동 인구 → 실업자	상승	㉢	상승

	㉠	㉡	㉢
①	실업자	취업자	상승
②	실업자	실업자	불변
③	비경제 활동 인구	실업자	불변
④	비경제 활동 인구	취업자	하락

ADVICE ② 경제 활동 참가율이 불변이므로, ㉠은 실업자이다. 실업률이 하락했으므로, ㉡은 실업자이다. 비경제 활동 인구가 실업자가 되면 고용률은 불변이다.

ANSWER 16.① 17.④ 18.②

19 〈보기〉의 자료에 대한 분석 및 추론으로 옳은 것은?

〈보기〉

표의 (가), (나)는 각각 갑(甲)국의 명목 GDP와 실질GDP 중 하나를 나타낸다. 단, 기준 연도는 2017년이며, 물가 수준은 GDP 디플레이터로 측정한다.

(단위 : 억 달러)

구분	연도		
	2018년	2019년	2020년
(가)	80	100	120
(나)	120	100	80

① 2019년의 물가 수준은 2017년보다 낮다.

② (가)가 실질 GDP라면 2018년의 GDP 디플레이터는 2017년보다 높다.

③ (가)가 명목 GDP라면 2019년의 경제 성장률은 양(+)의 값을 가진다.

④ (나)가 실질 GDP라면 2020년의 물가 상승률은 음(−)의 값을 가진다.

ADVICE ① 2019년의 물가 수준과 2017년의 물가 수준은 100으로 동일하다.

③ (가)가 명목 GDP라면 2019년의 경제 성장률은

$\frac{100-120}{120} \times 100 = -16.7$(%)이므로 음(−)의 값을 가진다.

④ (나)가 실질 GDP라면 2020년의 물가 상승률은

$\frac{150-100}{100} \times 100 = 50$(%)이므로 양(+)의 값을 가진다.

20 〈보기〉는 미국 달러화 대비 각국 통화 가치의 변화율을 나타낸다. 이에 대한 설명으로 가장 옳은 것은? (단, 국제거래는 미국 달러화로만 이루어진다.)

〈보기〉

갑(甲)국	10%
을(乙)국	−5%
병(丙)국	−10%
정(丁)국	5%

① 미국에서 유학 중인 자녀에게 학비를 보내야 하는 갑(甲)국 학부모의 부담이 증가하였다.
② 병(丙)국 통화 대비 을(乙)국 통화의 가치는 하락하였다.
③ 미국에서 부품을 수입하는 병(丙)국 기업의 대금지급 부담이 증가하였다.
④ 정(丁)국 기업이 상환해야 하는 미국 달러화 표시채무 부담이 증가하였다.

ADVICE ① 미국에서 유학 중인 자녀에게 학비를 보내야 하는 갑(甲)국 학부모의 부담이 감소하였다.
② 병(丙)국 통화 대비 을(乙)국 통화의 가치는 상승하였다.
④ 정(丁)국 기업이 상환해야 하는 미국 달러화 표시 채무부담이 감소하였다.

ANSWER 19.② 20.③

2022. 6. 18. 제2회 서울특별시 시행

1 〈보기〉의 사례와 관련된 기본권의 유형 A, B에 대한 설명으로 가장 옳은 것은?

〈보기〉

A	갑(甲)은 출근 도중 갑자기 경찰관에게 체포되었다. 하지만 이 과정에서 체포의 이유 및 변호인의 조력을 받을 권리를 전혀 고지받지 못했다.
B	을(乙)은 사업에 실패하고 소득이 없어지자 국가에 생계비 지급을 요구하여 국민기초생활 수급자로 선정되어 일정한 생계 급여를 받게 되었다.

① A는 국가 권력의 간섭이나 침해를 받지 않을 방어적 권리이다.
② B는 다른 기본권 보장을 위한 수단적 성격의 권리이다.
③ A는 B와 달리 국가의 존재를 전제로 보장되는 권리이다
④ A와 B는 모두 헌법에 열거되어야 보장되는 권리이다.

ADVICE A : 자유권, B : 사회권
② 청구권에 대한 설명이다.
③ 국가의 존재를 전제로 보장되는 권리는 B(사회권)이다. A(자연권)은 천부인권이다.
④ 헌법에 열거되어야 보장되는 권리는 적극적 권리인 B(사회권)이다.

2 〈보기〉에 나타난 국제 연합의 주요 기관 A~C에 대한 설명으로 가장 옳은 것은?

〈보기〉

국제 연합의 모든 회원국으로 구성된 A는 국제 사회의 다양한 문제를 논의하며, 15개 이사국으로 구성된 B는 국제 평화와 안전 유지에 대한 책임을 지고 있다. C는 국제 연합의 주요 사법 기관이다.

① A에서는 분담금에 비례하여 투표권이 배분된다.
② B에서는 모든 안건에 대해 상임 이사국의 거부권이 인정된다.
③ C에 재판을 청구할 수 있는 국가는 국제 연합의 회원국이어야 한다.
④ C의 재판관은 A와 B에서 선출된 국적이 서로 다른 15인으로 구성된다.

ADVICE A : 총회, B : 안전보장이사회, C : 국제사법재판소
① A(총회)는 주권 평등주의의 원칙에 따라 각 국가당 1표씩 투표권이 배분된다.
② B(안전보장이사회)의 상임 이사국은 실질사항에 대해 거부권이 인정된다. 단, 절차사항에 대한 거부권은 인정되지 않는다.
③ C(국제사법재판소)에 대한 재판 청구는 국제 연합의 회원국뿐 아니라 비가맹국도 가능하다.

3 **〈보기〉에서 사회 변동 방향에 대한 관점 A, B에 대한 설명으로 가장 옳은 것은?**

> 〈보기〉
> A를 주장하는 학자들은 사회 변동이 일정한 방향을 가지고 있으며 그 변동은 긍정적이고 발전적인 것으로 간주한다. 반면, B를 주장하는 학자들은 사회가 발전만 하는 것이 아니라 쇠퇴하거나 소멸하기도 한다고 본다.

① A는 서구 제국주의를 정당화한다는 비판을 받는다.
② A는 B와 달리 모든 사회가 같은 방향으로 변화하는 것이 아니라고 본다.
③ B는 A와 달리 다양한 경로의 사회 발전 양상을 설명하기 어렵다.
④ A는 B에 비해 앞으로의 사회 변동 방향을 예측하기 어렵다는 비판을 받는다.

ADVICE A : 진화론, B : 순환론
② B(순환론)는 A(진화론)와 달리 모든 사회가 같은 방향으로 변화하는 것이 아니라고 본다.
③ A(진화론은) B(순환론)와 달리 다양한 경로의 사회 발전 양상을 설명하기 어렵다.
④ B(순환론)는 A(진화론)에 비해 앞으로의 사회 변동 방향을 예측하기 어렵다는 비판을 받는다.

ANSWER 1.① 2.④ 3.①

4 〈보기〉에서 사회 · 문화 현상을 바라보는 관점 ㈎~㈐에 대한 설명으로 가장 옳은 것은?

〈보기〉

관점	가족문제의 원인
㈎	가족 제도와 교육 제도의 본래 기능 상실
㈏	자녀 양육에 필요한 사회적 자원을 사회 기득권층에서 독점하는 구조
㈐	자녀의 행동에 대한 부모와 자녀간의 서로 다른 상황 정의

① ㈎는 행위 주체인 인간이 상황 속에서 능동적으로 대응하는 존재라고 본다.
② ㈐와 달리 ㈎는 사회 문제를 사회 병리적인 현상으로 인식한다.
③ ㈏에 비해 ㈐는 사회 제도 간의 상호 의존적인 관계에 주목한다.
④ ㈐와 달리 ㈏는 희소가치의 배분과 관련하여 각 계급의 이익은 양립할 수 있다고 본다.

ADVICE ㈎ 기능론, ㈏ 갈등론, ㈐ 상징적 상호작용론(미시적)
① ㈐에 대한 설명이다.
③ ㈎에 대한 설명이다.
④ ㈏는 희소가치의 배분과 관련하여 각 계급의 이익은 양립할 수 없다고 본다.

5 〈보기〉에서 부각되는 문화의 속성에 대한 진술로 가장 옳은 것은?

〈보기〉

집은 사람들이 사는 단순한 구조물 이상의 의미를 갖는다. 집은 누군가에게 중요한 재산이 되며, 그것은 경제적인 투자의 의미를 갖는다. 집이 위치한 지역은 그곳에 거주하는 사람들의 직업이나 지위 등 다양한 사회적 요인을 반영하며, 집을 짓는 방식은 그 사회의 생활 양식이나 기후 및 지형 조건, 부존자원의 영향을 받는다.

① 문화는 세대 간 전승 과정에서 점차 풍부하게 발전한다.
② 문화는 여러 요소들이 유기적으로 연관되어 이루어진 하나의 전체이다.
③ 문화는 다른 구성원과의 상호 작용이 안정적으로 이루어지게 한다.
④ 문화는 계속적으로 변화하여 이전과 다른 모습을 갖는다.

ADVICE 〈보기〉는 전체성에 대한 설명이다.
① 축적성
③ 공유성
④ 변동성

6 〈보기 1〉의 사회 참여 유형 A~D에서 〈보기 2〉의 갑(甲)과 을(乙)의 행위에 해당하는 사회 참여 유형을 옳게 짝지은 것은?

〈보기 1〉

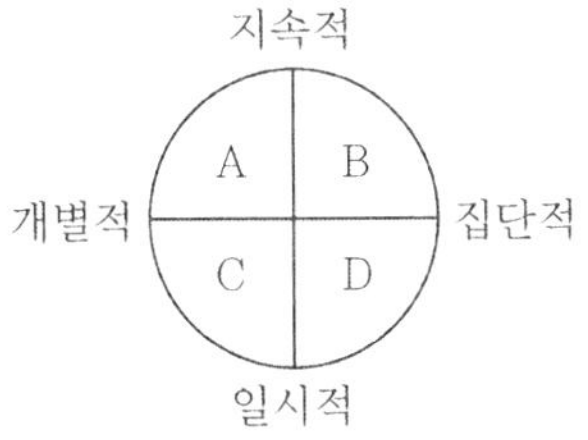

〈보기 2〉

- 갑(甲)은 길을 가다가 보도블럭이 파손되어 있는 것을 보고 사진을 찍어 지역 구청 홈페이지의 민원에 수리를 요청하는 글을 올렸다.
- 을(乙)은 대기 환경 개선을 목표로 하는 시민 단체에 가입하여 시민 단체가 주최하는 '대기 환경 개선을 위한 정책 제안' 회의에 토론자로 참여하는 등 꾸준하게 활동하고 있다.

	갑(甲)	을(乙)
①	A	B
②	A	D
③	C	B
④	C	D

ADVICE
- 갑 : 개별적, 일시적 → C
- 을 : 집단적(시민 단체에 가입), 지속적(꾸준하게 활동) → B

ANSWER 4.② 5.② 6.③

7 〈보기〉는 일탈 행위 A~C를 질문에 따라 구분한 것이다. 이에 대한 설명으로 가장 옳은 것은? (단, A!C는 각각 낙인 이론, 아노미 이론, 차별 교제 이론 중 하나이다.)

〈보기〉

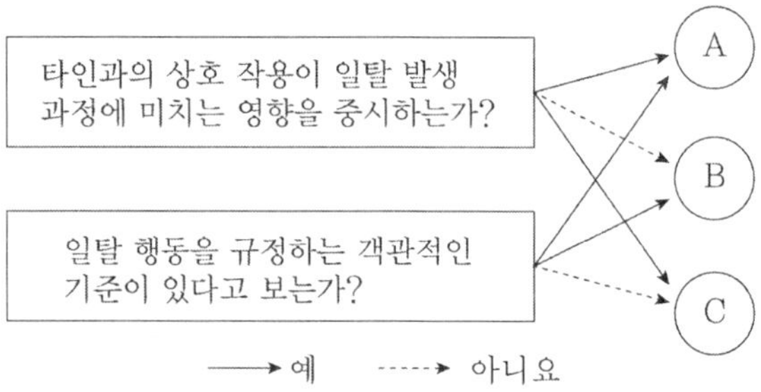

① A는 무규범 상태를 일탈 행동의 원인으로 본다.
② B는 미시적 관점에서 일탈 행동을 설명한다.
③ C는 상호 작용을 통한 2차적 일탈 행동의 발생에 주목한다.
④ C는 B와 달리 일탈 행동의 해결 방안으로 사회 규범의 통제력 회복을 강조한다.

ADVICE A : 차별적 교제 이론, B : 아노미 이론, C : 낙인 이론
① B(아노미 이론)은 무규범 상태를 일탈 행동의 원인으로 본다.
② C(낙인 이론)은 미시적 관점에서 일탈 행동을 설명한다.
④ B(아노미 이론)은 일탈 행동의 행결 방안으로 사회 규범의 통제력 회복을 강조한다.

8 〈보기〉의 ㉠~㉡에 대한 설명으로 가장 옳은 것은?

〈보기〉

사용자 갑(甲, 53세)과 근로자 을(乙, 18세 고등학생)은 다음과 같이 근로 계약을 체결하였다.

1. 계약 기간 : 2022.1.1~2022.1.31.(1개월)
2. 근무 장소 : ○○편의점
3. 업무 내용 : 매장 내 물품 진열 및 청소
4. ㉠ 근로 시간 : 월~금 10:00~17:00
   ㉡ (휴게 시간 : 12:30~12:50)
5. 임금 : ㉢ 시간당 9,000원
   (㉣ ○○편의점 상품권으로 지급)

※ 2022년 최저 임금은 시간당 9,160원임

① ㉠은 연소 근로자의 1일 근로 시간을 초과하여 무효이다

② ㉡은 근로 기준법상의 휴게 시간 기준에 어긋나지 않는다.

③ ㉢은 을(乙)이 동의하였다면 최저 임금에 미달하여도 유효하다.

④ ㉣은 통화가 아니므로 통화의 형태로 바꾸어 을(乙)에게 직접 지급해야 한다.

ADVICE ① 연소근로자는 만 15세 이상~만 18세 미만이다. 1일 근로시간은 10시~17시 중 휴게시간 20분을 제외한 1일 6시간 40분이므로 1일 근로시간을 초과하지도 않았다.

② 사용자는 근로시간이 4시간인 경우에는 30분 이상, 8시간인 경우에는 1시간 이상의 휴게시간을 근로시간 도중에 주어야 한다〈「근로기준법」 제54조(휴게) 제1항〉.

③ 을이 동의하였다 해도 최저 임금에 미달하는 내용은 무효이다.

ANSWER 7.③ 8.④

9 〈보기 1〉은 사회 계층화 현상에 대한 설명이다. A, B 이론에 대한 옳은 설명을 〈보기 2〉 에서 모두 고른 것은? (단, A, B는 각각 계급 이론, 계층 이론 중 하나이다.)

〈보기 1〉

A는 생산 수단의 소유 여부를 기준으로 자본을 소유한 지배층과 그렇지 못한 피지배층 간에 권력 관계가 형성된다고 본다. 반면 B는 경제적, 정치적, 사회적 요인을 종합하여 사회 계층을 상층, 중층, 하층 또는 그보다 다양한 계층으로 구분한다.

〈보기 2〉

㉠ A는 생산 수단의 소유를 둘러싼 갈등을 사회 변동의 원동력으로 본다.
㉡ B는 경제적 지위에 따른 강한 귀속 의식을 중시한다.
㉢ B는 A와 달리 다양한 요인에 의한 희소가치의 불평등한 분배를 범주화하여 설명한다.
㉣ B는 A와 달리 사회 계층화 현상의 원인으로 경제적 요인만을 중시한다.

① ㉠, ㉡
② ㉠, ㉢
③ ㉡, ㉢
④ ㉢, ㉣

ADVICE A : 계급이론, B : 계층이론
㉡ 경제적 지위에 따른 강한 귀속 의식을 중시하는 것은 A(계급이론)이다.
㉣ 사회 계층화 현상의 원인으로 경제적 요인만을 중시하는 것은 A(계급이론)이다.

10 〈보기〉의 사례에 대한 법적 판단으로 가장 옳은 것은?

〈보기〉

법률혼 부부인 갑(甲)과 을(乙)은 자녀 A를 두고 있었는데, 갑(甲)의 부정한 행위로 을(乙)은 A가 8세가 되던 해에 갑(甲)과 재판상 이혼을 하였다. 한편, 결혼 후 혼인신고를 하였지만 자녀가 없었던 병(丙)과 정(丁) 부부는 적법한 절차를 거쳐 을(乙)이 홀로 양육하던 A를 친양자로 입양하였다. 얼마 후 교통 사고로 병(丙)이 유언없이 사망하였는데 채무 없이 재산 10억을 남겼다.

① 갑(甲)과 을(乙)은 3개월의 이혼 숙려 기간을 거쳐 이혼하였다.
② 갑(甲)은 유책 배우자로서 혼인 중 공유 재산에 대한 분할을 청구할 수 없다.
③ 친양자로 입양된 A는 병(丙)과 정(丁)의 혼인 중의 출생자로 간주된다.
④ 병(丙)의 사망으로 법정 상속 순위에 따라 정(丁)이 단독 상속하게 된다.

ADVICE ① 이혼 숙려 기간을 거치는 이혼은 합의상 이혼이다. 이혼 숙려 기간은 미성년자 자녀가 있으면 3개월, 없으면 1개월이다.
② 유책 배우자는 이혼 청구 및 손해배상 청구를 할 수 없다. 단, 공유 재산에 대한 분할 청구는 가능하다.
④ A를 친양자로 입양하였으므로, 병의 사망으로 법정 상속 순위에 따라 1순위인 직계비속 A와 배우자가 1 : 1.5의 비율로 상속하게 된다.

11 〈보기〉는 우리나라 국가 기관 A~D의 권한을 나타낸 것이다. 이에 대한 설명으로 가장 옳은 것은?

〈보기〉

구분	권한
A	국무 회의의 의장으로서 국무 회의를 주재함
B	위헌 법률 심판, 탄핵 심판 등을 담당함
C	상고심, 명령 · 규칙 · 처분의 최종 심사권을 가짐
D	공무원의 직무 감찰, 국가의 세입 · 세출의 결산 등을 함

① A는 임시 국회 소집을 요구할 수 있다.
② B는 C의 장(長)이 임명한 9인의 재판관으로 구성된다.
③ C는 고위 공직자에 대한 탄핵 소추권을 가진다.
④ D는 국가의 예산안을 편성하고 심의하여 확정한다.

ADVICE A : 대통령, B : 헌법재판소, C : 대법원, D : 감사원이다.
② 헌법재판관은 대통령이 임명한다.
③ 탄핵 소추권은 국회의 권한이다.
④ 국가의 예산안을 편성하는 것은 정부이고, 심의 · 확정하는 것은 국회이다.

ANSWER 9.② 10.③ 11.①

12 〈보기〉의 사례에 대한 법적 판단으로 가장 옳은 것은?

〈보기〉

• 갑(甲)은 친구 을(乙)이 맡긴 반려견을 데리고 산책 중이었는데, 목줄이 풀리며 반려견이 지나가던 병(丙)의 다리를 무는 사고가 발생하였다.
• 유치원생인 A는 엄마 B가 친구와 대화를 나누고 있는 사이에 길가에 세워둔 C의 자동차에 돌을 던져 유리창을 파손시켰다.

① 갑(甲)이 반려견 보관에 상당한 주의를 기울였음을 입증하면 을(乙)이 불법 행위에 대한 책임을 진다.
② 갑(甲)과 을(乙)은 공동 불법 행위로 연대하여 병(丙)에게 배상 책임을 지게 된다.
③ A의 행위는 위법성이 조각되어 불법 행위가 성립되지 않는다.
④ B가 A에 대한 감독에 상당한 주의를 다하였다는 것을 증명하면 면책된다.

ADVICE ① 동물의 점유자인 갑이 반려견 보관에 상당한 주의를 기울였음을 입증하면 면책될 수 있다.
② 동물의 불법 행위에 대한 책임은 동물의 점유자인 갑에게 있다.
③ 유치원생인 A의 불법 행위는 책임무능력자로 불법 행위 책임이 없다.

13 〈보기〉는 정당 제도의 일반적인 특징을 비교하여 나타낸 것이다. 이에 대한 설명으로 가장 옳지 않은 것은? (단, A, B는 각각 양당제와 다당제 중 하나이다.)

〈보기〉

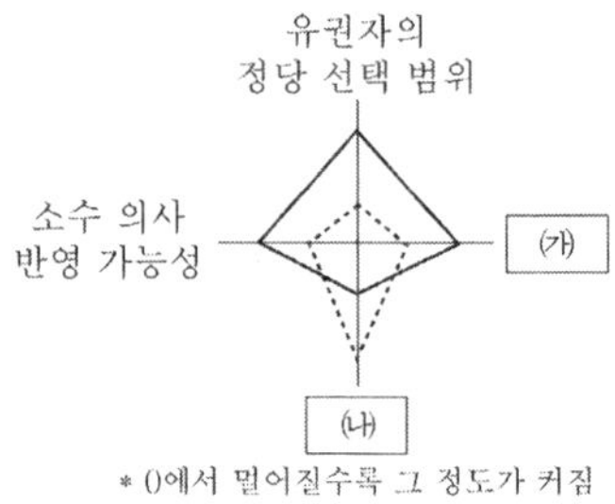

* 0에서 멀어질수록 그 정도가 커짐

① (가)에는 '다양한 국민의 의견이 정부 정책에 반영'이 들어갈 수 있다.
② (나)에는 '정국이 안정되고 책임 정치를 실현하기 유리한 형태'가 들어갈 수 있다.
③ 의원 내각제에서 A는 B보다 연립 내각을 구성할 가능성이 높다.
④ B는 A 보다 정당이 서로 대립할 때 중재할 수 있는 정당이 존재해 갈등의 해결이 수월하다는 장점이 있다.

ADVICE A : 다당제, B : 양당제
④ A(다당제)에 대한 설명이다.

14 〈보기 1〉의 특징을 갖는 조직 형태가 등장하게 된 원인을 〈보기 2〉에서 모두 고른 것은?

〈보기 1〉
- 중간 관리층이 적다.
- 조직의 의사 결정 과정이 유기적 네트워크와 같다.
- 자율성과 유연성을 기본 원칙으로 하여 조직의 변경이 수시로 일어난다.

〈보기 2〉
㉠ 형식주의에 따른 비효율성 증가
㉡ 급변하는 환경의 대처 능력 저하
㉢ 수평적 분업 체계에 기초한 업무

① ㉠ ② ㉠, ㉡
③ ㉠, ㉢ ④ ㉡, ㉢

ADVICE 〈보기 1〉은 탈관료제에 대한 설명이다. 탈관료제는 관료제의 역기능을 해결하기 위해 등장하였다.
㉢ 탈관료제가 등장한 원인이 아닌 탈관료제에 대한 설명이다.

ANSWER 12.④ 13.④ 14.②

15 〈보기〉는 외부효과의 유형 A, B를 구분하여 나타낸 것이다. 이에 대한 설명으로 가장 옳은 것은?

〈보기〉

유형	A	B
문제점	사회적 최적 수준보다 과소 생산 · 소비	사회적 최적 수준보다 과다 생산 · 소비

① A는 '부정적 외부효과'이다.

② B의 사례로 독감 백신 접종이 있다.

③ 소비 측면에서 B의 경우 사회적 편익이 사적 편익보다 작다.

④ 생산 측면에서 A의 경우 생산에 대한 세금 부과로 외부효과를 개선할 수 있다.

ADVICE A : 긍정적 외부효과, B : 부정적 외부효과

① A는 긍정적 외부효과이다.

② 독감 백신 접종은 소비의 외부경제로 A의 사례이다.

④ 생산 측면에서 A의 경우 생산의 외부경제로 생산에 대한 보조금 지급으로 과소 생산의 외부효과를 개선할 수 있다.

16 〈보기〉는 금융 상품 A~C를 구분한 것이다. 이에 대한 설명으로 가장 옳은 것은? (단, A~C는 각각 요구불 예금, 주식, 채권 중 하나이다.

〈보기〉

기업이 자금 조달을 위해 회사 소유권의 일부를 투자자에게 주는 증표 —예→ A

↓아니오

정부, 기업 등이 투자자로부터 자금을 조달받기 위해 발행하는 차용증서 —예→ B

↓아니오

C

① A는 배당 수익을 얻을 수 있다.

② C의 사례로 정기 예금과 정기 적금이 있다.

③ B는 A와 달리 시세 차익을 얻을 수 있다.

④ C는 B와 달리 만기가 있다.

ADVICE A : 주식, B : 채권, C : 요구불예금

② 정기 예금은 거치식, 정기 적금은 적립식 상품으로 수시 입출금이 자유로운 요구불 예금에 해당하지 않는다.

③ 시세 차익은 채권과 주식을 통해 얻을 수 있다.

④ 만기가 있는 것은 채권이다.

17 〈보기〉는 갑(甲)국 정부의 X재 생산에 대한 보조금 정책 전후의 시장 상황을 나타낸 것이다. 이에 대한 설명으로 가장 옳은 것은?

〈보기〉

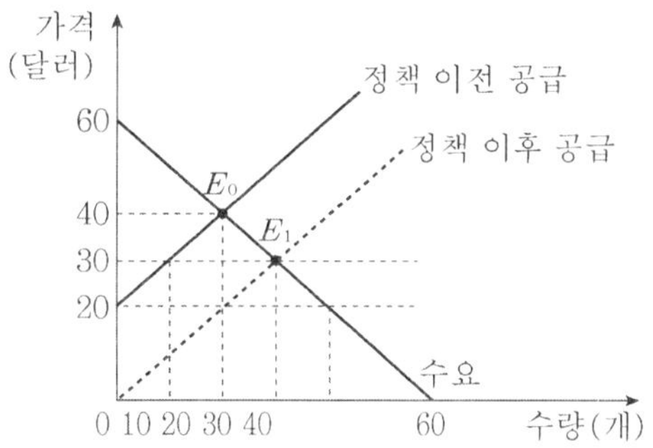

① 정책 이전 소비자 잉여는 400달러이다.

② 정책 이전 생산자 잉여는 소비자 잉여의 4배이다.

③ 정책 이후 생산자 잉여는 정책 이후 소비자 잉여보다 크다.

④ 정책 이후 소비자 잉여와 생산자 잉여의 합은 정책 이전보다 500달러 증가하였다.

ADVICE ④ 정책 이후 소비자 잉여(450)와 생산자 잉여(450)의 합은 900달러로, 정책 이전 소비자 잉여(200)와 생산자 잉여(200)의 합 400달러보다 500달러 증가하였다.

① 정책 이전 소비자 잉여는 200달러이다.

② 정책 이전 생산자 잉여는 200달러로 소비자 잉여 200달러와 같다.

③ 정책 이후 생산자 잉여는 450달러로 정책 이후 소비자 잉여 450달러와 같다.

ANSWER 15.③ 16.① 17.④

18 **〈보기〉에 대한 설명으로 가장 옳은 것은? (단, ㈎, ㈏는 각각 계획 경제 체제, 시장 경제 체제 중 하나이다.)**

〈보기〉

구분	㈎	㈏
'정부의 계획'에 의한 자원 배분을 강조하는가?	아니요	예
㉠	A	예

① ㈎는 경제 활동의 형평성보다 효율성을 강조한다.
② ㈏는 민간 경제 주체의 자율적 의사 결정을 중시한다.
③ ㈏는 ㈎에 비해 경제 주체의 이윤 추구를 장려한다.
④ A가 '아니요'라면 ㉠에 '자원의 희소성으로 인한 경제 문제가 발생하는가?'가 들어갈 수 있다.

ADVICE ㈎ 시장 경제 체제, ㈏ 계획 경제 체제
② ㈎ 시장 경제 체제는 민간 경제 주체의 자율적 의사 결정을 중시한다.
③ ㈎ 시장 경제 체제는 경제 주체의 이윤 추구를 장려한다.
④ A가 '아니요'라면 '자원의 희소성으로 인한 경제 문제가 발생하는가?'가 들어갈 수 없다. 자원의 희소성으로 인한 경제 문제는 ㈎, ㈏ 모두에서 나타난다.

19 **〈보기〉에 대한 법적 판단으로 가장 옳은 것은?**

〈보기〉

• 갑(甲, 40세)과 A(32세)는 사소한 시비가 붙었는데 갑(甲)이 A에게 폭행을 가해 고소되었다.
• 을(乙, 17세)과 병(西, 12세)은 편의점에서 강도 행각을 벌이다 경찰에 현행범으로 체포되었다.

〈갑(甲)~병(丙)에게 적용 가능한 형사 절차〉

㉠ 수사 ↗ ㉡ 기소 → ㉢ 형사법원 → ㉤ 선고
㉠ 수사 ↘ 소년부 송치 → ㉣ 가정법원 소년부 → 처분 결정

① ㉢단계에서 병(丙)이 구속되었다면 보석 제도를 통해 구속 상태에서 벗어날 수 있다.
② 검사가 ㉡을 결정할 경우, 을(乙)은 형벌과 보호처분을 동시에 받을 수 있다.
③ ㉢은 을(乙)에 대한 보호 처분이 필요하다고 판단할 경우, ㉣로 사건을 보낼 수 있다.
④ ㉤단계에서 갑(甲)이 집행유예 판결을 받았다면 일정 기간이 경과한 때 면소된 것으로 간주된다.

ADVICE ① 보석 제도는 공판 단계에서 구속 재판 중인 피고인이 법원에 신청할 수 있다. 수사 단계에서는 구속 수사 중인 피의자는 구속 적부심사 제도를 신청할 수 있다.
② 검사가 기소를 결정할 경우, 형사 재판이 진행되는 것이므로 형벌을 받을 수 있다.
④ 집행유예는 집행유예기간이 지난 후 형의 효력이 상실된다. 일정 기간이 경과한 때 면소된 것으로 간주하는 것은 선고유예이다.

20 **〈보기〉는 갑(甲)국의 경제 상황에 대한 기자와 전문가의 화상 인터뷰의 일부이다. 이를 바탕으로 전문가가 주장할 것으로 예상되는 통화 정책으로 가장 옳은 것은?**

〈보기〉

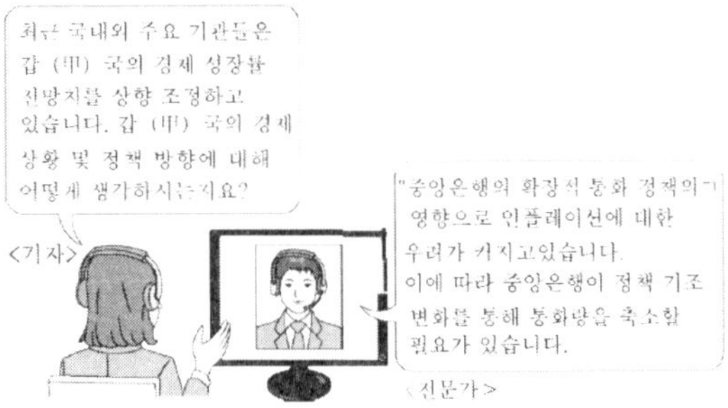

① 공개 시장 운영을 통한 국공채 매입
② 총수요 증대를 위한 지급 준비율 인하
③ 총수요 감소를 위한 기준 금리 인상
④ 총수요 감소를 위한 정부의 소득세율 인상

ADVICE 〈보기〉의 내용으로 볼 때 갑국의 경제 상황은 경기과열기, 호경기이다. 따라서 경기를 진정시키기 위한 정책으로 기준 금리 인상이 필요하다.
①② 불경기 때 필요한 정책이다.
④ 정부의 소득세율 인상은 호경기에 적합한 긴축재정정책이지만, 전문가는 중앙은행의 정책 기조 변화를 언급하고 있으므로 ③이 적합하다.

ANSWER 18.① 19.③ 20.③

2022. 6. 18. 제2회 서울특별시(보훈청) 시행

1 〈보기〉의 사례와 관련된 기본권의 유형 A, B에 대한 설명으로 가장 옳은 것은?

〈보기〉

A	갑(甲)은 출근 도중 갑자기 경찰관에게 체포되었다. 하지만 이 과정에서 체포의 이유 및 변호인의 조력을 받을 권리를 전혀 고지받지 못했다.
B	을(乙)은 사업에 실패하고 소득이 없어지자 국가에 생계비 지급을 요구하여 국민기초생활 수급자로 선정되어 일정한 생계 급여를 받게 되었다.

① A는 국가 권력의 간섭이나 침해를 받지 않을 방어적 권리이다.
② B는 다른 기본권 보장을 위한 수단적 성격의 권리이다.
③ A는 B와 달리 국가의 존재를 전제로 보장되는 권리이다
④ A와 B는 모두 헌법에 열거되어야 보장되는 권리이다.

ADVICE A : 자유권, B : 사회권
② 청구권에 대한 설명이다.
③ 국가의 존재를 전제로 보장되는 권리는 B(사회권)이다. A(자연권)은 천부인권이다.
④ 헌법에 열거되어야 보장되는 권리는 적극적 권리인 B(사회권)이다.

2 〈보기〉에 나타난 국제 연합의 주요 기관 A~C에 대한 설명으로 가장 옳은 것은?

〈보기〉

국제 연합의 모든 회원국으로 구성된 A는 국제 사회의 다양한 문제를 논의하며, 15개 이사국으로 구성된 B는 국제 평화와 안전 유지에 대한 책임을 지고 있다. C는 국제 연합의 주요 사법 기관이다.

① A에서는 분담금에 비례하여 투표권이 배분된다.
② B에서는 모든 안건에 대해 상임 이사국의 거부권이 인정된다.
③ C에 재판을 청구할 수 있는 국가는 국제 연합의 회원국이어야 한다.
④ C의 재판관은 A와 B에서 선출된 국적이 서로 다른 15인으로 구성된다.

ADVICE A : 총회, B : 안전보장이사회, C : 국제사법재판소
① A(총회)는 주권 평등주의의 원칙에 따라 각 국가당 1표씩 투표권이 배분된다.
② B(안전보장이사회)의 상임 이사국은 실질사항에 대해 거부권이 인정된다. 단, 절차사항에 대한 거부권은 인정되지 않는다.
③ C(국제사법재판소)에 대한 재판 청구는 국제 연합의 회원국뿐 아니라 비가맹국도 가능하다.

3 〈보기〉에서 사회 변동 방향에 대한 관점 A, B에 대한 설명으로 가장 옳은 것은?

〈보기〉

A를 주장하는 학자들은 사회 변동이 일정한 방향을 가지고 있으며 그 변동은 긍정적이고 발전적인 것으로 간주한다. 반면, B를 주장하는 학자들은 사회가 발전만 하는 것이 아니라 쇠퇴하거나 소멸하기도 한다고 본다.

① A는 서구 제국주의를 정당화한다는 비판을 받는다.
② A는 B와 달리 모든 사회가 같은 방향으로 변화하는 것이 아니라고 본다.
③ B는 A와 달리 다양한 경로의 사회 발전 양상을 설명하기 어렵다.
④ A는 B에 비해 앞으로의 사회 변동 방향을 예측하기 어렵다는 비판을 받는다.

ADVICE A : 진화론, B : 순환론
② B(순환론)는 A(진화론)와 달리 모든 사회가 같은 방향으로 변화하는 것이 아니라고 본다.
③ A(진화론은) B(순환론)와 달리 다양한 경로의 사회 발전 양상을 설명하기 어렵다.
④ B(순환론)는 A(진화론)에 비해 앞으로의 사회 변동 방향을 예측하기 어렵다는 비판을 받는다.

ANSWER 1.① 2.④ 3.①

4 〈보기〉에서 사회 · 문화 현상을 바라보는 관점 ㈎~㈐에 대한 설명으로 가장 옳은 것은?

〈보기〉

관점	가족문제의 원인
㈎	가족 제도와 교육 제도의 본래 기능 상실
㈏	자녀 양육에 필요한 사회적 자원을 사회 기득권층에서 독점하는 구조
㈐	자녀의 행동에 대한 부모와 자녀간의 서로 다른 상황 정의

① ㈎는 행위 주체인 인간이 상황 속에서 능동적으로 대응하는 존재라고 본다.
② ㈐와 달리 ㈎는 사회 문제를 사회 병리적인 현상으로 인식한다.
③ ㈏에 비해 ㈐는 사회 제도 간의 상호 의존적인 관계에 주목한다.
④ ㈐와 달리 ㈏는 희소가치의 배분과 관련하여 각 계급의 이익은 양립할 수 있다고 본다.

ADVICE ㈎ 기능론, ㈏ 갈등론, ㈐ 상징적 상호작용론(미시적)
① ㈐에 대한 설명이다.
③ ㈎에 대한 설명이다.
④ ㈏는 희소가치의 배분과 관련하여 각 계급의 이익은 양립할 수 없다고 본다.

5 〈보기〉에서 부각되는 문화의 속성에 대한 진술로 가장 옳은 것은?

〈보기〉

집은 사람들이 사는 단순한 구조물 이상의 의미를 갖는다. 집은 누군가에게 중요한 재산이 되며, 그것은 경제적인 투자의 의미를 갖는다. 집이 위치한 지역은 그곳에 거주하는 사람들의 직업이나 지위 등 다양한 사회적 요인을 반영하며, 집을 짓는 방식은 그 사회의 생활 양식이나 기후 및 지형 조건, 부존자원의 영향을 받는다.

① 문화는 세대 간 전승 과정에서 점차 풍부하게 발전한다.
② 문화는 여러 요소들이 유기적으로 연관되어 이루어진 하나의 전체이다.
③ 문화는 다른 구성원과의 상호 작용이 안정적으로 이루어지게 한다.
④ 문화는 계속적으로 변화하여 이전과 다른 모습을 갖는다.

ADVICE 〈보기〉는 전체성에 대한 설명이다.
① 축적성
③ 공유성
④ 변동성

6 〈보기 1〉의 사회 참여 유형 A~D에서 〈보기 2〉의 갑(甲)과 을(乙)의 행위에 해당하는 사회 참여 유형을 옳게 짝지은 것은?

〈보기 1〉

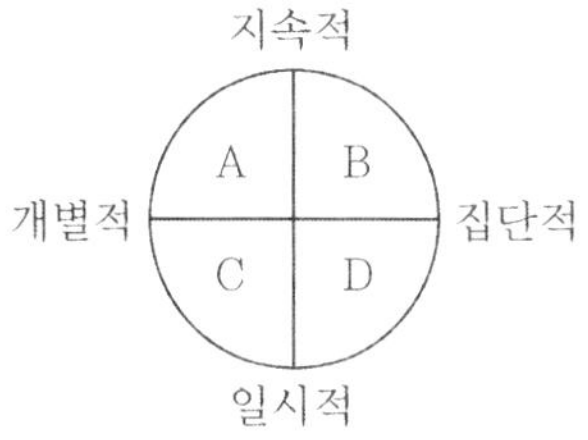

〈보기 2〉

- 갑(甲)은 길을 가다가 보도블럭이 파손되어 있는 것을 보고 사진을 찍어 지역 구청 홈페이지의 민원에 수리를 요청하는 글을 올렸다.
- 을(乙)은 대기 환경 개선을 목표로 하는 시민 단체에 가입하여 시민 단체가 주최하는 '대기 환경 개선을 위한 정책 제안' 회의에 토론자로 참여하는 등 꾸준하게 활동하고 있다.

	갑(甲)	을(乙)
①	A	B
②	A	D
③	C	B
④	C	D

ADVICE
- 갑 : 개별적, 일시적 → C
- 을 : 집단적(시민 단체에 가입), 지속적(꾸준하게 활동) → B

ANSWER 4.② 5.② 6.③

7 **〈보기〉는 일탈 행위 A~C를 질문에 따라 구분한 것이다. 이에 대한 설명으로 가장 옳은 것은? (단, A!C는 각각 낙인 이론, 아노미 이론, 차별 교제 이론 중 하나이다.)**

〈보기〉

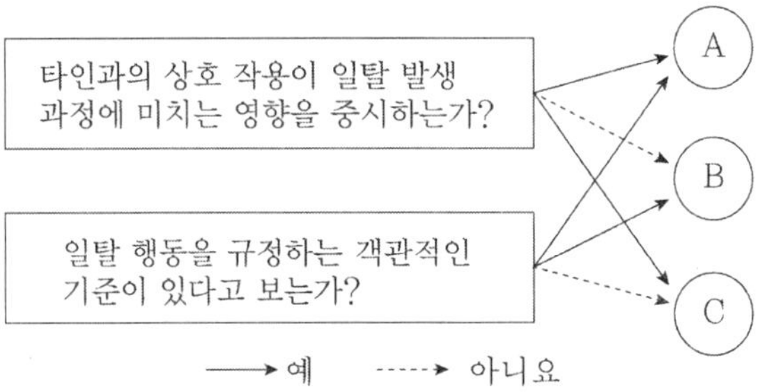

① A는 무규범 상태를 일탈 행동의 원인으로 본다.

② B는 미시적 관점에서 일탈 행동을 설명한다.

③ C는 상호 작용을 통한 2차적 일탈 행동의 발생에 주목한다.

④ C는 B와 달리 일탈 행동의 해결 방안으로 사회 규범의 통제력 회복을 강조한다.

ADVICE A : 차별적 교제 이론, B : 아노미 이론, C : 낙인 이론

① B(아노미 이론)은 무규범 상태를 일탈 행동의 원인으로 본다.

② C(낙인 이론)은 미시적 관점에서 일탈 행동을 설명한다.

④ B(아노미 이론)은 일탈 행동의 행결 방안으로 사회 규범의 통제력 회복을 강조한다.

8 〈보기〉의 ㉠~㉣에 대한 설명으로 가장 옳은 것은?

〈보기〉

사용자 갑(甲, 53세)과 근로자 을(乙, 18세 고등학생)은 다음과 같이 근로 계약을 체결하였다.

1. 계약 기간 : 2022.1.1~2022.1.31.(1개월)
2. 근무 장소 : ○○편의점
3. 업무 내용 : 매장 내 물품 진열 및 청소
4. ㉠ 근로 시간 : 월~금 10:00~17:00
   ㉡ (휴게 시간 : 12:30~12:50)
5. 임금 : ㉢ 시간당 9,000원
   (㉣ ○○편의점 상품권으로 지급)

※ 2022년 최저 임금은 시간당 9,160원임

① ㉠은 연소 근로자의 1일 근로 시간을 초과하여 무효이다

② ㉡은 근로 기준법상의 휴게 시간 기준에 어긋나지 않는다

③ ㉢은 을(乙)이 동의하였다면 최저 임금에 미달하여도 유효하다.

④ ㉣은 통화가 아니므로 통화의 형태로 바꾸어 을(乙)에게 직접 지급해야 한다.

ADVICE ① 연소근로자는 만 15세 이상~만 18세 미만이다. 1일 근로시간은 10시~17시 중 휴게시간 20분을 제외한 1일 6시간 40분이므로 1일 근로시간을 초과하지도 않았다.

② 사용자는 근로시간이 4시간인 경우에는 30분 이상, 8시간인 경우에는 1시간 이상의 휴게시간을 근로시간 도중에 주어야 한다〈「근로기준법」 제54조(휴게) 제1항〉.

③ 을이 동의하였다 해도 최저 임금에 미달하는 내용은 무효이다.

ANSWER 7.③ 8.④

9 〈보기 1〉은 사회 계층화 현상에 대한 설명이다. A, B 이론에 대한 옳은 설명을 〈보기 2〉 에서 모두 고른 것은? (단, A, B는 각각 계급 이론, 계층 이론 중 하나이다.)

> 〈보기 1〉
>
> A는 생산 수단의 소유 여부를 기준으로 자본을 소유한 지배층과 그렇지 못한 피지배층 간에 권력 관계가 형성된다고 본다. 반면 B는 경제적, 정치적, 사회적 요인을 종합하여 사회 계층을 상층, 중층, 하층 또는 그보다 다양한 계층으로 구분한다.

> 〈보기 2〉
>
> ㉠ A는 생산 수단의 소유를 둘러싼 갈등을 사회 변동의 원동력으로 본다.
> ㉡ B는 경제적 지위에 따른 강한 귀속 의식을 중시한다.
> ㉢ B는 A와 달리 다양한 요인에 의한 희소가치의 불평등한 분배를 범주화하여 설명한다.
> ㉣ B는 A와 달리 사회 계층화 현상의 원인으로 경제적 요인만을 중시한다.

① ㉠, ㉡
② ㉠, ㉢
③ ㉡, ㉢
④ ㉢, ㉣

ADVICE A : 계급이론, B : 계층이론
㉡ 경제적 지위에 따른 강한 귀속 의식을 중시하는 것은 A(계급이론)이다.
㉣ 사회 계층화 현상의 원인으로 경제적 요인만을 중시하는 것은 A(계급이론)이다.

10 〈보기〉의 사례에 대한 법적 판단으로 가장 옳은 것은?

> 〈보기〉
>
> 법률혼 부부인 갑(甲)과 을(乙)은 자녀 A를 두고 있었는데, 갑(甲)의 부정한 행위로 을(乙)은 A가 8세가 되던 해에 갑(甲)과 재판상 이혼을 하였다. 한편, 결혼 후 혼인신고를 하였지만 자녀가 없었던 병(丙)과 정(丁) 부부는 적법한 절차를 거쳐 을(乙)이 홀로 양육하던 A를 친양자로 입양하였다. 얼마 후 교통 사고로 병(丙)이 유언없이 사망하였는데 채무 없이 재산 10억을 남겼다.

① 갑(甲)과 을(乙)은 3개월의 이혼 숙려 기간을 거쳐 이혼하였다.
② 갑(甲)은 유책 배우자로서 혼인 중 공유 재산에 대한 분할을 청구할 수 없다.
③ 친양자로 입양된 A는 병(丙)과 정(丁)의 혼인 중의 출생자로 간주된다.
④ 병(丙)의 사망으로 법정 상속 순위에 따라 정(丁)이 단독 상속하게 된다.

ADVICE ① 이혼 숙려 기간을 거치는 이혼은 합의상 이혼이다. 이혼 숙려 기간은 미성년자 자녀가 있으면 3개월, 없으면 1개월이다.
② 유책 배우자는 이혼 청구 및 손해배상 청구를 할 수 없다. 단, 공유 재산에 대한 분할 청구는 가능하다.
④ A를 친양자로 입양하였으므로, 병의 사망으로 법정 상속 순위에 따라 1순위인 직계비속 A와 배우자가 1 : 1.5의 비율로 상속하게 된다.

11 〈보기〉의 (가), (나)가 공통적으로 강조하는 법의 이념은?

〈보기〉

(가) 모든 국민은 행위 시의 법률에 의하여 범죄를 구성하지 아니하는 행위로 소추되지 아니하며, 동일한 범죄에 대하여 거듭 처벌받지 아니한다.

(나) 어떤 상태가 일정 기간 지속될 경우 진실된 권리관계와 관계없이 그에 적합한 법률 효과를 인정하는 제도로 공소 시효는 검사가 일정 기간 동안 공소를 제기하지 않고 방치하는 경우, 국가의 소추권 및 형벌권을 소멸시키는 제도를 가리킨다.

① 정의
② 합목적성
③ 법적 안정성
④ 일사부재리의 원칙

ADVICE 법의 이념 … 법이 추구하는 근본 사명
㉠ 정의 : 법은 정의를 실현하는 것을 이념으로 한다.
㉡ 합목적성 : 법은 국가와 사회가 추구하는 이상적인 가치를 예상하고 그것에 맞추어 집행한다.
㉢ 법적 안정성 : 법의 규정이 명확하고 잦은 변경이 없어 국민이 법에 따라 안심하고 생활할 수 있도록 하여야 한다.

ANSWER 9.② 10.③ 11.③

12 〈보기〉에서 밑줄 친 '갑(甲)이 사용한 자료 수집 방법'의 일반적인 특징에 대한 설명으로 가장 옳은 것은?

〈보기〉

대학생 갑(甲)은 '어린이집 유아들의 놀이 과정에서 나타나는 상호 작용 연구'를 마친 후 보고서를 제출하였다. 얼마 후 교수는 갑(甲)을 불러 보고서에 대한 평가를 했는데, 교수는 갑(甲)이 사용한 자료 수집 방법은 적절했지만 어린이집 유아들이 갑(甲)의 존재를 의식하여 행동한 것으로 판단되는 내용들이 다수 있어 연구 결과를 신뢰할 수 없다고 말하였다.

① 비언어적 자료 수집이 용이하다.
② 연구자의 주관이 개입될 가능성이 낮다.
③ 수집된 자료를 통계 처리하기가 용이하다.
④ 다수를 대상으로 자료를 수집하기에 적합하다.

ADVICE 관찰법은 직접 관찰을 통해 정보를 수집하기 때문에 정확한 정보를 수집할 수 있다는 장점이 있지만, 정보 수집 과정에 많은 시간과 비용이 소요되며 관찰 대상자가 관찰을 의식해 평소와 다른 반응을 보이거나 불안을 느끼게 되는 등의 단점이 있다.
② 연구자의 주관이 개입될 가능성이 높다.
③ 수집된 자료를 통계 처리하기가 용이하지 않다.
④ 다수를 대상으로 자료를 수집하기에 부적합하다.

13 〈보기〉는 정치 참여 집단 A~C를 구분한 것이다. 이에 대한 설명으로 가장 옳은 것은? (단, A~C는 각각 정당, 시민 단체, 이익 집단 중 하나이다.)

〈보기〉

구분	A	B	C
공직 선거에 후보자를 공천하는가?	아니요	아니요	예
특수 이익보다 보편 이익을 추구하는가?	예	아니요	예

① A는 정치 과정에서 산출 기능을 담당한다.
② B는 정부와 의회를 매개하는 역할을 한다.
③ C는 자신의 활동에 대해 정치적 책임을 진다.
④ A, B는 C와 달리 정치 사회화 기능을 수행한다.

ADVICE A : 시민 단체, B : 이익 집단, C : 정당
① 산출 기능을 담당하는 것은 C(정당)이다.
② 정부와 의회를 매개하는 역할을 하는 것은 C(정당)이다.
④ 정당, 시민 단체, 이익 집단 모두 정치 사회화 기능을 수행한다.

14 **〈보기〉에서 갑(甲)~병(丙)의 문화 이해 태도에 대한 설명으로 가장 옳은 것은? (단, 갑(甲)~병(丙)의 문화 이해 태도는 각각 문화 사대주의, 자문화 중심주의, 문화 상대주의 중 하나이다.)**

〈보기〉

갑(甲) : 병(丙)도 나와 마찬가지로 문화 간에 우열이 있다고 생각해.
을(乙) : 그렇구나. 하지만 병(丙)은 너처럼 자기 문화가 가장 우수한 문화라고 간주하지는 않아.
병(丙) : 나는 문화를 평가가 아닌 이해의 대상이라고 보는 을(乙)의 생각에 반대야.

① 갑(甲)의 태도는 사회 간 문화적 마찰을 초래할 수 있다.
② 을(乙)의 태도는 자기 문화의 주체성을 상실하게 할 우려가 있다.
③ 병(丙)은 각 문화가 해당 사회의 맥락에서 갖는 고유한 의미를 존중한다.
④ 갑(甲), 을(乙)은 병과 달리 문화를 평가의 대상이라고 본다.

ADVICE 갑 : 자문화 중심주의, 을 : 문화 상대주의, 병 : 문화 사대주의
② 자기 문화의 주체성을 상실할 우려가 있는 것은 병(문화 사대주의)이다.
③ 각 문화가 해당 사회의 맥락에서 갖는 고유한 의미를 존중하는 것은 을(문화 상대주의)이다.
④ 문화를 평가의 대상이라고 보는 것은 갑(자문화 중심주의), 병(문화 사대주의)이다.

ANSWER 12.① 13.③ 14.①

15 〈보기〉는 우리나라 지방자치단체의 종류를 나타낸 것이다. 이에 대한 설명으로 가장 옳은 것은?

〈보기〉

구분		의결 기관	집행 기관	
			일반 업무	교육 · 학예 업무
광역 자치단체	특별시, 광역시, 특별자치시, 도, 특별자치도	㉠	㉡	㉢
기초 자치단체	시 · 군 · 구(자치구)	㉣	㉤	–

① 서울특별시 시장은 ㉠에 해당한다.
② 전라남도 여수시장은 ㉢에 해당한다.
③ ㉠과 ㉣은 조례, ㉡과 ㉤은 규칙을 제정할 수 있다.
④ ㉤은 ㉣의 업무에 대해 감사와 조사를 할 수 있다.

ADVICE ① 서울특별시 시장은 ㉡에 해당한다.
② 전라남도 여수시장은 ㉤에 해당한다.
④ ㉣은 ㉤의 업무에 대해 감사와 조사를 할 수 있다.

16 〈보기〉의 사례에 나타난 민법의 원칙에 대한 설명으로 가장 옳은 것은?

〈보기〉

공항 근처에 땅을 소유한 갑(甲)은 15층짜리 주상 복합 건물을 신축하려고 하였으나 5층짜리 건물을 지을 수밖에 없었다. 항공기 이착륙에 문제가 있을 수 있어 고도 제한의 적용을 받았기 때문이다.

① 국가는 개인 소유의 재산에 함부로 간섭하지 못한다.
② 개인은 각자의 자율적인 판단에 기초하여 법률관계를 형성할 수 있다.
③ 자신에게 고의나 과실이 없는 경우에도 손해 배상 책임을 질 수 있다.
④ 개인의 소유권 행사가 공공의 이익을 침해한다면 경우에 따라 제한될 수 있다.

ADVICE 〈보기〉는 소유권 공공복리의 원칙에 대한 설명이다.

④ 개인의 소유권 행사(공항 근처의 땅을 소유한 갑이 본인의 땅에 건물을 신축하려는 것)가 공공의 이익을 침해한다면(항공기 이착륙에 문제) 경우에 따라 제한될(고도 제한의 적용을 받음) 수 있다.

※ 근대 민법의 기본원칙에 대한 수정 · 보완

㉠ 소유권 공공복리의 원칙

㉡ 계약 공정의 원칙

㉢ 무과실 책임의 원칙

17 〈보기〉에서 빈곤의 유형 (가), (나)에 대한 설명으로 가장 옳은 것은?

〈보기〉

(가) 한 사회의 사회적 평균보다 상대적으로 적게 가지고 있어 그 사회의 구성원 다수가 누리는 생활 수준에 미치지 못한 상태

(나) 개인 및 가족이 인간으로서 최소한의 생활을 유지하는 데 필요한 의식주 및 기타 생활상 필요한 자원이 결핍되어 인간다운 생존이 위협을 받는 상태

① (가)는 절대적 빈곤이다.

② 우리나라에서 (나)를 판단하는 기준은 최저 임금 수준이다.

③ (가)는 (나)와 달리 한 사회의 소득 수준이 높아질수록 줄어드는 것이 일반적이다.

④ 우리나라에서는 (가), (나) 모두 객관화된 기준에 따라 분류한다.

ADVICE (가) 상대적 빈곤, (나) 절대적 빈곤

④ 우리나라에서는 상대적 빈곤(중위소득 50%), 절대적 빈곤(최저생계비) 모두 객관화된 기준에 따라 분류한다.

① (가)는 상대적 빈곤이다.

② 우리나라에서 절대적 빈곤을 판단하는 기준은 최저생계비이다.

③ 소득 분배의 형평성이 확보되지 않은 경우, 절대 소득이 증가한다고 할지라도 상대적 빈곤 문제는 더욱 악화될 수 있다.

ANSWER 15.③ 16.④ 17.④

18 **〈보기〉의 밑줄 친 'A원칙'에 대한 설명으로 가장 옳은 것은?**

> 〈보기〉
>
> 대법원은 흑염소도 양에 해당한다고 보아, 흑염소를 도살한 사람에게 소, 돼지, 말, 양을 위생 처리시설이 아닌 장소에서 도축하면 처벌하는 법 규정을 적용하여 처벌하는 것은 죄형 법정주의의 A원칙에 위배된다고 보았다.

① 범죄 행위가 법률에 명시되어 있지 않은 경우 유추 해석을 해서는 안 된다.

② 일반 국민 누구나 이해할 수 있도록 범죄와 형벌을 명확하게 규정해야 한다.

③ 범죄로 규정되는 행위와 이에 대한 형벌 간에 적정한 균형이 이루어져야 한다.

④ 행위를 할 때 범죄로 규정하지 않았던 행위를 나중에 범죄로 규정하여 처벌할 수 없다.

ADVICE 죄형 법정주의의 파생적 원칙

㉠ 관습 형법 금지의 원칙 : 범죄와 형벌은 미리 성문의 법률에 규정되어 있어야 한다.

㉡ 명확성의 원칙 : 어떤 행위가 범죄이며 각각의 범죄에 대해 어떤 형벌이 부과되는지에 대하여 법률에 구체적으로 명확하게 규정되어야 한다.

㉢ 적정성의 원칙 : 범죄와 그에 따른 형벌 사이에는 적정한 균형이 유지되어야 한다.

㉣ 법률 불소급의 원칙 : 범죄와 형벌은 행위 당시의 법률에 규정되어 있어야 하고, 행위 이후에 제정된 법률로는 소급하여 처벌해서는 안 된다.

㉤ 유추 해석 금지의 원칙 : 법률에 규정이 없는 사항에 대하여 그것과 유사한 내용을 가지는 법률을 적용해서는 안 된다.

19 **〈보기〉와 같이 A~C를 분류할 때, 이에 대한 설명으로 가장 옳은 것은? (단, A~C는 각각 농업 사회, 산업 사회, 정보 사회 중 하나이다.)**

〈보기〉

질문 \ 사회	A	B	C
부가가치 창출의 주요 수단이 정보인가?	(가)	(나)	(다)
㉠	아니요	(라)	(마)

① (가)가 '예'라면, 구성원 간 비대면 접촉 정도는 A<C이다.

② (다)가 '예', ㉠이 '쌍방향 미디어가 보편화된 사회인가?'라면, (마)에는 '예'가 해당된다.

③ (가)가 '예', ㉠이 '직업의 동질성 정도가 큰가?'라면, (라), (마)에는 모두 '아니요'가 해당된다.

④ (나)가 '예'라면, 관료제적 사회 구조의 특성은 B가 가장 크다.

ADVICE ② ㈐가 '예'라면 C는 정보 사회이다. 정보 사회는 '쌍방향 미디어가 보편화된 사회'이므로 ㈒에는 '예'가 해당된다.
① '부가가치 창출의 주요 수단이 정보인가?'라는 질문에 '예'라고 대답할 수 있는 것은 정보 사회이다. ㈎가 '예'라면 구성원 간 비대면 접촉 정조는 A>C이다.
③ ㈎가 '예'라면 A는 정보 사회이고, ㉠이 '직업의 동질성 정도가 큰가?'라면, 농업 사회는 '예', '산업 사회'는 '아니요'가 해당된다.
④ ㈏가 '예'라면 B는 정보 사회이다. 정보 사회는 탈관료제적 사회 구조의 특성을 보인다.

20 **〈보기〉에서 밑줄 친 ㉠~㉥에 대한 설명으로 가장 옳은 것은?**

〈보기〉

자동차 회사에 다니는 갑(甲)은 ㉠영업 실적이 뛰어나 ㉡최우수 사원으로 선정되었다. 그런데 실적을 올리려면 거의 매일 야근을 해야 해서 갑(甲)이 가장 소중하게 생각하는 ㉢가족과의 저녁 식사 시간이 사라지게 되었다. 이 뿐만 아니라 휴일에는 피곤하여 유치원에 다니는 ㉣아들과 거의 놀아 주지 못하고 잠만 자다 보니 ㉤아내와 갈등이 발생하기도 하였다. 이에 ㉥갑(甲)은 야근이 없는 회사로 옮기고자 정보를 수집하고 있다.

① 직장에서 ㉠은 갑(甲)의 역할이고, ㉡은 갑(甲)의 역할에 대한 보상이다.
② ㉢은 일반적으로 공식적인 통제가 중심이 되는 사회 집단이다.
③ ㉣과 ㉤은 모두 귀속 지위에 해당한다.
④ ㉥은 소속 집단과 준거 집단의 불일치로 설명된다.

ADVICE ① 개인이 자신에게 주어진 사회적 역할을 수행하는 구체적인 행동을 역할 행동이라고 한다.
② 공식적인 통제가 중심이 되는 사회 집단은 2차 집단이다. ㉢ 가족은 1차 집단에 해당한다.
③ ㉣ 아들은 귀속 지위, ㉤ 아내는 성취 지위에 해당한다.

ANSWER 18.① 19.② 20.④

2023. 6. 10. 제1회 서울특별시 시행

1 **〈보기〉에 나타난 사회 · 문화 현상을 보는 관점에 대한 설명으로 가장 옳은 것은?**

우리나라에서 중요한 시험을 앞두고 포크를 선물 받은 사람은 포크의 의미를 정답을 잘 찍으라는 의미로 이해하고 고맙게 생각한다. 그러나 우리나라 문화에 익숙하지 않은 외국인이 포크를 선물로 받는다면 포크의 상징을 제대로 이해하지 못할 것이다.

① 사회문제를 병리적 현상으로 본다.
② 상황에 대한 주관적 의미 부여를 강조한다.
③ 사회가 본질적으로 변동을 지향한다고 본다.
④ 사회문화 현상을 사회 구조적 측면에서 바라본다.

ADVICE 〈보기〉는 사회 · 문화 현상을 바라보는 미시적 관점 중 하나인 상징적 상호작용에 대한 사례이다.
① 기능론 ③ 갈등론 ④ 거시적 관점

2 **〈보기〉의 그림은 복수 정당제의 유형 A, B의 일반적 특징을 비교하여 나타낸 것이다. 이에 대한 설명으로 가장 옳은 것은?**

〈보기〉

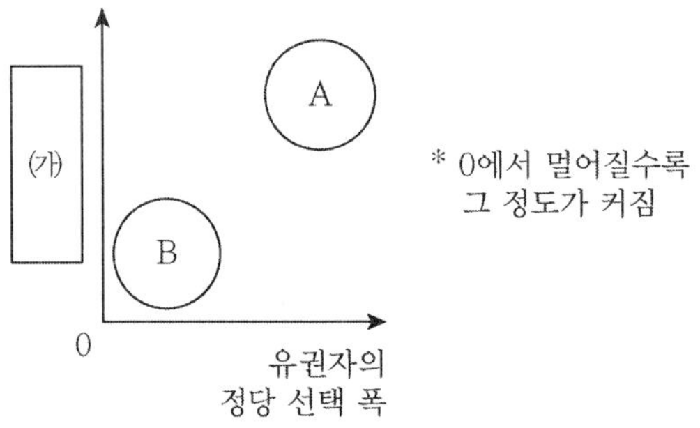

① A는 B에 비해 정당 간 대립 시 중재가 용이할 수 있다.
② B는 A에 비해 정책 실패에 대한 책임 소재가 불분명하다
③ B는 A에 비해 국정에 다양한 국민의 의견을 반영하기에 용이하다.
④ (가)개에는 '다수당의 횡포 가능성'이 들어갈 수 있다.

ADVICE A : 다당제, B : 양당제
② A(다당제)는 B(양당제)에 비해 정책 실패에 대한 책임 소재가 불분명하다.
③ A(다당제)는 B(양당제)에 비해 국정에 다양한 국민의 의견을 반영하기에 용이하다.
④ '다수당의 횡포 가능성'이 큰 것은 B(양당제)이므로 (가)에는 들어갈 수 없다.

3 **〈보기〉의 (가), (나)에 나타난 개인과 사회의 관계를 바라보는 관점과 일치하는 설명으로 가장 옳은 것은?**

〈보기〉

(가) 사람들은 저마다 좋은 옷을 고르고 맛있는 음식을 찾아다닌다. 단지 유행이란, 사람들에게 많이 선택된 옷과 음식에 붙여진 이름일 뿐이다.
(나) 세상에 같은 사람은 하나도 없지만, 집단의 선망은 유행이라는 형태로 나타나 사람들에게 같은 옷을 입게 하고 같은 음식을 먹게 한다.

① (가)는 사회는 하나의 유기체로서 개인의 행동을 구속한다고 본다.
② (가)는 개인의 자율성이 사회 규범의 구속성보다 우선한다고 본다.
③ (나)는 개인의 속성이 사회의 속성을 결정한다고 본다.
④ (나)는 사회는 개인들 간 자발적인 계약에 의해 형성된다고 본다.

ADVICE (가) 사회명목론, (나) 사회실재론
① 사회유기체설은 사회실재론에 해당한다.
③ 사회명목론에 대한 설명이다.
④ 사회계약설은 사회명목론에 해당한다.

ANSWER 1.② 2.① 3.②

4 〈보기〉는 국제 관계를 바라보는 갑(甲), 을(乙)의 관점이다. 이에 대한 설명으로 가장 옳은 것은?

〈보기〉

- 갑(甲) : 국제 사회는 보편적인 가치나 질서에 의해서 지배되는 것이 아니고 오로지 힘에 의해 주도될 뿐이야.
- 을(乙) : 국제관계에서는 국가 간 상충되는 이해의 조화가 가능하고, 국가간 합의를 통해 공동의 이익을 실현할 수 있어.

① 갑은 국제 사회가 보편적인 선(善)에 의해 지배되고 있다고 본다.
② 갑은 국제 사회에서 국가보다 초국가적 행위 주체의 역할이 중요하다고 본다.
③ 을은 주권 불가침의 원칙이 국력에 따라 차별적으로 적용된다고 본다.
④ 갑과 달리 을은 국가들이 국제 규범을 통해 국제 사회의 무정부 상태를 극복할 수 있다고 본다.

ADVICE 갑 : 현실주의, 을 : 이상주의
① 이상주의에 대한 설명이다.
③ 초국가적 행위 주체의 역할을 강조하는 것은 이상주의이다. 단, 국가보다 중요하다고 보지는 않는다.
④ 현실주의에 대한 설명이다.

5 〈보기〉의 대중문화에 관한 글에서 밑줄 친 ㉠~㉣에 대한 설명으로 가장 옳지 않은 것은?

〈보기〉

㉠ 산업화 과정에서 직장을 찾아 농촌에서 도시로 이동한 대규모 인구층을 대중이라 부른다. 미개발된 도시에서 살며 열악한 작업환경에서 일하는 이들은 인간다운 삶을 살기 위한 최소한의 요구를 하게 되었으며, ㉡ 사회적 발언권의 확대와 함께 문화 향유에 대한 요구도 커졌다. 한편, 근대 기술의 발달로 등장한 ㉢ 대중 매체들이 이들의 문화적 욕구를 충족시킬 기반을 제공했으며, 이에 따라 문화·예술 생산자들은 대중을 주목하여 ㉣ 문화 상품 생산에 뛰어들었다.

① ㉠에서는 소품종 대량 생산이 주로 이루어졌다.
② ㉡은 대중 민주주의 형성의 토대가 되었다.
③ ㉢ 은 일방향 소통방식보다는 쌍방향 소통방식이 주로 이루어졌다.
④ ㉣에서는 예술성보다 상업성을 더 중요하게 생각하였다.

ADVICE ③ 산업사회의 대중 매체는 TV 등과 같이 일방향 소통방식이 주로 이루어졌다. 쌍방향 소통방식이 주를 이룬 것은 정보사회이다.

6 〈보기 1〉의 A~D에 대한 설명으로 가장 옳은 것을 〈보기 2〉에서 모두 고른 것은?

〈보기 1〉

〈근대 민법의 3대 원칙〉		〈근대 민법 3대 원칙의 수정〉
소유권 절대의 원칙	➜	A
B		계약 공정의 원칙
C		D

〈보기 2〉

㉠ A에 따르면 공공복리를 위하여 개인의 소유권을 법률로써 제한할 수 있다.
㉡ B에 의해 사회적 이익에 반하거나 불공정한 계약은 법적 효력이 없다.
㉢ B와 C는 모두 현대 민법에서도 기본 원리로 작용한다.
㉣ D는 자신에게 고의나 과실 없이는 책임을 부담하지 않는다는 원칙이다.

① ㉠, ㉡
② ㉠, ㉢
③ ㉡, ㉣
④ ㉢, ㉣

ADVICE A : 소유권 공공의 원칙, B : 계약 자유의 원칙, C : 과실 책임의 원칙, D : 무과실 책임의 원칙
㉡ 계약 공정의 원칙에 대한 설명이다.
㉣ 과실 책임의 원칙에 대한 설명이다.

ANSWER 4.④ 5.③ 6.②

7 **〈보기〉는 우리나라 지방자치단체의 종류와 기관을 구분한 것이다. 이에 대한 설명으로 가장 옳은 것은?**

〈보기〉

종류	기관	해당 기관의 활동 사례
A	C	㉠ ○○광역시 의회는 예산결산특별위원회를 열어 ○○광역시 예산안을 심의하였다.
	D	㉡ ○○광역시장은 지역사회통합돌봄서비스 시설을 확장하기로 하였다.
B	C	△△도 ◎◎시 의회는 반려견 화장터 설립 허가를 반대하는 내용의 ㉢ 주민청원을 심사하였다.
	D	△△도 ㉣ ◎◎시장은 지역 축제 활성화를 위해 대형 꽃밭을 조성하기로 하였다.

① A 지방자치단체장은 B 지방자치단체장과 달리 주민의 선거를 통해 선출된다.
② C는 집행 기관, D는 의결 기관이다.
③ ㉢은 주민의 청구권을 보장하기 위한 제도이다.
④ ㉠은 지방자치단체 사무의 관리 및 집행권, ㉣은 조례안 제출권을 가진다.

ADVICE A : 광역지방자치단체, B : 기초지방자치단체, C : 의결 기관, D : 집행 기관
① 광역자치단체장과 기초자치단체장은 모두 주민의 선거를 통해 선출된다.
② C는 의결 기관, D는 집행 기관이다.
④ 지방자치단체 사무의 관리 및 집행권은 단체장이, 조례안 제출권은 주민이 가진다.

8 **일탈 현상에 대한 원인을 〈보기〉와 같이 분석한 이론에 대한 설명으로 가장 옳은 것은?**

〈보기〉

급격한 사회 변동기에는 새로운 사회 규범 체계가 아직 자리 잡지 못해 가치와 규범의 혼란이 초래되고 그 결과 범죄가 많이 일어나게 된다. 또한, 사회 제도의 기능이 약화되면서 개인에 대한 사회 통제가 약화되고 사람들의 열망이 제한을 받지 않게 되면서 일탈과 범죄가 증가하게 된다.

① 일탈의 대책으로 사회 규범의 통제력 회복을 강조한다.
② 일탈 행동을 규정하는 기준은 존재하지 않는다고 본다.
③ 일탈 행동은 타인과의 상호 작용 과정을 통해 일탈 행동을 정당화하는 동기나 가치관을 내면화함으로써 학습된다고 본다.
④ 일탈 행동을 줄이기 위해서는 문화적 목표 달성을 위한 제도적 수단의 확대가 필요하다고 본다.

ADVICE 〈보기〉는 뒤르켐의 아노미 이론에 대한 설명이다.
② 낙인이론 ③ 차별적 교제론 ④ 머튼의 아노미 이론

9 **〈보기〉는 질문 (가)~(다)를 통해 사회 불평등 현상을 설명하는 이론 A, B를 비교한 것이다. 이에 대한 설명으로 가장 옳지 않은 것은? (단, A와 B는 각각 계급론과 계층론 중 하나이다.)**

〈보기〉

질문 \ 이론	A	B
(가)	예	아니오
(나)	아니오	예
(다)	예	예

① A가 계층론이면 (가)에 '사회 계층 구조를 불연속적으로 보는가?'가 들어갈 수 있다.
② A가 계층론이면 (나)에 '자신의 계급에 대한 강한 계급 의식을 가지는가?'가 들어갈 수 있다.
③ B가 계급론이면 (가)에 '현대 사회의 지위 불일치 현상을 설명하기 쉬운가?'가 들어갈 수 있다.
④ (다)에 '경제적 요인을 사회 불평등 현상의 원인으로 고려하는가?'가 들어갈 수 있다.

ADVICE ① 사회 계층 구조를 불연속적으로 보는 것은 계급론에 해당한다. 따라서 A가 계층론이면 (가)에 '사회 계층 구조를 불연속적으로 보는가?'가 들어갈 수 없다.

ANSWER 7.③ 8.① 9.①

10 〈보기〉의 형사 절차 (가)~(마)에 대한 설명으로 가장 옳은 것은?

〈보기〉

(가) 수사 ⇨ (나) 구속 ⇨ (다) 기소 ⇨ (라) 선고 ⇨ (마) 집행

① (가)에는 피해자의 고소를 통해서만 개시된다.
② (나) 이후 피의자는 검사에게 구속 적부 심사를 청구할 수 있다.
③ (다) 이후 공판 과정에서 피고인의 유죄는 판사가 증명해야 한다.
④ (라)는 판사에 의해, (마)는 검사의 지휘로 이루어진다.

ADVICE ① 수사는 피해자의 고소뿐 아니라 제3자의 고발 또는 수사기관의 인지 등을 통해서 개시할 수 있다.
② (나) 이후 (다) 이전에 구속된 피의자는 법원에 구속 적부 심사를 청구할 수 있다.
③ (다) 이후 공판 과정에서 피고인의 유죄는 검사가 증명해야 한다.

11 〈보기〉의 A~C는 각각 조세부과 방식을 나타낸 것이다. 이에 대한 설명으로 가장 옳은 것은?

〈보기〉

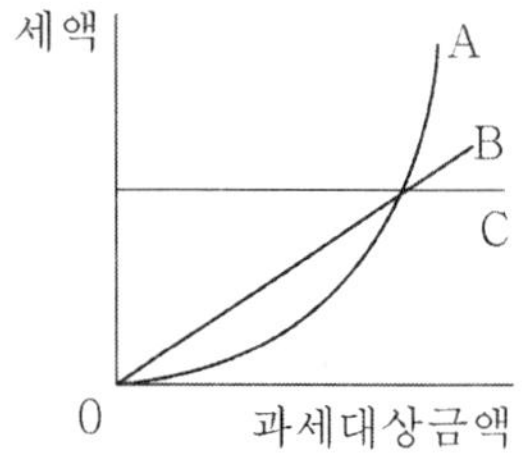

① C는 비례세이다.
② A와 B는 둘 다 누진세이다.
③ A와 B 중 A가 고소득층에 더 유리하다.
④ 우리나라의 부가가치세는 B형태로 부과된다.

ADVICE A : 누진세, B : 비례세, C : 정액세
① C는 세액이 일정한 정액세이다.
② A는 누진세, B는 비례세이다.
③ A는 누진세로 고소득층에 불리하다.

12 〈보기〉의 사례에 대한 법적 판단으로 가장 옳은 것은?

〈보기〉

- 갑(甲, 만 16세)은 법정 대리인의 동의 없이 고가의 스마트폰을 매매하는 계약을 판매자 을(乙 만 35세)과 체결하였다. 을(乙)은 다음날 갑(甲)이 미성년자임을 알게 되었다.
- 병(丙 만 17세)은 법정 대리인의 동의 없이 자신의 용돈으로 참고서를 구매하는 계약을 서점 운영자인 정(丁, 만 43세)과 체결하였다.

① 갑의 법정 대리인은 갑의 동의를 얻어야 계약을 취소할 수 있다.
② 을은 갑에게 계약의 취소 여부에 대한 확답을 촉구할 수 있다.
③ 갑과 달리 병은 미성년자임을 이유로 계약을 취소할 수 없다.
④ 병이 정과 체결한 계약은 단순히 권리만을 얻거나 의무만을 면하는 행위에 해당한다.

ADVICE ① 갑의 법정 대리인은 갑의 동의 없이 계약을 취소할 수 있다.
② 을은 갑이 아닌 법정 대리인에게 계약 취소 여부에 대한 확답을 촉구할 수 있다.
④ 병이 정과 체결한 계약은 상호 권리와 의무가 발생하는 행위에 해당한다.

13 〈보기〉의 ㉠, ㉡에 대한 분석으로 가장 옳은 것은? (단, X재는 수요법칙을 따르며, 성인과 청소년 간재판매는 불가능하다.)

〈보기〉

A기업은 최근 성인과 청소년에게 동일하게 받던 X재 가격을 ㉠ 성인에게는 5% 인상하고, ㉡ 청소년에게는 5% 인하하였다. 이후 X재의 판매 수입 변화를 살펴보니 성인과 청소년 각각에서 모두 증가한 것으로 나타났다.

① ㉠에게서 나타난 X재 수요의 가격 탄력성은 1이다.
② X재 수요의 가격 탄력성은 ㉡에 비해 ㉠이 더 크다.
③ 가격 변경 후 ㉠과 달리 ㉡의 소비량은 증가한다.
④ 가격 변경 전에 비해 가격 변경 후 X재의 판매량은 증가한다.

ADVICE 성인의 경우 가격을 인상하여도 판매 수입이 증가하였으므로 비탄력적이고, 청소년의 경우 가격을 인하하였을 때 판매 수입이 증가하였으므로 탄력적이다.
① 가격 탄력성이 1인 것은 단위탄력적이다.
② 가격 탄력성은 ㉡이 더 크다.
④ 전체 판매량의 증감은 알 수 없다.

ANSWER 10.④ 11.④ 12.③ 13.③

14 〈보기〉의 문화를 이해하는 태도 ㈎, ㈏에 대한 설명으로 가장 옳은 것은?

〈보기〉

㈎ 오리엔탈리즘(Orientalism)이란 유럽이 동양과 서양을 문맹과 문명, 야만과 지성으로 나누는 이분법적 틀을 말한다. 이 틀에 따르면 서양의 관점에서 동양은 미지의 신비로운 곳이며, 문명화되지 않은 야만사회로 간주해서 더 합리적이고 이성적인 서구문명이 미개한 동양을 문명화시키고 지배하는 것이 정당화된다.

㈏ 같은 옷이라도 영어로 표기하면 더 비싸게 인식되는 것으로 나타났다. '편한 검정 면바지'보다는 '블랙 코튼이지 팬츠'를, 또 그보다는 'black cotton easy pants'의 가격을 더 높게 평가하였다.

① ㈎는 각 사회의 맥락에서 그 문화를 이해한다.
② ㈏는 자기 문화의 주체성을 상실하고 전통 문화를 잃어버리게 될 수 있다.
③ ㈏는 국수주의로 흐르거나 문화 제국주의로 변질될 수 있다.
④ ㈎와 달리 ㈏는 특정 문화에 대한 편견을 가지고 다른 문화를 평가한다.

ADVICE ㈎ 자문화중심주의, ㈏ 문화사대주의
① 문화상대주의에 대한 설명이다.
③ 자문화중심주의에 대한 설명이다.
④ 자문화중심주의와 문화사대주의 모두 문화절대주의에 해당한다.

15 〈보기〉의 정치 참여 집단 A~C에 대한 설명으로 가장 옳은 것은? (단, A~C는 각각 정당, 이익 집단, 시민 단체 중 하나이다.)

〈보기〉

A와 B는 모두 대의 민주주의를 가능하게 하는 본질적인 제도인 공직 선거에 영향력을 행사한다 사회가 다원화되면서 A만으로는 다양한 이해관계를 정치 과정에 모두 반영하기 어려워졌다. 이에 시민은 자신들의 특수한 이익을 실현하고자 B를 조직하여 공직 선거에 후보자를 추천하는 A에 영향력을 행사하기도 한다. 한편, 시민은 공익 추구를 목표로 자발적으로 조직한 단체인 C에 가입하여 활동하며 정치 과정에 영향력을 행사하기도 한다.

① A는 당정 협의회를 구성하여 행정부와 의회를 매개한다.
② B는 선거에서 제시한 공약 실천에 대한 국민의 평가를 받아 정치적 책임을 진다.
③ C는 정권 획득을 위해 정책적 대안을 제시한다.
④ C와 달리 B는 정부 정책에 대한 감시와 비판의 기능을 수행한다.

ADVICE A : 정당, B : 이익 집단, C : 시민 단체
②③ 정당, ④ 모두 해당

16 〈보기〉의 헌법 기관 A에 대한 설명으로 가장 옳은 것은?

〈보기〉

A는 특정 기관 100m 이내에서 야외 집회와 시위를 일률적으로 금지한 현행법에 대해 ㉠ 헌법불합치결정을 내렸다.

① A의 장(長)은 탄핵 심판의 대상이 될 수 있다.
② A는 명령이나 규칙이 헌법이나 법률에 위반되는 여부가 재판의 전제가 된 경우 최종 심사권을 갖는다.
③ ㉠인 경우 즉시 해당 법률의 효력이 상실된다.
④ ㉠의 결정은 재판관 9명의 만장일치제로 시행된다.

ADVICE A는 헌법재판소이다.
② 대법원의 권한이다.
③ 헌법불합치결정 시 잠정적으로 효력이 상실된다. 즉시 해당 법률의 효력이 상실되는 것은 위헌 결정 시이다.
④ 「헌법재판소법」 제23조(심판정족수) 제1항, 제2항
- 재판부는 재판관 7명 이상의 출석으로 사건을 심리한다.
- 재판부는 종국심리(終局審理)에 관여한 재판관 과반수의 찬성으로 사건에 관한 결정을 한다. 다만, 다음 각 호의 어느 하나에 해당하는 경우에는 재판관 6명 이상의 찬성이 있어야 한다.
  - 법률의 위헌결정, 탄핵의 결정, 정당해산의 결정 또는 헌법소원에 관한 인용결정(認容決定)을 하는 경우
  - 종전에 헌법재판소가 판시한 헌법 또는 법률의 해석 적용에 관한 의견을 변경하는 경우

ANSWER 14.② 15.① 16.①

17 〈보기〉는 노동시장의 수요 · 공급 곡선을 나타낸 것이다. 정부가 임금의 하한선을 P_1으로 설정하여 규제할 경우 노동 시장을 분석한 것으로 가장 옳은 것은?

〈보기〉

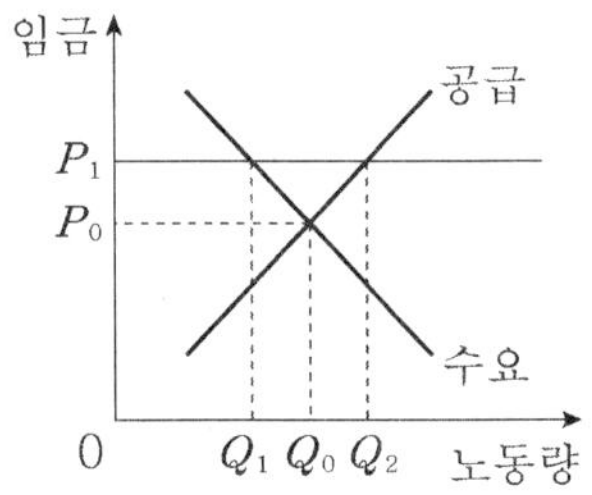

① 실업의 규모는 Q_0-Q_1이다.

② 규제 후 소비자 잉여는 감소한다.

③ 규제 전과 규제 후의 총잉여 크기는 같다.

④ 규제 후 고용량은 Q_0과 Q_2사이에서 결정된다.

ADVICE ① 실업의 규모는 노동의 초과 공급으로 Q_2-Q_1이다.

③ 규제 후 총잉여 크기는 감소한다.

④ 규제 후 고용량은 Q_1에 해당한다.

※ 최저 임금제를 실시한 노동 시장

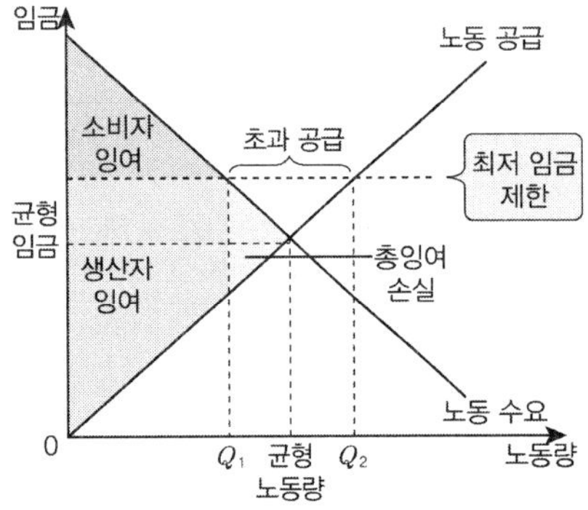

18 〈보기〉는 갑(甲)국과 을(乙)국이 X재와 Y재 각각 1단위를 생산하는 데 필요한 노동자 수를 나타낸 것이다. 이에 대한 분석으로 가장 옳은 것은? (단, 갑국과 을국은 노동만을 생산 요소로 사용하며, 교역에 따른 운송비는 발생하지 않는다.)

〈보기〉

	X재	Y재
갑국	20명	30명
을국	40명	30명

① 갑국은 X, Y재 생산 모두 절대 우위에 있다.

② X재 1단위 생산의 기회 비용은 갑국이 을국보다 크다.

③ Y재 1단위 생산의 기회 비용은 갑국이 을국의 2배이다.

④ 양국이 비교 우위에 있는 재화에 특화 후 1:1로 교환하면 을국은 이익이 발생하지 않는다.

ADVICE ① 갑국은 X재 생산 절대 우위에 있다. Y재는 갑국과 을국의 생산비가 동일하다.

② X재 1단위 생산의 기회 비용은 을국(Y재의 4/3) > 갑국(Y재의 2/3)

④ 갑국은 X재, 을국은 Y재에 비교 우위가 있다. 을국은 Y재 1단위에 대한 기회비용이 X재의 3/4이므로, 1 : 1로 교환하면 이익이 발생한다.

ANSWER 17.② 18.③

19 〈보기〉의 자료에 대한 분석 및 추론으로 가장 옳은 것은?

〈보기〉

- 갑(甲)국은 무역 호황으로 인해 외화 유입이 크게 증가하였고, 이에 따라 국내의 물가 수준도 가파르게 상승하였다. 갑국의 중앙은행은 ㉠물가 안정을 위한 통화 정책을 시행하고자 한다.
- 을(乙)국은 국제 정세 불안으로 인한 소비와 투자 심리 위축으로 실물 경제가 침체에 빠졌다. 이에 따라 을국 정부는 ㉡소비세 감면 등 각종 세제 혜택을 늘려 소비와 투자를 진작시키고 경기를 회복하고자 한다. 이에 을국 중앙은행도 ㉢이에 부응하는 정책을 준비 중이다.

① 국공채 매각은 ㉠에 해당하는 수단이다.

② ㉡은 긴축 재정 정책에 해당한다.

③ 지급 준비율 인상은 ㉢에 해당할 수 있다.

④ ㉠은 갑국의 실질 GDP 증가 요인, ㉡은 을국의 실질 GDP 감소 요인이다.

ADVICE ② ㉡은 불경기 시 확장 재정 정책에 해당한다.

③ 불경기에는 지급 준비율 인하 등 확장 재정 정책이 필요하다.

④ ㉠은 물가 하락, 실질 GDP 감소, ㉡은 물가 상승, 실질 GDP 증가 요인이다.

20 〈보기〉의 기본권의 유형 A~C에 대한 설명으로 가장 옳은 것은? (단, A~C는 각각 자유권, 사회권, 청구권 중 하나이다.)

〈보기〉

질문	예	아니오
소극적 · 방어적 성격의 권리인가?	A	B, C
(가)	B	A, C

① (가)에는 '다른 기본권 보장의 전제 조건이 되는 권리인가?'가 들어갈 수 있다.

② (가)가 '기본권 보장을 위한 수단적 성격의 권리인가?'라면, B는 C와 달리 국가의 존재를 전제로 하는 권리이다.

③ B가 교육을 받을 권리를 포함한다면, (가)에 '실질적 평등의 실현을 위해 등장한 현대적 권리인가?'가 들어갈 수 있다.

④ A는 B, C와 달리 헌법에 열거되어야 보장되는 권리이다.

ADVICE A : 자유권

① '다른 기본권 보장의 전제 조건이 되는 권리'는 평등권이다.

② (가)에 '기본권 보장을 위한 수단적 성격의 권리인가?'가 들어갈 수 있다면 B는 청구권, C는 사회권이다. 청구권과 사회권은 모두 국가의 존재를 전제로 하는 권리이다.

④ A는 자유권으로 천부인권적 성격을 가진다.

ANSWER 19.① 20.③

2023. 6. 10. 제1회 서울특별시(보훈청) 시행

1 〈보기〉에 나타난 사회 · 문화 현상을 보는 관점에 대한 설명으로 가장 옳은 것은?

> 우리나라에서 중요한 시험을 앞두고 포크를 선물받은 사람은 포크의 의미를 정답을 잘 찍으라는 의미로 이해하고 고맙게 생각한다. 그러나 우리나라 문화에 익숙하지 않은 외국인이 포크를 선물로 받는다면 포크의 상징을 제대로 이해하지 못할 것이다.

① 사회문제를 병리적 현상으로 본다.
② 상황에 대한 주관적 의미 부여를 강조한다.
③ 사회가 본질적으로 변동을 지향한다고 본다.
④ 사회문화 현상을 사회 구조적 측면에서 바라본다.

ADVICE 〈보기〉는 사회 · 문화 현상을 바라보는 미시적 관점 중 하나인 상징적 상호작용에 대한 사례이다.
① 기능론 ③ 갈등론 ④ 거시적 관점

2 〈보기〉의 그림은 복수 정당제의 유형 A, B의 일반적 특징을 비교하여 나타낸 것이다. 이에 대한 설명으로 가장 옳은 것은?

〈보기〉

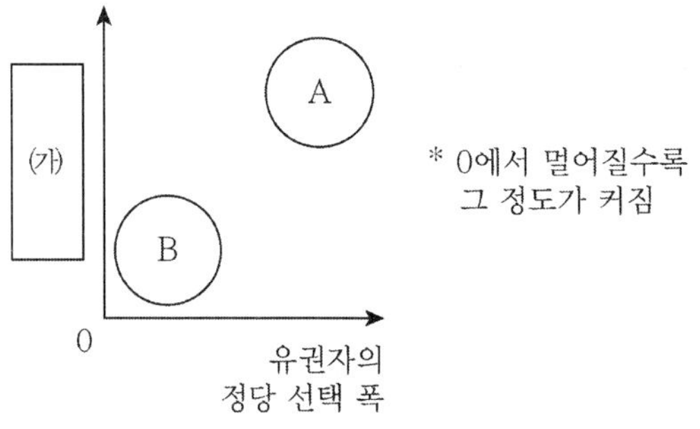

① A는 B에 비해 정당 간 대립 시 중재가 용이할 수 있다.
② B는 A에 비해 정책 실패에 대한 책임 소재가 불분명하다
③ B는 A에 비해 국정에 다양한 국민의 의견을 반영하기에 용이하다.
④ (개)개에는 '다수당의 횡포 가능성'이 들어갈 수 있다.

ADVICE A : 다당제, B : 양당제
② A(다당제)는 B(양당제)에 비해 정책 실패에 대한 책임 소재가 불분명하다.
③ A(다당제)는 B(양당제)에 비해 국정에 다양한 국민의 의견을 반영하기에 용이하다.
④ '다수당의 횡포 가능성'이 큰 것은 B(양당제)이므로 (가)에는 들어갈 수 없다.

3 〈보기〉의 (가), (나)에 나타난 개인과 사회의 관계를 바라보는 관점과 일치하는 설명으로 가장 옳은 것은?

〈보기〉
(가) 사람들은 저마다 좋은 옷을 고르고 맛있는 음식을 찾아다닌다. 단지 유행이란, 사람들에게 많이 선택된 옷과 음식에 붙여진 이름일 뿐이다.
(나) 세상에 같은 사람은 하나도 없지만, 집단의 선망은 유행이라는 형태로 나타나 사람들에게 같은 옷을 입게 하고 같은 음식을 먹게 한다.

① (가)는 사회는 하나의 유기체로서 개인의 행동을 구속한다고 본다.
② (가)는 개인의 자율성이 사회 규범의 구속성보다 우선한다고 본다.
③ (나)는 개인의 속성이 사회의 속성을 결정한다고 본다.
④ (나)는 사회는 개인들 간 자발적인 계약에 의해 형성된다고 본다.

ADVICE (가) 사회명목론, (나) 사회실재론
① 사회유기체설은 사회실재론에 해당한다.
③ 사회명목론에 대한 설명이다.
④ 사회계약설은 사회명목론에 해당한다.

ANSWER 1.② 2.① 3.②

4 〈보기〉는 국제 관계를 바라보는 갑(甲), 을(乙)의 관점이다. 이에 대한 설명으로 가장 옳은 것은?

〈보기〉

• 갑(甲) : 국제 사회는 보편적인 가치나 질서에 의해서 지배되는 것이 아니고 오로지 힘에 의해 주도될 뿐이야.

• 을(乙) : 국제관계에서는 국가간 상충되는 이해의 조화가 가능하고, 국가간 합의를 통해 공동의 이익을 실현할 수 있어.

① 갑은 국제 사회가 보편적인 선(善)에 의해 지배되고 있다고 본다.

② 갑은 국제 사회에서 국가보다 초국가적 행위 주체의 역할이 중요하다고 본다.

③ 을은 주권 불가침의 원칙이 국력에 따라 차별적으로 적용된다고 본다.

④ 갑과 달리 을은 국가들이 국제 규범을 통해 국제 사회의 무정부 상태를 극복할 수 있다고 본다.

ADVICE 갑 : 현실주의, 을 : 이상주의

① 이상주의에 대한 설명이다.

③ 초국가적 행위 주체의 역할을 강조하는 것은 이상주의이다. 단, 국가보다 중요하다고 보지는 않는다.

④ 현실주의에 대한 설명이다.

5 〈보기〉의 대중문화에 관한 글에서 밑줄 친 ㉠~㉣에 대한 설명으로 가장 옳지 않은 것은?

〈보기〉

㉠ <u>산업화</u> 과정에서 직장을 찾아 농촌에서 도시로 이동한 대규모 인구층을 대중이라 부른다. 미개발된 도시에서 살며 열악한 작업환경에서 일하는 이들은 인간다운 삶을 살기 위한 최소한의 요구를 하게 되었으며, ㉡ <u>사회적 발언권의 확대</u>와 함께 문화 향유에 대한 요구도 커졌다. 한편, 근대 기술의 발달로 등장한 ㉢ <u>대중 매체</u>들이 이들의 문화적 욕구를 충족시킬 기반을 제공했으며, 이에 따라 문화·예술 생산자들은 대중을 주목하여 ㉣ <u>문화 상품 생산</u>에 뛰어들었다.

① ㉠에서는 소품종 대량 생산이 주로 이루어졌다.

② ㉡은 대중 민주주의 형성의 토대가 되었다.

③ ㉢ 은 일방향 소통방식보다는 쌍방향 소통방식이 주로 이루어졌다.

④ ㉣에서는 예술성보다 상업성을 더 중요하게 생각하였다.

ADVICE ③ 산업사회의 대중 매체는 TV 등과 같이 일방향 소통방식이 주로 이루어졌다. 쌍방향 소통방식이 주를 이룬 것은 정보사회이다.

6 〈보기 1〉의 A~D에 대한 설명으로 가장 옳은 것을 〈보기 2〉에서 모두 고른 것은?

〈보기 1〉

〈근대 민법의 3대 원칙〉		〈근대 민법 3대 원칙의 수정〉
소유권 절대의 원칙	➜	A
B		계약 공정의 원칙
C		D

〈보기 2〉

㉠ A에 따르면 공공복리를 위하여 개인의 소유권을 법률로써 제한할 수 있다.
㉡ B에 의해 사회적 이익에 반하거나 불공정한 계약은 법적 효력이 없다.
㉢ B와 C는 모두 현대 민법에서도 기본 원리로 작용한다.
㉣ D는 자신에게 고의나 과실 없이는 책임을 부담하지 않는다는 원칙이다.

① ㉠, ㉡
② ㉠, ㉢
③ ㉡, ㉣
④ ㉢, ㉣

ADVICE A : 소유권 공공의 원칙, B : 계약 자유의 원칙, C : 과실 책임의 원칙, D : 무과실 책임의 원칙
㉡ 계약 공정의 원칙에 대한 설명이다.
㉣ 과실 책임의 원칙에 대한 설명이다.

ANSWER 4.④ 5.③ 6.②

7 〈보기〉는 우리나라 지방자치단체의 종류와 기관을 구분한 것이다. 이에 대한 설명으로 가장 옳은 것은?

〈보기〉

종류	기관	해당 기관의 활동 사례
A	C	㉠ ○○광역시 의회는 예산결산특별위원회를 열어 ○○광역시 예산안을 심의하였다.
	D	㉡ ○○광역시장은 지역사회통합돌봄서비스 시설을 확장하기로 하였다.
B	C	△△도 ◎◎시 의회는 반려견 화장터 설립 허가를 반대하는 내용의 ㉢ 주민청원을 심사하였다.
	D	△△도 ㉣ ◎◎시장은 지역 축제 활성화를 위해 대형 꽃밭을 조성하기로 하였다.

① A 지방자치단체장은 B 지방자치단체장과 달리 주민의 선거를 통해 선출된다.
② C는 집행 기관, D는 의결 기관이다.
③ ㉢은 주민의 청구권을 보장하기 위한 제도이다.
④ ㉠은 지방자치단체 사무의 관리 및 집행권, ㉣은 조례안 제출권을 가진다.

ADVICE A : 광역지방자치단체, B : 기초지방자치단체, C : 의결 기관, D : 집행 기관
① 광역자치단체장과 기초자치단체장은 모두 주민의 선거를 통해 선출된다.
② C는 의결 기관, D는 집행 기관이다.
④ 지방자치단체 사무의 관리 및 집행권은 단체장이, 조례안 제출권은 주민이 가진다.

8 일탈 현상에 대한 원인을 〈보기〉와 같이 분석한 이론에 대한 설명으로 가장 옳은 것은?

〈보기〉

급격한 사회 변동기에는 새로운 사회 규범 체계가 아직 자리 잡지 못해 가치와 규범의 혼란이 초래되고 그 결과 범죄가 많이 일어나게 된다. 또한, 사회 제도의 기능이 약화되면서 개인에 대한 사회 통제가 약화되고 사람들의 열망이 제한을 받지 않게 되면서 일탈과 범죄가 증가하게 된다.

① 일탈의 대책으로 사회 규범의 통제력 회복을 강조한다.
② 일탈 행동을 규정하는 기준은 존재하지 않는다고 본다.
③ 일탈 행동은 타인과의 상호 작용 과정을 통해 일탈 행동을 정당화하는 동기나 가치관을 내면화함으로써 학습된다고 본다.
④ 일탈 행동을 줄이기 위해서는 문화적 목표 달성을 위한 제도적 수단의 확대가 필요하다고 본다.

ADVICE 〈보기〉는 뒤르켐의 아노미 이론에 대한 설명이다.
② 낙인이론 ③ 차별적 교제론 ④ 머튼의 아노미 이론

9 **〈보기〉는 질문 (가)~(다)를 통해 사회 불평등 현상을 설명하는 이론 A, B를 비교한 것이다. 이에 대한 설명으로 가장 옳지 않은 것은? (단, A와 B는 각각 계급론과 계층론 중 하나이다.**

〈보기〉

질문 \ 이론	A	B
(가)	예	아니오
(나)	아니오	예
(다)	예	예

① A가 계층론이면 (가)에 '사회 계층 구조를 불연속적으로 보는가?'가 들어갈 수 있다.
② A가 계층론이면 (나)에 '자신의 계급에 대한 강한 계급 의식을 가지는가?'가 들어갈 수 있다.
③ B가 계급론이면 (가)에 '현대 사회의 지위 불일치 현상을 설명하기 쉬운가?'가 들어갈 수 있다.
④ (다)에 '경제적 요인을 사회 불평등 현상의 원인으로 고려하는가?'가 들어갈 수 있다.

ADVICE ① 사회 계층 구조를 불연속적으로 보는 것은 계급론에 해당한다. 따라서 A가 계층론이면 (가)에 '사회 계층 구조를 불연속적으로 보는가?'가 들어갈 수 없다.

ANSWER 7.③ 8.① 9.①

10 〈보기〉의 형사 절차 (가)~(마)에 대한 설명으로 가장 옳은 것은?

〈보기〉

(가) 수사 ⇨ (나) 구속 ⇨ (다) 기소 ⇨ (라) 선고 ⇨ (마) 집행

① (가)에는 피해자의 고소를 통해서만 개시된다.
② (나) 이후 피의자는 검사에게 구속 적부 심사를 청구할 수 있다.
③ (다) 이후 공판 과정에서 피고인의 유죄는 판사가 증명해야 한다.
④ (라)는 판사에 의해, (마)는 검사의 지휘로 이루어진다.

ADVICE ① 수사는 피해자의 고소뿐 아니라 제3자의 고발 또는 수사기관의 인지 등을 통해서 개시할 수 있다.
② (나) 이후 (다) 이전에 구속된 피의자는 법원에 구속 적부 심사를 청구할 수 있다.
③ (다) 이후 공판 과정에서 피고인의 유죄는 검사가 증명해야 한다.

11 〈보기〉의 표는 정부형태 A, B를 구분한 것이다 이에 대한 설명으로 가장 옳은 것은? (단, A, B는 각각 전형적인 대통령제와 의원 내각제 중 하나이다.)

〈보기〉

정부형태 / 질문	A	B
입법부와 행정부가 별도의 선거로 구성되는가?	예	아니오
(가)	아니오	예

① A에서는 입법부가 탄핵 소추권을 통해 행정부를 견제한다.
② B에서는 의회 의원이 각료를 겸직할 수 없다.
③ A는 B와 달리 내각의 존립이 의회의 신임에 의존한다.
④ (가)에는 '국가 원수와 행정부 수반이 동일인인가?'가 들어갈 수 있다.

ADVICE A : 전형적인 대통령제, B : 의원 내각제
② 전형적인 대통령제에서는 의회 의원이 각료를 겸직할 수 없다.
③ 의원 내각제에서 내각의 존립은 의회의 신임에 의존한다.
④ (가)에 '국가 원수와 행정부 수반이 동일인인가?'가 들어가려면 대답이 반대가 되어야 한다.

12 〈보기〉의 ㈎, ㈏에 나타난 정보화와 계층 구조에 대한 설명으로 가장 옳은 것은?

〈보기〉

㈎ 정보 통신 기술이 발달하면 대부분의 사람들이 손쉽게 정보에 접근할 수 있게 되어 그것을 활용한 부가 가치 창출 기회가 증가하므로 계층 간 격차가 줄어들어서 다이아몬드형 계층 구조에서 타원형 계층 구조로 변화하게 될 것입니다.

㈏ 정보 통신 기술이 발달하면 사회 계층에 따라 지식과 정보의 접근 및 활용 격차가 확대되어 사회 계층 간 불평등이 더욱 심화되어서 사회는 이른바 20 대 80의 사회로 양극화되어 모래시계형 계층 구조가 나타나게 될 것입니다.

① ㈎의 계층 구조 변화는 대다수가 중층에 해당하게 되는 것으로 안정적인 계층 구조로 변한다고 할 수 있다.
② ㈏와 같은 상황에서 사회적 갈등이 발생할 가능성은 점점 낮아지고 있다.
③ ㈎와 달리 ㈏에서는 수직 이동, 세대 간 이동이 나타나고 있다.
④ ㈎, ㈏에 표현된 계층 구조 중 가장 안정된 계층 구조는 다이아몬드형 계층 구조이다.

ADVICE ② ㈏와 같은 상황에서는 사회적 갈등이 발생할 가능성이 높다. 모래시계형 계층 구조는 사회적 안정성이 가장 낮으며 사회통합에 가장 불리한 형태이다.
③ 계층 간 불평등이 심화되어 이동이 나타나기 어렵다.
④ 안정된 계층 구조는 타원형＞다이아몬드형＞피라미드형＞모래시계형 순이다.

ANSWER 10.④ 11.① 12.①

13 〈보기〉의 밑줄 친 ㉠~㉢과 같은 현상의 일반적인 특성에 대한 설명으로 가장 옳은 것은?

> 〈보기〉
>
> 설연휴 마지막 날인 24일 ㉠ 한파와 강풍으로 인해 일부 항공편과 배편이 결항 조치되면서 귀경하려는 시민들의 발걸음도 묶이게 됐다. 제주지방항공청과 공항공사는 제주공항 대설과 강풍에 따른 ㉡ 비상대응체계를 가동하고, 항공편 변경을 위해 공항에 방문하는 승객을 위한 ㉢ 안내요원을 추가 투입했다.

① ㉠과 같은 현상은 가치함축적, ㉢과 같은 현상은 몰가치적이다.
② ㉡과 같은 현상은 ㉠과 같은 현상과 달리 확률성의 원리가 적용된다.
③ ㉢과 같은 현상은 ㉡과 같은 현상과 달리 인과관계가 명확하다.
④ ㉠과 같은 현상은 ㉡, ㉢과 같은 현상과 달리 당위 법칙의 지배를 더 많이 받는다.

ADVICE ㉠ 자연 현상, ㉡㉢ 사회 · 문화 현상
① 자연 현상은 몰가치적, 사회 · 문화 현상은 가치함축적이다.
③ 자연 현상은 사회 · 문화 현상에 비해 인과 관계가 명확하다.
④ 사회 · 문화 현상은 자연 현상과 달리 당위법칙의 지배를 더 많이 받는다.

14 〈보기〉에 나타난 문화의 속성으로 가장 적절한 것은?

> 〈보기〉
>
> 우리나라에서 생활하는 외국인 중에는 처음에는 김치를 잘 먹지 못했지만, 점점 익숙해져서 김치를 좋아하게 된 사람이 많다. 더 나아가 김치를 담그는 법을 배워서 직접 담가 먹기도 한다.

① 축적성
② 변동성
③ 학습성
④ 공유성

ADVICE 〈보기〉는 문화의 학습성에 대한 설명이다.
※ 문화의 속성
㉠ 학습성 : 문화는 후천적 학습으로 형성된다.
㉡ 공유성 : 문화는 구성원 다수가 공통으로 가지고 있는 생활양식이다.
㉢ 전체성(총체성) : 문화는 여러 요소들이 하나의 체계를 형성한다.
㉣ 변동성 : 문화는 시간이 흐름에 따라 형태, 의미, 내용이 변한다.
㉤ 축적성 : 문화는 세대 간 전승되며 발전한다.

15 〈보기〉에 나타난 죄형 법정주의의 구체적 원칙에 대한 설명으로 가장 옳은 것은?

〈보기〉

헌법재판소는 공공의 안녕질서 또는 미풍양속을 해하는 내용의 통신을 금한다는 해당 법률 조항이 판단 기준을 제시하지 않고 불분명하다고 판단했다. 지나치게 광범위하여 행위 유형을 정형화하거나 한정할 합리적 해석 기준을 찾기 어려워 죄형 법정주의의 원칙에 위배된다고 본 것이다.

① 범죄와 형벌 간에 적정한 균형이 이루어져야 한다.
② 행위 당시의 형벌 법규를 재판의 기준으로 삼아야 한다.
③ 범죄와 형벌은 명확하게 규정되어 누구나 알 수 있어야 한다.
④ 법률에 규정이 없는 사항에 대해서는 그것과 유사한 규정을 적용하여 처벌할 수 없어야 한다.

ADVICE 죄형 법정주의의 파생적 원칙

㉠ 관습 형법 금지의 원칙 : 범죄와 형벌은 미리 성문의 법률에 규정되어 있어야 한다.
㉡ 명확성의 원칙 : 어떤 행위가 범죄이며 각각의 범죄에 대해 어떤 형벌이 부과되는지에 대하여 법률에 구체적으로 명확하게 규정되어야 한다.
㉢ 적정성의 원칙 : 범죄와 그에 따른 형벌 사이에는 적정한 균형이 유지되어야 한다.
㉣ 법률 불소급의 원칙 : 범죄와 형벌은 행위 당시의 법률에 규정되어 있어야 하고, 행위 이후에 제정된 법률로는 소급하여 처벌해서는 안 된다.
㉤ 유추 해석 금지의 원칙 : 법률에 규정이 없는 사항에 대하여 그것과 유사한 내용을 가지는 법률을 적용해서는 안 된다.

ANSWER 13.② 14.③ 15.③

16 〈보기〉는 어느 조직의 운영 과정에서 나타난 문제점이다. 이 조직의 한계를 극복하기 위해 등장한 대안적 조직의 일반적 특징으로 가장 옳은 것은?

〈보기〉

목적 달성을 위해 만든 규칙과 절차에 지나치게 집착하여 본래의 목적을 소홀히 하기도 하고 외부의 변화에 유연하게 대처하지 못하기도 하며 구성원을 조직의 주체가 아닌 객체로 여기는 현상이 나타나기도 한다.

① 목표 달성을 중심으로 능력과 성과를 평가하여 승진과 임금수준을 결정한다.
② 업무가 세분화 · 전문화되어 있으므로 복잡한 업무를 효율적으로 처리할 수 있다.
③ 권한과 책임에 따라 위계서열화되어 있어서 업무수행 시 책임소재가 분명하다.
④ 규칙과 절차에 따른 업무수행으로 구성원이 교체되더라도 안정적인 조직 운영이 가능하다.

ADVICE 〈보기〉는 관료제 조직의 문제점에 대한 설명이다.
②③④는 관료제 조직의 특성이다.

17 〈보기〉에서 밑줄 친 ㉠~㉤에 대한 설명으로 가장 옳은 것은?

〈보기〉

(가) ㉠ <u>고등학교</u> 재학기간 내내 봉사동아리에서 활동한 고3 ㉡ <u>학생</u>인 갑(甲)은 행정학과와 경영학과 중 어느 전공에 지원할지 ㉢ <u>고민</u>하고 있다.
(나) 대학 졸업 후 취직해서 ㉣ <u>회사</u> 인사부에서 일하고 있는 을(乙)은 퇴근 후 자녀 생일파티 약속이 있는데, 부장으로부터 늦더라도 오늘까지 끝내야 하는 업무 지시를 받아서 ㉤ <u>고민</u>하고 있다.

① ㉠은 자연적이고 본질적인 의지에 따라 자연발생적으로 형성된 집단이다.
② ㉡은 개인의 능력이나 노력과는 관계없이 가지게 되는 지위이다.
③ 사회화는 가정과 학교에서 모두 이루어져서 ㉣에서는 나타나지 않는다.
④ 갑의 ㉢과 달리 을의 ㉤은 역할 갈등에 해당한다.

ADVICE ① 학교는 외부의 영향이나 개입을 통해 의도적으로 만들어진 인위적 형성 집단이다.
② 학생은 성취 지위이다.
③ 회사에서도 사회화가 이루어진다.

18 〈보기〉에서 사회자의 질의에 가장 옳게 응답한 인물은?

> 〈보기〉
>
> 사회자 : 우리나라 민법에서 혼인과 연관된 법률관계로는 무엇이 있을까요?
>
> 갑(甲) : 혼인신고를 하면 결혼 전 배우자의 재산은 부부 공동 재산이 됩니다.
>
> 을(乙) : 18세 이상이면 부모의 동의 없이 본인들의 의사만으로 혼인할 수 있습니다.
>
> 병(丙) : 생활비 명목으로 배우자가 채무를 발생시켰다면 채권자는 부부에게 연대 책임을 물을 수 있습니다.
>
> 정(丁) : 부모님의 명의로 된 아파트를 미성년자가 결혼한 경우 성년 의제로 간주하여 단독으로 처분할 수 있습니다.

① 갑　　② 을

③ 병　　④ 정

ADVICE ③ 부부의 일방이 일상의 가사에 관하여 제삼자와 법률행위를 한 때에는 다른 일방은 이로 인한 채무에 대하여 연대책임이 있다. 그러나 이미 제삼자에 대하여 다른 일방의 책임 없음을 명시한 때에는 그러하지 아니하다〈「민법」 제832조(가사로 인한 채무의 연대책임)〉.

① 부부의 일방이 혼인 전부터 가진 고유재산과 혼인 중 자기의 명의로 취득한 재산은 그 특유재산으로 한다〈동법 제830조(특유재산과 귀속불명재산) 제1항〉.

② 미성년자가 혼인을 하는 경우에는 부모의 동의를 받아야 하며, 부모 중 한쪽이 동의권을 행사할 수 없을 때에는 다른 한쪽의 동의를 받아야 하고, 부모가 모두 동의권을 행사할 수 없을 때에는 미성년후견인의 동의를 받아야 한다〈동법 제808조(동의가 필요한 혼인) 제1항〉.

④ 「민법」 제826조의2(성년의제)에 따라 미성년자가 혼인을 한 때에는 성년자로 보지만, 부모님의 명의로 된 아파트를 단독으로 처분할 수 있는 것은 아니다.

ANSWER 16.① 17.④ 18.③

19 〈보기〉에서 밑줄 친 ㉠에 대한 설명으로 가장 옳은 것은?

〈보기〉

우리나라에서는 국제적 합의 중 하나인 ㉠ 가혹한 형태의 아동노동 금지 협약이 헌법에 정해진 절차에 따라 체결, 공포되었다.

① ㉠은 헌법과 동일한 효력을 지닌다.
② 우리나라에서 ㉠에 대한 비준 권한은 국회에 있다.
③ ㉠은 모든 국가에 대해 포괄적인 구속력을 가진다.
④ ㉠은 원칙적으로 문서 형식의 명시적 합의에 의해 성립된다.

ADVICE 국제 협약은 국가 간에 체결된 계약으로 국제법상에서 국가의 의사를 구체화하고 법적 효력을 부여하는 도구이다.
① 국제 협약은 법률과 동일한 효력을 지닌다.
② 우리나라에서 국제 협약에 대한 비준 권한은 대통령에게 있다.
③ 국제 협약은 체결된 국가들에게 법적 구속력을 가진다.

20 〈보기〉의 법치주의를 바라보는 관점 A, B에 대한 설명으로 가장 옳은 것은?

〈보기〉

A는 입법에 필요한 모든 합법적인 절차를 거쳐 제정된 법률이라면 그 법률에 의한 국가 권력 행사는 정당화된다고 본다. 반면, B는 법률이 절차적 합법성을 갖추어야 할 뿐만 아니라 실질적 정의에도 부합해야 한다고 본다.

① A는 통치의 합법성보다 실질적 정당성을 중시한다.
② B는 합법적 절차를 거쳐 제정된 법률일지라도 국민의 권리를 침해할 수 있다는 점을 간과한다.
③ A는 B와 달리 위헌법률심사제의 필요성을 강조한다.
④ A와 B 모두 국가 권력으로부터 국민의 기본권을 보장하는 것을 목적으로 한다.

ADVICE A : 형식적 법치주의, B : 실질적 법치주의
① 형식적 법치주의는 합법성을 중시하고, 실질적 법치주의는 실질적 정당성을 중시한다.
② 형식적 법치주의는 합법적 절차를 거쳐 제정한 법률일지라도 국민의 권리를 침해할 수 있다는 점을 간과한다.
③ 위헌법률심사제는 실질적 법치주의 실현을 위해 그 필요성이 강조된다.

2023. 8. 26. 국회사무처(방호직) 시행

1 **다음은 갑과 을이 각각 진행한 조사에 관한 내용이다. 이에 대한 설명으로 옳지 않은 것은?**

> 갑은 '결혼이주여성들의 자녀교육 경험'에 관해 연구하기 위해, OO군의 초등학교 학생을 자녀로 둔 20명의 결혼이주여성을 만나 심층 면접을 진행하였다. 조사 자료를 분석한 결과, 재학 중인 자녀들은 어머니가 한국어 소통 능력이 떨어짐에 따라 어머니로부터 학습에 도움을 받기 어려워 학교생활에 잘 적응하지 못하거나 학업성적이 떨어지는 경우가 많다는 사실이 드러났다.
> 을은 '해외여행 경험이 외국인노동자에 대한 인식에 미치는 영향'을 조사하기 위해 전국의 18세 이상 성인 중 1,000명의 조사대상자를 무작위로 표집하여 설문조사를 진행하였다. 해외여행 경험은 여행한 나라의 수와 여행 기간으로 파악하였다. 조사된 설문지를 분석한 결과, 해외여행 경험이 많을수록 외국인노동자에 대한 부정적 인식이 약하다는 사실이 드러났다.

① 갑은 질적 연구를, 을은 양적 연구를 진행하였다.
② 갑의 연구에서는 조사 결과를 일반화하기 어렵다.
③ 을의 연구에서 모집단은 전국의 18세 이상 성인이다.
④ 갑의 연구에서는 인과 법칙 발견과 미래 예측이 목적이다.
⑤ 을의 연구에서 여행한 나라의 수와 여행 기간은 해외여행 경험에 대한 조작적 정의에 해당한다.

ADVICE ④ 인과 법칙 발견과 미래 예측이 목적인 것은 설명적 조사이다. 갑의 연구에서 사용된 심층 면접법은 탐색적 조사에 해당한다.

ANSWER 19.④ 20.④ / 1.④

2 **다음은 자연 현상과 사회 · 문화 현상의 특징을 나타낸 것이다. ㉠~㉤에 들어갈 말로 옳은 것은?**

> 자연 현상은 ㉠법칙이 작용하지만, 사회 · 문화 현상은 ㉡법칙이 작용한다. 그리고 자연 현상은 몰가치적인 특징이 있지만, 사회 · 문화 현상은 가치 함축적이라는 특징이 있다. 자연 현상은 ㉢과 ㉣의 원리를 따르지만, 사회 · 문화 현상은 개연성과 ㉤의 원리를 따른다.

	㉠	㉡	㉢	㉣	㉤
①	존재	당위	필연성	확실성	확률
②	존재	당위	필연성	확률	확실성
③	존재	당위	특수성	확률	확실성
④	당위	존재	필연성	확실성	확률
⑤	당위	존재	특수성	확률	확실성

ADVICE 자연 현상은 ㉠ 존재 법칙이 작용하지만, 사회 · 문화 현상은 ㉡ 당위 법칙이 작용한다. 그리고 자연 현상은 몰가치적인 특징이 있지만, 사회 · 문화 현상은 가치 함축적이라는 특징이 있다. 자연 현상은 ㉢ 필연성과 ㉣ 확실성의 원리를 따르지만, 사회 · 문화 현상은 개연성과 ㉤ 확률의 원리를 따른다.

3 **일탈행동과 범죄를 설명하는 다음 이론에 대한 설명으로 옳지 않은 것은?**

> 일탈행동이나 범죄는 사회적으로나 문화적으로 주류를 형성하고 있는 집단 또는 사람들이 자신들과 다른 행동양식이나 태도를 보이는 소수의 집단 또는 사람들에게 일탈자라는 딱지를 붙임으로써 생겨난다. 특정한 부류의 사람들에 대해 야만적이라거나 비정상적이라고 낙인을 찍게 되면, 이들은 '일탈자'가 되어 일탈자에 걸맞게 행동하게 된다. 결국 특정 집단이나 개인에게 이렇게 딱지를 붙이고 낙인을 찍는 행위는 일탈행동이나 범죄를 조장하는 결과를 낳는다.

① 일탈자로 낙인찍힌 사람은 스스로 일탈자라는 의식을 강화하게 된다.
② 특별히 비도덕적이지 않은 사람도 낙인의 성격에 따라 일탈자가 될 수 있다.
③ 최초의 일탈행동이나 범죄가 발생하게 되는 원인을 잘 설명해준다.
④ 사회적, 문화적 권력이 어떻게 일탈자와 일탈행동을 만들어 내는지를 보여준다.
⑤ 한 번 찍힌 낙인은 범죄를 근절하기보다 오히려 더 조장하는 결과를 낳는다.

ADVICE 제시된 내용은 낙인 이론에 대한 설명이다.
③ 낙인 이론은 최초의 일탈행동이나 범죄가 발생하는 원인에 대해 설명하지 못하는 한계가 있다.

4 ㉠~㉤은 문화의 특징을 나타낸 것이다. 이에 해당하는 문화의 속성을 옳게 연결한 것은?

> ㉠ 문화는 사회 구성원의 공통된 행동이기 때문에 구속력을 갖는다.
> ㉡ 한 부분의 문화요소가 변동하면 연쇄적 변동이 나타난다.
> ㉢ 문화는 상징체계를 통해 다음 세대에 전승된다.
> ㉣ 문화적 특성은 후천적으로 학습을 통해 획득된다.
> ㉤ 시간의 흐름에 따라 창조, 변화, 소멸된다.

	㉠	㉡	㉢	㉣	㉤
①	공유성	전체성	축적성	학습성	변동성
②	전체성	축적성	변동성	공유성	학습성
③	축적성	공유성	전체성	변동성	학습성
④	공유성	전체성	학습성	축적성	변동성
⑤	학습성	전체성	변동성	축적성	공유성

ADVICE 문화의 속성

㉠ 공유성 : 문화는 구성원 다수가 공통으로 가지고 있는 생활양식이다.
㉡ 전체성(총체성) : 문화는 여러 요소들이 하나의 체계를 형성한다.
㉢ 축적성 : 문화는 세대 간 전승되며 발전한다.
㉣ 학습성 : 문화는 후천적 학습으로 형성된다.
㉤ 변동성 : 문화는 시간이 흐름에 따라 형태, 의미, 내용이 변한다.

5 계획경제체제에 대한 설명으로 옳은 것만을 〈보기〉에서 모두 고르면?

> 〈보기〉
> ㉠ 중앙정부의 계획과 통제에 따라서 작동한다.
> ㉡ 자원배분의 효율성을 실현하는 것을 목표로 한다.
> ㉢ 재산권을 포함한 기본권 침해가 발생한다.
> ㉣ 특정 산업 분야를 단기간에 집중적으로 육성할 수 있다.

① ㉠, ㉢
② ㉡, ㉢
③ ㉢, ㉣
④ ㉠, ㉡, ㉣
⑤ ㉠, ㉢, ㉣

ADVICE ㉡ 계획경제체제는 자원 배분의 비효율을 초래하기 쉬우며, 시장의 기능을 제한함으로써 성취 동기를 떨어뜨리는 등의 단점이 있다.

ANSWER 2.① 3.③ 4.① 5.⑤

6 다음 표는 갑국의 소득 계층별 가구 비율의 변화이다. 이에 대한 설명으로 옳은 것만을 〈보기〉에서 모두 고르면?

연도 \ 소득 계층	소득 상위층	소득 중위층	소득 하위층
2000년	18%	73%	9%
2010년	21%	68%	11%
2020년	22%	63%	15%

〈보기〉

㉠ 갑국은 개방적 계층 구조를 가지고 있다.
㉡ 갑국에서 수평 이동의 가능성은 점점 떨어지고 있다.
㉢ 갑국은 사회 안전망을 확대할 필요가 있다.
㉣ 갑국의 계층 구조는 다이아몬드형에서 피라미드형으로 변화하였다.

① ㉠, ㉡
② ㉠, ㉢
③ ㉡, ㉢
④ ㉡, ㉣
⑤ ㉢, ㉣

ADVICE ㉠ 갑국은 계층 간 이동 가능성이 열려 있는 개방적 계층 구조를 가지고 있다.
㉢ 소득 중위층의 비율이 점점 줄어들고 소득 하위층이 늘어나고 있으므로 사회 안전망을 확대할 필요가 있다.

※ 사회 계층 구조의 유형

계층 간 이동 가능성에 따른 유형	폐쇄적 계층 구조	계층 간 상승이나 하강 이동이 엄격하게 제한된 계층 구조
	개방적 계층 구조	계층 간 이동 가능성이 열려 있는 계층 구조
계층 구성 비율에 따른 유형	피라미드형 계층 구조	하층의 비율이 가장 높고, 상층의 비율이 가장 낮은 형태의 계층 구조
	다이아몬드형 계층 구조	중층의 비율이 상층이나 하층 비율보다 높은 형태의 계층 구조
정보화 및 세계화에 따른 유형	타원형 계층 구조	계층 간 소득 격차가 감소하여 중층이 대다수를 차지하는 계층 구조
	모래시계형 계층 구조	계층 간 소득 격차가 심화되어 중층의 비율이 가장 낮고 소수의 상층과 다수의 하층으로 나타나는 계층 구조

7 **다음은 지구생태위기에 대응하여 제시된 하나의 입장을 정리한 것이다. 이러한 입장을 나타내는 용어로 옳은 것은?**

> 1992년 리우환경회의의 중심 주제로서 환경적으로 건전한 발전이자 '미래 세대의 요구 충족 능력을 저해하지 않으면서, 현재 세대의 요구를 충족하는 발전'을 의미한다. 말하자면 지구의 수용 능력을 고려하는 한도 내에서 발전을 추구할 것을 주장한다.

① 정의로운 전환
② 그린 뉴딜
③ 생태적 현대화
④ 지속 가능한 발전
⑤ 재생에너지 100

ADVICE 제시된 내용 중 '미래 세대의 요구 충족 능력을 저해하지 않으면서, 현재 세대의 요구를 충족하는 발전'으로 '지속 가능한 발전'임을 알 수 있다.

① 정의로운 전환 : 탄소중립 사회로 이행하는 과정에서 직·간접적 피해를 입을 수 있는 지역이나 산업의 노동자, 농민, 중소상공인 등을 보호해 이행 과정에서 발생하는 부담을 사회적으로 분담하고 취약계층의 피해를 최소화하는 정책방향
② 그린 뉴딜 : 환경과 사람이 중심이 되는 지속 가능한 발전
③ 생태적 현대화 : 지식 집약적이고 자원 절약적인 생산을 추구
⑤ 재생에너지 100 : 사업장에 사용되는 모든 전력을 재생에너지로 전환

8 **공공재의 특성에 대한 설명으로 옳은 것만을 〈보기〉에서 모두 고르면?**

> 〈보기〉
> ㉠ 누구든 재화와 서비스에 대한 대가를 지불하지 않고도 소비할 수 있다.
> ㉡ 수요가 많기 때문에 누구나 생산에 참여하고자 한다.
> ㉢ 대가를 지불하는 수준에 따라 차별화된 서비스가 제공된다.
> ㉣ 한 개인의 소비가 다른 개인의 소비를 제약하거나 감소시키지 않는다.

① ㉠, ㉡
② ㉠, ㉢
③ ㉠, ㉣
④ ㉡, ㉢
⑤ ㉡, ㉣

ADVICE 공공재는 모든 사람들이 공동으로 이용할 수 있는 재화 또는 서비스로, 그 재화와 서비스에 대하여 대가를 치르지 않더라도 소비 혜택에서 배제할 수 없는 성격을 가진다.

㉡ 공공재는 사회 모든 구성원들에게 필요한 재화이기는 하나 그 재화가 갖는 특성 때문에 시장 기구를 통하여 공급하기 어려운 공익성을 띤 재화이다.
㉢ 공공재는 모든 구성원에게 동일한 수준의 서비스가 제공된다.

ANSWER 6.② 7.④ 8.③

9 **다음 (가)~(다)의 경제적 상황에 대한 설명으로 옳은 것은?**

> (가) 1776년 애덤 스미스는 『국부론』을 출판하여 국가의 개입을 비판하고 '보이지 않는 손'의 힘을 강조했다. 그는 자유롭게 의사 결정을 하는 개인의 합리적 행동은 사회의 부를 증가시킨다고 주장하며 시장경제에서 적극적인 경쟁을 옹호하였다.
> (나) 1929년 소비가 둔화하고 상품의 재고가 증가하여 기업들은 구조 조정을 시작했다. 소득이 줄어든 소비자들의 구매력이 떨어지자 경기는 침체하였고 주식은 폭락하기 시작했다.
> (다) 1980년대부터 시장의 효율과 경쟁을 중시하는 경제학자들의 주장이 다시 힘을 얻기 시작했다. 미국과 영국 정부는 이러한 신자유주의에 입각한 경제정책을 강화하였고 세계화로 신자유주의 정책은 전 세계로 확산되었다.

① (가)는 국가들의 중상주의 정책을 심화시켰다.
② (나)는 전 세계적인 인플레이션 현상을 발생시켰다.
③ (나)는 유효 수요가 지나치게 확대되어 발생하였다.
④ (다)는 스태그플레이션 현상을 배경으로 등장하였다.
⑤ (다)는 각국 정부의 대규모 공공사업을 촉진시켰다.

ADVICE ① 애덤 스미스는 『국부론』에서 기존의 경제학을 비판하면서 이들을 '중상주의'로 표현하였다.
② 디플레이션 현상과 관련된다.
③ 유효 수요란 구매 능력을 동반한 수요를 말한다. 디플레이션 상황에서 유효 수요가 감소한다.
⑤ 신자유주의는 국가권력의 시장개입을 비판하고 시장의 기능과 민간의 자유로운 활동을 중시한다.

10 그림 ㈎와 ㈏는 2개의 다른 모형으로 총수요 곡선(AD)과 총공급 곡선(AS)을 나타낸 것이다. 이에 대한 설명으로 옳은 것은? (단, 현재 경제는 각각 균형점 E_1과 E_2에 있다고 가정한다)

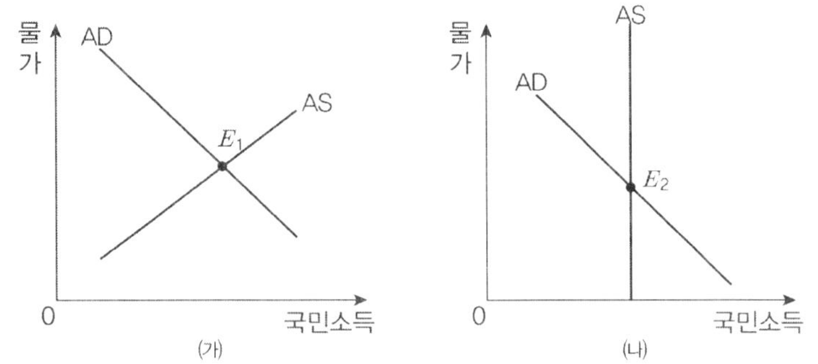

① ㈎에서 정부지출을 늘리면 총수요 곡선(AD)이 좌측으로 이동하지만 구축효과가 발생하여 국민소득이 증가한다.
② ㈎에서 노동자의 명목임금이 상승하면 총공급 곡선(AS)이 우측으로 이동하여 물가가 하락하고 국민소득이 증가한다.
③ ㈏에서 화폐공급량을 늘리는 통화정책을 전개하여도 국민소득은 변함이 없다.
④ ㈏에서 정부지출을 늘리는 재정정책을 전개하면 총공급 곡선(AS)이 우측으로 이동하여 물가는 하락하고 국민소득은 증가한다.
⑤ ㈎와 ㈏는 각각 총수요 곡선(AD)과 총공급 곡선(AS)이 교차하는 E_1과 E_2점에서 완전고용이 실현된다.

ADVICE ③ ㈏에서 화폐공급량을 늘리는 통화정책을 전개하면 장기적으로 볼 때 물가만 상승할 뿐, 국민소득 증가에는 아무런 효과를 가져오지 못한다.
① ㈎에서 정부지출을 늘리면 총수요 곡선은 우측으로 이동한다.
② 명목임금은 임금을 화폐단위의 금액으로 표시한 것이고 실질임금은 화폐임금을 소비자 물가 또는 생계비 변동지수로 수정한 것이다. 인플레이션 등으로 물가변동이 있을 때는 명목임금이 올라도 실질임금은 하락하는 현상이 일어난다.
④ ㈏에서 정부지출을 늘리는 재정정책을 전개하면 총공급 곡선이 우측으로 이동하여 물가는 상승하고, 국민소득은 변함이 없다.
⑤ 완전고용은 일을 할 의사와 능력을 갖고 취직을 희망하는 자가 원칙적으로 전부 고용되는 상황으로 ㈎, ㈏ 모두 완전고용국민소득은 동일하다.

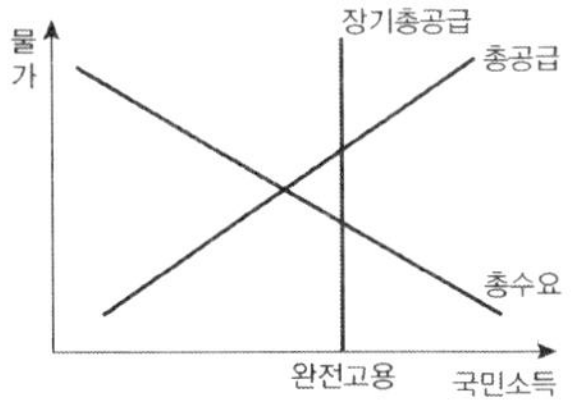

ANSWER 9.④ 10.③

11 다음 자료의 A~C 시기 환율 변화에 대한 설명으로 옳은 것만을 〈보기〉에서 모두 고르면? (단, 환율 외에 다른 요인은 고려하지 않는다)

환율 \ 시기	A	B	C
원/달러	1,023	1,127	1,021
원/100엔	923	891	932

〈보기〉

㉠ A 시기에서 B 시기로 가며 원화의 가치는 달러에 대해 상승했다.
㉡ A 시기에 달러를 매입한 한국인은 매입한 달러를 B 시기보다 C 시기에 원화로 환전하면 이익이 된다.
㉢ 우리나라의 대일 수출 실적은 A 시기에서 B 시기로 가며 악화되지만 B 시기에서 C 시기로 가며 개선될 것이다.
㉣ 해외여행을 계획하고 A 시기에 달러와 엔화를 미리 매입한 한국인은 B 시기에는 미국을, C 시기에는 일본을 가는 것이 유리하다.

① ㉠, ㉡
② ㉠, ㉢
③ ㉡, ㉢
④ ㉡, ㉣
⑤ ㉢, ㉣

ADVICE ㉠ 1달러의 가치가 1,023원에서 1,127원으로 상승했으므로, 원화의 가치는 달러에 대해 하락했다.
㉡ 달러의 가치가 높은 B 시기에 원화로 환전하는 것이 더 이익이 된다.

12 국내총생산(GDP)에 관한 설명으로 옳지 않은 것은?

① 한 나라의 영토 내에서 경제주체들이 생산한 재화 및 서비스의 부가가치를 합산한 것이다.
② 한 나라의 경제성장률은 실질 GDP의 증감률로 계산한다.
③ 한 나라의 국민이 외국에서 벌어들인 소득은 포함되지 않는다.
④ 한 나라의 인구수로 나누면 그 나라 국민들의 평균 생활 수준을 알 수 있다.
⑤ 국내에서 외국인에 의해 생산된 부가가치는 포함되지 않는다.

ADVICE 국내총생산(Gross Domestic Product, GDP)은 한 나라의 영역 내에서 가계, 기업, 정부 등 모든 경제 주체가 일정기간 동안 생산한 재화 및 서비스의 부가가치를 시장가격으로 평가하여 합산한 것으로 여기에는 비거주자가 제공한 노동, 자본 등 생산요소에 의하여 창출된 것도 포함되어 있다.
⑤ 국내에서 외국인에 의해 생산된 부가가치도 포함된다.

13 법치주의의 유형 A와 B에 대한 설명으로 옳은 것만을 〈보기〉에서 모두 고르면?

A는 시민의 대표인 의회가 적법한 절차를 거쳐 법을 제정하고 그 법에 따라 국가의 권력이 행사되기만 하면 법의 목적이나 내용은 신경 쓰지 않았다. 하지만 의회가 합법적인 절차에 따라 법을 제정하여도 그 법이 시민의 자유와 권리를 침해하는 역사적 사례들이 나타나기 시작했다. 이에 대한 반성으로 현대 사회로 오면서 법의 절차적 요건과 함께 법의 내용과 목적이 헌법의 이념에 부합해야 한다는 B가 등장하였다.

〈보기〉

㉠ A는 B와 달리 통치권을 강화하는 수단으로 악용되기도 하였다.
㉡ B는 A와 달리 법을 권력의 획득 및 행사, 유지를 위한 도구로만 본다.
㉢ B는 A와 달리 통치의 합법성과 법의 내용 모두를 중요시한다.
㉣ A는 B와 달리 법의 지배(rule of law)를 의미한다.

① ㉠, ㉡
② ㉠, ㉢
③ ㉡, ㉢
④ ㉡, ㉣
⑤ ㉢, ㉣

ADVICE A : 형식적 법치주의, B : 실질적 법치주의
㉡ 법을 권력의 획득 및 행사, 유지를 위한 도구로 보는 것은 형식적 법치주의이다.
㉣ 형식적 법치주의는 '법에 의한 지배', 실질적 법치주의는 '법의 지배'를 강조한다. '법의 지배'에서 법은 정의, 도덕 이성 및 합리성 등 법이 실질적으로 갖추어야 할 요건을 갖춘 법을 뜻한다.

ANSWER 11.⑤ 12.⑤ 13.②

14 다음 (가)~(다)를 주장한 근대 정치사상가에 대한 설명으로 옳은 것은?

> (가) 자연상태는 만인의 만인에 대한 투쟁 상태이다.
> (나) 자연상태는 평화롭지만, 개인의 권리가 안전하게 보장받지 못한 상태이다.
> (다) 자연상태는 평화로운 상태지만, 신분이나 재산에 따라 불평등 관계에 놓일 수 있다.

① (가)는 사회구성원이 자연권 일부를 통치자에게 양도하는 계약을 체결하였다고 주장하였다.
② (나)는 인간의 권리를 국가에 양도할 수 없다고 주장하였다.
③ (다)는 인간의 본성이 이기적이라고 보았다.
④ (가)와 (나)는 시민에게 적극적인 자유를 보장해야 한다고 주장하였다.
⑤ (나)와 (다)는 국민이 주권을 가져야 한다고 주장하였다.

ADVICE (가) 홉스, (나) 로크, (다) 루소

※ 사회계약설의 비교

구분	홉스	로크	루소
인간의 본성	성악설	백지설	성선설
자연상태	고독, 투쟁	자유, 평등	자유, 행복
계약 당사자	국민과 국왕	국민 상호간	국민 상호간
주권의 소재	군주주권론	국민주권론	국민주권론
정치 체제	절대군주제	입헌군주제	직접민주제
저항권	불인정	인정	인정

15 **다음 국회 공고문의 ㉠~㉣에 대한 설명으로 옳은 것은?**

> 국회공고 제20××-×호
>
> 제○○○회 국회(임시회) 집회공고
>
> ㉠ 국회의원 A 외 ○○○인으로부터 헌법 제47조 제1항에 따른 ㉡ 국회 임시회의 집회 요구가 있으므로 국회법 제5조 제1항에 따라 제○○○회 국회(임시회) 집회를 다음과 같이 공고함.
>
> - ㉢ 일시 : 20××년 ×월 ××일(×요일) 오후 ×시
> - 장소 : 국회의사당
>
> 20××년 ×월 ××일
>
> ㉣ 국회의장 ○○○

① ㉠의 국회의원 숫자는 국회 재적의원 3분의 1 이상이어야 한다.
② 대통령은 ㉡을 요구할 수 없다.
③ 회기는 ㉢ 날짜 이후 100일 이내이다.
④ ㉡은 매년 9월 1일이며 그날이 공휴일이면 그 다음 날로 미뤄진다.
⑤ ㉣은 그 직에 있는 동안 당적을 가질 수 없다.

ADVICE ①② 국회의 정기회는 법률이 정하는 바에 의하여 매년 1회 집회되며, 국회의 임시회는 대통령 또는 국회재적의원 4분의 1 이상의 요구에 의하여 집회된다〈「헌법」 제47조 제1항〉.
③ 정기회의 회기는 100일을 임시회의 회기는 30일을 초과할 수 없다〈동법 동조 제2항〉.
④ 정기회는 매년 9월 1일에 집회한다. 다만, 그 날이 공휴일인 때에는 그 다음 날에 집회한다〈「국회법」 제4조(정기회)〉.

ANSWER 14.⑤ 15.⑤

16 다음은 우리나라의 법률 제 · 개정 절차 중 일부를 나타낸 것이다. 이에 대한 설명으로 옳은 것은?

(가) 법률안 제출
↓
(나) 국회 상임위원회 심사
↓
(다) 국회 본회의 의결
↓
(라) 공포

① (가)단계는 입법부의 국회의원만이 할 수 있다.
② (가)단계는 발의자를 포함하여 국회의원 5명 이상의 찬성이 필요하다.
③ (나)단계에서도 법률안이 폐기될 수 있다.
④ (다)단계에서 법률안이 회기 중에 의결되지 못하면 국회의원의 임기가 만료되더라도 회기계속 원칙에 따라 법률안은 폐기되지 않는다.
⑤ (라)단계에서 대통령이 정해진 기간 내에 공포하지 않으면 법률안은 자동으로 폐기된다.

ADVICE 우리나라의 법률 제 · 개정 절차

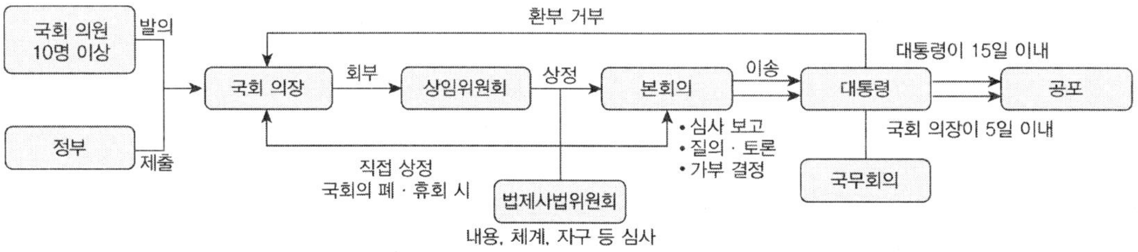

17 다음은 정책 결정 과정을 나타낸 것이다. 이에 대한 설명으로 옳은 것은?

① ㈎는 정치 집단만이 참여할 수 있다.
② ㈏는 주로 행정부에 의해 이루어진다.
③ ㈎와 ㈏는 이익 집단이 중요한 역할을 한다.
④ 환류 단계에서 정책 결정자가 여러 대안 중 하나를 선택한다.
⑤ 민주적 국가에서는 ㈎보다 ㈏를 중요시한다.

ADVICE ㈎ 투입, ㈏ 산출
① 투입 활동에는 시민 단체, 이익 집단 등도 참여할 수 있다.
③ 이익 집단은 자신이 속한 집단의 이익을 위해 투입 활동을 한다.
④ 환류는 산출된 결과를 기준으로 하여 장단점을 확인하고 바꾸어야 할 것을 알아보는 과정이다.
⑤ 시민들의 정치 효능감이 높은 국가에서는 투입 활동이 활발하다.

18 다음 자료의 두 정치 참여 집단 A와 B에 대한 설명으로 옳은 것은? (단, A, B는 각각 정당, 시민단체 중 하나이다)

> • 현대 민주주의 정치 과정의 핵심적 원리 중 하나는 다수의 상이한 A이/가 국민의 지지를 얻기 위해 경쟁한다는 것이다. 각 A은/는 국민들의 지지를 받을 수 있는 정치인을 충원하고 국민들의 관심을 끌 수 있는 정책을 제시하며 선거 경쟁에서 승리하기 위해 애쓴다.
> • 현대 사회가 복잡해지고 다원화되며 시민들의 의사가 정책 결정 과정에 제대로 반영되지 못하자 현대 정치 과정의 새로운 주체로 B이/가 등장하였다. B은/는 선거 경쟁에 직접 참여하지 않지만 B이/가 추구하는 환경 보호가 선거 경쟁에서 중요한 이슈가 될 수 있도록 노력한다.

① A는 의회가 제정한 법률을 집행하는 역할을 한다.
② B는 자기 집단의 특수한 이익 실현을 위해 노력한다.
③ A와 B 모두 정치 사회화의 기능을 담당한다.
④ A와 B 모두 활동 결과에 대해 정치적 책임을 진다.
⑤ A와 B 모두 정치 권력의 획득과 유지를 목적으로 한다.

ADVICE A : 정당, B : 시민단체
① 법을 만드는 것은 입법부, 법을 해석하고 적용하는 것은 사법부, 법을 집행하는 행정부의 역할이다.
② 이익집단에 대한 설명이다.
④⑤ 정당에 대한 설명이다.

ANSWER 16.③ 17.② 18.③

19 다음은 실정법을 정리한 표이다. ㉠~㉤에 대한 예로 옳은 것은?

실정법의 분류	공적기관이 공공의 생활을 규율하는가?	권리나 의무의 실질적인 사항을 규정하는가?	일반적으로 적용되는 법인가?
㉠	○	×	×
㉡	×	○	○
㉢	×	○	×
㉣	○	×	○
㉤	○	○	×

① ㉠의 예는 상법이다.
② ㉡의 예는 형법이다.
③ ㉢의 예는 행정법이다.
④ ㉣의 예는 민사소송법이다.
⑤ ㉤의 예는 실정법에서 찾을 수 없다.

ADVICE 법의 분류

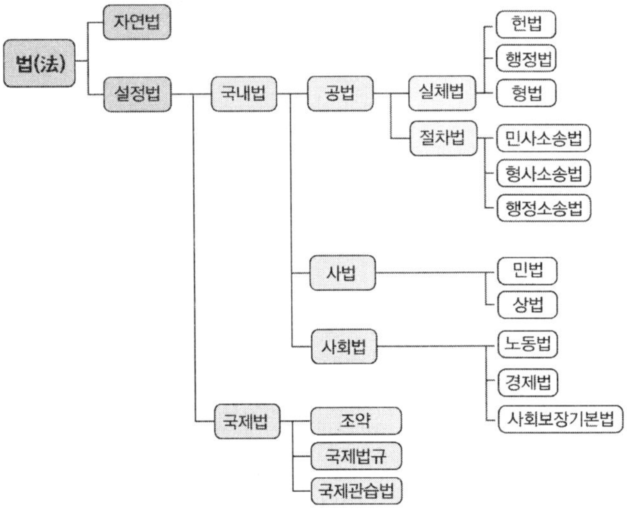

20 다음은 어떤 법의 제1조(목적)이다. 다음 법에서 규정하고 있는 내용으로 옳은 것은?

> 제1조(목적) 이 법은 헌법에 의한 근로자의 단결권 · 단체교섭권 및 단체행동권을 보장하여 근로조건의 유지 · 개선과 근로자의 경제적 · 사회적 지위의 향상을 도모하고, 노동관계를 공정하게 조정하여 노동쟁의를 예방 · 해결함으로써 산업평화의 유지와 국민경제의 발전에 이바지함을 목적으로 한다.

① 부당 노동 행위 유형
② 임금 및 퇴직금 제도
③ 취업 규칙의 작성 · 신고
④ 근로 감독관의 권한과 의무
⑤ 해고의 예고와 부당 해고 등의 구제 신청 절차

ADVICE 제시된 내용은 「노동조합법」의 목적이다.

※ 부당노동행위〈「노동조합법」 제81조 제1항〉 … 사용자는 다음 각 호의 어느 하나에 해당하는 행위(이하 "부당노동행위"라 한다)를 할 수 없다.

1. 근로자가 노동조합에 가입 또는 가입하려고 하였거나 노동조합을 조직하려고 하였거나 기타 노동조합의 업무를 위한 정당한 행위를 한 것을 이유로 그 근로자를 해고하거나 그 근로자에게 불이익을 주는 행위
2. 근로자가 어느 노동조합에 가입하지 아니할 것 또는 탈퇴할 것을 고용조건으로 하거나 특정한 노동조합의 조합원이 될 것을 고용조건으로 하는 행위. 다만, 노동조합이 당해 사업장에 종사하는 근로자의 3분의 2 이상을 대표하고 있을 때에는 근로자가 그 노동조합의 조합원이 될 것을 고용조건으로 하는 단체협약의 체결은 예외로 하며, 이 경우 사용자는 근로자가 그 노동조합에서 제명된 것 또는 그 노동조합을 탈퇴하여 새로 노동조합을 조직하거나 다른 노동조합에 가입한 것을 이유로 근로자에게 신분상 불이익한 행위를 할 수 없다.
3. 노동조합의 대표자 또는 노동조합으로부터 위임을 받은 자와의 단체협약체결 기타의 단체교섭을 정당한 이유없이 거부하거나 해태하는 행위
4. 근로자가 노동조합을 조직 또는 운영하는 것을 지배하거나 이에 개입하는 행위와 근로시간 면제한도를 초과하여 급여를 지급하거나 노동조합의 운영비를 원조하는 행위. 다만, 근로자가 근로시간 중에 제24조제2항에 따른 활동을 하는 것을 사용자가 허용함은 무방하며, 또한 근로자의 후생자금 또는 경제상의 불행 그 밖에 재해의 방지와 구제 등을 위한 기금의 기부와 최소한의 규모의 노동조합사무소의 제공 및 그 밖에 이에 준하여 노동조합의 자주적인 운영 또는 활동을 침해할 위험이 없는 범위에서의 운영비 원조행위는 예외로 한다.
5. 근로자가 정당한 단체행위에 참가한 것을 이유로 하거나 또는 노동위원회에 대하여 사용자가 이 조의 규정에 위반한 것을 신고하거나 그에 관한 증언을 하거나 기타 행정관청에 증거를 제출한 것을 이유로 그 근로자를 해고하거나 그 근로자에게 불이익을 주는 행위

ANSWER 19.④ 20.①

2024. 6. 22. 제2회 서울특별시 시행

1 〈보기〉에 대한 설명으로 가장 옳은 것은?

> 〈보기〉
> 우리나라는 사형, 징역, 금고, 구류, 자격 상실, 자격정지, 벌금, 과료, 몰수의 9가지 형벌을 규정하고 있다. 그리고 보안 처분으로는 보호 관찰, 치료 감호, 수강 명령 등이 있다.

① 징역과 구류는 금고와 달리 노역이 부과된다.
② 금고와 구류는 구금 기간의 장단에 따라 구분된다.
③ 우리나라의 9가지 형벌 중 재산형은 벌금, 과료만이다.
④ 형벌과 보안 처분은 모두 과거의 잘못에 대한 제재이다

ADVICE ① 구류는 가벼운 형벌 중에 하나로 경범죄에 가해지는 형벌에 해당하고 노역이 부과되지 않는다.
③ 재산형에는 벌금, 과료, 몰수가 포함된다.
④ 보안 처분은 주로 미래의 범죄 예방을 목적이다.

2 〈보기〉의 헌법에 대한 설명으로 옳은 것을 모두 고른 것은?

> 〈보기〉
> ㉠ 헌법은 국회에서 제정한 법률과 동일한 수준의 효력을 가진다.
> ㉡ 헌법에 위배되는 법률의 경우 권리 구제형 헌법 소원심판으로 법률의 효력을 상실하게 한다.
> ㉢ 헌법은 국민의 자유와 권리를 보장하기 위하여 국가 기관의 구성과 운영에 대한 사항을 규정한다.
> ㉣ 헌법은 정치권력의 행사 방법과 절차, 그 한계 등을 규율한다.

① ㉠, ㉡
② ㉡, ㉢
③ ㉡, ㉣
④ ㉢, ㉣

ADVICE ㉠ 헌법은 국회에서 제정한 법률과 동일한 수준의 효력을 가지지 않는다. 헌법은 법률보다 상위의 효력을 가지며, 법률은 헌법에 위배될 수 없다.

㉡ 헌법에 위배되는 법률의 경우 권리 구제형 헌법 소원심판으로 법률의 효력을 상실하지 않는다. 위헌법률심판을 통해 헌법재판소에서 그 법률의 위헌 여부를 판단한다.

3 **〈보기〉에서 공통적으로 부각된 대중 매체의 문제점으로 가장 적절한 것은?**

〈보기〉

- 1920년대 신문 광고에서는 유명한 연예인을 내세워 담배가 날씬한 몸매 유지, 구강 살균, 신경 안정에 효과가 있다고 선전하여 흡연율을 몇 배로 높이고 담배 시장을 크게 확대했다.
- 1인 미디어의 영향력이 커지면서 부작용도 커지고 있다. 마음에 드는 1인 미디어 제작자에게 호감을 표시하는 행위로 시청자가 현금 가치를 갖는 온라인 아이템을 선물하는데, 이것을 받기 위한 1인 미디어 제작자들의 도를 넘은 자극적 · 선정적 콘텐츠가 양산되고 있다.

① 이윤 추구를 우선하는 상업주의의 폐해를 초래한다.
② 주류문화에 저항하는 문화를 양산하여 사회통합을 저해한다.
③ 정치적 무관심을 초래하여 정치권력에 대한 비판 기능을 약화시킨다.
④ 이질적인 문화를 확산시켜 전통문화의 주체성과 정체성을 약화시킨다.

ADVICE 〈보기〉에 제시된 예시는 대중 매체가 상업적 이익을 위해 사회적 문제를 야기하는 상황을 설명한다.

ANSWER 1.② 2.④ 3.①

4 **〈보기 1〉의 현대 정치 과정 사례에 대한 설명으로 옳은 것을 〈보기 2〉에서 모두 고른 것은?**

〈보기 1〉

국제 유가가 상승하면 대중교통 운송 사업자들은 어려움을 겪게 될 것이고, 이를 해결하기 위해 행정부에 대중교통비 인상을 요구할 수 있다. 그러나 교통비 지출 부담이 커지는 대중교통 이용자들은 이에 반대할 것이다. 이런 상황에서 행정부는 대중교통비는 인상하되 대중교통 운송 사업자들이 요구한 것보다는 요금 인상 폭을 낮추는 조정안을 선택할 수 있다.

〈보기 2〉

㉠ 현대 민주 정치 과정에서 행정부는 정책 결정 기구에 해당한다.
㉡ 대중교통 이용자들이 대중교통비 인상에 반대하는 것은 정치 과정의 투입에 해당한다.
㉢ 행정부가 요금 인상 폭을 낮추는 조정안을 선택하는 것은 정치 과정의 환류에 해당한다.
㉣ 대중교통 운송 사업자들이 행정부에 대중교통비 인상을 요구하는 것은 정치 과정의 산출에 해당한다.

① ㉠, ㉡
② ㉠, ㉢
③ ㉡, ㉣
④ ㉢, ㉣

ADVICE ㉢ 행정부가 요금 인상 폭을 낮추는 조정안을 선택하는 것은 정치 과정의 산출(결정된 정책이나 법령의 시행)이다.
㉣ 대중교통 운송 사업자들이 행정부에 대중교통비 인상을 요구하는 것은 정치 과정의 투입이다.

5 **〈보기〉는 세대 내 이동을 이동 방향과 이동 원인에 따라 구분한 것이다. ㈎~㈑에 해당하는 사례로 가장 옳은 것은?**

〈보기〉

구분	세대 내 하강 이동	세대 내 상승 이동
개인적 이동	㈎	㈏
구조적 이동	㈐	㈑

① ㈎ – 노비였던 사람이 신분 제도의 철폐로 인해 노비에서 해방되어 최하층에서 벗어났다.
② ㈏ – 회사에서 업적을 인정받아 인사부 평사원에서 홍보부 이사로 승진하였다.
③ ㈐ – 가난한 집안에서 태어나 노점상을 하던 사람이 자수성가하여 기업의 최고 경영자가 되었다.
④ ㈑ – 부유했던 사람이 혁명으로 인해 자신이 모은 전 재산을 몰수당하고 공장 노동자가 되었다.

ADVICE ① 노비였던 사람이 신분 제도의 철폐로 인해 노비에서 해방되어 최하층에서 벗어나는 것은 ㈐이다.
③ 가난한 집안에서 태어나 노점상을 하던 사람이 자수성가하여 기업의 최고 경영자가 되는 것은 ㈑이다.
④ 부유했던 사람이 혁명으로 인해 자신이 모은 전 재산을 몰수당하고 공장 노동자가 되는 것은 ㈎이다.

6 **〈보기 1〉의 대화에서 ㈎에 들어갈 내용으로 적절한 것을 〈보기 2〉에서 모두 고른 것은?**

〈보기 1〉

갑(甲) : 근로 계약서 작성이나 일을 할 당시에 사용자가 노동 관련 법을 위반한 사실이 있나요?
을(乙, 28세) : 예. 저는 ____㈎____

〈보기 2〉

㉠ 두 달 전에 해고의 사유와 시기를 서면으로 통보 받았습니다.
㉡ 사용자와 합의하여 1주일에 10시간 이내의 연장 근로를 했습니다.
㉢ 근로 계약서에 노동조합에 가입하지 않는다는 내용을 작성했습니다.
㉣ 정당한 절차에 의한 파업에 참여하였는데, 파업에 참여했다는 이유로 지방으로 발령을 받았습니다.

① ㉠, ㉡
② ㉠, ㉢
③ ㉡, ㉣
④ ㉢, ㉣

ADVICE ㉠ 해고 통보는 정당한 절차를 따랐다면 노동법 위반이 아니다.
㉡ 합의된 근로시간이므로 노동법 위반이 아니다.

ANSWER 4.① 5.② 6.④

7 〈보기 1〉에서 부각되는 문화의 속성에 대한 설명으로 옳은 것을 〈보기 2〉에서 모두 고른 것은?

〈보기 1〉

A국을 여행한 갑(甲)은 처음 식당에 갔을 때 몹시 당황 했다. 식사 후에 영수증을 보니 봉사료를 손님이 선택 하도록 되어 있었기 때문이다. 하지만 A국 사람들은 음식 가격의 일정비율을 세 가지로 제시하고 이 중 하나를 봉사료로 선택하는 것을 자연스럽게 받아들였다.

〈보기 2〉

㉠ 문화가 구성원의 사고와 행동을 구속한다는 것을 보여준다.
㉡ 문화는 여러 요소들이 유기적으로 결합된 하나의 체계임을 보여준다.
㉢ 문화는 한 사회의 구성원들 간에 원활한 상호 작용을 위한 바탕이 됨을 보여준다.
㉣ 문화는 시간이 흐르면서 그 형태나 내용, 의미가 변화하는 생활 양식임을 보여준다.

① ㉠, ㉡
② ㉠, ㉢
③ ㉡, ㉣
④ ㉢, ㉣

ADVICE ㉠ 갑(甲)은 A국의 봉사료 시스템에 당황했지만, A국 사람들은 자연스럽게 수영하는 것은 구성원의 사고와 행동을 문화가 구속하는 것이다.
㉡ 〈보기〉에서는 문화의 여러 요소들이 유기적으로 결합된 체계임을 구체적으로 나타내는 사례를 보여주지 않는다.
㉢ A국 사람들은 음식 가격의 일정 비율을 봉사료로 선택하는 것을 자연스럽게 수용하는 것은 상호작용의 바탕이 된다.
㉣ 〈보기〉에서 문화의 형태나 내용, 의미가 시간에 따라 변화하는 생활 양식에 대한 언급되지 않는다.

8 〈보기〉의 A~F 중에서 손해 배상 책임을 질 수 있는 사람을 모두 고른 것은?

> 〈보기〉
>
> • 유치원에 다니는 A(6세)는 엄마 B(35세)가 청소하는 틈을 타 아파트 10층 자신의 집 베란다에 있던 화분을 창밖으로 던졌다. 이 화분이 아파트 화단에서 텃밭을 가꾸고 있던 C의 머리에 맞아 C는 6주간 치료를 받았다.
>
> • D(34세)는 E(46세)가 운영하는 전자 제품 대리점의 배달 사원으로 고객 F가 구매한 텔레비전을 배달하였다. 설치하는 과정에서 실수로 텔레비전을 넘어뜨렸고, 옆에 서 있던 F의 발 위로 떨어지면서 발가락이 골절 되어 F는 4주간 치료를 받았다.

① B, D
② A, B, D
③ A, D, E
④ B, D, E

ADVICE A(6세) : A는 미성년자로 법적으로 책임 능력이 없지만 행위에 대한 일정 책임은 있을 수 있다.
B(엄마, 35세) : A의 법정 대리인으로 B는 A의 행위에 감독 의무를 하지 않았기 때문에 손해 배상 책임을 질 수 있다.
D(배달 사원, 34세) : D는 직무를 수행하다가 실수로 발생한 사고로 직접적인 손해 배상 책임이 있다.
E(전자 제품 대리점 운영자, 46세) : D가 E의 직원으로서 직무를 수행하다가 일어난 사고로 손해 배상 책임이 있다.

9 〈보기〉의 ㉠, ㉡에 해당하는 기본권 유형에 대한 설명으로 가장 옳은 것은?

> 〈보기〉
>
> __㉠__ 과 __㉡__ 은 우리 헌법에서 보장하는 기본권이다. __㉠__은 국민이 부당하게 국가의 침해를 받지 않고 자유롭게 생활할 수 있는 권리이고 __㉡__은 실질적인 평등과 인간다운 생활의 보장을 국가에 요구할 수 있는 권리이다.

① ㉠은 기본권 보장을 위한 수단적 · 절차적 권리라는 성격을 지닌다.
② ㉡은 헌법의 기본 원리 중 국민 주권주의와 직접적으로 연관되어 있다.
③ ㉠은 역사적으로 볼 때 가장 오래된 기본권이다.
④ ㉡은 ㉠과 달리 국가의 최소한의 기능을 강조한다.

ADVICE 〈보기〉의 ㉠은 자유권이고 ㉡은 사회권에 해당한다.
① 자유권은 청구권적 기본권으로 수단적 · 절차적 권리라는 성격을 지니지 않는다.
② 사회권은 복지국가 원리와 관련이 있다.
④ 사회권은 국가의 적극적 개입을 요구하는 권리이다.

ANSWER 7.② 8.④ 9.③

10 〈보기〉에 대한 분석으로 가장 옳은 것은?

〈보기〉

갑(甲)국과 을(乙)국의 계층은 상층, 중층, 하층으로만 구성되어 있다. 표는 국가별 계층 구성 비율의 비를 나타낸다.

구분(비율)	갑국	을국
상층 : 중층 : 하층	1 : 2 : 1	2 : 1 : 7

① 갑국은 을국에 비해 상층의 비율이 높다.
② 중층의 비율은 갑국이 을국의 2배이다.
③ 을국의 계층 구조는 피라미드형이다.
④ 을국의 계층 구조가 갑국에 비해 사회 통합에 유리하다.

ADVICE ①② 갑국은 상층 25%, 중층 50%, 하층 25%이다. 을국은 상층 20%, 중층 10%, 하층 70%이다.
③ 피라미드형 계층 구조는 하층의 비율이 매우 높고 중층이 중간이며 상층의 비율이 낮은 형태이다. 을국은 중층의 비율이 가장 낮기 때문에 피라미드형에 해당하지 않는다.
④ 중층의 비율이 높을수록 사회 통합에 유리하다. 을국은 중층이 낮기 때문에 사회 통합에 유리하지 않다.

11 〈보기〉는 우리나라의 경상 수지를 항목별로 나타낸 것이다. ㈎~㈑에 해당하는 사례로 가장 옳은 것은?

〈보기〉

구분	외한 수취	외환 지급
상품 수지		㈎
서비스 수지	㈏	
본원 소득 수지	㈐	
이전 소득 수지		㈑

① ㈎ – 우리나라 기업이 외국에 휴대전화를 수출하고 받은 대금
② ㈏ – 우리나라 기업이 상표권을 외국 기업에 매각하여 받은 대금
③ ㈐ – 우리나라 사람이 외국의 주식에 투자하여 벌어들인 배당금
④ ㈑ – 우리나라 기업이 외국에 공장을 설립하기 위해 지급한 대금

ADVICE ③ 해외로 부터 얻은 임금, 이자, 배당금 등의 소득과 해외에 지급한 임금, 이자, 배당금 등의 소득을 포함하는 수지로 외국의 주식을 투자하여 벌어들인 배당금은 외환 수취에 해당한다.

① ㈎ 상품 수지는 국가 간에 재화(상품)의 수출과 수입에 의해 발생하는 수지이다. 우리나라 기업이 외국에 휴대전화를 수출하고 받은 대금은 외환 수취에 해당한다.

② 상표권, 여행, 건설, 보험, 금융 등과 같은 서비스의 수출과 수입에 의해 발생하는 수지이다. 상표권을 수출하는 것이 아닌 소유권을 이전한 것으로 자본수지의 외환 수취에 해당한다.

④ 이전 소득 수지는 대가 없이 주고받는 소득의 수지로 해외 원조, 송금, 기부금 등에 해당한다. 우리나라 기업이 외국에 공장을 설립하기 위해 지급한 대금은 자본 자산의 매입 및 처분, 직접 투자와 같은 자본 이동에 따른 수지인 자본수지에 해당한다.

12 〈보기〉는 A재~D재를 재화의 특성에 따라 분류한 것이다. 이에 대한 설명으로 가장 옳은 것은?

〈보기〉

	A재	B재	C재	D재
대가를 지불하지 않으려는 사람의 소비를 막을 수 있는가?	예	예	아니요	아니요
한 사람의 소비가 다른 사람의 소비 기회를 감소시키는가?	예	아니요	예	아니요

① B재의 사례로는 '막히는 무료도'가 있다.
② 시장에서 거래되는 대부분의 재화는 C재의 속성을 지닌다.
③ C재와 같은 특성을 지닌 재화는 '공유 자원의 비극'이 발생한다.
④ D재와 달리 A재는 '무임승차 문제'가 발생한다.

ADVICE 〈보기〉에서 '대가를 지불하지 않으려는 사람의 소비를 막을 수 있는가?'는 배제성과 비배제성을 결정하고, '한 사람의 소비가 다른 사람이 소비 기회를 감소시키는가?'는 경합성과 비경합성을 결정한다.

구분		경합성	
		있음	없음
배제성	있음	사용재(A재)	요금재(B재)
	없음	공유재(C재)	공공재(D재)

① B재(요금재)에는 유료 도로, 유료 방송 서비스 등이 해당한다.
② C재(공유재)에는 국방, 공기, 등대 등에 해당한다.
④ A재(사용재)는 무임승차 문제가 발생하지 않는다. 사용재는 음식, 의류, 개인용 자동차 등이 해당한다.

ANSWER 10.① 11.③ 12.③

13 〈보기〉는 합리적 선택을 위한 비용에 대한 설명이다. 이에 대한 설명으로 가장 옳은 것은?

〈보기〉

(가) = ㉠ 명시적 비용 + ㉡ 암묵적 비용

① (가)는 매몰비용이다.

② ㉠은 다른 대안을 선택했을 때 얻을 수 있었던 가치이다.

③ ㉡은 대안을 선택할 때 실제 지출하는 비용이다.

④ 순편익은 선택으로 얻게 되는 이득에 (가)를 뺀 값이다.

ADVICE ① 이미 지출되어 회수할 수 없는 비용이 매몰비용이다. (가)는 명시적 비용과 암묵적 비용이 합해진 기회비용에 해당한다.
②③ 다른 대안을 선택했을 때 얻을 수 있었던 가치는 ㉡ 암묵적 비용이다.

14 〈보기〉의 우리나라 헌법 기관 A, B에 대한 설명으로 가장 옳지 않은 것은?

〈보기〉

○월 ○일 대통령 일정

10:00	행정 기관 및 공무원의 직무에 관한 감찰을 주 임무로 하는 A의 장에게 임명장 수여
13:00	행정부 최고 심의 기관인 B에 참석하여 주요 국정 현안 협의

① A의 기능에는 세입 · 세출의 결산 검사가 있다.

② A의 장을 임명할 때에는 국회의 동의가 필요하다.

③ B의 의장은 국무총리이다.

④ 국회의원은 B의 구성원이 될 수 있다.

ADVICE ③ 〈보기〉의 A는 감사원, B는 국무회의에 해당한다. 국무회의의 의장은 대통령이고 국무총리는 부의장이다.

15 〈보기 1〉에 나타난 조직 운영 원리 A, B에 대한 설명으로 옳은 것을 〈보기 2〉에서 모두 고른 것은? (단, A, B는 각각 관료제와 탈관료제 중 하나이다.)

〈보기 1〉

A는 장기에 비유할 수 있다. 장기의 말들은 각자의 위치와 가는 길이 정해져 있다. 또한 차, 포, 마, 상, 졸 등이 궁(임금)을 위해 존재하며, 궁을 필두로 각 말들이 수직 계층화되어 있다. 반면, B는 바둑에 비유할 수 있다. 바둑에는 규칙이 있지만 각 돌은 필요한 경우에 아무곳에나 가서 자리를 잡을 수 있으며, 바둑에서는 돌 간에 위계 서열이 존재하지 않는다.

〈보기 2〉

㉠ 환경 변화에 대한 적응력 : A < B
㉡ 조직 운영의 예측 가능성 : A > B
㉢ 구성원 개인별 업무의 세분화 정도 : A < B
㉣ 능력과 실적에 따른 보상 중시 정도 : A > B

① ㉠, ㉡
② ㉠, ㉢
③ ㉡, ㉣
④ ㉢, ㉣

ADVICE ㉢ 관료제에서는 업무가 세분화되어 각자의 역할이 명확히 구분된다. 탈관료제는 유연하게 운영되기 때문에 업무가 덜 세분화될 수 있다.
㉣ 관료제에서는 규칙과 절차에 따라 이뤄진 보상은 종종 연공서열에 의해 결정된다. 탈관료제는 능력과 실적에 따라 보상이 이루어질 가능성이 높다.

ANSWER 13.④ 14.③ 15.①

16 〈보기〉는 질문 (가)~(다)를 통해 시대별 민주주의를 구분한 것이다. 이에 대한 설명으로 가장 옳은 것은? (단, A~C는 각각 고대 아테네 민주주의, 근대 민주주의, 현대 민주주의 중 하나이다.)

〈보기〉

구분	A	B	C
(가)	예	예	아니요
(나)	아니요	아니요	예
(다)	㉠	예	㉡

① (가)에는 '직접 민주제를 바탕으로 합니까?'가 들어갈 수 있다.

② (나)에는 '국민주권의 원리를 기초로 합니까?'가 들어갈 수 있다.

③ A가 고대 아테네 민주주의라면 (나)에는 '권력분립의 원리에 따라 견제와 균형이 이루어졌습니까?'가 들어갈 수 있다.

④ (다)에 '성별을 이유로 참정권을 제한합니까?'가 들어가고 ㉠이 '아니요'라면 ㉡은 '예'이다.

ADVICE ④ 성별을 이유로 참정권을 제한하는 민주주의는 고대 아테네 민주주의와 근대 민주주의이다.

① 직접민주제를 시행하는 것은 고대 아테네 민주주의만 해당한다. 근대 민주주의와 현대 민주주의는 대표 민주제이므로 '예'가 두개가 들어가는 (가)에 '직접 민주제를 바탕으로 합니까?' 질문은 적절하지 않다.

② 국민주권의 원리를 기초로 하는 민주주의는 근대 민주주의와 현대 민주주의입니다. '아니오'가 두 개가 들어가는 (나)에는 '국민주권의 원리를 기초로 합니까?' 질문이 적절하지 않다.

③ 고대 아테네 민주주의에는 권력분립의 원리에 따라 견제와 균형이 나타나지 않는다. 단일기관에서 지배하였고 견제와 균형은 제한적이었다.

17 〈보기〉는 사회 · 문화 현상의 연구 방법 A, B의 일반적인 연구 절차를 나타낸 것이다. 이에 대한 설명으로 가장 옳은 것은?

〈보기〉

구분	연구 절차
A	연구 주제 선정→연구 설계→자료 수집→자료 해석→결론 도출
B	연구 주제 선정→ ㉠ →연구 설계→자료 수집→자료 분석→가설 검증→결론 도출

① A는 방법론적 일원론을 전제로 한다.

② ㉠에서는 연구 주제에 대한 잠정적인 결론을 제시 한다.

③ A는 B에 비해 연구 결과의 일반화가 용이하다.

④ B는 연구자가 연구 대상으로부터 분리되기 어렵다고 본다.

ADVICE ① 방법론적 일원론은 자연과학과 사회과학의 연구 방법이 동일해야 한다. A는 질적 연구이므로 방법론적 일원론을 전제로 하지 않는다.

③ B는 양적 연구로 통계적 분석을 통해 연구 결과를 일반화가 용이하다.

④ B(양적 연구)는 연구자가 연구 대상으로부터 객관적으로 분리된다.

ANSWER 16.④ 17.②

18 〈보기〉의 ㈎에 해당하는 국가 기관에 대한 설명으로 가장 옳은 것은?

〈보기〉

___㈎___는 A당 의원 19명이 다수당의 일방적 법안 처리를 제한하기 위해 개정된 국회법이 국회의원의 심의 · 의결권을 침해한다며 국회 의장과 국회 기획 재정 위원장을 상대로 낸 권한 쟁의 심판 청구를 각하 결정했다. 해당 조항은 국회의원들의 표결심의권을 침해하지 않으며 국회의 자율성과 권한을 존중하기 위한 것이라는 점이 각하 이유이다. 즉, 국회법 개정 행위에 대해 법률의 제 · 개정 행위를 다투는 권한 쟁 의 심판의 피청구인은 '국회'가 되어야 한다는 것이다. 이 결정에 대한 재판관 의견은 각하(5명), 기각(2명), 인용(2명) 로 나뉘었다.

① 장은 대통령의 동의를 얻어 재판관 중에서 국회의장이 임명한다.
② 대통령에 대해 탄핵 소추 의결을 한다.
③ 민주적 기본 질서에 위배되는 정당의 해산 여부를 심판한다.
④ 명령 · 규칙 또는 처분이 헌법이나 법률에 위반되는 여부가 재판의 전제가 된 경우에 이를 최종적으로 심사할 권한을 가진다.

ADVICE 〈보기〉의 ㈎는 권한 쟁의 심판 청구를 다루는 기관인 헌법재판소에 대한 설명이다.
① 헌법재판소장의 임명은 대통령이 헌법재판소 재판관 중에서 임명한다.
② 탄핵 소추 의결은 국회에서 한다.
④ 대법원의 기능이다.

19 〈보기〉는 실업의 유형 A~C를 질문에 따라 구분한 것이다. 이에 대한 설명으로 가장 옳은 것은? (단, A~C는 각각 마찰적 실업, 구조적 실업, 경기적 실업 중 하나이다.)

〈보기〉

	A	B	C
자발적 실업에 해당합니까?	예	아니요	아니요
불황으로 인한 노동 수요의 부족으로 인한 실업입니까?	아니요	예	아니요

① A를 해결하기 위해 정부는 경기 부양책을 마련해야 한다.
② A에서 나타나는 실업의 유형은 경기가 호황일 때도 발생할 수 있다.
③ B, C와 달리 A의 증가는 실업률을 상승시키지 않는다.
④ C는 직업 탐색의 과정에서 일시적으로 발생한다.

ADVICE 〈보기〉 표에서 A는 마찰적 실업, B는 경기적 실업, C는 구조적 실업에 해당한다.

① 마찰적 실업으로 경기 부양책으로 해결할 수 있는 유형이 아니다.

③ 마찰적 실업도 실업률에 영향에 영향을 준다.

④ 구조적 실업으로 직업 탐색 과정에서 발생하는 마찰적 실업이 아니다.

20 〈보기〉의 X재와 Y재만 생산하는 갑(甲)국과 을(乙) 국의 생산 가능 곡선을 나타낸 것이다. 갑국과 을국이 비교우위 재화를 특화하여 양 국가 간에만 교역하고자 할 때 이에 대한 설명으로 가장 옳은 것은?

〈보기〉

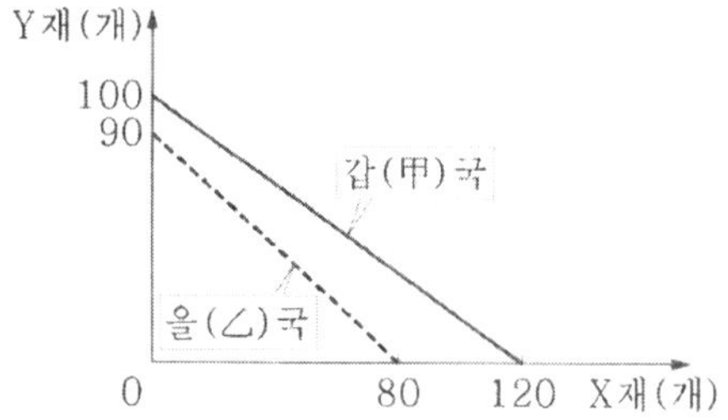

① 교역 전 갑국이 X재 1개 생산의 기회비용은 Y재 65개이다.

② 교역 전 Y재 1개 생산의 기회비용은 갑국이 을국보다 작다.

③ 을국은 X재 생산에 절대 열위를, Y재 생산에 절대 우위를 가진다.

④ 교역을 위해 갑국은 X재를 특화하고 을국은 Y재를 특화한다.

ADVICE

국가	X재	Y재
갑(甲)국	120	100
을(乙)국	90	80

① 갑(甲)국 X재 1개 생산의 기회비용은 $\frac{100}{120}=\frac{5}{6}$ 이다.

② 갑(甲)국이 을(乙)국보다 Y재 1개 생산의 기회비용이 크다. 갑(甲)국은 $\frac{6}{5}$, 을(乙)국은 $\frac{8}{9}$ 에 해당한다.

③ 갑(甲)국이 X제 생신에 비교우위가 있고, 을국은 Y제 생산에 비교우위가 있다.

ANSWER 18.③ 19.② 20.④

2024. 6. 22. 제2회 서울특별시(보훈청) 시행

1 〈보기〉에 대한 설명으로 가장 옳은 것은?

> 〈보기〉
> 우리나라는 사형, 징역, 금고, 구류, 자격 상실, 자격정지, 벌금, 과료, 몰수의 9가지 형벌을 규정하고 있다. 그리고 보안 처분으로는 보호 관찰, 치료 감호, 수강 명령 등이 있다.

① 징역과 구류는 금고와 달리 노역이 부과된다.
② 금고와 구류는 구금 기간의 장단에 따라 구분된다.
③ 우리나라의 9가지 형벌 중 재산형은 벌금, 과료만이다.
④ 형벌과 보안 처분은 모두 과거의 잘못에 대한 제재이다

ADVICE ① 구류는 가벼운 형벌 중에 하나로 경범죄에 가해지는 형벌에 해당하고 노역이 부과되지 않는다.
③ 재산형에는 벌금, 과료, 몰수가 포함된다.
④ 보안 처분은 주로 미래의 범죄 예방을 목적이다.

2 〈보기〉의 헌법에 대한 설명으로 옳은 것을 모두 고른 것은?

> 〈보기〉
> ㉠ 헌법은 국회에서 제정한 법률과 동일한 수준의 효력을 가진다.
> ㉡ 헌법에 위배되는 법률의 경우 권리 구제형 헌법 소원심판으로 법률의 효력을 상실하게 한다.
> ㉢ 헌법은 국민의 자유와 권리를 보장하기 위하여 국가 기관의 구성과 운영에 대한 사항을 규정한다.
> ㉣ 헌법은 정치권력의 행사 방법과 절차, 그 한계 등을 규율한다.

① ㉠, ㉡　　② ㉡, ㉢
③ ㉡, ㉣　　④ ㉢, ㉣

ADVICE ㉠ 헌법은 국회에서 제정한 법률과 동일한 수준의 효력을 가지지 않는다. 헌법은 법률보다 상위의 효력을 가지며, 법률은 헌법에 위배될 수 없다.
㉡ 헌법에 위배되는 법률의 경우 권리 구제형 헌법 소원심판으로 법률의 효력을 상실하지 않는다. 위헌법률심판을 통해 헌법재판소에서 그 법률의 위헌 여부를 판단한다.

3 〈보기〉에서 공통적으로 부각된 대중 매체의 문제점으로 가장 적절한 것은?

〈보기〉

- 1920년대 신문 광고에서는 유명한 연예인을 내세워 담배가 날씬한 몸매 유지, 구강 살균, 신경 안정에 효과가 있다고 선전하여 흡연율을 몇 배로 높이고 담배 시장을 크게 확대했다.
- 1인 미디어의 영향력이 커지면서 부작용도 커지고 있다. 마음에 드는 1인 미디어 제작자에게 호감을 표시하는 행위로 시청자가 현금 가치를 갖는 온라인 아이템을 선물하는데, 이것을 받기 위한 1인 미디어 제작자들의 도를 넘은 자극적 · 선정적 콘텐츠가 양산되고 있다.

① 이윤 추구를 우선하는 상업주의의 폐해를 초래한다.
② 주류문화에 저항하는 문화를 양산하여 사회통합을 저해한다.
③ 정치적 무관심을 초래하여 정치권력에 대한 비판 기능을 약화시킨다.
④ 이질적인 문화를 확산시켜 전통문화의 주체성과 정체성을 약화시킨다.

ADVICE 〈보기〉에 제시된 예시는 대중 매체가 상업적 이익을 위해 사회적 문제를 야기하는 상황을 설명한다.

4 〈보기〉는 세대 내 이동을 이동 방향과 이동 원인에 따라 구분한 것이다. ㈎~㈑에 해당하는 사례로 가장 옳은 것은?

〈보기〉

구분	세대 내 하강 이동	세대 내 상승 이동
개인적 이동	㈎	㈏
구조적 이동	㈐	㈑

① ㈎ – 노비였던 사람이 신분 제도의 철폐로 인해 노비에서 해방되어 최하층에서 벗어났다.
② ㈏ – 회사에서 업적을 인정받아 인사부 평사원에서 홍보부 이사로 승진하였다.
③ ㈐ – 가난한 집안에서 태어나 노점상을 하던 사람이 자수성가하여 기업의 최고 경영자가 되었다.
④ ㈑ – 부유했던 사람이 혁명으로 인해 자신이 모은 전 재산을 몰수당하고 공장 노동자가 되었다.

ADVICE ① 노비였던 사람이 신분 제도의 철폐로 인해 노비에서 해방되어 최하층에서 벗어나는 것은 ㈐이다.
③ 가난한 집안에서 태어나 노점상을 하던 사람이 자수성가하여 기업의 최고 경영자가 되는 것은 ㈑이다.
④ 부유했던 사람이 혁명으로 인해 자신이 모은 전 재산을 몰수당하고 공장 노동자가 되는 것은 ㈎이다.

ANSWER 1.② 2.④ 3.① 4.②

5 〈보기 1〉의 현대 정치 과정 사례에 대한 설명으로 옳은 것을 〈보기 2〉에서 모두 고른 것은?

〈보기 1〉

국제 유가가 상승하면 대중교통 운송 사업자들은 어려움을 겪게 될 것이고, 이를 해결하기 위해 행정부에 대중교통비 인상을 요구할 수 있다. 그러나 교통비 지출 부담이 커지는 대중교통 이용자들은 이에 반대할 것이다. 이런 상황에서 행정부는 대중교통비는 인상하되 대중교통 운송 사업자들이 요구한 것보다는 요금 인상 폭을 낮추는 조정안을 선택할 수 있다.

〈보기 2〉

㉠ 현대 민주 정치 과정에서 행정부는 정책 결정 기구에 해당한다.
㉡ 대중교통 이용자들이 대중교통비 인상에 반대하는 것은 정치 과정의 투입에 해당한다.
㉢ 행정부가 요금 인상 폭을 낮추는 조정안을 선택하는 것은 정치 과정의 환류에 해당한다.
㉣ 대중교통 운송 사업자들이 행정부에 대중교통비 인상을 요구하는 것은 정치 과정의 산출에 해당한다.

① ㉠, ㉡
② ㉠, ㉢
③ ㉡, ㉣
④ ㉢, ㉣

ADVICE ㉢ 행정부가 요금 인상 폭을 낮추는 조정안을 선택하는 것은 정치 과정의 산출(결정된 정책이나 법령의 시행)이다.
㉣ 대중교통 운송 사업자들이 행정부에 대중교통비 인상을 요구하는 것은 정치 과정의 투입이다.

6 〈보기 1〉의 대화에서 ㈎에 들어갈 내용으로 적절한 것을 〈보기 2〉에서 모두 고른 것은?

〈보기 1〉

갑(甲) : 근로 계약서 작성이나 일을 할 당시에 사용자가 노동 관련 법을 위반한 사실이 있나요?
을(乙, 28세) : 예. 저는 ＿＿＿＿㈎＿＿＿＿

〈보기 2〉

㉠ 두 달 전에 해고의 사유와 시기를 서면으로 통보 받았습니다.
㉡ 사용자와 합의하여 1주일에 10시간 이내의 연장 근로를 했습니다.
㉢ 근로 계약서에 노동조합에 가입하지 않는다는 내용을 작성했습니다.
㉣ 정당한 절차에 의한 파업에 참여하였는데, 파업에 참여했다는 이유로 지방으로 발령을 받았습니다.

① ㉠, ㉡
② ㉠, ㉢
③ ㉡, ㉣
④ ㉢, ㉣

ADVICE ㉠ 해고 통보는 정당한 절차를 따랐다면 노동법 위반이 아니다.
㉡ 합의된 근로시간이므로 노동법 위반이 아니다.

ANSWER 5.① 6.④

7 **〈보기 1〉에서 부각되는 문화의 속성에 대한 설명으로 옳은 것을 〈보기 2〉에서 모두 고른 것은?**

〈보기 1〉

A국을 여행한 갑(甲)은 처음 식당에 갔을 때 몹시 당황 했다. 식사 후에 영수증을 보니 봉사료를 손님이 선택 하도록 되어 있었기 때문이다. 하지만 A국 사람들은 음식 가격의 일정비율을 세 가지로 제시하고 이 중 하나를 봉사료로 선택하는 것을 자연스럽게 받아들였다.

〈보기 2〉

㉠ 문화가 구성원의 사고와 행동을 구속한다는 것을 보여준다.
㉡ 문화는 여러 요소들이 유기적으로 결합된 하나의 체계임을 보여준다.
㉢ 문화는 한 사회의 구성원들 간에 원활한 상호 작용을 위한 바탕이 됨을 보여준다.
㉣ 문화는 시간이 흐르면서 그 형태나 내용, 의미가 변화하는 생활 양식임을 보여준다.

① ㉠, ㉡
② ㉠, ㉢
③ ㉡, ㉣
④ ㉢, ㉣

ADVICE ㉠ 갑(甲)은 A국의 봉사료 시스템에 당황했지만, A국 사람들은 자연스럽게 수영하는 것은 구성원의 사고와 행동을 문화가 구속하는 것이다.
㉡ 〈보기〉에서는 문화의 여러 요소들이 유기적으로 결합된 체계임을 구체적으로 나타내는 사례를 보여주지 않는다.
㉢ A국 사람들은 음식 가격의 일정 비율을 봉사료로 선택하는 것을 자연스럽게 수용하는 것은 상호작용의 바탕이 된다.
㉣ 〈보기〉에서 문화의 형태나 내용, 의미가 시간에 따라 변화하는 생활 양식에 대한 언급되지 않는다.

8 〈보기〉의 A~F 중에서 손해 배상 책임을 질 수 있는 사람을 모두 고른 것은?

〈보기〉

- 유치원에 다니는 A(6세)는 엄마 B(35세)가 청소하는 틈을 타 아파트 10층 자신의 집 베란다에 있던 화분을 창밖으로 던졌다. 이 화분이 아파트 화단에서 텃밭을 가꾸고 있던 C의 머리에 맞아 C는 6주간 치료를 받았다.
- D(34세)는 E(46세)가 운영하는 전자 제품 대리점의 배달 사원으로 고객 F가 구매한 텔레비전을 배달하였다. 설치하는 과정에서 실수로 텔레비전을 넘어뜨렸고, 옆에 서 있던 F의 발 위로 떨어지면서 발가락이 골절 되어 F는 4주간 치료를 받았다.

① B, D
② A, B, D
③ A, D, E
④ B, D, E

ADVICE A(6세) : A는 미성년자로 법적으로 책임 능력이 없지만 행위에 대한 일정 책임은 있을 수 있다.
B(엄마, 35세) : A의 법정 대리인으로 B는 A의 행위에 감독 의무를 하지 않았기 때문에 손해 배상 책임을 질 수 있다.
D(배달 사원, 34세) : D는 직무를 수행하다가 실수로 발생한 사고로 직접적인 손해 배상 책임이 있다.
E(전자 제품 대리점 운영자, 46세) : D가 E의 직원으로서 직무를 수행하다가 일어난 사고로 손해 배상 책임이 있다.

9 〈보기〉의 ㉠, ㉡에 해당하는 기본권 유형에 대한 설명으로 가장 옳은 것은?

〈보기〉

___㉠___ 과 ___㉡___ 은 우리 헌법에서 보장하는 기본권이다. ___㉠___은 국민이 부당하게 국가의 침해를 받지 않고 자유롭게 생활할 수 있는 권리이고 ___㉡___은 실질적인 평등과 인간다운 생활의 보장을 국가에 요구할 수 있는 권리이다.

① ㉠은 기본권 보장을 위한 수단적 · 절차적 권리라는 성격을 지닌다.
② ㉡은 헌법의 기본 원리 중 국민 주권주의와 직접적으로 연관되어 있다.
③ ㉠은 역사적으로 볼 때 가장 오래된 기본권이다.
④ ㉡은 ㉠과 달리 국가의 최소한의 기능을 강조한다.

ADVICE 〈보기〉의 ㉠은 자유권이고 ㉡은 사회권에 해당한다.
① 자유권은 청구권적 기본권으로 수단적 · 절차적 권리라는 성격을 지니지 않는다.
② 사회권은 복지국가 원리와 관련이 있다.
④ 사회권은 국가의 적극적 개입을 요구하는 권리이다.

ANSWER 7.② 8.④ 9.③

10 〈보기〉에 대한 분석으로 가장 옳은 것은?

〈보기〉

갑(甲)국과 을(乙)국의 계층은 상층, 중층, 하층으로만 구성되어 있다. 표는 국가별 계층 구성 비율의 비를 나타낸다.

구분(비율)	갑국	을국
상층 : 중층 : 하층	1 : 2 : 1	2 : 1 : 7

① 갑국은 을국에 비해 상층의 비율이 높다.

② 중층의 비율은 갑국이 을국의 2배이다.

③ 을국의 계층 구조는 피라미드형이다.

④ 을국의 계층 구조가 갑국에 비해 사회 통합에 유리하다.

ADVICE ①② 갑국은 상층 25%, 중층 50%, 하층 25%이다. 을국은 상층 20%, 중층 10%, 하층 70%이다.

③ 피라미드형 계층 구조는 하층의 비율이 매우 높고 중층이 중간이며 상층의 비율이 낮은 형태이다. 을국은 중층의 비율이 가장 낮기 때문에 피라미드형에 해당하지 않는다.

④ 중층의 비율이 높을수록 사회 통합에 유리하다. 을국은 중층이 낮기 때문에 사회 통합에 유리하지 않다.

11 〈보기〉의 밑줄 친 ㉠~㉤에 대한 설명으로 가장 옳은 것은?

〈보기〉

○○전자회사의 ㉠사원인 갑(甲)은 새로운 프로젝트를 맡게 되었다. 프로젝트 진행 방식에 대해 ㉡고민하던 갑은 효율적인 방안을 찾아내어 추진하였다. 그 결과, 높은 성과를 거두었으며 회사에서 우수 직원으로 선정되어 ㉢표창을 받았다. 갑은 우수 직원에게 주어진 특별 휴가를 이용해 ㉣아내와 함께 연말에 여행을 가려고 ㉤△△여행사의 여행 상품을 신청했다.

① ㉡은 갑의 역할 갈등이다.
② ㉢은 갑의 역할에 대한 보상이다.
③ ㉤은 갑의 내집단이다.
④ ㉠, ㉣ 모두 성취 지위이다.

ADVICE ① 역할 갈등은 한 사람이 여러 역할을 동시에 수행하려 할 때 발생하는 갈등이다.
② 역할행동에 대한 보상이다.
③ 내집단은 자신이 소속감을 느끼고 중요한 관계를 형성하는 집단이다. 여행사는 외부 기관에 해당한다.

12 〈보기〉에서 설명하는 국제 관계의 주체로 옳은 것은?

〈보기〉

국가 권력이 미치지 못하는 영역에서 발생하는 문제를 시민 사회 스스로 해결하기 위하여 만든 자발적인 조직이다. 공익의 증진과 보호를 목적으로 회원 자격이 모두에게 개방되어 있으며, 지속적으로 존속하는 단체를 말한다. 개별 시민들이나 민간단체를 중심으로 이루어진 국제기구로, 국제 사면 위원회(AI), 국경 없는 의사회(MSF), 그린피스(Greenpeace) 등이 있다.

① 국제적 영향력이 있는 개인
② 다국적 기업
③ 국제 비정부 기구
④ 정부 간 국제기구

ADVICE 〈보기〉에서는 국가 권력이 미치지 못하는 영역에서 문제를 해결하기 위해 시민 사회에서 자발적으로 조직된 단체인 국제 비정부 기구(NGO)를 설명하고 있다.

ANSWER 10.① 11.④ 12.③

13 〈보기〉에 대한 설명으로 가장 옳은 것은? (단, A, B는 각각 양적 연구 방법과 질적 연구 방법 중 하나이다.)

〈보기〉

사회 · 문화 현상의 연구 방법으로 A와 B가 있다. A는 사회 · 문화 현상에 내재한 법칙을 발견하는 데 목적이 있다. 반면, B는 인간 행위의 동기나 의도를 파악하여 사회 · 문화 현상이 지닌 의미에 대한 해석을 추구한다.

① A는 방법론적 이원론을 전제로 한다.
② B는 연구자의 감정 이입적 이해를 중시한다.
③ A는 B와 달리 비공식적 자료의 활용을 중시한다.
④ B는 A에 비해 연구 결과의 일반화가 용이하다.

ADVICE 〈보기〉에서 A는 사회 · 문화 현상에 내재한 법칙을 발견하는 것을 목적으로 하는 양적 연구 방법이고, B는 인간 행위의 동기나 의도를 파악하여 의미를 해석하는 것을 목적으로 하는 질적 연구 방법에 해당한다.
① 양적 연구 방법(A)은 방법론적 일원론을 전제로 한다.
③ 양적 연구 방법(A)은 공식적이고 구조화된 자료를 활용한다. 비공식적 자료의 활용은 질적 연구 방법(B)이다.
④ 질적 연구 방법(B)은 구체적인 맥락과 사례를 중시하여 일반화가 어렵다.

14 〈보기〉의 정치 참여 집단 A, B에 대한 설명으로 가장 옳지 않은 것은? (단, A , B는 각각 이익 집단과 시민 단체 중 하나이다.)

〈보기〉

경제학에는 '이로운 외부 효과'라는 용어가 있다. 이는 어떤 경제 주체의 행동이 제3자에게 의도하지 않은 혜택을 가져다 주지만 이에 대한 대가를 받지 않을 때 생기는 효과를 말한다. 이러한 '이로운 외부 효과'와 유사한 현상이 정치 분야에서도 발생할 수 있다. 즉, 어떤 정치 주체의 행동이 제3자에게 혜택을 주지만 제3자는 그에 대한 대가를 지불하지 않는 것이다. 이를, 정권 획득을 목표로 하지 않는 정치 참여 집단 A, B와 관련하여 살펴보자. A는 활동에 따라 얻은 것들을 자신들만 주로 누린다. 이에 반해 B는 활동에 따라 얻은 것들을 그 구성원만이 아닌 사회의 다른 구성원들도 누리지만 다른 구성원들이 그에 대한 대가를 B에게 지불하는 경우는 많지 않다.

① A는 의회와 정부의 매개 역할을 하고, 정치적 책임을 진다.
② B는 시민들이 자발적으로 결성한 비영리 집단이다.
③ A는 특수 이익의 실현, B는 공익의 실현을 중시한다.
④ A, B 모두 대의 정치의 한계를 보완한다.

ADVICE ① 〈보기〉에서 A는 이익 집단, B는 시민단체에 해당한다. 의회와 정부의 매개 역할을 하고, 정치적 책임을 지는 것은 정당의 역할에 해당한다. 이익 집단(A)은 특정 이익을 위해 로비 활동을 하지만, 정치적 책임을 지거나 의회와 정부의 매개 역할을 하지 않는다.

15 〈보기〉는 우리나라 헌법 기관 A의 어느 해 주요 업무 계획의 목차이다. A에 대한 설명으로 가장 옳은 것은?

〈보기〉

ㅁ 과제별 세부 추진 계획

과제 Ⅰ. 유권자 중심의 완벽한 선거 사무 구현

1. 대통령 선거의 정확한 관리 .... p. 5
2. 재외 선거의 안정적 관리로 재외 국민 참여 확대 .... p. 10
3. 재 · 보궐 선거 관리 및 전국 동시 지방 선거 준비 .... p. 13

① 선거구를 법률로 확정한다.
② 선거 관련 법률을 제정한다.
③ 정당 사무에 관한 규칙을 제정할 수 있다.
④ 위헌 정당 해산 심판권을 갖는다.

ADVICE 〈보기〉의 주요 업무 계획이 유권자 중심의 완벽한 선거 사무 구현과 관련된다. 선거를 관리하고 감독하는 기관의 역할에 해당한다. 헌법 기관 중에서 중앙선거관리위원회에 해당한다.

① 선거구는 국회에서 법률로 확정한다.
② 법률 제정 권한은 국회이다.
④ 위헌 정당 해산 심판권은 헌법재판소의 권한이다.

ANSWER 13.② 14.① 15.③

16 〈보기〉의 민법 기본 원칙 ㈎, ㈏에 대한 설명으로 가장 옳지 않은 것은?

〈보기〉

㈎	㈏
개인은 각자의 자율적인 판단에 기초하여 자유롭게 법률관계를 형성해 나갈 수 있다.	계약내용이 사회 질서에 위반되거나 공정하지 못한 경우에는 법적효력이 발생하지 않는다.

① ㈎는 계약의 자유를 핵심으로 한다.
② ㈎는 ㈏에 대한 수정 원칙에 해당한다.
③ ㈏는 계약이 공정해야 함을 강조한다.
④ ㈏는 경제적 강자가 경제적 약자를 지배하는 수단으로 ㈎가 악용되는 것을 막고자 한다.

ADVICE ② ㈎는 계약의 자유, ㈏는 자유가 공정성이나 사회 질서를 침해할 경우 제한된다는 것을 의미한다. ㈏가 ㈎에 대한 제한 원칙에 해당한다.

17 〈보기〉는 문화 접변의 결과 A, B의 사례를 나타낸 것이다. 이에 대한 설명으로 가장 옳은 것은?

〈보기〉

구분	사례
A	우리나라에서 한의학과 양의학이 함께 존재하고 있다.
B	미국에서 서양 음악과 아프리카 음악이 결합하여 재즈 음악이 등장하였다.

① A는 문화 동화이다.
② B는 외래문화 요소가 변형되지 않은 상태로 남아 있다.
③ A는 B와 달리 새로운 문화 요소가 만들어진다.
④ A, B 모두 문화 접변 후에도 자문화의 정체성이 남아 있다.

ADVICE 〈보기〉에서 A는 두 문화 요소가 서로 영향을 주고받으며 공존하는 '문화 병존'에 해당한다. B는 두 문화가 결합하여 새로운 문화 요소가 만들어진 경우는 '문화 융합'에 해당한다.

18 〈보기〉의 표는 A, B를 특징에 따라 비교한 것이다. 이에 대한 설명으로 가장 옳은 것은? (단, A, B는 각각 관료제와 탈관료제 중 하나이다.)

〈보기〉

특징	상대적 정도
(가)	A > B
(나)	A < B

① (가)가 '업무의 표준화 정도'라면, A는 B보다 규칙과 절차에 따른 업무 수행을 강조한다.
② (나)가 '의사 결정 권한의 분산 정도'라면, B는 A보다 조직에서 중간 관리층의 비중이 높다.
③ A가 관료제라면, (나)에는 '업무의 세분화 정도'가 들어갈 수 있다.
④ B가 탈관료제라면, (가)에는 '조직의 유연성 정도'가 들어갈 수 있다.

ADVICE ② 의사 결정 권한의 분산 정도가 높기 때문에 B는 탈관료제에 해당한다. 탈관료제는 조직에서 중간 관리층의 비중이 낮다.
③ 업무의 세분화 정도가 큰 것은 탈관료제이다. 탈관료제보다 관료제가 업무가 더욱 세분화된다.
④ 조직 유연성 정도가 높은 것은 탈관료제에 해당한다.

19 〈보기〉에 대한 설명으로 가장 옳은 것은?

〈보기〉

연구자 갑(甲) ㉠ 인터넷 중독 예방 프로그램이 청소년의 ㉡ 자기 통제력에 미치는 효과를 알아보기 위한 연구를 진행하였다. 이를 위해 OO중학교 3학년 2개 학급을 연구 대상으로 선정하여 ㉢ 사전 검사를 하였다. 이후 8주 동안 ㉣ 한 학급에게는 평상시와 같이 생활하게 하고 ㉤ 다른 학급에게는 인터넷 중독 예방프로 그램을 적용한 뒤, 다시 두 학급 모두 ㉥ 사후 검사를 하였다.

① ㉠은 종속 변인, ㉡은 독립 변인이다.
② ㉣은 통제 집단, ㉤은 실험 집단이다.
③ ㉢과 ㉥은 독립 변인에서 나타난 변화를 파악하기 위한 검사이다.
④ 갑이 사용한 자료 수집 방법은 자료의 실제성 확보가 용이한 방법이다.

ADVICE ① ㉠은 독립 변인, ㉡은 종속 변인에 해당한다.
③ 사전 검사와 사후 검사는 종속 변인(자기 통제력)의 변화를 파악하기 위한 것이다.
④ 갑이 사용한 자료 수집 방법은 실험 방법으로 실제 생활에서의 실제성을 확보에는 용이하지 않다.

ANSWER 16.② 17.④ 18.① 19.②

20 〈보기 1〉을 특징으로 하는 우리나라 정부 형태에 대한 설명으로 옳은 것을 〈보기 2〉에서 모두 고른 것은?

〈보기 1〉

- 국회 의원과 정부는 법률안을 제출할 수 있다.
- 행정권은 국민에 의해 선출된 대통령을 수반으로 하는 정부에 속한다.
- 법률안에 이의가 있을 때에는 대통령은 기간 내에 이의서를 붙여 국회로 환부하고, 그 재의를 요구할 수 있다. 국회의 폐회 중에도 또한 같다.

〈보기 2〉

㉠ 행정부가 입법부에 대해 연대 책임을 진다.
㉡ 국가 원수와 행정부 수반이 동일 인물이다.
㉢ 행정부가 의회 다수당의 횡포를 견제할 수 없다.
㉣ 대통령제에 의원 내각제 요소를 가미하고 있다.

① ㉠, ㉡
② ㉡, ㉢
③ ㉡, ㉣
④ ㉢, ㉣

ADVICE 〈보기1〉에서 나타나는 특징은 대통령제에 대한 것이다.
㉠ 의원내각제의 특징에 해당한다.
㉢ 대통령제에서는 대통령이 의회 다수당의 횡포를 견제할 수 있다.

2025. 6. 21. 제1회 서울특별시 시행

1 〈보기〉에서 설명하는 일탈 이론은?

> 〈보기〉
>
> 일탈과 같은 사람들의 행동은 일상적이고 자연스러운 환경 속에서 의식적 또는 무의식적으로 다른 사람의 행동을 모방하거나 학습한 결과라고 본다. 이 관점에서 보면 일탈 행동이나 범죄는 보편적인 사회 규범을 충분히 내면화하지 못한 결과인 '사회화 실패의 산물'이 아니라 특정한 규범이나 태도를 자연스럽게 학습한 결과, 즉 정상적인 사회화의 산물이 된다.

① 낙인 이론
② 차별 교제 이론
③ 머튼(Merton)의 아노미 이론
④ 뒤르켐(Durkheim)의 아노미 이론

ADVICE 〈보기〉는 차별 교제 이론에 대한 설명이다. 차별 교제 이론은 사회학자 에드윈 서덜랜드가 제안한 이론으로, 일탈 행동은 개인이 다른 사람들과의 상호작용을 통해 일탈적 가치와 태도를 학습함으로써 나타난다고 주장한다. 즉, 범죄나 일탈은 비정상적이거나 병리적인 것이 아니라, 정상적인 사회화 과정에서 학습될 수 있는 것이라는 입장이다.

① 일탈 행동이 개인의 내적 특성보다 사회적 낙인에 의해 규정된다고 본다.
③ 사회 목표와 제도적 수단의 괴리에서 비롯된 긴장이 일탈을 유발한다는 구조 기능주의적 이론으로, 개인이 목표 달성을 위해 비합법적 수단을 선택하게 만드는 규범 갈등을 핵심으로 본다.
④ 급격한 사회 변동으로 기존 가치관이 무너지고 새로운 규범이 정립되지 않은 상태를 아노미라고 정의한다. 아노미 상태에서 개인은 규범 혼란으로 인해 자살, 범죄 등 일탈 행동을 할 가능성이 높아진다.

ANSWER 20.③ / 1.②

2 **〈보기〉에 나타난 연구의 문제점으로 가장 옳은 것은?**

〈보기〉

갑(甲)은 자신이 발견한 유산균의 장내 유익균 증진 효과를 확인하기 위해 연구 관련 정보를 모두 공개하고 성인들을 대상으로 실험 참여자를 공개 모집하였다. 갑은 실험 참여자들을 두 집단으로 분류한 뒤 한 집단에게만 새로 발견한 유산균을 섭취하도록 하였다. 자료 분석 결과, 두 집단 간의 장내 유익균에서 유의미한 차이는 보이지 않았다. 갑은 유산균을 섭취한 그룹원 중 유익균 증진 효과를 보이지 않은 참가자들의 데이터를 제외한 후 비교하였고, 유산균의 효과가 유의미하게 나타났다는 연구결과를 학술지에 게재할 수 있었다.

① 비윤리적인 연구 주제를 선정하였다.
② 연구 대상에게 연구 관련 정보를 사전에 제공하였다.
③ 수집한 자료를 연구 외의 목적을 위하여 유출하였다.
④ 연구 결과를 의도대로 얻기 위해 자료를 조작하였다.

ADVICE 〈보기〉에서는 연구자인 '갑'이 자신이 발견한 유산균이 효과가 있다는 것을 증명하려는 목적으로, 연구 결과의 일부를 제외하고 유리한 자료만 선택적으로 활용하여 결과를 발표했다. 이는 연구 윤리 위반으로 자료 조작 및 왜곡에 해당한다.

3 **〈보기〉의 밑줄 친 ㉠~㉣에 대한 설명으로 가장 옳은 것은?**

〈보기〉

- 정부는 정책 집행의 효율성을 높이기 위해 ㉠ 정책 참여 플랫폼을 운영하여 국민의 의견을 수렴하고 있다. 이를 통해 시민들은 특정 정책에 대한 제안을 하거나 피드백을 제공할 수 있다.
- ㉡ 정부 혁신 어워드는 공공기관에서 추진한 혁신 사례를 평가하여 우수한 사례를 선정하고, 이를 홍보하는 제도이다.
- ㉢ 국민 정책 제안은 국민이 특정 사회 문제 해결을 위한 정책 아이디어를 온라인 플랫폼을 통해 제출하는 제도로, 일정 수 이상의 공감을 받으면 정부가 공식 검토 절차를 진행한다.
- ㉣ 국회 청원 심사는 국민이 국회에 청원을 제출하면 관련 상임위원회에서 검토하여 법안 발의 여부를 결정하는 절차이다.

① ㉠은 정치 과정에서 투입, ㉢은 산출에 해당한다.
② ㉡은 ㉢과 달리 정책 결정 과정에서 시민 참여를 직접적으로 요구하는 제도이다.
③ ㉢과 ㉣ 모두 국민이 입법 과정에 영향을 미칠 수 있는 참여 방식이다.
④ ㉢과 달리 ㉣은 시·공간의 제약을 완화하여 정치 참여의 접근성을 높일 수 있다.

ADVICE ① 투입은 사회 구성원의 정치 참여 활동으로서 국가 기관의 정책 결정에 영향을 미치며, 산출은 국가 기관의 정책 결정으로서 사회 구성원의 삶에 영향을 미친다. ㉠, ㉢ 모두 투입에 해당한다.

② ㉢은 ㉡과 달리 정책 결정 과정에서 시민 참여를 직접적으로 요구하는 제도이다.

④ ㉣과 달리 ㉢은 온라인 플랫폼을 통해 시 · 공간의 제약을 완화하여 정치 참여의 접근성을 높일 수 있다.

4 **〈보기 1〉은 A국에서 제정된 법률 조항의 일부이다. 이 법률이 시행되면서 나타날 현상에 대한 설명으로 옳은 것을 〈보기 2〉에서 모두 고른 것은?**

〈보기 1〉

정부는 다음의 법률을 제정하여 이를 공포한다. 이 법률로 인해 정부가 헌법을 변경시킬 수 있는 조건이 충족되었음을 확인한다.

제1조 A국의 법률은 헌법이 규정하고 있는 절차에 의하는 것 외에, A국의 정부에 의해서도 의결될 수 있다.

제2조 A국이 외국과 조약을 체결하는 경우 입법권을 가진 다른 기관과의 합의를 필요로 하지 않는다. 행정부는 이러한 조약의 이행에 필요한 법률을 공포할 수 있다.

〈보기 2〉

㉠ 입헌주의의 원리가 지켜지지 않았을 것이다.
㉡ 국민의 자유와 권리의 보장이 어려워졌을 것이다.
㉢ 신속한 정책 결정이 어려워져 정책 수행의 효율성이 떨어졌을 것이다.
㉣ 입법부와 행정부가 권력 분립의 원리에 입각한 통치의 합법성을 실현했을 것이다.

① ㉠, ㉡
② ㉠, ㉣
③ ㉡, ㉢
④ ㉢, ㉣

ADVICE 〈보기 1〉에서 제정된 법률은 '정부가 헌법을 변경시킬 수 있는 조건이 충족되었음을 확인'하고 있다.

㉠㉡ 입헌주의란 국민의 기본적 인권을 보장하기 위하여 통치 및 공동체의 모든 생활이 헌법에 따라서 영위되어야 한다는 정치원리이다. A국에서 〈보기 1〉의 법률이 시행될 경우, 입헌주의의 원리가 지켜지지 않을 것이며, 따라서 국민의 자유와 권리 보장이 어려워질 것이다.

㉢㉣ 〈보기 1〉의 법률이 시행될 경우, 입법권을 가진 기관의 동의 없이도 정부가 단독으로 법을 제정할 수 있다. 이는 정부의 권한이 비정상적으로 강화되어 오히려 정책 결정은 신속해질 수 있으나, 입헌주의가 훼손된다. 또한 행정부가 독자적으로 입법하거나 조약을 체결하게 되면 권력 집중으로 이어져 권력 분립 원칙이 무시되는 결과가 초래될 것이다.

ANSWER 2.④ 3.③ 4.①

5 〈보기〉의 ㈎, ㈏에 나타난 자료 수집 방법에 대한 설명으로 가장 옳은 것은?

〈보기〉

㈎ 갑(甲)은 인공지능을 활용한 교수학습 방법이 고등학교 학생들의 학업 능력 향상에 미치는 영향력을 연구하기 위해 ㅁㅁ 고등학교 학생 300명을 대상으로 구조화된 문항에 응답하도록 하였다.

㈏ 을(乙)은 핸드폰 등 전자기기 사용이 고등학교 학생들에게 미치는 영향력을 연구하기 위해 ○○ 고등학교 2학년 학생들의 학습 활동을 1학기 동안 참관하며 관찰하였다.

① ㈎에 나타난 자료 수집 방법은 주로 양적 연구에서 활용된다.
② ㈎에 나타난 자료 수집 방법은 문맹자를 대상으로 한 자료 수집이 용이하다.
③ ㈏에 나타난 자료 수집 방법은 대량의 구조화된 자료를 수집하는 데 용이하다.
④ ㈎와 달리 ㈏에 나타난 자료 수집 방법은 경험적 자료의 수집에 적합하다.

ADVICE ㈎ 설문지법 → 양적 연구
㈏ 관찰법 → 질적 연구
② ㈎는 설문지 문항을 읽고 답해야 하므로 문맹자를 대상으로 한 자료 수집이 어렵다.
③ ㈎는 대량의 구조화된 자료를 수집하는 데 용이하다.
④ 경험적 자료의 수집에 적합한 자료 수집 방법은 면접법이다.

6 〈보기〉의 밑줄 친 '이 집단'은?

〈보기〉

이 집단은 자기가 속하거나 속하고 싶어 하는 집단으로서 남들과의 비교에 평가 기준이 되는 집단을 말한다. 이 집단을 선택할 때에는 자신이 처해있는 상황, 사회적 배경 등이 영향을 미친다. 만약 이 집단과 자신의 소속집단이 다를 경우에는 내면적으로 불안감과 욕구 불만이 생길 수 있다.

① 내집단
② 외집단
③ 준거 집단
④ 자발적 결사체

ADVICE 〈보기〉는 준거 집단에 대한 설명이다. 준거집단에는 규범적 기능과 비교적 기능이 있는데, 규범적 기능은 개인이 특정 집단의 가치관이나 규범을 내면화하여 자신의 태도나 행동을 형성하는 기능을 말하며 비교적 기능은 개인이 자신의 위치나 능력을 다른 사람들과 비교하는 데 기준이 되는 기능을 뜻한다.
① 개인이 소속되어 있으며 강한 공동체 소속감과 공동체 의식을 느끼는 집단이다.
② 개인이 소속되어 있지 않은 집단으로 이질감을 느끼는 집단이다.
④ 공동의 목적을 위해 구성원들이 자발적으로 결성한 조직체로, 가입과 탈퇴가 자유롭고 구성원들의 열성적 참여가 특징이다.

7 〈보기〉에 대한 설명으로 가장 옳은 것은? (단, A, B는 각각 죄형법정주의의 파생원칙 중 하나이다.)

> 〈보기〉
>
> ㅁㅁ법은 산업현장에서의 안전사고 예방과 기업의 사회적 책임 강화를 위하여 도입된 법이지만, '경영책임자 등'과 '안전 및 보건 확보 의무'의 개념이 모호하여 A에 위반되며, ㅁㅁ법에서 규정하고 있는 형벌이 과도하여 B에 위배된다는 등 보완점이 제기되었다.

① A가 강조될수록 입법권이 사법권보다 우위에 있음을 인정하는 것이다.
② B는 범죄가 되는 행위와 그에 따른 형벌의 수준은 비례하여야 한다는 것이다.
③ A와 달리 B는 입법자의 자의로부터 국민의 자유를 보호하는 기능을 한다.
④ B는 행위 후에 법률을 제정하여 그 법으로 이전의 행위를 처벌하는 것은 금지한다는 것이다.

ADVICE A 명확성의 원칙, B 적정성의 원칙

※ 죄형법정주의의 파생원칙

㉠ 명확성의 원칙 : 범죄 성립 요건과 형벌이 일반인이 이해할 수 있도록 명확히 규정되어야 한다.
㉡ 부정기형 금지 원칙 : 형기를 확정하지 않고 선고하는 부정기형은 허용되지 않으며, 형의 상한 · 하한을 명시해야 한다.
㉢ 소급효 금지 원칙 : 형법은 행위 시점의 법률에 따라 적용되며, 과거 행위에 대한 소급 처벌은 금지된다.
㉣ 유추해석 금지 원칙 : 법률에 명시되지 않은 사항을 유사한 법에 유추 적용하는 것을 금지한다.
㉤ 적정성의 원칙 : 범죄와 형벌은 균형이 유지되어야 하며, 과도한 처벌은 허용되지 않는다.
㉥ 관습형법 금지 원칙 : 범죄와 형벌은 성문법에 따라 규정되어야 하며, 관습법이나 관습적 해석은 새로운 구성요건 창에 적용되지 않는다.

ANSWER 5.① 6.③ 7.②

8 〈보기〉는 미국 독립 선언의 일부이다. 이 선언이 로크(Locke)의 영향을 많이 받았다고 할 때, 그 근거로 가장 옳은 것은?

> 〈보기〉
>
> 우리는 다음을 자명한 진리로 생각한다. 모든 사람은 평등하게 태어났으며 신은 그들에게 누구도 빼앗을 수 없는 몇 가지 권리를 부여했다. 여기에는 생명과 자유와 행복 추구의 권리가 포함된다. 이 권리를 확보하기 위해 인민은 정부를 만들었으며, 정부의 정당한 권력은 인민의 동의에서 나온다. 정부가 이런 목적을 파괴할 때에는 인민은 언제든지 이를 변혁 내지 폐지하고, 인민의 행복과 안전을 가장 효과적으로 가져다 주어야 한다는 원칙에 기초하고 이를 위한 기구를 갖춘 정부를 새로이 조직할 수 있는 권리가 있다.

① 견제와 균형의 원리를 강조하여 사법권의 독립을 추구하였다.
② 국가를 생명, 자유, 행복 추구와 같은 자연권을 보장하기 위한 수단이 아닌 목적으로 보았다.
③ 자연권은 하늘로부터 부여받았기 때문에 위임될 수 없으며 변경될 수도 없다고 주장하였다.
④ 정부가 신탁에 근거한 통치를 위반할 경우에 지지를 철회할 수 있다는 저항권을 인정하고 있다.

ADVICE 로크의 저항권 … 정부와 법은 시민들의 동의로 이루어진 것이므로, 소수의 권력자가 그 법을 넘어서서 권력을 행사하는 것은 모든 시민의 동의를 무시하는 행위이며, 시민들은 그런 부당한 정치권력을 무력 저항으로 쫓아낼 수 있는 권리를 가진다. 이는 폭정으로부터 벗어나기 위한 권리이자 예방적 저항을 허용하는 개념이다.
㉠ 신탁 철회 : 시민은 통치자에게 권력을 위임한 신탁을 철회할 수 있다.
㉡ 정당화 조건 : 정부가 시민의 생명 · 자유 · 재산을 자의적으로 침해하거나 절대 권력을 행사할 경우, 저항권이 발동된다.
㉢ 폭력 사용 허용 : 권위 없는 힘에 대항하는 무력 사용을 정당화하며, 이는 '전쟁상태'로 간주된다.

9 〈보기〉의 A에 대한 설명으로 가장 옳지 않은 것은?

> 〈보기〉
>
> A는 구체적인 사회 문제를 해결하거나 사회 체제를 근본적으로 변혁하기 위하여 대중이 자발적으로 하는 집단적이고 지속적인 행위를 의미한다. 예를 들어 싱크홀에 빠진 사람을 구하기 위한 군중들의 집단적인 행위는 A에 해당하지 않지만, 흑인 인권 신장을 위한 흑인들의 조직적인 행동은 A로 볼 수 있다.

① 다원화되고 복잡해진 오늘날에는 다양한 형태로 전개되고 있다.
② 사회 변동으로 촉발되기도 하지만 사회 변동을 유발하는 동력이 되기도 한다.
③ 다수의 사람이 사회 변동을 달성 또는 저지하려는 의도를 가지고 행하는 행위이다.
④ 기존의 사회 질서를 유지하는 행위가 아닌 새로운 사회 질서를 형성하기 위한 행위를 의미한다.

ADVICE 〈보기〉의 A는 사회 운동이다. 사회 운동은 기존 사회 질서의 개량이나 변혁을 목표로 하지만 때로는 현상 유지를 꾀하거나 사회 변혁을 막으려는 경향의 운동(반동적 사회 운동)이 일어나기도 한다.

10 〈보기〉의 국제 연합의 주요 기관 A, B에 대한 설명으로 가장 옳지 않은 것은?

〈보기〉

- 러시아의 크림반도 · 세바스토폴 점령을 규탄하고 지체 없는 군사력 철수를 촉구하는 결의안이 A에서 채택됐다. 이번 결의안은 찬성 63표, 반대 19표로 가결 처리되었다. 전체 193개 회원국 가운데 66개국은 기권했고 45개국은 투표하지 않았다.
- 튀르키예에 시리아 쿠르드족 공격 중단을 요구하는 공동 성명 채택을 위한 B가 소집되었지만 공동 성명 채택에는 실패했다. 대부분의 이사국이 찬성하였지만 갑(甲)국만이 거부권을 행사하였기 때문이다.

① A에서의 의결은 1국 1표로 표결한다.
② 갑국은 B의 상임 이사국에 해당한다.
③ 국제 사법 재판소의 재판관은 A 및 B에서 선출한 서로 국적이 다른 15명의 재판관으로 구성된다.
④ B의 15개 이사국은 모두 A에서 2년에 한 번씩 선출된다.

ADVICE A 유엔 총회, B 유엔 안전보장이사회
상임이사국 5개국(미국, 영국, 프랑스, 러시아, 중국)은 영구적이며 선출되지 않는다. 비상임이사국 10개국만 총회에서 2년 임기로 선출된다.

ANSWER 8.④ 9.④ 10.④

11 〈보기〉의 재무 설계 과정을 순서대로 바르게 나열한 것은?

> 〈보기〉
>
> ㉠ 수입 및 지출의 규모와 종류, 자산과 부채 현황 등 자신의 재무 상태를 정확히 파악함.
>
> ㉡ 자신의 가치관 및 기대하는 생활 양식에 적합한 단기, 중기, 장기재무 목표를 설정함.
>
> ㉢ 재무 목표 달성을 위해 필요한 자금을 언제까지, 어떻게 마련할 것인지에 관한 재무 행동 계획을 수립함.
>
> ㉣ 재무 목표 달성을 위한 계획을 실행함.
>
> ㉤ 정기적인 결산을 통해 결과를 평가하고, 조정이 필요한 부분을 반영하여 재무 계획을 수정하거나 재무 목표를 재설정함.

① ㉠ – ㉡ – ㉢ – ㉣ – ㉤
② ㉡ – ㉠ – ㉢ – ㉣ – ㉤
③ ㉢ – ㉠ – ㉡ – ㉣ – ㉤
④ ㉣ – ㉠ – ㉡ – ㉢ – ㉤

ADVICE 재무 설계 과정

㉡ 재무 목표의 설정 – ㉠ 재무 상태의 분석 – ㉢ 재무 설계안의 작성 – ㉣ 재무 설계안의 실행 – ㉤ 재무 생활의 평가와 수정

12 〈보기〉의 정부 형태 ㈎, ㈏에 대한 설명으로 가장 옳은 것은? (단, ㈎와 ㈏는 각각 전형적인 대통령제와 의원내각제 중 하나이다.)

> 〈보기〉
>
> 정부 형태는 권력 분배 방식과 운영 방식에서 큰 차이를 보이며, 각국의 역사적 배경과 정치적 상황에 따라 선택된다. ㈎는 의회에서 다수당을 차지한 정당의 대표가 총리가 되어 행정부를 구성하며, 입법부와 행정부가 긴밀하게 연계되어 운영된다. 반면, ㈏는 국가 원수이자 행정부 수반이 국민에 의해 직접 선출되며, 행정부와 입법부가 독립적으로 운영되는 정부 형태이다.

① ㈎는 ㈏와 달리 행정부 수반의 임기가 엄격하게 보장된다.
② ㈏는 ㈎와 달리 연립 내각이 구성되기도 한다.
③ ㈎의 입법부는 내각 불신임권, 행정부는 의회 해산권을 통해 서로를 견제한다.
④ ㈏의 행정부 수반은 법률안 거부권과 법률안 제출권을 가지고 있다.

ADVICE (가) 의원내각제, (나) 대통령제
① 행정부 수반의 임기가 엄격하게 보장되는 것은 대통령제이다.
② 의원내각제는 연립 내각이 구성되기도 한다.
④ 대통령제의 행정부 수반은 법률안 거부권은 있지만 법률안 제출권은 없다.

13 〈보기〉의 금융 상품 A~C의 일반적인 특징에 대한 설명으로 가장 옳은 것은? (단, A~C는 각각 예금, 주식, 채권 중 하나이다.)

〈보기〉
- A와 C는 만기가 있다.
- 금리가 오르면 C의 가격은 떨어진다.

① B에 투자한 자금은 발행 회사의 자본금이 된다.
② C 투자자들은 시세 차익을 통해 수익을 얻을 수 없다.
③ A는 B에 비해 수익성이 높은 편이다.
④ B와 달리 C는 투자 원금이 보장된다.

ADVICE A 예금, B 주식, C 채권
① 주식은 기업의 자본을 구성하며 투자자는 주주가 되어 자본금에 참여한다.
②④ 시세 차익을 통해 수익을 얻을 수 없지만 투자 원금이 보장되는 것은 예금에 대한 설명이다.
③ 예금은 안정성이 높고 원금이 보장되지만, 일반적으로 이자율이 낮아 수익성이 제한적이다. 반면 주식은 원금 손실 가능성이 있는 대신, 주가 상승이나 배당금 등을 통해 상대적으로 높은 수익을 기대할 수 있는 고위험 · 고수익 상품이다.

ANSWER 11.② 12.③ 13.①

14 〈보기〉의 ㉠, ㉡에 들어갈 값을 옳게 짝지은 것은? (단, 주어진 조건 외에는 고려하지 않는다.)

〈보기〉

이윤 극대화를 추구하는 A기업은 X재를 독점 생산하여 물류 회사의 운송 서비스를 이용해 시장에 판매한다. 표는 X재 생산량에 따른 A기업의 총수입을 나타낸다. 단, 생산된 X재는 모두 판매된다.

X재 생산량(개)	1	2	3	4	5
총수입(만 원)	100	180	240	300	325

A기업의 총비용은 생산 비용과 운송 비용으로 구성된다. 생산 비용은 개당 40만 원으로 일정하고, 운송 서비스별 가격은 아래 표와 같다.

구분	내용	가격(만 원)
서비스 Ⅰ	X재 1개 운송	24
서비스 Ⅱ	X재 2개 운송	36
서비스 Ⅲ	X재 3개 운송	50

A기업은 서비스 Ⅰ, Ⅱ, Ⅲ을 자유롭게 조합하여 이용할 수 있다. 예를 들어 X재 2개를 운송할 때는 서비스 Ⅰ을 2회 이용하거나 서비스 Ⅱ를 1회 이용할 수 있다. 현재 A기업은 생산량이 ___㉠___ 개일 때 이윤이 극대화된다. 만약 서비스 Ⅰ의 가격이 18만 원으로 낮아지면 A기업의 이윤 극대화 생산량은 ___㉡___ 개 증가할 것이다.

	㉠	㉡		㉠	㉡
①	2	1	②	2	2
③	3	1	④	3	2

ADVICE 이윤 = 총수입 − (40X + 운송비)

X재 생산량	총수입	최저 운송비	이윤
1	100	24	100 − (40 + 24) = 36
2	180	36	180 − (40*2 + 36) = 64
3	240	50	240 − (40*3 + 50) = 70
4	300	72	300 − (40*4 + 72) = 68
5	325	86	325 − (40*5 + 86) = 39

㉠ 생산량이 3개일 때 이윤이 극대화된다.

㉡ 이때 서비스 I 의 가격이 18원으로 낮아지면,

X재 생산량	총수입	최저 운송비	이윤
1	100	18	100 − (40 + 18) = 42
2	180	36	180 − (40*2 + 36) = 64
3	240	50	240 − (40*3 + 50) = 70
4	300	68	300 − (40*4 + 68) = 72
5	325	86	325 − (40*5 + 86) = 39

이윤 극대화가 4개 생산할 때 이루어지므로, 1개 증가할 것이다.

15 〈보기〉에 대한 추론으로 가장 옳은 것은? (단, 주어진 조건 외에는 고려하지 않는다.)

〈보기〉

아래의 표는 매년 2%의 물가 상승률과 3%의 경제 성장률 달성을 목표로 하는 갑(甲)국의 연도별 경제 상황을 나타낸 것이다. A는 목표 물가 상승률에서 실제 물가 상승률을 뺀 값이고, B는 목표 경제 성장률에서 실제 경제 성장률을 뺀 값이다.

구분	A	B
t년	−3	−5
t+1년	5	5

① t년에는 스태그플레이션이 나타났다.
② t년에는 실제 경제 성장률보다 실제 물가 상승률이 더 크다.
③ 중앙은행의 국 · 공채 매각은 t+1년보다 t년에 적합한 정책 수단이었을 것이다.
④ t+1년에는 긴축 재정 정책 실시가 요구되었을 것이다.

ADVICE A값이 양수일 경우, 실제 물가 상승률이 목표 물가 상승률보다 낮고, 음수일 경우 실제 물가 상승률이 목표 물가 상승률보다 높다.
B값이 양수일 경우, 실제 경제 성장률이 목표 경제 성장률보다 낮고, 음수일 경우 실제 경제 성장률이 목표 경제 성장률보다 높다.
① t년에는 실제 물가 상승률과 실제 경제 성장률이 목표보다 높았다. 스태그플레이션(Stagflation)은 침체(stagnation)와 물가상승(inflation)의 합성어로 경제 침체와 물가 상승이 동반되는 현상이다.
② 목표에서 실제를 뺀 값의 절댓값이 B가 더 크다.
④ t+1년은 물가 상승률과 경제 성장률이 모두 목표에 미치지 못했다. 확장 재정 정책의 실시가 요구된다.

ANSWER 14.③ 15.③

16 〈보기〉에 나타난 문화 변동에 대한 설명으로 가장 옳은 것은?

> 〈보기〉
> 갑(甲)국의 사람들은 고유의 문자 체계를 사용하는 나라이다. 하지만 을(乙)국이 갑국을 식민 통치하면서 을국의 문자를 사용하도록 강요하고 갑국 고유의 문자를 사용하는 것을 금지했다. 갑국 사람들은 이를 받아들이지 않고 끝까지 저항하면서 오히려 식민 지배를 하던 을국 사람들이 갑국의 문자체계에 영향을 받게 되었다. 을국 사람들이 본국으로 귀국한 후, 갑국의 문자 체계를 자국의 문자 체계에 반영하여 변화시키고, 그것이 널리 퍼지게 되었다.

① 갑국에서는 자극 전파로 인한 문화 변동이 나타났다.
② 갑국에서는 직접 전파로 인한 문화 변동이 나타났다.
③ 을국에서는 갑국과 달리 문화 동화가 발생했다.
④ 을국에서는 갑국과 달리 자발적 문화 접변이 나타났다.

ADVICE ① 자극 전파란 다른 사회에서 전파된 문화 요소로부터 아이디어를 얻어 새로운 발명이 일어나는 현상을 말한다. 갑국은 을국의 고유 문자를 받아들이지 않고 끝까지 저항했다.
② 직접 전파란 다른 문화에 속해 있는 사람들과 접촉 및 교류하는 과정에서 문화 요소가 직접적으로 전파되는 현상이다. 갑국은 문화 변동이 나타나지 않았다.
③ 문화 동화란 다른 사회의 문화 요소가 전파되었을 때 기존의 문화 요소가 전파된 문화 요소에 흡수되어 소멸되는 현상을 말한다. 을국은 갑국의 문자 체계를 자국의 문자 체계에 반영하여 변화시켰으므로 문화융합이 나타났다고 할 수 있다.
※ 문화접변의 양상
㉠ 문화융합 : 기존의 문화 요소와 새로 전파된 다른 사회의 문화 요소의 상호 작용으로 이전의 두 문화 요소와는 다른 새로운 제3의 문화가 나타나는 현상.
㉡ 문화병존 : 한 사회 안에서 기존 문화 요소와 새로 전파된 다른 사회의 문화 요소가 서로 흡수되지 않고 고유한 성격을 유지하며 함께 존재하는 현상
㉢ 문화동화 : 다른 사회의 문화 요소가 전파되었을 때 기존의 문화 요소가 전파된 문화 요소에 흡수되어 소멸되는 현상

17 〈보기〉의 법의 이념과 관련된 설명으로 가장 옳은 것은?

〈보기〉

법의 이념 중 A는 법이 실현하고자 하는 궁극적 목표로 본질적인 내용은 평등이다. 이와 관련된 사례를 찾아보면 우리나라에서는 1948년 5월 10일, 역사상 최초의 ㉠ 보통선거가 실시됐다. 이 선거를 통해 모든 성인 남녀가 동등한 투표권을 행사할 수 있게 되었고, 해방 후 새롭게 출범한 대한민국 정부는 이를 통해 민주주의 국가로서의 정체성을 확립했다. 그리고 1949년 제정된 소득세법을 통해 공식적인 ㉡ 누진세 구조가 도입되었는데, 이 제도는 경제적 형평성을 높이고 조세 부담을 공정하게 배분하기 위한 중요한 장치로 평가받고 있다.

① A는 개인의 사회생활이 보호되어 안정된 상태를 의미한다.
② ㉠은 평균적 정의의 대표적인 사례이다.
③ ㉡은 절대적 평등을 추구하는 사례에 해당한다.
④ A를 구현하기 위한 제도로 법률 불소급의 원칙이 있다.

ADVICE ① A는 정의이다.
③ 누진세는 상대적 평등을 추구하는 사례에 해당한다.
④ 법률 불소급의 원칙은 법적 안정성을 구현하기 위한 제도이다.
※ 법의 이념
㉠ 정의 : 법은 이러한 정의를 실현하는 것을 이념으로 한다.
㉡ 합목적성 : 법은 국가와 사회가 추구하는 이상적인 어떤 가치를 예상하고 그것에 맞추어 집행한다.
㉢ 법적 안정성 : 법의 규정이 명확하고 잦은 변경이 없도록 하여 국민이 법에 따라 안심하고 생활할 수 있도록 하여야 한다.

ANSWER 16.④ 17.②

18 〈보기〉의 사회 보장 제도 A~C에 대한 설명으로 가장 옳은 것은? (단, A~C는 각각 공공 부조, 사회 보험, 사회 서비스 중 하나이다.)

〈보기〉

- A의 예시로 고령이나 노인성 질병 등의 사유로 일상생활을 혼자서 수행하기 어려운 노인 등에게 장기 요양 급여를 제공하는 제도가 있다.
- B의 예시로 65세 이상인 노인 중 가구의 소득 인정액이 선정 기준 이하인 노인에게 매월 연금을 지급하는 제도가 있다.
- C의 예시로 안정적인 노후 생활 보장, 노인의 건강 유지 및 악화 예방을 위해 일상생활 영위가 어려운 취약 노인에게 적절한 돌봄 서비스를 제공하는 제도가 있다.

① A는 보편적 복지 이념을 바탕으로 하지 않는 제도이다.
② B는 상호 부조의 원리를 원칙으로 하는 제도이다.
③ C와 달리 A는 금전적 지원을 원칙으로 하는 제도이다.
④ B와 달리 A는 정부 재정으로 비용을 전액 충당하는 제도이다.

ADVICE A 사회 보험, B 공공 부조, C 사회 서비스

① 사회 보험은 전 국민을 대상으로 하는 보편적 복지 이념을 바탕으로 한다.
② 상호 부조의 원리는 사회 보험에 해당한다.
④ 공공 부조는 사회 보험과 달리 보험료 없이 정부 재정으로 비용을 전액 충당한다.

19 〈보기〉의 ㈎, ㈏는 법률이 헌법에 위반되는지 여부가 재판의 전제가 되는 경우에 이용할 수 있는 헌법 재판의 유형이다. 이에 대한 설명으로 가장 옳은 것은?

〈보기〉

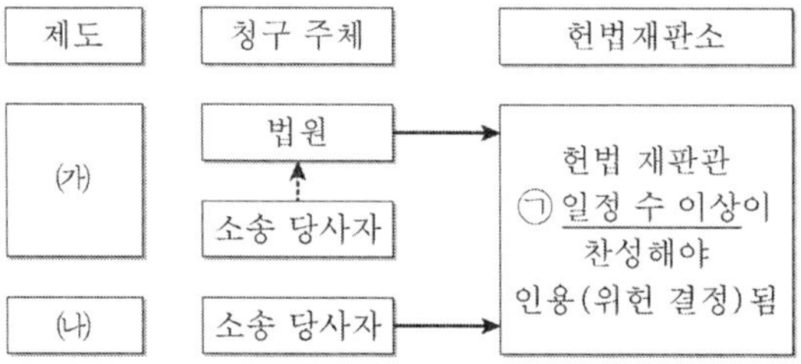

① ㈎는 소송 당사자의 신청이 없더라도 당해 사건을 담당하는 법원이 제청할 수 있다.
② ㈏는 소송 당사자가 헌법재판소에 ㈎를 제청하였으나 그 신청이 기각된 경우에 직접 청구할 수 있다.
③ ㉠은 ㈎, ㈏ 모두 참여 재판관 과반수의 찬성이다.
④ ㈏는 국회가 당연히 입법해야 할 사항을 입법하지 않음으로써 기본권을 침해하고 있는 경우에도 청구할 수 있다.

ADVICE ㈎ 위헌법률심판, ㈏ 위헌심사형 헌법소원심판
② 위헌심사형 헌법소원은 법률의 위헌 여부를 직접 헌법재판소에 청구하는 제도로, 재판 중인 당사자가 법원에 위헌법률심판 제청을 신청했으나 기각된 경우, 헌법재판소에 직접 청구할 수 있다.
③ 헌법재판소에서 법률의 위헌결정, 탄핵의 결정, 정당해산의 결정 또는 헌법소원에 관한 인용결정을 할 때에는 재판관 6인 이상의 찬성이 있어야 한다〈「헌법」 제113조 제1항〉.
④ 권리구제형 헌법소원심판을 청구할 수 있다.

20 〈보기〉는 어떤 제품의 수요와 공급의 변화에 따른 지난 4개월간의 영업실적을 나타낸다. 이에 대한 설명으로 옳은 것을 모두 고른 것은? (단, 〈보기〉의 제품은 수요법칙과 공급법칙을 따른다.)

〈보기〉

구분＼월	1월	2월	3월	4월
판매가격(만 원)	3.5	4	4.5	5
판매량(천 개)	20	24	24	22

㉠ 1월부터 2월까지의 변화는 수요가 증가하고 공급이 증가할 경우에 나타날 수 있다.
㉡ 2월부터 3월까지의 변화는 대체재의 가격 상승과 생산비 하락이 발생했을 경우에 나타날 수 있다.
㉢ 3월에 비해 4월의 판매수입이 감소하였다.
㉣ 3월부터 4월까지의 변화는 제품에 대한 선호도가 높아지고 생산비가 상승된 경우에 나타날 수 있다.

① ㉠, ㉢　　② ㉠, ㉣
③ ㉡, ㉢　　④ ㉢, ㉣

ADVICE ㉠ 수요가 증가할 경우 판매가격 상승으로, 공급이 증가할 경우 판매량 증가로 이어질 수 있다.
㉡ 대체재의 가격이 상승하면 수요가 증가하고, 생산비가 하락하면 공급이 증가한다.
㉢ 3월 판매수입은 $4.5 \times 24 = 108$, 4월 판매수입은 $5 \times 22 = 110$으로 증가하였다.
㉣ 제품에 대한 선호도가 높아지면 판매량이 증가로, 생산비가 상승된 경우 공급의 하락으로 이어질 수 있다.

ANSWER 18.③ 19.① 20.②

2025. 6. 21. 제1회 서울특별시(보훈청) 시행

※ 1번~10번은 서울특별시 시행 문제와 동일합니다.

11 〈보기1〉의 이혼의 유형 A, B에 대한 옳은 설명을 〈보기2〉에서 모두 고른 것은?

〈보기 1〉

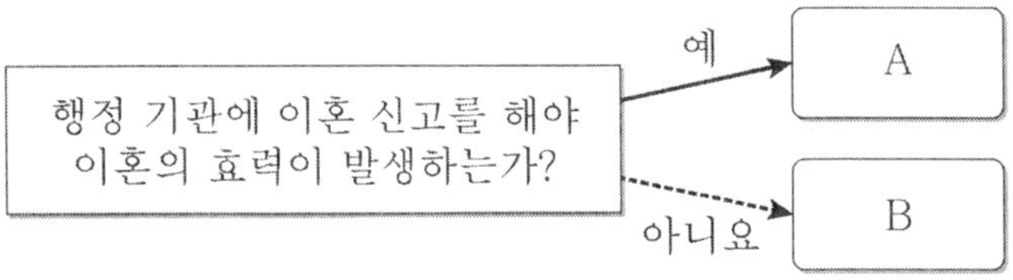

〈보기 2〉

㉠ A는 원칙적으로 민법이 정한 이혼 사유에 해당해야만 가능하다.
㉡ B는 법원의 이혼 조정 절차를 거쳐야 한다.
㉢ B는 A와 달리 원칙적으로 이혼 숙려 기간을 거쳐야 한다.
㉣ A, B 모두 혼인 중 공동으로 마련한 재산에 대해 분할을 청구할 수 있다.

① ㉠, ㉡　　② ㉠, ㉢
③ ㉡, ㉣　　④ ㉢, ㉣

ADVICE A 협의이혼 : 부부 사이에 이혼하려는 의사가 있으면, 법원에 이혼 신청을 하고 일정 기간이 지난 후 법원의 확인을 받아 행정관청에 이혼신고를 하면 이혼의 효력이 발생한다.

B 재판상 이혼 : 협의이혼이 불가능할 때 부부 중 한 사람이 법원에 이혼소송을 제기해서 판결을 받아 이혼할 수 있다.

㉠ 재판상 이혼에 대한 설명이다.

㉢ 협의이혼의 경우 미성년 자녀가 있는 경우 3개월, 자녀가 없거나 성인 자녀만 있는 경우 1개월의 숙려기간을 둔다.

12 〈보기〉는 우리나라 「지방자치법」 중 일부이다. 이에 대한 설명으로 가장 옳은 것은?

> 〈보기〉
> 제29조 A는 법령 또는 조례의 범위에서 그 권한에 속하는 사무에 관하여 규칙을 제정할 수 있다.
> 제47조 ① B는 다음 각 호의 사항을 의결한다.
> 1. 조례의 제정 · 개정 및 폐지

① A는 주민 소환의 대상이 될 수 없다.
② B는 지방 자치 단체의 행정 사무를 감사하는 권한을 가진다.
③ A는 중앙 정부에서 위임한 사무를 담당하지 않는다.
④ A는 B가 편성한 지방 자치 단체의 예산을 심의하고 확정한다.

ADVICE A 지방자치단체의 장, B 지방의회

② 지방의회는 매년 1회 그 지방자치단체의 사무에 대하여 시 · 도에서는 14일의 범위에서, 시 · 군 및 자치구에서는 9일의 범위에서 감사를 실시하고, 지방자치단체의 사무 중 특정 사안에 관하여 본회의 의결로 본회의나 위원회에서 조사하게 할 수 있다〈「지방자치법」 제49조(행정사무 감사권 및 조사권) 제1항〉.

① 주민은 그 지방자치단체의 장 및 지방의회의원(비례대표 지방의회의원은 제외한다)을 소환할 권리를 가진다〈「지방자치법」 제25조(주민소환) 제1항〉.

③ 국가는 지방자치단체가 사무를 종합적 · 자율적으로 수행할 수 있도록 국가와 지방자치단체 간 또는 지방자치단체 상호 간의 사무를 주민의 편익증진, 집행의 효과 등을 고려하여 서로 중복되지 아니하도록 배분하여야 한다〈「지방자치법」 제11조(사무배분의 기본원칙) 제1항〉.

④ 지방의회는 다음 각 호의 사항을 의결한다〈「지방자치법」 제47조(지방의회의 의결사항) 제1항〉.

1. 조례의 제정 · 개정 및 폐지
2. 예산의 심의 · 확정
3. 결산의 승인
4. 법령에 규정된 것을 제외한 사용료 · 수수료 · 분담금 · 지방세 또는 가입금의 부과와 징수
5. 기금의 설치 · 운용
6. 대통령령으로 정하는 중요 재산의 취득 · 처분
7. 대통령령으로 정하는 공공시설의 설치 · 처분
8. 법령과 조례에 규정된 것을 제외한 예산 외의 의무부담이나 권리의 포기
9. 청원의 수리와 처리
10. 외국 지방자치단체와의 교류 · 협력
11. 그 밖에 법령에 따라 그 권한에 속하는 사항

ANSWER 11.③ 12.②

13 〈보기〉의 ㈎, ㈏에 들어갈 용어로 가장 옳게 짝지은 것은?

〈보기〉

빈곤선은 빈곤한 상태와 빈곤하지 않은 상태를 구분하는 기준선이다. 빈곤의 유형은 빈곤선을 정하는 방식에 따라 절대적 빈곤과 상대적 빈곤으로 구분할 수 있다. 우리나라에서 절대적 빈곤은 ___㈎___ (으)로 판단하며, ___㈏___ 에 미달할 경우 상대적 빈곤에 속한다고 본다.

	㈎	㈏
①	중위 소득	최저 생계비
②	평균 소득	중위 소득의 50%
③	최저 생계비	중위 소득
④	최저 생계비	중위 소득의 50%

ADVICE 우리나라에서 절대적 빈곤은 최저 생계비로 판단하며, 중위 소득의 50%에 미달할 경우 상대적 빈곤에 속한다고 본다.

14 〈보기 1〉의 범죄의 성립 요건 A~C에 대한 옳은 설명을 〈보기 2〉에서 모두 고른 것은?

〈보기 1〉

어떤 행위가 범죄로 성립하려면 형법에서 범죄로 정해 놓은 일정한 행위에 해당해야 함을 의미하는 A가 인정되어야 한다. 어떤 행위에 A가 인정되면 B가 있다고 추정된다. 그 행위가 법질서 전체의 관점에서 볼 때 부정적이라는 가치 판단이 불가능하다면 B가 인정되지 않을 수도 있다. A, B가 모두 인정되는 행위라도 그 행위를 한 사람에게 행위에 대한 C가 인정되어야 한다.

〈보기 2〉

㉠ 12세인 자가 타인의 재물을 절취한 경우는 절도죄의 A가 인정되지 않는다.
㉡ C는 행위자에 대한 법적 비난 가능성을 의미한다.
㉢ A가 인정되는 행위라도 현재의 부당한 침해로부터 자기의 법익을 방위하기 위한 상당한 이유가 있다면, 자구 행위에 해당하여 B가 조각된다.
㉣ 자신의 생명에 대한 저항할 수 없는 폭력에 의해 강요된 행위로 타인에게 상해를 입힌 경우에는 B가 인정되나 C가 조각된다.

① ㉠, ㉡
② ㉠, ㉢
③ ㉡, ㉣
④ ㉢, ㉣

ADVICE A 구성요건해당성, B 위법성, C 책임성

※ 범죄 성립 요건

㉠ 구성요건해당성 : 형법에 명시된 범죄 구성요건에 해당해야 한다.

㉡ 위법성 : 구성요건에 해당하더라도 법률상 허용되는 경우(예: 정당방위, 긴급피난)는 위법성이 조각되어 범죄가 성립하지 않는다.

㉢ 책임성 : 위법한 행위에 대해 행위자에게 비난 가능성이 있어야 한다. 심신상실자나 만 14세 미만자는 책임능력이 없어 처벌되지 않는다.

15 **〈보기〉의 사회 문화 현상을 바라보는 갑(甲), 을(乙)의 관점에 대한 설명으로 가장 옳은 것은?**

〈보기〉

갑 : 요즘 취업을 위한 자격 조건이 점점 강화되고 있어. 이는 부와 권력을 가진 집단이 우위를 유지하기 위해 취업 조건을 통제하기 때문에 나타난 현상이야.

을 : 정보 사회가 진전됨에 따라 전문적인 지식과 기술을 가진 사람들의 필요성이 커지고 있어. 따라서 취업 조건이 강화되는 경향은 사회의 효율성을 위해 바람직한 거야.

① 갑의 관점은 사회가 스스로 균형을 유지하려는 속성을 지닌다고 본다.

② 을의 관점은 사회 변동보다 사회 안정을 강조한다.

③ 갑의 관점은 행위자의 주체적 능동성을 강조한다.

④ 을의 관점은 갈등을 사회의 본질적인 속성이라고 본다.

ADVICE 갑 갈등론, 을 기능론

①③ 기능론에 대한 설명이다.

④ 갈등론에 대한 설명이다.

※ 기능론과 갈등론

㉠ 기능론 : 사회를 상호 의존적인 부분으로 구성된 유기체로 보며, 각 요소가 사회 안정과 질서를 유지하는 기능을 수행한다고 주장한다.

㉡ 갈등론 : 사회를 권력, 자원, 기회의 불평등 분배로 인한 지배－피지배 관계로 분석하며, 갈등이 사회 변화의 동력이라고 주장한다.

ANSWER 13.④ 14.③ 15.②

16 〈보기 1〉의 밑줄 친 ㉠~㉤에 대한 옳은 설명을 〈보기 2〉에서 모두 고른 것은?

〈보기 1〉

갑(甲)은 눈이 쌓인 도로에서 승용차를 몰고 과속으로 운행하다 중앙선을 넘어 마주오던 승용차를 들이받아 상대 차량 운전자에게 전치 10주의 상해를 입혀 ㉠「교통사고처리 특례법」상 치상 혐의로 기소되었다. ○○ 지방 법원은 갑에게 ㉡금고 6월에 ㉢집행 유예 2년을 선고하고, 80시간의 ㉣사회 봉사 명령과 40시간의 준법 운전 강의 ㉤수강 명령을 부과하였다.

〈보기 2〉

㉠ ㉠은 실질적 의미의 형법이다.
㉡ ㉡은 징역과 달리 정해진 노역을 부과하지 않는다.
㉢ ㉢은 유예 기간 동안 범죄를 저지르지 않으면 면소된 것으로 간주하는 것이다.
㉣ ㉣은 ㉤과 달리 대안적 제재 수단이다.

① ㉠, ㉡
② ㉠, ㉢
③ ㉡, ㉣
④ ㉢, ㉣

ADVICE ㉢ 집행유예는 유죄 판결 후 형 집행을 일정 기간 유예하는 제도이며, 선고유예는 형 선고를 유예해 면소판결을 받을 수 있는 제도이다.
㉣ 사회 봉사 명령과 수강 명령은 모두 대안적 제재 수단이다.

17 〈보기〉의 국제법의 법원(法源) A~C에 대한 설명으로 가장 옳은 것은? (단, A~C는 각각 조약, 국제 관습법, 법의 일반 원칙 중 하나이다.)

〈보기〉

- ‘A는 국제 사회 문명국들이 공통으로 승인하여 따르는 법의 보편적 원칙이다.’라는 진술은 거짓이다.
- ‘B는 C와 달리 원칙적으로 국제 사회에서 행위 주체들에 대하여 포괄적 구속력을 가진다.’라는 진술은 참이다.

① 국내 문제 불간섭은 A에 해당한다.
② 국제기구는 C의 체결 당사자가 될 수 없다.
③ B는 A와 달리 국제 사법 재판소의 재판 준거가 될 수 있다.
④ A~C는 모두 우리나라에서 헌법과 동등한 지위를 지닌다.

ADVICE A 법의 일반 원칙, B 국제 관습법, C 조약

② 조약은 국가나 국제기구를 당사자로 하여 상호 간에 체결한다.

③ 국제사법재판소는 국제사법재판소에 회부된 분쟁을 국제법에 따라 재판하는 것을 임무로 하며, 국제협약, 국제관습, 법의 일반 원칙, 판례와 학설만을 적용하여 재판한다.

④ 헌법에 의하여 체결 · 공포된 조약과 일반적으로 승인된 국제법규는 국내법과 같은 효력을 가진다〈「헌법」 제6조 제1항〉. 국내법과 같은 효력을 가지지만 헌법과 동등한 지위를 지닌다고 볼 수는 없다. 헌법은 가장 상위의 법규범이다.

18 **〈보기〉에서 토인비(Toynbee, A. J.)가 사회 변동의 방향을 바라보는 관점에 대한 설명으로 가장 옳은 것은?**

〈보기〉
토인비는 인류의 문명을 분석하면서 도전에 대한 인간의 반응에 따라 흥망성쇠의 역사가 이루어진다고 주장하였다. 또한 그는 문명이 유기체와 마찬가지로 생성, 성장, 쇠퇴, 해체의 과정을 거친다고 보았다.

① 사회가 단순한 형태에서 복잡한 형태로 일정한 방향성을 지닌다고 본다.

② 과거의 사회 변동만을 설명한다는 비판을 받고 있다.

③ 사회 변동을 생물 유기체의 진화 과정에 비유한다.

④ 서구 제국주의를 정당화하는 수단으로 악용된다는 비판을 받는다.

ADVICE 아놀드 토인비는 그의 저서 「역사의 연구(A Study of History)」에서 '도전과 응전(Challenge and Response)'을 언급하며 사회 변동의 방향을 설명하였다. 다만, 과거 서구 문명 중심의 사회 변동만을 설명한다는 한계가 있다.

ANSWER 16.① 17.① 18.②

19 〈보기 1〉은 사회화의 내용 및 설립 목적을 기준으로 사회화 기관을 유형화한 것이다. 이에 대한 설명으로 옳은 것을 〈보기 2〉에서 모두 고른 것은?

〈보기 1〉

분류 기준		사회화의 내용	
		(가)	(나)
설립 목적	(다)	A	B
	(라)	C	가족

〈보기 2〉

㉠ (가)는 1차적 사회화 기관이다.
㉡ (다)는 공식적이고 체계적인 사회화를 담당한다.
㉢ A에는 직업 훈련소, C에는 회사가 들어갈 수 있다.
㉣ C는 기본적인 가치 및 규범 등 개인의 자아 정체성 형성에 큰 영향을 미친다.

① ㉠, ㉡
② ㉠, ㉣
③ ㉡, ㉢
④ ㉢, ㉣

ADVICE

분류 기준		사회화의 내용	
		(가) 2차적 사회화 기관	(나) 1차적 사회화 기관
설립 목적	(다) 공식적 사회화 기관	학교, 훈련소	
	(라) 비공식적 사회화 기관	회사, 대중매체, 정당	가족, 또래 집단

20 〈보기 1〉은 질문을 통해 우리나라의 선거 A~C를 구분한 것이다. 이에 대한 설명으로 옳은 것을 〈보기 2〉에서 모두 고른 것은? (단, A~C는 각각 대통령 선거, 국회의원 선거, 기초 의회 의원 선거 중 하나이다.)

〈보기 1〉

질문	A	B	C
4년마다 실시하는 선거인가?	아니요	예	예
법률 제정 및 개정에 관한 권한을 가지는 대표자를 선출하는가?	아니요	아니요	예

〈보기 2〉

㉠ A는 절대 다수 대표제를 채택하고 있다.
㉡ B는 지역구 의원 선거에서 중·대선거구제를 채택하고 있다.
㉢ B는 C와 달리 전국을 하나의 선거구로 하여 실시하고 있다.
㉣ B와 C 모두 비례 대표 의원 선거에서 정당 명부식 비례 대표제를 채택하고 있다.

① ㉠, ㉡
② ㉠, ㉢
③ ㉡, ㉣
④ ㉢, ㉣

ADVICE A 대통령 선거, B 기초 의회 의원 선거, C 국회의원 선거

㉠ 대통령 선거는 상대 다수대표제를 채택하고 있다. 상대 다수대표제는 절대 다수대표제와 다르게 과반수가 아니라 상대적으로 가장 많은 표를 얻은 후보가 당선된다.

㉢ 선거구를 지역 단위로 나누어 각각의 대표자를 선출하는 것을 지역구라 하고, 전국을 하나의 선거구로 묶어 대표자를 선출하는 것을 전국구라 한다.

ANSWER 19.③ 20.③